田野教学与实践

教育部全国高等学校民族学类本科专业教学指导委员会

中央民族大学民族学与社会学学院 编

中央民族大学教务处

九州出版社 JIUZHOUPRESS | 全国百佳图书出版单位

图书在版编目（CIP）数据

田野教学与实践 / 教育部全国高等学校民族学类本
科专业教学指导委员会，中央民族大学民族学与社会学学
院，中央民族大学教务处编. —— 北京：九州出版社，
2019.11

ISBN 978-7-5108-8554-9

Ⅰ．①田… Ⅱ．①教… ②中… ③中… Ⅲ．①民族学
—教学研究—高等学校 Ⅳ．①C95

中国版本图书馆CIP数据核字(2019)第270225号

田野教学与实践

作　　者	教育部全国高等学校民族学类本科专业教学指导委员会
	中央民族大学民族学与社会学学院　中央民族大学教务处　编
出版发行	九州出版社
项目统筹	郭荣荣
责任编辑	邹　婧　黄瑞丽
装帧设计	观止堂＿未　泯
地　　址	北京市西城区阜外大街甲 35 号（100037）
发行电话	(010)68992190/3/5/6
网　　址	www.jiuzhoupress.com
电子信箱	jiuzhou@jiuzhoupress.com
印　　刷	北京九州迅驰传媒文化有限公司
开　　本	710 毫米 ×1000 毫米　16 开
印　　张	21.75
字　　数	340 千字
版　　次	2019 年 12 月第 1 版
印　　次	2019 年 12 月第 1 次印刷
书　　号	ISBN 978-7-5108-8554-9
定　　价	89.00 元

编辑委员会

┃ 目录

何谓"舒适"生活

——香格里拉格咱村民的生活选择与想象

中山大学人类学专业 2016 级本科生　刘小瑜

指导老师　张文义　段　颖

摘要：随着时代变迁和社会发展，人们日常生活中面临的衣食住行选择愈加多样化，生活想象也会产生一定的变化，藏族社区——香格里拉格咱村也不例外。不论人们对于衣食住行的生活方式选择及诠释有何不同，都反映了人们生活选择和生活想象的关键问题。生活当中"舒适"形容的不仅是人们所适应的东西，还蕴含着人们鲜活的生活追求。本研究立足于对格咱村民生活的选择和想象，广泛了解当地衣食住行这些基本的生活要素及情况，从人们的生活状态和态度探究格咱村民所认同的"舒适"生活，并架起沟通"个体与当地社会"以及"当地社会与外界"的生活联系，最终扎根于衣食住行等日常生活选择产生原因的剖析。

关键词：舒适；日常生活；衣食住行；香格里拉格咱

一、问题、田野与文献

（一）研究主题与研究地点

本研究围绕香格里拉格咱村民的"衣、食、住、行"四个方面展开，了解该村村民的生活选择情况，并结合格咱村人对生活的评论与感受，讨论地方性知识视野中的"舒适"生活。

研究聚焦的问题首先是"舒适"生活的定义，除了普遍性的物质与精神层面上的意涵，还需要追问"在格咱，什么是舒适的生活"。而人们在具体的生活当中又为什么会认为这样的生活是"舒适"的？日常的生活状态及其诠释又不单纯是一种现实的选择，有具体的社会结构和关系的支撑；生活选择还反映出人们的生活期待和想象，背后有一套关于生活各方面的观念体系。

当地人做出生活选择以达到相对舒适的状态，也不完全是自发的结果，他们也在时代的洪流当中被裹挟着前行。在信息科技、全球化市场、国家政策、传播媒体等外部力量的作用下，在特定时代与社会环境给出的选项当中进行选择，因此格咱村民对于舒适生活的想象也带上了地方和时代的色彩。从可视的衣食住行的具体现象与状态出发看格咱村民的生活选择与生活想象，透过个人看到生命生活的质感，看地区生活的表象与观念背后的社会结构与发展变迁的关系，进而对"舒适生活"展开地方性与整体性的阐释，找寻人们对生活的追求。

本次田野点选取在云南省香格里拉市北部的格咱乡，这是云南省内乡域面积最大的乡，全乡的平均海拔为3200米，以高原山地气候为主。格咱乡的森林草甸面积广袤，林业和矿产资源非常丰富，广阔的天然牧场也为当地牦牛、黑山羊、藏香猪的畜牧养殖提供了良好的条件，种植业方面则以青稞、洋芋、油菜花和蔓菁种植为主。[①] 格咱有"铜乡""松茸之乡"的美誉，运矿和松茸采集是当地居民的主要营生方式。

格咱境内藏族人口最多，约占到总人口的97%，日常语言多用藏语和云南方

---

① 龙甲：《香格里拉县格咱乡志》，香格里拉县格咱乡人民政府，2010。

言；纳西族、回族、白族、傈僳族和汉族约占人口总数的 3%。当地藏民几乎全部信仰藏传佛教，家家户户都设有经堂供佛；转经亭、神山、玛尼堆、白塔等是当地比较常见的公共宗教场域。因此综合自然与文化特征，可以说格咱乡具有较为典型的高原藏地的特点。

我所在的田野组的调研工作主要集中在距离乡政府不远的格咱村和初古村，稍远的拉嘎村、哪隆（音译）村和都岗村亦有涉足。格咱村和初古村是典型的熟人社会，每一家人都基本相互熟知，甚至有亲缘上的联系，因此与一家人打好交道就相当于找到了一个突破口，可以像藤蔓一样延展到与之相关的好几户人家，从而发现这两个村强大的亲属网络。

我们参与当地人的生活，上山烧香、转经礼佛、做饭带娃等，尝试着活成格咱人的样子，模糊掉"汉藏"的概念，又要跳脱出来以一个"他者"的视角进行思考。作为观察者的我们也时常被当地人观察着，很多格咱村民会用抖音、快手和微信，我们和他们互动的过程会被他们用手机记录下来分享出去。当地人与我们在观察互动方面存在一种微妙的平衡关系。

基于研究伦理，本文中涉及的人物均化名处理，相关图片与谈话内容记录已向研究对象作知情说明并取得展示同意。

（二）文献综述

在日常生活中，"舒适"是人们关心的一个重要关键词，其作为一个生活术语出现，一开始与身体护理有着重要意义上的联系。随着社会生活的发展，人们将生理、心理和社会的平衡与和谐统一作为生活的最高境界，美国护理学家 Katharine Kolcaba 建立的"舒适理论"①强调生理、心理等方面的舒适状态。虽然此理论立足于医疗护理理论，但是该理论关于舒适的定义与内容具有较为普适性的意义。

舒适是指个体身心处于轻松自在、满意、无焦虑、无疼痛的健康及安宁状态时的自我感觉，具体包括四个方面的内容：①生理舒适，即身体上的舒适感觉；②心理精神舒适，指个体内在自我意识包括想象、追求、价值观念等方面的舒适；

---

① Kolcaba K.Y., "A Taxonomic Structure for the Concept Comfort", *Journal of Nursing Scholarship23*(1991):237—240.

③社会文化舒适，则指向人际关系、家庭关系、经济状况、信息交流等社会生活方面的舒适；④环境舒适，即指人的生活空间环境当中温湿度、气氛、光线等方面的舒适。①舒适的各个面向相互联系交织，覆盖人类生活的方方面面。

基于舒适的内涵，材料学、环境学、建筑学、心理学等多个学科都有开展相关的研究。由于笔者的田野报告主题主要论述的是与衣食住行相关的生活方面，因此主要回顾与此对应的研究。"舒适"这一关键词也采用普适性定义，动态的舒适体验与人的身体状态以及心理精神紧密相连，人在日常生活中达到适应和谐的平衡状态可谓之"舒适"。

在衣服方面，材料、颜色、形制等都有可能会影响到人们穿着的身体感受。服装心理学家 E.T. 伦波恩在其研究中指出，衣服与身体接触产生的体感比如温暖、凉快会刺激起人身体上对于舒适的敏觉。此外，衣服还具有象征性意味，衣服的式样和颜色有身份、性别、阶层等意义，反映出个人的心理状态和时代背景。国内对于服饰的人类学研究以艺术人类学的视角和方法介入居多，并且多集中在民族服饰上，族群差异、文化认同、传承保护是该领域重点关注的方面。安丽哲对长角苗人服饰文化特征、族源、类型样式和仪俗等诸多方面进行了讨论，对于在衣服主体基础上体现的社会性别关系、价值取向与发展规律也予以展现。②学者周建新、张海华针对客家服饰的研究则认为，视觉、行为和理念等族群文化因素被包含在服饰里，但近代以来现代时尚潮流服饰的冲击使得客家服饰面临边缘化甚至是消亡的局面。③与时代相对应的服装文化被称为时装，现代人对于服装的时尚追求无可厚非，可以说是一种无意识选择。④

与饮食相关的时间、空间乃至进食人群等，都"如传统仪式般"体现人群的阶层、生态和历史的社会万象，⑤牟军在《历史与文化融汇的地方味道——云南过

① 转引自吕素红、胡学慧、刘荣琴：《Kolcaba K. 的舒适理论及实践应用》，《河北医药》2012 年第 11 期。

② 安丽哲：《符号·性别·遗产：苗族服饰的艺术人类学研究》，知识产权出版社，2010。

③ 周建新、张海华：《客家服饰的艺术人类学研究》，中国社会科学出版社，2015。

④ 柏桦、冉凡：《人类学与时装时尚的研究》，《广西民族大学学报（哲学社会科学版）》2007 年第 1 期。

⑤ 牟军：《历史与文化融汇的地方味道——云南过桥米线的人类学研究》，社会科学文献出版社，2016，第 2 页。

钱米线的人类学研究》一书中以云南过桥米线为切入点论述了过桥米线味道之"好吃"与人们"好想"吃米线的地方依恋感,看到背后人们享受食物的微妙心理以及"地方"与"全球"的互动。像过桥米线这样的饮食文化是地方性食俗表现,具有稳定性甚至保守性,但饮食也常有时尚流行,会受时代风潮的鼓动。[1]"食色,性也"。对于饮食,当代中国人存在自然的欲望。[2]食物可以给人带来快乐。随着经济时代的发展,什么样的食物可称之为"美食",给人以愉悦的舒适感受?这个问题的回答也随着时代和社会变迁着。《饕餮之欲:当代中国的食与色》一书对于"食"背后的政治经济和社会变迁做出了阐述分析,从而对当代中国日常生活做了较为全面的解读。

　　住房为人提供生活起居的空间,休息、信仰、人际等活动都可在住房里进行。人们在住房当中感受到的不仅是物理环境中的舒适度,也有精神心理方面的。根据香格里拉当地的气候地形、建材利用条件和生产生活情况,当地人建造了"闪片房",里面有象征家庭财富和地位的神柱(中柱)、日常使用方便的火塘和水亭,还有与信仰紧密相连的吉祥八宝、神龛与经堂。[3]宗教信仰影响藏地民居与聚落的修持,范霄鹏、李扬梳理了藏地宗教信仰的脉络,指出民居和聚落承载了人们崇佛礼佛的行为,具有丰富的宗教象征意味,也体现了民众的日常生活方式和相关环境营造。[4]学者章忠云在研究藏民族时提到,对于云南藏族来说,住房可以遮风避雨、保暖御寒,更代表着一个家庭的财富、地位和本事。[5]实用漂亮的房子在云南藏民的心目中非常重要,住房的舒适既在于其宽大气派的审美情趣,又

①　[英] 菲力普·费尔南多-阿梅斯托:《文明的口味——人类食物的历史》,韩良忆译,新世纪出版社,2013。
②　[美] 冯珠娣:《饕餮之欲:当代中国的食与色》,郭乙瑶、马磊、江素侠译,江苏人民出版社,2009。
③　翟辉、王丽红:《阅读"闪片房":关键词与建造智慧》,载中国民族建筑研究会主编《族群·聚落·民族建筑:国际人类学与民族学联合会第十六届世界大会专题会议论文集》,云南大学出版社,2009。
④　范霄鹏、李扬:《藏地民居与聚落中的信仰脉络》,载中国民族建筑研究会主编《族群·聚落·民族建筑:国际人类学与民族学联合会第十六届世界大会专题会议论文集》,云南大学出版社,2009。
⑤　章忠云:《藏族志·聆听乡音:云南藏族的生活与文化》,云南大学出版社,2006。

在于家庭、宗教和财富等观念的体验。

"行"字在《说文解字》中被解释为"人们在路上走或小跑",包含了空间场所和人的动作。早期学者将道路这一空间场所作为分析民族地区社会文化与生活的重要载体,在"民族走廊"方面研究成果颇丰。① 后来,周永明提出"路学"概念,他指出道路网络的建设加快了地区之间的联系接驳,藏区交通的发展给当地人的生活带来了巨大的变化。② 其中双向性的人口与机会流动、生态环境的变化等都会给当地人带来不一样的生活体验,生理和心理上的舒适也会随之发生改变。道路的发展改变了区域之间的链接,互联网更进一步突破了时空的界限,形成在不同空间、社会交往方面的高移动性并建立起全球链接。③ 在民族地区的发展过程中,信息网络成为交通道路之外不可忽视的变化影响因素,"行"也从人在实物地面上的活动扩展到虚拟网络空间,具有更丰富的内涵。

在前辈们对于日常生活中衣食住行的研究理论和启发基础上,本研究从"衣、食、住、行"四个生活的基本面向出发,试图对格咱村民的生活选择与生活想象进行论述,探究村民们富有质感的"舒适"生活追求,最后以对格咱社会变迁情况及背景的梳理作为总结。

二、衣食住行与日常体验

(一)衣

格咱村民的穿着可窥见自然环境和生计方式产生的影响。当地有这样一个说法——"格咱除了冬天,就是更冷的冬天"。自然环境在格咱村民的衣服选择方面发挥着根本性作用,对于在平均海拔 3200 米、年均气温约为 6.6℃、昼夜温差大的高原上生活的格咱村民来说,保暖避寒是舒适衣着的基本要求。在此基础上,人们的生产活动进一步影响了衣装的选择与想象。

七八月份,松茸在格咱几乎成为一切的"主宰"——人们的生活节律发生了

---

① 周恩宇:《道路研究的人类学框架》,《北方民族大学学报(哲学社会科学版)》,2016 年第 3 期。
② 周永明:《路学:道路、空间与文化》,重庆大学出版社,2016,第 12 页。
③ 周大鸣:《互联网、快速交通与人类学研究转变》,《西北民族研究》2019 年第 2 期。

改变，传统节日和活动也为之而让步停办。人们的穿着打扮也不例外，因为松茸这一生产活动也形成了合适的装束。

格咱地区的青壮年男性上矿山拉矿跑车的居多，家中的妇女是采集松茸的主力军。上山采菌子的妇女通常都是上衣穿三件套——保暖内衣、毛衣和棉外套，下装着较厚的长裤，腰间以腰带绑装松茸的袋子。外套和长裤的颜色均比较深，样式简单；鞋子多穿军鞋或回力鞋，好走山路。人们上山的穿着考虑保暖和耐脏性能，据说这样还不容易在密林里暴露自己的行踪，简单的深色衣着容易与周围环境融为一体，从而保护自己家的"松窝"，不被别人发现和破坏。

舒适不只在于体感的温暖体验，在此之上也追求潮流时尚，浓浓的时代气息也在格咱村民的衣着中透露出来。

人告别身为"裸猿"的过去，以次生的"人造皮肤"——衣服来遮身蔽体是日常生活中习以为常的自然之事。选择衣物穿着，最初是为了适应气候寒暑变化以达体感舒适；而随着人们生活水平的提高和社会环境的变迁，逐渐丰富多彩的服装为人们提供了更多选择，穿着打扮的心思必少不了落在审美舒适上，时尚就成为衡量衣着舒适的重要指标之一。①

格咱年轻人的日常着装喜好紧跟潮流，有较强的时代烙印。与上一辈人不同，追求名牌的现象比较常见。格咱地区的大多数家庭有拉运矿产、采集松茸和在当地打工修路建房的多项收入，良好的经济水平让村民们有能力去追求更高层次的享受性消费，无论是在时尚衣物的穿戴上，还是选择消费的行为，都可以从他们的言语和行动中体会到好看时尚的服饰给他们带来的愉悦和舒适。

"时尚能够影响最为传统的社会和最固定的服装，人们概莫能外"，历史学家丹尼尔·罗奇对于时尚服装的理解如是。②时尚潮流的衣着不是年轻人的专利，年轻一辈有自己的时尚风格，格咱的中老年群体也有潮流的追求。上了一定年纪的妇女们不穿藏装时，也爱穿碎花和格子款的时装。中老年男性则多穿西装，里衬

---

① 柏桦、冉凡：《人类学与时装时尚的研究》，《广西民族大学学报（哲学社会科学版）》2007年第1期。

② 转引自柏桦、冉凡：《人类学与时装时尚的研究》，《广西民族大学学报（哲学社会科学版）》2007年第1期。

可随意搭配衬衫和 T 恤，一般情况下不会穿得特别讲究。小巴桑的爷爷常穿一件双排扣黑色宽身西服，这位曾经当过干部的爷爷至今仍保留着过去工作时的穿着习惯，平日放牛、弄孙也不忘穿戴整齐。

尽管有各式各样的现代便服供村民们穿着，传统藏装仍是各家各户的必备之物。传统藏装以氆氇、毪子、毛哔叽为布料，具有长袍、长袖、束腰、斜襟和右衽的特点，通常在袖口、襟部和下摆会镶上平绒、毛呢或动物毛皮，^①衣衫和饰物大多艳丽缤纷。格咱的藏装被评为国家级非物质文化遗产，是格咱人的骄傲，逢上重大的节庆典礼穿着民族服饰是当地藏民延续下来的传统，每一位村民都拥有自己的藏装，能把民族的身份和认同穿在身上。

婚礼是藏族人生命当中重要的礼仪之一，一般会在青稞、油菜花收获之后的十一月左右开始到次年的四五月份举行。结婚当天，新郎新娘穿着的礼服非常隆重奢华。男式结婚礼服的长袍以绸缎为衣料，以喜庆的红色、黄色为主，再搭上一件绣有龙纹的立领褂子，外再穿开右襟用豹皮和水貂皮编制而成的外套，层次极为讲究。穿好长袍后还需佩戴各种配饰，包括银质的钱包、开刃的佩刀以及银镶金圆盘挂饰，套上袖套，戴上高筒狐皮帽，从气质上表现出藏族男子的勇敢与彪悍。女式礼服则为连衣裙式服装，绸缎、氆氇、毛呢制作的长袍，搭配华美的金丝右襟和坎肩，佩戴起各式金银珠宝和金边帽，富有高原妇女的特色。^②整套礼服置办下来需要几万到十几万不等，是家庭中的主要支出。

在婚礼、葬礼等人生的重要仪式上需要穿着藏装，格咱村民过春节或其他重要节日时也要穿上自己的民族服装参加庆祝活动。据说为了巩固传统文化习惯，村规民约规定：春节期间村民们无论男女老少都要穿藏装，不穿会被罚款。

人们选择衣装不仅是为身体感受舒适，文化心理也是影响穿着选择的重要因素。在藏装穿着方面的习俗和规定，体现了格咱藏民对于自己民族文化的归属感和认同感。

藏族传统服饰虽然华丽好看，穿着上也给人以自然随意的感觉，但穿戴起来既要整理得美观又方便自由活动却不是一件容易的事情。

---

① 李玉琴：《藏族服饰文化研究》，人民出版社，2010。
② 苏郎甲楚：《苏郎甲楚藏学文集》，云南民族出版社，2007。

阿里说要给我们"讲藏族文化"时给我们展示过节日会穿的藏装，他把藏服看作是藏族文化中的重要组成部分。藏服虽然看起来穿得略微随意，但听到我们的赞叹时阿里的脸上挂着一种自豪的神气。噶特在朋友圈身着藏装的照片分享体现了她的民族认同与身份，整齐的藏服着装、简单的照片配文让一个藏族女孩的形象鲜活地呈现。

藏装是格咱藏民心意民俗的载体，也是民族身份和地方群体认同的符号象征。没有藏装对于藏民来说生活是不完整的，谈起衣着格咱人民会为拥有自己的民族服装感到骄傲。实际的生活需求虽让人们更多时候选择穿着便服，但在重要的日子里，现代常服还是要给传统藏装"让步"。

传统藏装在传承稳定的民族认同之时也在变迁的时代中悄然发生变化。现代服饰花款多、更新快，时尚的触角也延伸到了传统的藏民族服饰的制作中去。

20 世纪 90 年代，拉萨掀起一股"改良藏装"的风潮，出现了众多设计富有现代节奏感的男女式藏袍，给藏服制作增添了不少新鲜内容。[1] 现在很多格咱藏民有去拉萨旅游的习惯，旅游的同时也会购置当地的一些藏装，拉萨藏装与格咱藏装样式差别不大。这两个地区的藏装在人们看来也有潮流新旧款的比较。次林认为，西藏那边的藏装是最新款。传统走到现代，也就成了带有现代特色的传统，这是无可避免的现象。

长期以来人们对于时尚的研究都可以证明一点：时尚一直寻求与时代并驾齐驱。[2] 格咱村民的时尚和审美观念在时代的变幻中发生改变，信息媒体、经济环境、民族意识等因素相互影响并为人们提供眼花缭乱的产品选择，从人们挑选出来的几件衣裳中能解读出与现代媒体相关的信息，而经济基础决定了人们可以消费到哪个层次的时尚。无论是人们崇尚的时尚达人、名牌商标的追求，还是带有身份标识的藏装，格咱村民的时尚追求都告诉我们，时尚与美带来的舒适感受从来没有因为时代的变化而消逝。

从自然环境和生计方式看格咱村民多姿多彩的传统藏服和现代服装选择，无

① 参见李春生：《雪域彩虹·藏族服饰》，重庆出版社，2007。
② 柏桦、冉凡：《人类学与时装时尚的研究》，《广西民族大学学报（哲学社会科学版）》2007 年第 1 期。

论在物质体验和精神感受层面上都指向了同样的追求——"舒适"。

（二）食

在高原藏区格咱村，酥油茶是最有特色的味道之一。在藏区，茶是生活中很重要的一部分，酥油茶是藏家必不可缺的饮料。在古籍以及现代文献资料中都提到酥油茶能消除疲劳、防寒暖身，具有保健的作用，藏族人的劳动、休息和节庆都离不开它。在高原缺乏新鲜蔬菜的情况下，茶是补充人体维生素的重要食物来源。格咱地区的藏民家家户户几乎都会做酥油茶，以前老一辈的人一天四顿都会吃酥油茶，配上用青稞焙熟磨制的糌粑捏团，以此作为主食，为身体提供必需的热量。对于藏族人民来说，酥油茶在日常生活的重要性不言而喻，格咱村民甚至自豪地认为："酥油茶是我们民族特有的味道。"村民离家，最牵挂的还是那碗醇厚而咸香的酥油茶。

然而，传统的酥油茶之味，在当今的格咱却慢慢"淡"了。格咱悄悄地进入市场经济转型的大潮中，被更深地卷入全球消费文化当中，新的饮食趋势形成，正逐步改变年青一代的饮食口味和态度。[①]

有老爷爷回忆说格咱这边大约是 20 世纪 50 年代之后，人们慢慢地开始更多食用大米。现在格咱的老人家大部分白天的饮食还是会以糌粑和酥油茶为主，晚上吃的是米饭。卓玛奶奶认为他们老人家一定要吃酥油茶和糌粑，已经形成一种习惯了，但是年轻人吃得很少，年轻人现在不怎么吃传统的藏式饮食了，平常更多吃米饭、面条等食物。

小米大姐现年四十岁，上过小学，她认为老人家吃酥油茶和糌粑是多年来形成的习惯，自己则是上学在学校用餐才开始吃白米饭的。现代化的学校教育对于他们当地年轻人的饮食习惯改变有比较大的影响，尤其是现在格咱的孩子基本上从幼儿园到高中都是寄宿为主，一日三餐都集中在学校食堂吃饭，大部分人在学校的影响下从小就养成了吃白米饭的习惯。

藏族的传统饮食中还有一种叫"叭擦"的食物。"叭嚓"是用面粉、酥油、

---

① 参见景军：《喂养中国"小皇帝"——食物、儿童和社会变迁》，钱霖亮、李胜译，华东师范大学出版社，2017。

红糖和奶渣制成的节庆佳肴，过去是条件比较好的人家过节时才能吃得上。"现在人们条件好了，平常都能吃得到，就不怎么爱吃了。"小米大姐觉得现在外面来的更方便处理、更好吃的东西出现了，人们对于传统食物的喜爱也就随之减少了。

如今问格咱藏族的传统饮食是什么，大部分人的回答还是"酥油茶"和"糌粑"。但说到格咱人的饮食习惯上，是不是保持藏族饮食就"不好说"了。如今格咱的生产生活方式变迁在进一步改变传统的藏式饮食习惯。

格咱村民的生活节律因松茸而变。每年的6月到9月是格咱地区松茸出产的季节，这时几乎全村出动采松茸。每天清晨三四点天还没亮的时候，人们就起床准备上山，采菌到约莫十点回家吃一顿饭，吃完再马不停蹄赶上山，等到下午五六点的时候才结束一天的工作回家吃晚饭，晚上八九点左右就去睡觉。为了适应松茸采集的时间安排，格咱村民的饮食时间与农闲时不同，经常只吃两顿。饮食规律的改变体现了当地人对于季节性生产活动的适应，为挤出更多时间在山上采松茸，村民们在饮食方式上也有不小改变。

在当地一个月拜访过的将近二十户人家中，几乎都存在吃隔夜剩菜的情况。村民们想要采到更多的松茸，需要奔走更多的山路，花费更多时间成本，尽量减少其他活动的时间对于增加一天的收入来说就显得很重要了。做饭耗费的时间长，因此村民们选择多做一点晚餐，留出一部分充当次日白天的两顿饭。

然而剩饭剩菜的口感和味道并不特别好，留在家中的孩子有时候等家长上山之后会不吃早饭，或到小卖部买辣条、方便面等零食来解决一顿饭。同样地，有些上山工作的村民也不喜天天吃隔夜剩菜，他们会到村里的菜馆饭店去打包快餐回家吃，也有在家中囤上一大堆速食食品比如方便面和八宝粥等。工作结束后，村民们难得有闲暇的时间休息，有些家庭会懒得做饭，直接在火塘上烧水下面条吃，或者到超市里买一盒自助火锅解决一顿晚饭。像自助火锅这一类的速食产品在松茸出产期间受到了热捧，并且这一年一季度的饮食习惯的变化对于村民们日常饮食的口味也产生了一定的持续性影响。酥油茶在部分家庭里打得少了，取而代之的是袋装速溶奶茶和瓶装的可乐橙汁等饮料；也有喝与酥油茶相比制作起来更快捷的茶饮，比如菊花茶包和铁观音等，冲出一壶可以喝上一天。

速食产品很多时候是格咱村民出于便利性考虑的选择，工业加工生产出来的食品，推动了村民生活饮食方式的变化，食物选择也日趋多样化，但是村民的食物选择权却也被社会中的商业化势力给掌控住。格咱地区内外商业市场的发展以及家庭电视在当地的普及都使得加工食品乘着商业媒体之风，飞入了格咱的寻常百姓家，①原来传统的所谓"藏式"的饮食方法也逐渐发生了改变。一些家庭开始使用超市买来的工业产酥油制作酥油茶，还有用包装的火锅底料制作藏式火锅；家中小孩子饮用的乳制品也由原来自家牛产的鲜奶转变为工业产包装灭菌奶……选择这些加工食品有省掉制作步骤、方便食用的原因，也有人表示自家制作的食品有时候因为灭菌和卫生问题食用后有出现身体不适的可能，因而选择加工包装的食品。花花绿绿的诱人广告也会让村民对养生或者网红食品形成关于加工食品口味与功效的美好想象。"快餐"在格咱颇有市场，为生产生活提供了便利，吃一顿相当舒服的快餐也是人们追求"舒适"生活的方式之一。

为求舒适，村民们在制作食物方面同样选择了更加方便快捷的方式。现在，村民表示他们很多人都会用机器打酥油茶。把酥油、盐巴和开水倒入搅拌器中大概四五分钟后即可喝上酥油茶，快捷省力又方便，打出来的酥油茶也更好更均匀。有了机器的加入，打酥油的操作简易性大大提高。

酥油的制作也渐渐为机器所取代。当地人要存两三天的牛奶才有足够奶量打一次酥油。过去，人们制作酥油需要将热牛奶倒入一种叫作"雪董"的大木桶里，用力上下抽打几百次，才浮出一层脂质。现在，放置过两三天的牛奶在火塘上加热后放入花六七百块买回来的乳脂分离机中用手柄摇，借助离心力将牛奶中的脂肪脱离出来就是酥油了，比起人工省了不少时间和气力。

食物制作方式的简化在松茸季节的作用更为突出，在山上忙活了一天的村民们回家烧煮好茶之后，打开搅拌器等几分钟后，一杯祛劳提神的酥油茶就可以入口品尝，省时省力的机器制作提高了格咱村民在饮食上的便利度，对于舒适感的提升也有其意义。

格咱村民家的火塘里柴火依然烧得"噼啪"作响，但很多塘上的铁锅被挪进了现代厨房。煤气和厨房家电的使用让食物的烹饪更加快捷方便，抽油烟机把炒

---

① 景军：《喂养中国"小皇帝"——食物、儿童和社会变迁》，钱霖亮、李胜译，华东师范大学出版社，2017。

菜时产生的油烟吸走排掉，不会像以前用火塘烧菜那样，不仅生火热得慢，还熏得满屋子都是油烟。如今传统的火塘则转做热菜烧水、冷天取暖之用。食物烹调环境的改变，有可能会导致味道发生改变，但是更简易的操作和使用方法的确是增添了村民们在烹饪食物时的舒适体验。

科技的发展给食物的制作方式和制作食物的环境场所带来了巨大的变革，更加便捷的操作逐渐替代传统的手工做法，简化了食物制作的工序，提高了工作效率。格咱村民在享受电气机械带给生活便利的同时，虽然未完全摒弃传统的食物制作方式，然而年轻一辈已经在渐渐遗忘老祖宗处理和对待食物的方式了。

传统藏味逐渐失去日常饮食的主导地位，在代际差异、饮食变迁和社会潮流信息等影响下，这可能是必然的结果。

（三）住

"藏族人平时可以吃不好穿不好但是一定要住好，房子一代建不完，下一代继续建。"林业站的副乡长如是说。对于格咱的藏民来说，房子应该要算作生活当中的头等大事，生活起居、宗教仪式以及归属情感统一在一方土地上、一所房子里。

村民们辛勤地采松茸、跑矿车，收入不菲，但绝大部分钱都投到建房子和装修上面。藏房的建造工程比较庞大，一般的藏房有两到三层，过去一楼做饲养牲畜的畜厩，现在多用作伙房、宿舍和仓库，二楼做经堂和客房。藏房整体占地面积可达 300 平方米，室内空间十分宽敞，基本上以木材为装修用料。在格咱，每家每户建房都会有伐木指标，部分建筑木材用料是村民自己砍，但是木工以及其余部分木料的花销依然是一笔不小的数目。

近几年来，格咱地区宽敞的大藏房旁边出现了不少新建的小平房，这里的人称之为"汉房"或者是"厨房"。"厨房"的面积不大，目测是六七十平方米。平日一家人除了睡觉之外的生活起居，基本上都在这几十平方米的小房子里进行。到村民家里参观，我们很多时候都是被邀请到他们的"厨房"去，藏房里的家具和电器都用塑料薄膜覆盖起来防尘。从大理来到格咱当了十几年木匠的一位大哥告诉我们，这几年来格咱村民住藏房的人不太多了，因为藏房太大，家里一般只有五六口人，住在里面就显得人少冷清；而"厨房"因为空间紧凑，人们聚在一起会比较温暖。当地人也认为，藏房的空间大，烧火要烧比较久才能暖和起来，加之藏房打扫起来比较麻烦，因此他们基本上是等到过年过节的时候才搬到藏房里住。

藏房建造花销大，居住环境当地人认为也不比"厨房"舒适，但是修建藏房作为藏族人的传统却是必不可少的。

"连一个藏房都没有，怎么能说自己是藏族人呢？"藏房之于藏民具有非同小可的意义，它不仅仅是一座房子，更是他们民族身份的象征。宽敞的藏房带来的物理舒适度不一定高，但对于格咱藏民的精神舒适来说却非常重要。

格咱藏民信仰藏传佛教，几乎家家户户都在大藏房里设有经堂，供奉释迦牟尼、班禅大师、当地活佛和其他的一些神佛。老少男女日常在家中都是宗教仪式的参与者，每天晚上家里都会有人去经堂点亮酥油灯，倒掉佛前用铜碗装的水，次日早晨再添上新水、烧起藏香，迎接崭新的一天。

嘎提的奶奶已经七十多岁了，近两年体弱多病，行动不便，常常需要在小"厨房"的火炉边静坐休息。尽管身体状况如此，奶奶还是会坚持拄着拐杖爬上陡峭狭窄的楼梯到藏房二楼的经堂去，虔诚地烧香添水、念经礼佛。临近中午的时候，奶奶脱下包头，站在佛像前双手合十夹着一串念珠，反复念诵六字真言"唵嘛呢叭咪吽"。外孙从外面玩耍完跑进来，一见奶奶在诵经便立马收住吵闹，肃穆地摘下帽子低头站好，认真地跟着念几句经文。孩子们从小耳濡目染，进到经堂后需对神佛行的礼，他们都熟练于心。

作为仪式信仰的重要场所，藏房里的经堂设计颇为讲究。出于采光以及气候的考虑，藏房的修建大部分是坐北朝南以尽量达到冬暖夏凉的效果，经堂的朝向与房屋整体朝向一致，窗口一般需要对着庇佑村庄的神山，人探出窗外要能够看到神山在哪里；窗台下则放置一张矮床或者是铺有毯子的长椅供活佛使用。经堂是藏房里面使用频次最高的空间，此外的其他地方，除了粮仓，一年当中并不常用。

拉茸家的藏房已经建了有二十多年，她觉得"藏房是拿来装饰的"。藏房在格咱藏民的日常生活中成了展演的物品，在社会关系上也起到象征性作用。大藏房里的中柱支撑起了藏房的整体结构，还蕴含着家庭实力和信仰方面的象征意味。

家户之间中柱大小的比较相当于是一种家庭实力的展演，中柱越大表示家族越显赫，本事越大。

过去在格咱关于中柱的攀比之风盛行，而现在由于山林里的粗大原木越来越少以及受简约家装风格的影响，人们对中柱大小的讲究在弱化。中柱在藏房里作为支撑，像神一样，对居所和居住者起到保佑的作用。从山上把砍好的木头拉下来之后立柱，必须是按照木头原来生长的方向放置，哪一面朝阳生长的哪一面就需要冲着阳光，否则是不吉利的。房屋里立起中柱时，需要在上面绑上哈达，显示其是藏房里面最大的"神柱"。

藏房承载了格咱藏民的民族情感认同和精神信仰，而"厨房"则更具实用性。"厨房"基本上是钢筋水泥的砖房建筑，内部装修也比较简单，没有藏房复杂繁多的木雕装饰，通常四面粉刷白墙漆，装有电视柜和储物柜，座椅之间设转角柜，上面整齐地摆放着招待贵客用的金底或银底龙纹碗以及酥油盒、茶叶等。座椅前面设有火塘，天气冷的时候可以围炉取暖，烧开水或者是加工食物也都可以在火塘面上进行。村民们在"厨房"里起居会客，这块只有藏房五分之一大小的地方是他们的主要起居所。"人气"容易在小"厨房"里聚拢起来，显得热闹又温馨。

面对现代住房的舒适便利，格咱村民大多抱着欣然接受的态度，不过即使藏民已经把生活起居的重心放到了小小的一座"厨房"里，他们对于藏房的情感和信仰始终稳定地保留着。无论是藏房还是"厨房"，格咱人们对"住"这一方面的选择与想象都逃不过现实理性的考虑和理想感性的追求。

格咱村民在松茸和矿业的经济支持下有着不错的生活水平，家庭经济上去了，物资供应丰富了，村民的日子越过越精细，家居装饰也进一步追求精致舒适。

液晶电视、按摩椅、工夫茶具等家具物件在格咱人家随处可见，格咱妇女巧手做的毛毯和刺绣让家居更添民族风情和美感。村民家的藏房或"厨房"里常能看到刺绣挂画或挂钟，刺绣图案精致而复杂。不少家庭的藏房里还会有一个客房放置羊绒毯子和棉被，专门给客人使用。羊绒毯一般是用买来的染过色的羊绒线编制而成，图文并茂，繁多的花式不少是照着刺绣图或网上搜到的图编上去的。一些格咱妇女还发挥自己的想象力，把具有民族特色的物品或者是藏传佛教信仰里的"卍"字符和故事一针一线地"描绘"在羊绒毯和刺绣上。

在6月到10月的农忙时期，家里的妇女一般只能够抽空一点点地做刺绣。等到农活告一段落，妇女们有了大量的闲暇时间可以消磨时，会聚在一起刺绣或者打羊绒毯。刺绣和打羊绒毯在某种程度上也是格咱妇女的一项社交活动，大家坐到一起一边做手工艺品，一边聊天唠嗑，既充实了闲暇生活，又促进了人与人之间的交流和村民团结。因此，在刺绣和打羊绒毯的过程中，妇女们在创造舒适家居品的同时，也获得了精神上的舒适满足。

富有娱乐性或观赏性的家居用品给人以愉悦，那么整洁干净的卫生空间也为格咱村民的健康和舒适度体验提供了较为良好的条件。

过去，藏族人家里没有洗手间的概念和设置，近十多年来，随着"厨房"的慢慢兴起，卫生间也建了起来。卫生间内部装的基本上也是现代卫浴产品，比如抽水马桶、太阳能热水器和两用莲蓬头，还有些家庭在卫生间里装进了陶瓷浴缸。村民们对家居用品的使用和需求，进一步向着高质和精致时尚靠拢，对物质蕴含的情感精神追求却没有在岁月流转中消逝。

宽敞和紧凑、木材和砖瓦、冷清与热闹、神性与人气在格咱藏民的家居中共存，舒适与不舒适的体验也视具体的小环境而定；敞亮的空间、流畅的布局、优雅的家装是衡量住房体感舒适的重要标准，而居住在房子里的"神"和人形成了情感舒适的因素。家居的建造与装饰连接了过去的传统造式和现在的装饰理念，表现了格咱村民对舒适生活的向往与行动。从房屋建筑整体到家居装饰细节，格咱村民对住房的认知与实践凝聚了自己的心血，传统与现代家居理念在当中不断交织着，而对舒适的稳定追求还在代代传续……

（四）行

行在脚下，过去不论路途有多么遥远险恶，格咱村民都得用双足走完。现在，格咱村村水泥路通达，一条平整的道路贯穿格咱中心地带，同时"一座房，一张车"在格咱众多家庭当中普遍实现，格咱村民的脚步因此"走"得更快更远。

格咱地山高路险，村民以前全凭一双脚翻过高山、踏过泥泞的小路到达遥远的目的地。一般情况下，牧民要走十多千米，才能从村里到牧场，倘若还要运送物资，则只能用人力、畜力肩挑背驮，辛苦程度可想而知。

现在，随着矿业、松茸采集这两种生计方式的兴起，从事放牧的人越来越少，放牧的方式也趋于"专业现代"化。富有经验的牧羊人有了电动车这一装备，可以轻松赶上羊群牛群。再给车子安上挡风雨棚，就不怕风吹雨打了。牛羊在电动车的驱赶下快速到达牧场，到傍晚五六点的时候会被牧人准点赶回家。交通工具的使用不仅提高了放牧效率，还减轻了放牧的奔波劳累。物资的流动也随着运输工具的进步而加快起来。

交通工具的发展为格咱的舒适生活创造了更多可能。过去跋山涉水的步行经历和肩挑背驮的运输方式已经和人们现在的生活渐行渐远。如今，"一张矿车，一张小汽车，一张摩托车"是格咱村民运输和出行的"标配"。

矿车当然负责矿产运输，村民们在21世纪初就开始买车拉矿了，这个二十多年前就开始兴盛起来的经济产业，每年为格咱当地带来不少收入。一开始村民们用东风车拉，随着矿场规模的扩大，重型的双桥车、四桥车和拖挂跑了起来，带着更多的矿产送到昆明、大理、丽江等地。格咱家庭里的男人们出去拉矿跑车的收入很可观，把矿送出去后的空矿车又载着水泥、石子和其他货物回到格咱，一趟车少可赚五六千，多则赚八九千。

小汽车和摩托车则是格咱村民日常代步的交通工具。小汽车以五座或七座的SUV、越野车和面包车居多，比较适合当地的路况和家庭人数的情况。在松茸季节，有不少村民，无论男女，都会开着自己家的小汽车奔走在村庄之间收购松茸。新鲜的松茸乘上格咱村民的快车及时赶到香格里拉县城的松茸市场，再搭乘飞机飞往全国或世界各地。次林的爸爸在松茸生产时期把平时进城用的SUV变为松茸运输车，走村串寨收满一车菌子后，就往南边的县城赶去。

摩托车在农村的使用很普遍，轻巧方便，简单易学。采集松茸的人平时多开摩托车上山，小巧的摩托更好走山路；买菜取快递图方便，也会使用摩托。格咱村民依靠车发家致富，借助车与外界沟通联系，行车在格咱的日常生产生活中有着很重要的作用，然而行车的风险不可小觑。格咱山区多回环往复的急转弯，靠近悬崖的险坡还有狭窄的傍山公路，没有丰富经验的司机未必有胆量在这样的道路上行驶。但是相当多的格咱男人需要靠行车养家糊口，为了保平安，很多往返格咱的车辆都会在车上挂上佛像或张贴"扎西德勒""唵嘛呢叭咪吽"这类的藏文或中文标语，车的倒后镜上还贴有佛教"卍"字符。

道路交通在迅速发展的同时，信息通信的建设在格咱的发展让村民们跋山涉水都不一定能看到的风景在打开电视或手机的几分钟内就可呈送眼前。方便快捷的网购服务丰富了格咱的物质生活，抖音、快手、微信等信息共享社区，让格咱快速融入宏大的全球化信息化时代当中。

不少格咱村民尤其是年轻人对各大网购平台用得驾轻就熟。七林是个 90 后，平日自家儿子要用的尿布、洗澡用的手工皂、褡裢、玩具等都是在网上买回来的。人们足不出户就能够在网络购物平台上买到绝大多数生活用品，极大地便利了格咱村民的生活。"现在几乎什么东西都能在淘宝上买到了，平时来的快递还会有藏香和酥油灯呢。最好玩的还是有人在网上邮购小兔子和小鸡了，我看到可被吓坏了。"家里开淘宝店的妹妹跟我们说。

快递物资在格咱的流通发展，当然离不开路桥和网络的建设。

云南的藏区大致处于青藏高原东麓边缘，高海拔再加上横断山脉的特殊地貌，使得这一片高原藏地成为世界上交通条件最艰难的地区之一。[①] 到了改革开放时期，国家现代化目标成为筑路的出发点，自此滇地藏区的道路基础设施工程逐渐跟上了中国经济发展和全球化的步伐。

格咱乘着筑路潮，建设了平整的省道乡道，道路连通了格咱内部的各大村庄，连接了外部更大的世界，源源不断的物质供应顺着道路输送到了物资相对匮乏的格咱，格咱的矿产和特色农产也沿着道路走出去，为当地带来财富。道路建设带来的流动性增强，也意味着外来的文化对地方生活方式的冲击。

格咱当地藏民原本并没有过火把节的习惯，相对较低的物价和对格咱未来发展机会的憧憬使得来自丽江的纳西族和大理的白族人来到格咱做生意或打工。外来人口把自己民族的特色节日带到了当地，一些和外地人相处较好的格咱当地人也会接受舞火把、吃羊肉的外来习俗。

相比于道路，网络对于格咱的影响力似乎更大。无线网络的覆盖和智能手机的广泛应用让格咱村民的衣食住行、娱乐方式乃至人际交往形式、观念意识都发

① 周永明：《路学：道路、空间与文化》，重庆大学出版社，2016，第 12 页。

生了变化。

我们和格咱小伙伴同在的微信群里常能看到当地人发送团购链接。好友之间一起拼单、砍价，交流购物软件上的心仪物品，有不少乐趣。边大姐每天采完松茸回家闲下来第一件事就是网购，对于她来说，上网浏览喜欢的商品是一种很好的放松方式。

风靡广大农村的"抖音"和"快手"也备受格咱男女老少青睐。人们在抖音和快手的社区上互相关注，分享自己拍的生活小视频，孩子们之间聊天打趣时会戏谑对方为"中甸网红"。卓玛喜欢玩抖音，很少玩微博，其抖音号记录了很多她的生活状态，粉丝们的点赞和好评会让她开心好一阵子。通过这些网络平台，村民们关注朋友以及认识到外地的陌生人，和亲戚好友分享自己的兴趣爱好和生活点滴，还有人借此交友恋爱，娱乐和人际交往需要都能得到满足。

技能通过网络也流动到了格咱村民的日常生活当中。小布通过看视频自学了街舞，厨师小哥通过在网上浏览各地的美食和菜谱尝试厨艺创新，木匠师傅在手机上看视频学习新样式的家具和木雕设计……格咱村民的知识学习在网络媒体的推动下也得到了一定程度的提升。

路网通，财和才也通。道路和网络信息的通畅，促进了格咱与外界的双向交流。格咱当地的物质和精神生活被道路网络改变着，村民的心绪情感也为之牵动，既有快乐舒适的体验，也难免有不适与郁闷。"看手机坐久了有时比上一天的山更累"，边大姐一手拿着手机一手捶着肩膀，"手机瘾"既让她沉浸在购物和看视频的乐趣当中，又让她感到肩酸眼花之不适。小格在手机上看到自己抖音视频下的负面评论，难过得饭都没胃口吃。

道路与网络连接起了小地方与大世界，牵动了格咱村民生活中方方面面的变化，在物质、信息、人员各要素快速流动的时代，村民们迎合适应时代的选项，并在选择当中塑造并活成自己的样子，既逐流图新鲜求乐子，又有自己的目标追求和认识。在理想和现实之间，格咱村民始终没有放弃物质和精神层面的舒适追求。

三、结语

(一) 变化中的格咱

时代和社会环境在变,格咱生活也在变。格咱村民们衣食住行的基础生活,在内外多方力量作用之下,时而摇摆时而平衡地向前发展。

高原藏地特有的地理特点对于基础生活方式具有先决性的作用。格咱的自然和人文要素为衣食住行奠定了基调。高寒的气候、起伏的地势、广袤的山林草地、普遍的藏传佛教信仰等条件既限制了格咱人的生活选择,又为格咱人提供了形成生活基础的资源,间接地开发出更多的选项。

随着矿产、松茸采集生计活动的兴起,人们的生活节律根据经济活动的需要做出适应性的调整,并配合生产活动进行相应的衣着和交通选择。长途的矿产运输和忙碌的松茸采集对格咱村民的劳作强度要求相当高,为达到更高的经济产出,往往需要加大时间精力的投入。面对集中的劳作,村民们调整了饮食的次数和时间,并且更倾向于选择方便快捷的现代速食产品以及省时省力的食物制作方式。然而,这些饮食上的变化又不是绝对的,适合格咱村民体格需要的传统食物在长期的食用过程中形成了相对稳定的味道记忆,食物结构和种类的多样化、制作方式的简约便捷化,并没有让传统的酥油茶、糌粑、火塘等消失不见。

格咱地区独特的经济特点也直接影响了道路网络的建设,通畅的道路是运输的保证,同时也带动了人口、资金、技术等要素的流动,更为强大的信息通信网络则让格咱把生活的各大分支网络与外部世界相连接。

与外界的交往日益频繁,格咱社会生活也变得更加开放。外来的经济文化介入格咱的生活中,产生物质需求和精神价值上的影响。流行时尚通过商业宣传、媒体传播、学校家庭教育等方式走进格咱村民的日常生活,潜移默化地影响着他们对衣食住行的看法。"时尚中永恒的一点是永恒的变化",只要生活在继续,时代在变化,时尚就一直存在,那么格咱村民的生活选择与想象也不可避免地随时尚之变而变。

格咱村民的生活明显受一股强大外力的作用——它来源于时代，来源于信息化全球化的潮流，它塑造并引导着村民的生活形态。

格咱生活形态的建构还受到其他因素的影响，比如国家政治经济政策的实施。列入国家"非遗"保护名册的藏装、国家战略下修建的通信网络、国企开发的大型矿场……国家实施的政策既是诱发变迁的因，又是变迁发生的应对之果。国家力量藏在衣食住行中，并不易被直接发现。

各种变化要素下，传统与现代相互纠缠，小地方和大世界相联系的同时又存在一定的脱节，格咱村民的情感体验融入衣食住行的日常物质生活当中，也跟随着变化产生起伏。悲喜起落因事而起，因境而迁，在纷繁复杂的信息时代当中更是如此。外部的力量亦正亦负，比如网络平台，你可以和他人分享快乐，却也可能被他人攻击。

而藏传佛教的信仰为格咱村民提供了相对畅通的精神出口，推动了格咱乡民精神世界的构筑。精神世界也需要以物质载体作为寄托，经堂、白塔、佛像、珠串等稳定地在格咱的空间中存在着。

变与不变构成的是一组相对关系，格咱村民在时代的滚滚洪流中的选择与想象立足于变化的大势，又有相对稳定的精神内核。就这样，作用在生活中的力量形成了动态平衡。

（二）"舒适"——不停息的生活追求

变化中的格咱生活的稳定因素，就是格咱村民对于"舒适"生活的追求。

生活与时代、与社会潮流亦步亦趋，永不停息。对于格咱村民来说，何谓舒适生活，相应的选择与想象既受自身的知识体系和传统经验影响，又被时代、市场、信息媒体、国家政策等因素推动着。

舒适生活具有体验性、情感性的特点。"舒适"一词其实并不常直接出现在村民的口中，它通常在人们的行事方式、语言评论、情绪表现等细节之处体现。格咱村民向外来的客人展示自己的民族服装，人前自豪地谈论自家气派的大房子，还有烹饪菌菇时下调料的原则以及看社交平台的情绪起落等，表现出村民们以某种认知、行为和情绪等作为策略来平衡生活以实现某种程度或面向上的舒适。

在这个过程中，毫无疑问人具有主观能动性，他们选择展示、评论和感受什么，形成相应的生活想象。萨林斯认为："人对生活的看法并不是受特定的物质条件决定的，相反，人们对生活的看法决定着人们物质生产、交换和消费方式。"①格咱村民对舒适生活的实践体会以及对舒适生活的看法影响着当地的物质生产和消费，市场也相应地迎合当地人。格咱与外界的联通互动当中，也因村民们基于长久以往的宗教信仰和积累下来的知识经验而不失地方特点。

格咱村民追求舒适生活，看似发自内心，实则是时代和社会对生活选择与想象状态的形塑结果。

格咱这个小地方也隐藏着宏大的信息化、全球化的时代背景。无线网络的覆盖、路桥基础的建设与完善以及国家的经济文化政策等给格咱村民的生活带来更多选择，村民们在适应时代和社会的过程中寻找可以享受相对稳定的舒适生活的可能，从而利用这个时代的特点满足自身对衣食住行的更高层次想象，学习技能、玩耍娱乐、促进人际互动……当然，村民们的舒适需求不能得到完全的满足，同时，追求舒适的路上有不少挫折和挑战。部分传统的东西在流逝，人们对于藏族文化认同的弱化以及外来不良生活方式与观念的渗入使得格咱村民在生活转型变化当中经历不适与"阵痛"。传统与现代、理想与现实之间，社会的大环境与个人的体验需求合而为一，格咱村民的生活选择与想象也随着时代与社会的具体条件做出了一定的调适。

人们对于生活舒适感的追求具有稳定性与恒常性的特点，总的追求方向是前进发展的。格咱村民对舒适生活的追寻被时代潮流推动着，其实也一直在他们自身的意念中，没有停息。

---

① [美] 萨林斯：《甜蜜的悲哀：西方宇宙观的本土人类学讨论》，王铭铭、胡宗泽译，生活·读书·新知三联书店，2000。

"老母亲"与"蛙儿子"

——基于《旅行青蛙》对当代年轻女性婚姻家庭观念的探析

山东大学哲学与社会发展学院 2016 级本科生　邓雨扬

指导老师　舒　萍

摘要:《旅行青蛙》的迅速走红引发一系列的讨论。本研究从《旅行青蛙》流行中出现的称呼入手,探究称呼背后的话语实践内涵。在具体研究中,本文首先梳理了《旅行青蛙》的流行过程,并利用互本性理论分析了其流行过程中的网络机制,同时探究其迅速衰亡背后的社会内涵。随后,本文针对"为什么不是丈夫而是儿子""为什么是老母亲而不是老父亲"的讨论,探究其背后蕴藏的年轻女性的自主意识以及母职观念。在此基础上,本文以话语实践理论切入,将"蛙儿子"以及"老母亲"的话语建构看作是一种竹笋式话语实践,其形式本身便是一种实践,而这种话语对于实践的影响同样值得关注。

关键词:旅行青蛙;老母亲;蛙儿子;话语实践

一、研究缘起

"寻蛙启示:蛙宝宝彻夜未归,我和你爸(李)泽言,等你回家。"①

---

① 《游戏入坑太深? 杭州惊现巨幅"寻蛙启示":我和你爸泽言,等你回家》,杭州网,http://hznews.hangzhou.com.cn/shehui/content/2018-01/23/content_6780244.htm,2018 年 8 月 11 日。

1月22日，杭州某屏幕广告引发热议。其时，由日本游戏公司Hit-Point发行的一款名为《旅行青蛙》的游戏在中国大陆意外蹿红。同时，这款面向年轻女性玩家群体的游戏，引发了大众热议。

在接受媒体采访时，游戏设计者上村真裕子透露，《旅行青蛙》中"蛙"的原型其实是日本丈夫的角色。一石激起千层浪，许多中国网民纷纷"吐槽"，"养了那么久的儿子原来是野男人"，更有"蛙渣"之类的评述。① 在中国，《旅行青蛙》的流行实际上受到传播机制的影响，微博大V以及同人创作成为《旅行青蛙》流行的蓝本，"佛系""恋与制作人"等则为其发展提供舆论环境，到后期，杜蕾斯等广告品牌推动蛙的形象进一步深入大众。《旅行青蛙》的流行，本质上来说是商业化的一次展演，并在其所处的网络文化环境中流行。

然而这样一款现象级手游的简单程度却令人咋舌。游戏主角是一只青蛙，玩家通过三叶草的收集为青蛙购买相关道具。青蛙携带道具出门旅行，并寄回来照片和特产。值得注意的是，旅行青蛙什么时候出门、什么时候回来都是随机的。玩家只需要在游戏界面上花费很少的时间。②

在游戏的流行过程当中，玩家自称为"老母亲"，将游戏中的青蛙亲切地称作"蛙儿子"，并在此基础上展开互动。但是在研究过程中，笔者发现，游戏中既有男性玩家也有女性玩家，为什么玩家普遍自称为"老母亲"呢？同时，来源于日本的旅行青蛙，其实是以日本丈夫为原型，为什么中国的旅行青蛙就成了"蛙儿子"呢？这些问题不仅涉及中国乃至东亚地区的亲属观念的转变，同时也涉及人类学领域中的亲属关系的选择问题。

围绕这两个基本问题，笔者针对20岁左右的女性玩家展开了访谈，并试图去探究，在"老母亲"与"蛙儿子"的话语背后，蕴含着年轻女性怎么样的婚姻以及家庭观念？社会转型的背景下，传统婚恋观点受到现代社会的冲击，当代年轻女性追求婚姻自主的同时，依然面临传统男权制度的压力，生育压力更是如影

---

① 《〈旅行青蛙〉日本网友把蛙当老公养，而你却把蛙当儿子》，搜狐网，http://www.sohu.com/a/221816217_816352，2018年8月11日。

② "旅行青蛙"词条，百度百科，https://baike.baidu.com/item/%E6%97%85%E8%A1%8C%E9%9D%92%E8%9B%99/22340774，2018年8月11日。

随形。"老母亲"与"蛙儿子"的话语背后，年轻女性的话语被社会环境建构，同时，这套话语也成为年轻女性的反思空间。由此，本文创造性地从话语意识形态理论入手，探究亲属关系的选择问题，并试图描绘在这其中所反映的年轻女性面临的婚姻家庭观念的转型状况。

二、文献综述

在本部分中，笔者首先对于亲属关系选择的理论进行梳理，以阐明文章的核心主旨；其次，笔者将集中阐述网络语言分析的面向，确定文章研究的领域；最后，笔者也将对于《旅行青蛙》的具体研究进行系统梳理，展现本研究的独特之处。

（一）亲属关系选择的相关研究

人类学关于亲属关系（kinship）的研究由来已久。有关于亲属关系的人类学研究，不再局限于传统的原始部落。相反，随着社会变化，亲属关系经历了重构，对于亲属关系的研究也扩展到新的领域，包括对于中国乡村，生育机构（代孕等）以及网络空间的研究。①

在这个过程中，Schneider 是其中的代表人物，他对于亲属关系的批判（*A Critique of the Study of Kinship*）标志着新的亲属研究的开始。在书中，Schneider 回顾了 Maine 以及 Morgan 以来的亲属关系研究，提出他们都是基于"blood is thicker than water"的假设进行研究的，但这种假设本身便是值得反思的。因为在美国文化存在的亲属关系未必适用于其他类型文化。亲属关系的优越性（相比于朋友关系等）是值得进一步反思的。而亲属关系本身具有的弥漫的稳定性（diffuse enduring solidarity）的特点实际上需要分为两部分来讨论。它的特性一部分来源于它的自然性，也就是基于血缘关系产生的亲属联系，类似母亲和孩子之间的亲子关系，这是不可解除的（unalterable）。另一部分特性实际上来源于它的社会性，也就是基于行为准则/规范/法律来约束形成的亲属关系，比方说婚姻关系，这

---

① Franklin S., McKinnon S., "Introduction", *Relative values: Reconfiguring kinship studies 1*(2001):25.

是可以终止的（terminable）。① 而在《旅行青蛙》的游戏中，"老母亲"与"蛙儿子"之间这种亲子关系却是可以随时终止的。这款游戏的设计实际上在某种程度上反映了人们对于亲属关系的思考：亲子关系究竟该是什么样子的？血缘关系更加重要还是彼此之间的互动联系更加重要？从而丰富了亲属概念在具体情境中的表现。Collier 和 Yanagisako 的研究同样具有启发性。他们认为亲属关系的模型不是来源于前社会的所谓不同（指由于血缘和基因关系造成的人与人之间的差异），而是基于一种普遍的文化假设。也就是说，亲属关系与其他朋友关系等相比并不存在特殊性，其生理自然性的基础实际上来源于文化的特殊性。② 这一点在 Martin 的对于精子和卵子的研究中得到了进一步的印证。在 "The Egg and the Sperm: How Science has Constructed a Romance Based on Stereotypical Male-Female Roles" 的研究中，Martin 论证科学中有关于精子是更加具有侵略性（aggressive）的形象以及卵子则是被动的（passive）的形象实际上来源于文化的建构，科学研究过程中的描述依然受到了文化的影响并进一步强化了人们对于性别的刻板印象。③ 从《旅行青蛙》的游戏中来思考这种亲属关系，"老母亲"以及"蛙儿子"的"亲子关系"实际上正是在游戏的语境之下被文化建构出来的，亲子关系建构的文化特质得到了进一步突出。这同时也对应了 Strathern 对于 "naturalization" 的研究，亲属关系实际上是符号性的建构，反映社会想象自身的方式。④《旅行青蛙》中对于"老母亲"以及"蛙儿子"的称谓实际上也是一种符号，传达出社会对于亲子关系的想象。而随着国外代孕以及跨国际收养的盛行，亲属关系的自然性或者生理性基础正不断地接受着挑战。《旅行青蛙》中浮现的亲属关系实际上展现出网络空间对于原始亲属关系的冲击。而目前有关于网络空间的亲属关系研究，多为对于网络社群之间的类亲属联系进行研究，探究这种具有平等特质的社群反映出

① Schneider D. M. ,*A Critique of the Study of Kinship*(University of Michigan Press, 1984).

② Collier J. F., Yanagisako S. J. ,*Gender And Kinship: Essays toward A Unified Analysis*(Stanford University Press, 1987).

③ Martin E., "The Egg and the Sperm: How Science has Constructed a Romance Based on Stereotypical Male-Female Roles", *Journal of Women in Culture and Society* 16（1991）: 485—501.

④ Strathern M. ,*After Nature: English Kinship in the Late Twentieth Century*(Cambridge University Press, 1992).

来权力的重组。①但在《旅行青蛙》的研究当中，笔者试图通过游戏形象以及个体之间产生的称呼来探究权力之间交互影响的过程，互联网既可以强化刻板印象，加深权力压迫，也滋育着新的权力。

针对本研究，"老母亲"以及"蛙儿子"的称呼背后的虚拟亲属关系（fiction kinship）实际上展现出人们对于传统的亲子关系的想象以及反思。

（二）网络语言的分析

总的来说，网络空间的话语分析主要将网络语言看作是公共话语的博弈空间。一方面，政府对于网络语言的监管形成一定的权力场域。另一方面，网民对于网络语言的使用，一定程度上推动民主化的进程，甚至作用于相关政策的施行。

面向具体研究，Meng B. 在对于"恶搞"的分析当中提出，话语本身就是一种实践，而不一定需要涉及实际的活动。在研究中，他主要分析了互联网如何推动新的话语方式与交流方式的形成。②尽管他在一定程度上洞察了话语实践的内涵，并从交流方式形成的角度探讨了话语的实践功能，话语的实践功能不再局限于对现实之间的影响，而指向了话语本身。但是话语的实践功能不仅仅是交流方式的改变，其本身依然有其内在的特定社会内涵。在《旅行青蛙》中，话语之间的交流已经发生了改变，但是在"老母亲"与"蛙儿子"的话语体系背后，实际上也包含一定的社会内涵。漆祥毅则主要讨论了网络语言的特色，并提出网络语言作为一种公共修辞，对于建构社会议题以及形成公共舆论方面的作用。③在网络环境下，网络语言的戏谑性特色成为分析的中心，但是在这个过程中，网络使用者本身对于网络话语的理解反而被一定程度上弱化。网络语言被看作是分析的整体，但是具体网络语言背后的内涵则被忽略不计。在此基础上，《旅行青蛙》的分析则从微观的分析层面，将网络的戏谑性放到研究的分析中来。此外，师曾志和杨睿在研究中探讨了新媒体赋权下情感的实践功能，并对于互联网治理方面

---

① Franklin S., McKinnon S., "Introduction" ,*Relative values: Reconfiguring kinship studies1*(2001):25.

② Meng B., "From Steamed Bun to Grass Mud Horse: E Gao as Alternative Political Discourse on The Chinese Internet" ,*Global Media and Communication7*(2011): 33—51.

③ 漆祥毅：《网络语言：公共话语实践与话语博弈》，博士学位论文，广西大学，2013 年。

提出一定的建议。^①其从网络情感的角度入手探讨网络语言的实践功能，具有一定的创新性，但是分析中主要探讨的是情感发挥作用的过程，而没有分析情感背后的社会面向。隋少杰的研究则从文本分析入手，探讨文本当中蕴含的性别观念。^②其将性别视角引入分析过程当中，但却主要依靠对于文本的分析，缺少了个体对于文本的理解的书写。

综合以上的研究，本研究对于网络空间的话语分析进行了进一步的深入思考，网络话语中同样存在隐蔽的性别话语以及家庭观念的话语，"老母亲"与"蛙儿子"的话语建构出一种反思的空间，并推动社会观念的转型发展。

（三）《旅行青蛙》的相关文献

纵观关于《旅行青蛙》的文献，大多以传播学的视角切入，分析《旅行青蛙》意外流行的过程。从"空巢青年"和"佛系"的角度，分析《旅行青蛙》流行背后的社会背景。^③

其中，管玉瑶对于《旅行青蛙》走红的原因分析具有相当强的代表性。她以马尔科姆·格拉德威尔的"引爆点"理论及其"流行三法则"为分析工具，将《旅行青蛙》看作是一个意外走红的客观产物。《旅行青蛙》的走红受到其自身特点（清新画风和简单玩法）、传播者（关键意见领袖）、中转者（各种同人作品等）以及社会环境的影响。"佛系""空巢青年"以及从众的社会环境都被视为《旅行青蛙》走红的社会背景。^④总的来说，这篇文章从社会流行机制的角度概括了《旅

---

① 师曾志、杨睿：《新媒介赋权下的情感话语实践与互联网治理——以"马航失联事件"引发的恐惧奇观为例》，《探索与争鸣》2015 年第 1 期。

② 隋少杰：《略论大众传媒的性别话语实践——以电影〈西西里的美丽传说〉为例》，《当代文坛》2007 年第 1 期。

③ 管玉瑶：《〈旅行青蛙〉在社交圈走红原因分析——基于马尔科姆·格拉德威尔的"引爆点"理论》，《新媒体研究》2018 年第 7 期；张宏峰：《手机网络游戏〈旅行青蛙〉爆红归因探析——基于受众"使用与满足"视角》，《新媒体研究》2018 年第 7 期；陈茜、石雨峰：《〈旅行青蛙〉被放置，意外爆火后错失商业化良机》，《商学院》2018(z1)；姜文浩：《传播学视角下〈旅行青蛙〉走红原因分析》，《新闻研究导刊》2017 年第 24 期；从易：《旅行青蛙其实正是孤独的"空巢青年"》，《中国报业》2018 年第 3 期；王钟的：《玩〈旅行青蛙〉在池塘里找到顾影自怜的"我"》，《师道》2018 年第 2 期。

④ 管玉瑶：《〈旅行青蛙〉在社交圈走红原因分析——基于马尔科姆·格拉德威尔的"引爆点"理论》，《新媒体研究》2018 年第 7 期。

行青蛙》流行过程中诸多要素。但是，个人在这个过程中对于《旅行青蛙》的感知以及认识却一定程度上被忽略。在蔡骐与卞寒月对《旅行青蛙》的研究当中，提出《旅行青蛙》的游戏代表着一种年轻人"佛系"的生活态度，这种态度与上一代人的期待形成冲突，展现出代际冲突的一面。① 该篇文章揭示了《旅行青蛙》流行背后代际冲突的一面，但也在某种程度上模糊了《旅行青蛙》流行过程中的性别意识。部分学者虽然从受众的心理满足② 以及女性玩家的热情对男性玩家也有很强的吸引作用③ 等微观的角度对于个体层面的原因展开了一定的分析，但是却停留在现象本身，并试图以此为突破点研究《旅行青蛙》背后的商业模式，而没有深入探讨在个体感知层面背后的社会内涵。

综上，笔者试图从玩家话语的角度，采用话语意识形态的视角深入分析个体在此过程中的感知，通过玩家对于"为什么旅行青蛙不是丈夫而是儿子""为什么会自称老母亲而不是老父亲"的回答，探讨在这些语词关联背后的性别观念以及家庭婚姻观念等。

三、理论介绍

学界关于话语意识形态（language ideology）的研究由来已久，且横跨多类学科。在此，笔者采用 Kroskrity 对于语言意识形态的分析作为本次研究的分析框架。所谓的话语意识形态，指的是在研究中，通过对于语言的塑造，问题化个体的意识形态，并展现他者在社会角色中的位置。④

在本研究，对于语言意识形态的分析，综合了当代语言意识形态发展的两种趋势。一方面，对于"老母亲"以及"蛙儿子"的话语研究，结合了历时性的语

---

① 蔡骐、卞寒月：《青蛙游戏：代际冲突下的青年成长》，《中国青年研究》2018 年第 8 期。
② 张宏峰：《手机网络游戏〈旅行青蛙〉爆红归因探析——基于受众"使用与满足"视角》，《新媒体研究》2018 年第 6 期。
③ 陈茜、石雨峰：《〈旅行青蛙〉被放置，意外爆火后错失商业化良机》，《商学院》2018 (z1)。
④ Kroskrity P. V., "Language Ideologies:Evolving Perspectives", *Society and Language Use* 7(2010): 192—205.

言意识形态的变化带来的影响。① "老母亲"与"蛙儿子"作为游戏流行过程中的主导性话语,是具有隐喻含义的表达。② 这种表达实际上是社会文化的符号,与变化的权力交互影响。另一方面,语言背后实际上反映出对于多元社会身份的确定,③ "老母亲"与"蛙儿子"这样的网络话语背后有特定的社会群体。个体在这种话语中附加上了许多个体层面的意涵,所以要看到网络语言的环境下的多元指代背后的身份认同。

同时,笔者也将对"老母亲"以及"蛙儿子"语言意识形态的分析,应用到颠覆性的语言再造和转变的过程当中去。"老母亲"和"蛙儿子"的语言背后实际上反映了个体对于亲属观念的反思。语言意识形态被看作是批判性的力量,可以推动社会观念的转型,甚至影响到社会的变化。④ 话语实际上与权力相连,福柯便提出"话语实践"的概念,将话语视为"匿名的整体",在时空中被确定的活动。话语弥散在空间当中,既是偶然的产物,又具有其内在的规律性。在这种规律的背后,话语与权力相联系,权力通过话语表达。⑤ 落脚到《旅行青蛙》当中,对于"老母亲"以及"蛙儿子"的称呼的探究实际是从亲属的角度探讨这种话语背后的权力。

四、研究方法

本研究利用网络民族志的方法,采用定性方法收集信息,包括线上的参与观察和线下的访谈。在网络的虚拟环境下,访谈资料的真实性往往遭受质疑。因此,

---

① Blommaert J., "The debate is open", *Language Ideological Debates*(1999).

② Wilk R., "Consumption, Human Needs, and Global Environmental Change", *Global Environmental Change12*(2002): 5—13.

③ Kroskrity P. V., *Language, History, and Identity: Ethnolinguistic Studies of The Arizona Tewa* (University of Arizona Press, 1993).

④ Kroskrity P. V. "Language Ideologies:Evolving Perspectives",*Society and Language Use*7(2010): 192—205.

⑤ [法] 福柯:《知识考古学》,谢强、马月译,生活·读书·新知三联书店,1998。

线上的参与观察与线下的访谈的结合被视作是网络民族志研究的有效方法。① 线上方面，主要在于找到焦点话题以及描绘建立语词之间的联系。在这个过程中，本研究主要通过微信文章、知乎、新闻报道、豆瓣文章，以及小组、微博、QQ 群、微信群等收集《旅行青蛙》相关的报道以及接触《旅行青蛙》的玩家群体。同时，为了保证信息的准确性，本研究同样利用了知微事见以及脉讯在线等网络舆论监测平台的相关数据作为信息补充。线下部分，本研究试图通过将焦点话题与访谈者个人经历相结合的方式搜集相关资料。在这部分中，笔者主要通过"滚雪球"的方法，访谈了 7 个曾经玩过《旅行青蛙》的玩家，5 个女性和 2 个男性。尽管研究主体是年轻女性，但是男性的个例补充丰富了性别观念的实际资料。此外，这 7 名玩家涵盖目前仍然在玩《旅行青蛙》的个体、玩了一个月左右的个体以及只玩了一天便卸载的个体，具有一定程度上的丰富性。访谈同时包含两个过程，在初步的深入访谈过程中，主要通过半结构式访谈收集较为宽泛的信息，进行面对面的访谈。后期则在主题进一步深入的过程中，部分通过微信的方式询问相关问题。

五、"蛙儿子"还是"蛙渣"

蛙是儿子的话，也就认了。没办法，自己掉下的肉。（叹气）蛙是丈夫的话，直接离婚！！！（声音高起来）这就是渣男啊，自己在外面浪浪浪，还要我帮忙招待朋友（旅行青蛙当中前来拜访的类似蝴蝶、蜗牛之类形象）什么的，而且你看明信片上的那些照片，和那些蝴蝶蜗牛什么的在一起啊，再看那些同人文中的爱情故事，这可不是拈花惹草吗？蛙怎么可能是丈夫？（DY，女）

要是丈夫的话，一脚踹了。（ZC，女）

在上述的访谈当中，"儿子"和"丈夫"之间的比较与讨论，展现出玩家对于主导性话语的一种选择。"蛙是儿子的话，也就认了。没办法，自己掉下的肉"，在这个过程当中，"也就认了"，个体的选择无奈的，而传统的亲子关系也在其中

---

① 卜玉梅：《虚拟民族志：田野、方法与伦理》，《社会学研究》2012 年第 6 期；郭建斌、张薇：《"民族志"与"网络民族志"：变与不变》，《南京社会科学》2017 年第 5 期。

得到了进一步的确认。父母对于孩子的责任和付出，被看作是理所当然的存在。这种存在是建立在一种血缘关系当中的，是"掉下来的肉"，是不能进行选择的，类似于 Schneider 提到的以血缘为基础的亲子关系。但是这种对于孩子的责任，同样也是文化上一种确认，只有在传统文化的语境之下，这种责任和付出才能被合理化。也就是说，亲子关系中实际上交叉着自然基础和社会基础。①

而"渣男"的观点事实上与浪漫化的爱情观点以及女性的自主地位提高相关。翟学伟在研究中便提出，近代以来中国人的爱情观点实际上受到西方社会的影响，从缘分婚姻转向爱情婚姻，从关注关系的外在性，到要求个体的内在特质，并构成现代年轻人独特的"命中注定我爱你"的爱情观。②在这个过程当中，青蛙的"沾花惹草"以及不理人的特质显然并不符合女性对于另一半的要求。而社会转型以来，女性参与社会劳动，其地位的提高也使得其对于另一半内在特质的要求提高。

"旅行青蛙"从"丈夫"到"儿子"的称呼转变的过程当中，固然蕴含文化上的差异，但是更为深层次的是，这种差异体现出来的是一种中国现代年轻女性对于自身的角色定位。"旅行青蛙"以"儿子"的角色而不是"丈夫"的角色出现时，这样一种主导性话语的选择，反映出女性在婚恋选择方面自主性的提高。③

然而，话语一方面可以表现社会的变化，但是一方面也显示出文化上的保守性。在话语意识形态当中，多种权力在此进行博弈。除了口头抱怨对于"蛙儿子"的"没办法"，女性甚至将其整合到一种社会责任的层面：

我不想生孩子，至少是现在不想，连男朋友都没有，怎么养孩子。以后，以后随缘。（那以后呢？）以后还是要生孩子的吧，这是一种责任吧。（但是养儿子是不是就比养蛙要累多了？）但是还是要养的啊，哪怕辛苦。有一个孩子，然后让他完成自己没有做到的事情，也不是一种望子成龙啦，就是想着他可以圆满一点。（LY，女）

---

① Schneider D. M., *A Critique of the Study of Kinship*(University of Michigan Press, 1984).

② 翟学伟：《爱情与姻缘：两种亲密关系的模式比较——关系向度上的理想型解释》，《社会学研究》2017 年第 2 期。

③ 屈斯薇：《"小妞"初长成——解读〈辣妈正传〉的新女性主义蕴涵》，《当代电视》2014 年第 1 期。

　　然而父母为孩子付出理所当然吗？父母在孩子身上寄托一种圆满的想象，这是先天就存在的吗？这在我们社会文化语境下似乎是不证自明的，网络上关于原生家庭对于个人成长的影响的讨论同样层出不穷。但其实并没有什么理所当然，所谓父母的角色也不过是文化建构出来的角色，诸如"父亲节"与"母亲节"的讴歌，事实上正是社会对于个体的一种束缚，将个体固定在"好爸爸好妈妈"的形象当中。某些时候，对于"好"的讴歌往往比对于"坏"的惩罚更加有效，在这个过程当中，文化形成无形的规训，个体甚至未曾察觉到自身的改变，而追逐在一个又一个理想形象的建构中。在这个过程中，亲子关系中蕴含的文化约束实际上值得反思。[1]不是每个人一出生就明白如何当父母，不是生下孩子就一定要任劳任怨为孩子操心。这并不是否定父母对于孩子照顾的正当性，在诸如"蛙儿子"的话语实践中，其本身固定的亲子关系的框架的确是不容忽视的，话语中代表的某种固定性，同样是一种实践。有趣的是，这种传统的亲子关系的话语实践，在复杂的网络环境当中，同样不断地被反思，在下一部分本研究将对其进行深入分析。

六、"老母亲"背后的性别话语实践

　　随着"蛙儿子"称呼的流行，一众"老母亲"的哀叹同样此起彼伏。有趣的是，当调查具体的玩家性别的时候却发现，不仅仅只是女性在玩这个游戏，同样也有不少男性在玩这款游戏。尽管如此，男性多对自己的行为加以"辩解"：

　　就是为了找一个社交的话题，大家都在玩，你不玩就跟不上大家的讨论了。没意思，玩了一下就卸载了。怎么可以比期末复习还要无聊？（QY，男）

　　但在网络空间中，不论是男是女，都被视作"老母亲"，"老父亲"似乎不见了。"老母亲"的称呼与"蛙儿子"捆绑起来了。这就不免引人深思了。"老母亲"

---

　　① Collier J. F., Yanagisako S. J., *Gender and Kinship: Essays toward A Unified Analysis*(Stanford University Press, 1987).

称呼的背后，是男性形象的集体失踪。这并不是简单的性别上的对抗，不是男性对于女性的霸权，而是男权制度对于女性的压迫。[①]这也就说明，在某种层面上讲，女性可能加入对于自身性别的压迫当中：

老母亲的称呼很正常啊，怎么会有男的玩这个游戏？反正男生玩这个游戏，就是很奇怪，真是不理解这种人（后来稍微掩饰了一下，回答说"还好"，但是接着又矛盾地说"后来还是觉得很奇怪"）（DY，女）

在这个过程当中，女性默认了"老母亲"角色，并进一步确定了社会性别角色。乃至于其自身，已经将男性驱逐到旅行青蛙的照料者之外，也就是被驱逐到了孩子的照料之外。有趣的是，女性玩家在此试图遮掩自身对于男性玩家养蛙的看法。这其中，个体似乎感受到一种社会的压力，即直白地承认男性"在家庭生活中的缺席是理所当然"的这种说法是不对的。传统的男性养家，女性照顾孩子的形象虽然还在上演，但是却受到越来越多的质疑，以至于个体只能在这套网络话语当中隐喻自己的看法，而不愿或者说也不敢直接表达极端传统化的观点。这也体现出语言实践的另一个维度，即在公开的网络环境下对于极端传统化话语的一种压抑。另一个比较特殊的例子则表现出一种新型的男子气概在女性凝视之下的发展。[②]

——"老母亲"的形象用来指代男性，你觉得怎么样？

——不奇怪啊，我周围就有男的在玩啊，我一开始玩的时候还是因为 X 哥（男性）在玩。（表现得非常震惊）我觉得这个游戏没有男女的区别啊，虽然说一开始是针对女性的游戏，但是男的女的都可以玩啊。竞技游戏也不是只有男的玩，女的也玩。我觉得 X 哥"老母亲"的形象一点都不奇怪，哈哈，就是那个什

---

① Wallis C., "Mobile Phones Without Guarantees: The Promises of Technology and The Contingencies of Culture", *New Media & Society*13(2011): 471—485.

② Connell R. W., Messerschmidt J. W., "Hegemonic Masculinity: Rethinking the Concept", *Gender & Society19*(2005): 829—859.

么，他有一种暮年的气息。（那另外一个男同学呢？你觉得他在玩吗）他应该不玩。（为什么？没有暮年的气息？）他是有暮年的气息，但是 X 哥还有一种"逗比"的气息啊。（LY，女）

虽然仍旧使用"老母亲"的话语，但是这种话语的指代却发生了变化，"老母亲"同样可以指男性，而且是"暮年的"男性。从语气中，甚至能感受到对于这种气质的一种喜爱。实际上，传统的男性角色在这种指代中发生了一定程度上的异化。这是女性在实际生活过程中，对于话语的一种主动操控，利用话语实践对于传统性别角色的一种颠覆。而"逗比"的背后，也不仅仅是对于特定男性角色气质的一种书写，同样表现出"老母亲"背后的女性对于自身"老母亲"形象的戏谑性反思。

网上关于《旅行青蛙》存在一个流行性形象的表达：看这个游戏，就联想到了父母。父母在家帮孩子打点好包裹，孩子走向自己的人生，彼此之间从此甚至只是目送着离开与回来。玩家在这个过程中体验到了当父母的感觉，并从中折射出一种空巢老人的内在焦虑与想象。但实际访谈中，玩家对于这种父母的影射同样并不买账：

完全不是好嘛。父母在家带孩子？我才是那个在家留守的好吧，我爸我妈一起出去玩，要不就一起出去工作。我就被丢在家里。哼，我的父母，反正不是（游戏里面的样子）啦。（DY，女）

玩了一天就卸了，不想要这样的亲子关系，缺乏互动。就是每天准备行李，然后出门。画面我也并不觉得多么精美。（ZC，女）

蛙才不是我的儿子呢，我要是有这么一个儿子，也太不孝顺了吧。就我，还经常给我爸妈交流。（DY，女）

对于这种父母和孩子之间的关系，女性往往采取一种客体化的表达，"传统文化是这个样子"，"中国社会就是这个样子"。但是，当涉及个体的情况时，女性则是更加自主的，或者认为自身是更加丰富多元的，不应该被传统的单调的亲子关系束缚。

女性不满被定位为单纯的"老母亲"的形象，"母亲"不是一个单纯的被动者，她们希望得到更多的互动。"老"这个词，在网络环境下，本身便带有一种戏谑的意味，而不是单纯的对于母亲的形象的贬低。《旅行青蛙》上的"老母亲"形象在年轻女性中被看作是一种自嘲和一种抵抗。她们在《旅行青蛙》中看到的家庭生活的场景，让她们联想到的是目前的父母和孩子的关系，但是她们并不满足于这个设定，不会将自己代入这个情景。相反，她们以戏谑的形式嘲弄这一种缺乏互动的传统亲子关系。互动，实际上成为女性界定亲子关系的准则。原有的母亲与孩子之间天然的血缘联系，或者说"被规定"的关系，正在被反思。女性开始重新思考亲子关系中包含的文化维度，即母亲和孩子之间应该具有怎样的行为联系。

"老母亲"其实也是年轻人对于刻板印象的戏谑性模仿，没有人会真的把蛙当作自己的儿子，也不会将自己完全定位成这样子的母亲。《旅行青蛙》之上，是玩家对于主观意义的多重建构。

> 我只是找不到一个更加适合的词来形容了，所以，就说是我崽了。（DY，女）
> 我就是把它当作电子宠物，玩的时候没有想那么多，什么儿子之类的。（LJ，女）
> 我想养个 6 岁的儿子，我们室友就说，你就去养蛙得了。我昨天晚上还梦到了我的儿子呢。但我就喜欢 6 岁之前的，比较可爱，以后就不可爱了。这有可能是玩这个的原因吧。（YX，男）
> 有可能还是有自己的影子在吧，总觉得自己还是个孩子，然后想要出去旅游，想要离开家吧。（LY，女）

"蛙儿子"的称呼对于不同的玩家有不同的意义，媒体建构的"蛙儿子"的形象并没有被普遍承认，但是称呼却被人们接受。这款游戏是传统的或者说片面的家庭状况的呈现，是人们心中固有的刻板印象。现实中的家庭生活，远比游戏中呈现出来的家庭生活更加丰富多彩。年轻人期待的家庭生活更具有个体化的色彩。[①]但正因为此，他们不会把它与现实生活混淆，"老母亲"与"蛙儿子"只是映射出一种潜在的刻板印象。但是这种刻板印象却承载着另一种社会压力以及理想化的释放：

> 我不想生孩子，至少是现在不想，连男朋友都没有，怎么养孩子。以后，以后随缘。（LY，女）

当提到生育的话题的时候，访谈者实际上有意绕开了这个话题。"不想生孩子""随缘"其实是女性面对所感知到生育的压力的表现。在 Teo 的研究中，"fantasy world"作为远离生活的幻想世界，[②]一方面承载突破现有常规的颠覆性理想，一方面也提供反思的空间。在《旅行青蛙》当中，年轻女性实际上通过游戏中亲子关系的一种建构，暂时摆脱了潜在的催生催育的压力，并沉浸在"佛系"育儿的理想当中。很多女性玩家都在日常生活中提到，还在大学阶段却已经感受到了催婚的压力，对于生孩子还是比较恐惧的，但是觉得到了那个阶段，可能还是不得不顺应家里的安排，父母会催，自己也不得不考虑。但是在《旅行青蛙》当中，实际上可以不用考虑这么多。现实当中的育儿不可能这么轻松，有很多需要考虑的东西。在《旅行青蛙》养个"蛙儿子"，却是可以很"佛系"的。另一方面，传统的亲子关系也在这个空间进行复制，并成为一种反思的客体。在《旅行青蛙》游戏中"蛙儿子"与玩家的互动被玩家影射到自己的家庭当中，他们认为自己与父母之间实际上存在着不少互动，而自己也将要求亲子之间的互动。

在娱乐式消费的当下，人们往往并不渴求深刻的严肃的主题，福柯的"权力的反抗"观点，事实上是对于权力观念的一种泛化。因此，对于这种话语表达中的颠覆性内涵，本文在此将其视为"竹笋式"话语实践，其并不一定引导一种特定实践，然而其本身便是一种实践的表达，并蕴含一种对于未来社会的想象。

---

① 沈奕斐：《个体化视角下的城市家庭认同变迁和女性崛起》，《学海》2013 年第 2 期；阎云翔：《私人生活的变革：一个中国村庄里的爱情、家庭和亲密关系（1949—1999）》，上海书店出版社，2006。

② Teo P.，"Limits Of Imagineering: A Case Study of Penang"，*International Journal of Urban and Regional Research*27(2003): 545—563.

人们在行动过程中通常以为自己是无知觉的，就好像是竹笋在一开始也并没有形成竹子的自主意识。但是当众多的无知觉汇集到一起，形成的一连串的概念，却是对于传统的一次颠覆。这是渐进的温和的，同时不断反复的过程，如同春雨过后，竹笋迅速拔高的可能性。但这是对于传统母职的角色的一种突破还是说更深层次的建构，也是值得深思的。比方说，你认为妈妈是什么样子？全能的理想的还是更加注重情感关怀的？双方的互动的交汇被看作是亲子关系更加重要的成分，这会不会加重母亲的负担？以往对于母亲的研究，往往重视社会对于女性的压迫，[①]或者是传统女性形象到新自由主义女性形象的转变，[②]是给予与被给予的一种传递的过程。反而忽视了在这个过程中，母亲的自我意识，她们对于互动的要求，和母亲的双向互动所展现的多面向内涵。没意思，卸载了，这样一个简单的流程下来同样是亲子关系的一种重新定位。母亲不再满足于传统的默默陪伴的角色。社会生活的快节奏和异化的背后，个体对于自身的家庭内部的私密关系的要求不断提高，以及对于个性的表达更加看重。对于互动的追求并不是简单的母亲形象的建构可以解释的范畴。

七、结论

《旅行青蛙》的流行是以商业为基础的一整套网络的产物，而其迅速沉寂的背后是年轻人在社会压力面前的狂欢式宣泄。作为分析主体的旅行青蛙，其称呼背后的话语实践内涵成为研究重心。"蛙儿子"的例子表现出一种话语和实际意义不贴合的状态，这是人们根据过去的经验将他者简单化的结果，同时也是文化上对于传统亲子关系的确认。"老母亲"则是一种自嘲，母亲是一个中性词，但是加上了"老"，则带有某种程度上的戏谑。戏谑本身作为一种特殊的文化实践，连接着过去的母职形象，同时牵引出将来的母职期待。然而这样一种"老母亲"

---

① 沈奕斐：《辣妈：个体化进程中母职与女权》，《南京社会科学》2014 年第 2 期；陶艳、风笑天：《多面向的母亲：流行育儿杂志与母亲角色的社会建构》，《中南民族大学学报（人文社会科学版）》2016 年第 36 期。

② 张娜：《〈辣妈正传〉电视剧中的夏冰形象分析》，《电影评介》2014 年第 15 期。

的话语实践，到底是一种"竹笋式"实践，其对于未来社会发展的影响，依然值得商榷。从分析中也可以发现，网络空间的表达并不是完全浅显的和直白的，[①]反而由于实际生活的人的复杂性，具有更多不可言说的复杂性。网络语言的表现形式简单，但是其背后具有深层的内涵以及多样化的个体表达。在网络环境之下，话语实践一方面孕育着一种变革的想象力空间，实现对于极端传统化观念的压抑；另一方面，也存在自身的局限性，难以在短期内真正影响人们的具体行动。

回归到《旅行青蛙》游戏本身的特殊性，实际上这只是一个生命期只有一年的游戏。但是关于亲子关系以及亲属观念的讨论却不断引发热议。不论是《都挺好》还是《小欢喜》等热门影视剧，都在讨论亲子关系的话题，并且引发了大众的共鸣。在共鸣的背后，或许意味着文化层面上对于亲子关系乃至亲属关系的重新确立。话语的影响力，将渗透到日常生活的实践当中。

---

① 刘少杰：《网络社会的感性化趋势》，《天津社会科学》2016年第3期。

偏苗人情往来现象研究

——以广西隆林县新州镇那么村为例

广西民族大学民族学专业 2015 级本科生　杨锦文

指导老师　雷　韵

摘要： 人们在长期的人情交往中，意识到人情往来是熟人社会中群体互助互济的一种形式。本研究将偏苗作为主要的研究对象，从人情往来这一社会经济行为窥探偏苗的社会消费观念。通过考察这一现象有助于揭示人们的人情消费观念、消费方式，以及彼此间存在的关系，帮助引导人们在人情消费中树立正确的消费观念。同时关注人情往来负担变重问题，并将其与社会回馈相结合，可为建设和谐农村提供新的思考方向。

关键词： 偏苗；人情往来；礼物交换；熟人社会；社会支持

一、绪论

（一）选题缘起

在社会逐渐发展的过程中，小农经济和安土重迁思想让农民长期居于某地，家庭获得的社会支持主要是宗族内部的帮助和族际间的互助，以至于农村成为我们常见的以血缘及地缘建立起来的熟人社会。现代社会城市化发展迅速，形成主要以业缘建立起来的陌生人社会，但是中国较落后的农村地区的发展和转变缓慢，仍保持着我们所知的熟人社会。相较于陌生人社会，熟人社会中人们之间的人情往来更加频繁，亲属与好友成为参与熟人社会人情互动最为活跃的对象。

人情交往主要依靠礼物交换进行。长期的人情互动使人们意识到礼物交换这一方式能在所处的社会网络中，为个体和家庭的发展获得社会关系网络的支持，同时这一方式也加强了宗族内部甚至是村落共同体的凝聚力，为构建和谐乡村奠定基础，成为社会群体内互助互济的一种形式。但随着经济的发展，人们在人情关系中的负担越来越重，传统社会中以物传情逐渐转变为以钱达意，而金钱的额度则是随着市场物价的上涨不断攀升，渐渐成为家庭中难言的负担之一。

（二）文献综述

人情交往总是依据某种规范进行，具有"在农村社会有序而又'非制度化'的特点"。[1] 中国人崇尚礼尚往来，《礼记·曲礼》中道："礼尚往来。往而不来，非礼也；来而不往，亦非礼也。"于是，"礼"所包含的礼仪规范之意使礼物交换成了最易表达人情的方式。

1. 国外文献回顾

国外有关礼物交换理论的研究，主要有三种视角：回礼动机的互惠原则、礼物的不可让渡性、礼物与商品的区分。

法国人类学家马塞尔·莫斯将人们的交换行为分为具有实用价值的经济性交换和无实用价值的礼仪性交换，礼仪性交换由义务性送礼、义务性接受和义务性回赠礼物三个环节构成。为什么礼仪性交换是义务性的？他在《礼物》一书中提出"礼物之灵"，礼物即使被送出或者交换物品的契约已经履行，"礼物之灵"仍要回到它的第一个主人那里，如果礼物接受者不让它回去，它就有产生危害的可能。"人们将灵魂融于事物亦将事物融于灵魂"，[2] 礼物的不可让渡性使得人们具有回礼的义务，人们通过礼物与他人彼此关联，形成相互依赖关系。总之，莫斯认

---

① 阎云翔：《礼物的流动：一个中国村庄中的互惠原则与社会网络》，李放春、刘瑜译，上海人民出版社，2000，第 1 页。

② [法] 马塞尔·莫斯：《礼物——古式社会中交换的形式与理由》，汲哲译，上海人民出版社，2002，第 45 页。

为社会需要礼仪性交换来保证社会活动的进行和社会规范的建立，认为交换是社会网络建立的基本要素，个体间的交换活动按社会规则进行。

马林诺夫斯基在《西太平洋上的航海者》一书中提出从"纯粹的礼物"到"真正的交易"的地方交换体系。后来马林诺夫斯基收回纯礼物解释的地方交换体系，用从库拉交换中得出的互惠原则来反驳莫斯的"礼物之灵"概念。一个人给予是因为他期待报偿，而一个人回报是由于其伙伴可能中止给予的危险，人际交往的权利与义务都出于互惠的目的。

礼物是否可以让渡，是礼物经济与商品经济最大的区分点。C.A. 格雷戈里在《礼物与商品》一书中对礼物经济与商品经济做了详细的论述。他曾提出，从交易物的社会地位上，"商品是由陌生人交换的可异化物品，礼物是非陌生人之间交换的不可异化物品"。[①] 于是，在他看来礼物具有不可让渡性，本质上礼物仍属于原主人，而商品在完成交换后，也完成了商品的让渡。

而关于社会支持，英国学者常向群在其作品《关系抑或礼尚往来——江村互惠、社会支持网和社会创造的研究》一书中通过对江村的进一步再研究，将经典的互惠理论与较新的社会支持网和社会创造等理论联系起来研究。她以社会支持为工具来描述和分析中国农民如何通过互相帮助来安排他们的日常生活和重大事件。她认为："在国家福利和社会保障系统建立之前，社会支持一直是所有国家的大多数人寻求帮助的基本方式。"[②] 可以看到农民间社会关系的维持，很大程度上是通过人情往来建立和巩固的，社会支持成为农民间进行人情往来的一大诉求。

人情消费的日益增多，让我关注到1899年凡勃伦在《有闲阶级论》一书中提到的炫耀消费。他认为炫耀消费则是一种有闲阶级的行为，他们以有意地脱离生产活动来表现自己拥有的财富和权力。他们是用消费这一行为让他人了解到消费的金钱的力量、权力和身份，从而使消费者博得荣誉，获得自我满足的消费行为。他们在这种炫耀性的消费中找到了自我的满足感。而且，消费也能够体现文化符号，让·鲍德里亚在《消费社会》中指出，物品无论是在符号逻辑里还是在

① [英] C.A. 格雷戈里：《礼物与商品》，杜杉杉等译，云南大学出版社，2001，第45页。
② [英] 常向群：《关系抑或礼尚往来——江村互惠、社会支持网和社会创造的研究》，辽宁人民出版社，2009，第87页。

象征逻辑里,都彻底地与某种明确的需求或功能失去了联系。消费者在意的不是物品,而是物品体现出来的符号意义。

将个人或家庭的来之不易的经济收入大量用于人情消费,是否毫无道理?亚当·斯密在《国富论》中提出,经济理性的基础是理性,并在此基础上实现个人利益的最大化。在自由竞争的市场环境下,由于趋利避害的心理,个人的自私自利就具有非常大的生存空间。具有经济理性头脑的人,为了趋利避害,始终考虑的是自身的投入成本最小而回报收益最大。

2. 国内文献回顾

礼物流动现象与人情、人际关系和社会网络以及经济理性与礼物流动现象密不可分。阎云翔在《礼物的流动:一个中国村庄中的互惠原则与社会网络》中对下岬村礼物流动进行全面的阐述,展现了互惠原则在中国礼物交换体系中发挥的重要作用。"礼物馈赠是人类社会中最为重要的社会交换方式之一。义务性的礼物往来维持、强化并创造了各种——合作性的、竞争性的抑或是敌对性的——社会联结"。[①]人情在这其中便有了施展的空间。

人情最大的作用在于联结人与人之间的关系。《礼物、关系学与国家:中国人际关系与主体性建构》一书的作者杨美慧在书中论述了在中国独特的"关系学"。"关系学"依托各种社会关系存在,人情是构建关系网络的基础,礼物是维持这个网络必要的手段,这与国家的主体建构存在一定的矛盾。但是,在某个特定时期,"通过礼物馈赠以及关系的强化来体现出一种曾经被遮掩的主体性的存在,这与国家主体性建构的途径有着截然不同的方式"。[②]

费孝通在《乡土中国》中提出的差序格局与对血缘地缘的论述为熟人社会与陌生人社会进行了区分。人们之间亲疏远近的关系犹如一颗石子落入水中,在水面上泛开的涟晕一般,延伸开去,一圈一圈,按离自己距离的远近来划分亲疏。其中亲密社群的团结性依赖于各分子间都相互拖欠着未了的人情,也体现了礼物

---

① 阎云翔:《礼物的流动:一个中国村庄中的互惠原则与社会网络》,李放春、刘瑜译,上海人民出版社,2000,第1页。

② 杨美惠:《礼物、关系学与国家:中国人际关系与主体性建构》,江苏人民出版社,2009,第251页。

交换在亲密社群中的重要作用。

关于农村的社会支持和社会保障的现状，陆绯云在其著作《苏南农村的社会支持与社会保障体系：历史与现状》中，通过揭示农民在日常生活的维系中寻求和提出某种社会支持的行为轨迹，建立一个理解农民从依靠集体到依靠自己（家庭），从求生存到求发展的策略与行为变化的概念框架。"在村民各个方面所发生的礼物馈赠的情况，也是用来馈赠对方的社会资源"。①

人情往来也可以从经济理性的角度来思考，你来我往间寻求的是双方付出和收获的合理性。对此类经济理性的思考，陈庆德认为经济理性的核心基础是"合理性"。而人情消费显然不是现代才产生的。彭华民著有《消费社会学》一书，书中他提出消费者的自觉性、普遍性、地域性以及民族性是消费习俗的特点，其中消费者自觉体现的消费习俗，是从历史上继承下来、从前人那继承下来，自觉参与消费习俗的、人情往来的连续性就在这得以体现。而何谓"人情"？学者翟学伟在《人情、面子与权力的再生产》一书中论述："人情的含义在一开始似乎只表示人本能上的情绪或情感……但由于中国传统社会对伦理的偏重，使人的天然情感具有了两种独特的色彩：一是它被转移到人与人的关系上来，二是具有了'礼'的成分。"②

通过回顾以上文献，学者们对礼物交换的讨论对笔者调查人情往来现象有所启发。人们来往之间将人情寄托在礼物的表达上，礼物是人情最直接的体现，礼物的回礼动机、礼物与商品的区分等都为现实中人们的人情不可随意消灭提供了解释的理由。而且学者们对中国各个地方人情往来现象、仪式的研究都为笔者在研究中提供了很好的范例参考，能够将自己的调查对象与他人的调查对象做比较，发现其中的异同点。同时学者们对人类社会消费行为的解释，让笔者在现今人情往来大多以钱表情的情况下，了解了人们在人情消费中的心理活动与理性思考。

（三）研究方法及意义

笔者在田野调查中利用人类学和民族学田野调查方法，结合学科特点与当地

---

① 陆绯云：《苏南农村的社会支持与社会保障体系：历史与现状》，上海三联书店，2011，第197页。
② 翟学伟：《人情、面子与权力的再生产》，北京大学出版社，2013，第96页。

的实情，获取田野第一手材料。调查运用到的研究方法首先有参与观察法。笔者在田野调查过程中，居住在当地村民家中，参与、观察和记录村民的日常生活、劳作以及村民处理人际交往的做法。其次运用的是访谈法。通过访问当地不同年龄段、不同社会角色人群，取得当地人对人情交往观点的资料，并在取得访谈人同意之后利用拍照、录像、录音等方式保留田野资料。三是使用文献检索法。笔者通过在学校与当地图书馆查询资料和相关文献，在前人的基础上解读村民人情往来行为的内容和内涵，以民族学的视角阐述其意义。

本文对偏苗在社会活动中的人情往来现象进行分析，具有一定的学术价值与现实意义。第一，此研究有利于结合当地偏苗的消费观念对苗族这一支系的社会经济进行研究。本研究的调查分析同时具有探讨人情消费对于维系偏苗人社会生活的重要意义，是传统人类学对中国当代乡土社会研究的拓展和延伸。第二，通过考察人情往来和礼金消费，有助于揭示人们的消费观、消费方式，帮助引导人们在人情消费中树立正确的消费观念。关注人情往来现象并将其与社会回馈相结合，为建设和谐新农村提供新的思考方向。

二、田野概况

本次研究对象为隆林各族自治县下属一个较为传统的偏苗村。作为从清朝发展至今的一个小村子，其本身具备传统性和民族性。在展开研究前，认识和理解偏苗特点和田野点概况，有助于更好地开展研究，切实认识自然环境或社会环境对一个民族文化产生的影响。

（一）隆林的偏苗

隆林各族自治县位于广西西北部，地处滇、黔、桂三省（自治区）交界处，属云贵高原东南边缘，是海拔较高、以中山为主、无平原的山区县。该县辖 16 个乡（镇）、179 个行政村（社区），总面积 3551 平方千米，境内聚居着苗、彝、仡佬、壮、汉等 5 个民族。2012 年末，全县总人口 389355 人，其中少数民族人口占全县总人口的 79.7%。苗族人口占全县总人口的 26%。[1]

如今广西的苗族主要分布在融水、隆林、三江、龙胜四个自治县，其他县市也有散居。清朝乾隆年间，政府镇压贵州、湘西苗族起义，许多苗民便是在那时因缺地、少水等原因迁入隆林县。有一部分苗族是从贵州关岭、镇宁、普定、普安、兴义、安龙等地迁进隆林县，还有一部分从云南的广南、文山、麻栗坡等地迁入。隆林苗族主要聚集在德峨、猪场、克长、蛇场、岩茶 5 个乡，其余乡镇零星分布，只有沙梨、者保 2 个乡没有苗族村寨。

图 1 隆林县内常见的偏苗形象[2]

（年轻偏苗女子形象常见如图左一女子，已婚妇女形象常见如图右侧女子）

苗族在隆林县有偏苗、红头苗、白苗、青苗、花苗、素苗六个支系。在民族来源上各分支都趋于一致，是从清朝初年开始陆续由黔西南的安顺、兴义地区迁入的。[3]偏苗自称"孟莎"，是据苗语"Hmoob Sa"谐音。偏苗主要分布在隆林县，西林县、田林县也有少量分布，毗邻的贵州的兴义、安龙、兴仁、关岭等县和云

---

① 2012 年隆林自治县统计局年终统计数据，为近年最新有关数据。

② 作者 2018 年摄于隆林各族自治县跳坡节。

③ 隆林各族自治县地方志编纂委员会编：《隆林各族自治县志》，广西人民出版社，2002，第823 页。

南也有分布。隆林县内有偏苗 75186 人，^①占苗族人口的 72.5%。主要分布在县境南部大石山区的德峨、猪场、克长、蛇场、岩茶等乡，居住地地势较高。

（二）那么村概况

新州镇那么村距隆林县城 12 千米，全村共有 11 个自然屯，371 户，1589 人，是偏苗聚居的村落。全村有偏苗、壮、仡佬、彝、布依、汉等民族，偏苗有 236 户，1251 人，占全村总人口的 78.65 %。其次为壮族，其余民族主要通过和壮族通婚的方式进入本村。那么村 11 个屯分别是那么屯、下寨屯、湾子屯、保保屯、半坡屯、卫满屯、泥巴坡屯、上卡香、下卡香、那烘屯，偏苗聚居在除那么屯和下卡香以外的其他 9 个自然屯。

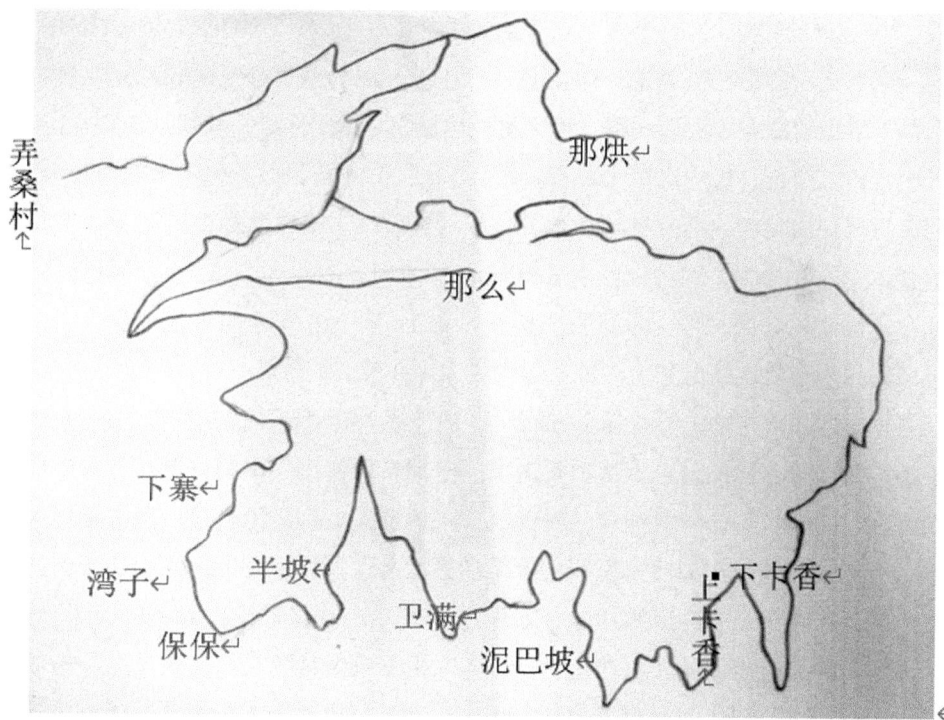

图 2　那么村手绘地图

---

① 源自 2011 年隆林自治县统计局年终统计数据，为近年最新的有关数据。

"那么村"是根据壮话音译，"那"是田之意，"么"是水井之意，因村前面有一坝子农田，村后又有常年不涸的水井，水井和田连在一起，故名"那么"。壮族是那么村的原住居民，多住在山脚下地势低平和土地肥沃的地方，后迁入的偏苗居住在海拔 1000 米以上的半山腰，道路崎岖，田地也多是在半山腰及以上地带。1984 年那么村重新划分辖区时，壮族村民划归弄桑村，半山腰的偏苗村屯被划分到那么村，于是形成了那么村以偏苗村民为主的情形。

表 1　笔者重点调查屯家户数

	下寨屯	湾子屯	保保屯	半坡屯	卫满屯	总计
户数	13	21	33	18	50	135

（三）村落经济发展概况

从那么村的沿村公路上一眼望去，村庄里种植的基本是玉米和杉树，只有在山脚下平坦的地方才种植水稻。村中耕地以旱田旱地为主，全村耕地面积 963 亩，其中水田 222 亩（稳产水田 159 亩），人均不足 0.14 亩，以种植玉米和杂粮为主。那么村属泥山地区，适宜种植杉木、竹子等经济林，全村共种植竹子 400 亩，种植杉木 10676 亩，人均种植杉木 6.71 亩，杉木覆盖率达 57.3%。[①] 杉树是村民长期稳定的收入来源，但树木成长周期长，每 12 年—15 年才能采伐一次，因此村民家庭收入主要靠外出务工，每家年均收入为 3 万—5 万元。

村民的日常开销主要有几个方面：一是日常生活消费，包括饮食、家畜饲料、生活必需品等。村民日常生活消费占据家庭消费比例小，因为村民在日常生活中很节俭，除却必需的家畜饲料，村民饮食中的蔬菜做到自给自足，肉类食物多是趁赶圩或去县城时才买回家里囤放，生活必需品也选择便宜的产品购买，因此有许多假冒产品在村里很常见。

二是购买农业机械和农药化肥。近年来由于大量种植杉树，农产品种植面积较少，因此农药和化肥的需求量随之减少，农业机械除了有购买补贴，村民间多互相借用，所以农业机械和农药化肥消费所占家庭消费比例也较小。

---

① 数据来源于村支部提供文件。

三是建房。在农村"养儿防老"的传统观念和"结婚要有新房"的婚嫁观念下，为儿子建新房几乎是偏苗农村家家默认的习俗。再加上外出务工的条件成熟和新农村建设浪潮的推动，几乎家家都建起了两层的小楼房。但楼房建设需要资金多、时间长、投入回报少，是目前农村偏苗家庭主要的钱财支出项。

四是人情往来方面的礼金支出。作为重视宗族与邻里关系的偏苗农村，为了维护族群内部关系和获得认同，同时也为了展示自身经济实力和"面子"，广西隆林县偏苗农村的各类节日、婚丧活动众多，活动内容和流程繁杂，持续时间久，场面较为铺张，无论是作为主人还是客人都需要投入较多的时间和金钱，这是家庭收入的又一主要支出。

总的来说，村民的家庭收入大多用于建新房，加之村里必要的人情往来习俗，使村民无法摆脱人情消费，因此建房和人情往来消费是村民家庭的主要消费。

（四）偏苗社交网络及其影响因素

偏苗社交网络主要是依靠血缘、姻缘及地缘关系建立的。因此偏苗熟人社会网络的建成，极易受到传统家庭与家族观念、地理交通条件、地方教育情况与民族关系的影响。

1. 传统家庭与家族观念的影响

家庭的组成与传统家族观念是影响偏苗社交圈的因素之一。在农村，社会基本架构以血缘关系为基础，家庭是生产生活的基本单位。偏苗家庭是父系家庭，并且以核心家庭、主干家庭为主，婚姻嫁娶若无特殊情况，一般是男娶女嫁。家庭成员的分工，一般是男主外、女主内，并且根据年龄大小和劳动内容来安排生产劳动。家庭中生产、生活、社交等重要问题的安排，主要由男性家长决定，男性在家庭中的地位远比女性高，男性有家产继承权。偏苗习惯于聚族而居，男方稳定的社会关系和血缘关系构成了一个家庭主要的社交圈。另外，女方的亲属也通过姻亲关系纳入核心家庭的社交圈。因此，以核心家庭为圆心，形成了一个以男方亲属、姻亲亲属、夫妻双方的社会关系的同心圆关系网，这也是偏苗在各类礼仪和日常生活往来中，获得社会支持的主要社交圈。他们所获得的帮助从圆心向同心圆的外层逐渐减弱。无论是日常往来，还是人情往来，家族成员之间的交往是最多的，并且形成了有事相互商量、帮忙的习惯，所以扩大式的家庭形式组成的家族，对村落的人际关系产生了很大的影响。

对于传统熟人社会的依赖有时候会对当前农村的建设造成一定的阻碍。由于偏苗居住地点位于半山腰，不利于脱贫，于是对口扶贫单位提出将贫困户迁至隆林县城或百色市定居，并保留村里土地。但大部分贫困户对这一建议却有很大的意见，特别是中老年群体。因为离开村庄，就意味着他们脱离了熟人社会，进入一个无依无靠的陌生人社会中，如果家中有红白事需要人帮忙，他们都不知道向谁求助。脱离村落也意味着没有办法实时参与维系社交网络的人情往来，之前辛苦经营的社交网络很有可能就此中断，这对于成长于传统社会的人来说是一个难以想象的局面。

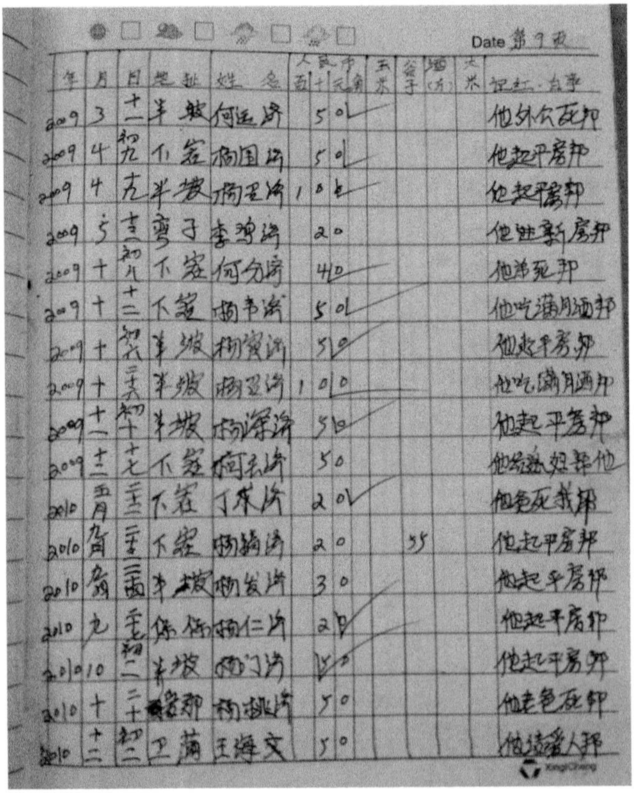

图 3　YCF 人情往来账本的其中一页

2. 地理交通条件影响

地理交通条件也是影响社交圈的因素之一。如图 2，那么村中除了那烘屯，其他 10 个屯是由一条村道连接起来，并集中在半山腰上，形成了一个较封闭的地理环境，在某一程度上限制了村民的社交范围。这样的交通条件，使老一辈的社交范围局限在自己所在的屯和周边邻近屯，成家后的年轻人继承了父辈的社交关系，也因此被局限。笔者找到一份村民的人情关系账本（图 3），内容包括日期、地址、姓名、所赠礼金或礼物及事由，由于交往的地理范围都在那么村内偏苗居住的各屯，当年轻一辈成家后也将会继承账本上的人情，继续联系起账本上的人情往来。

3. 地方教育情况与民族关系的影响

当地的教育水平也是影响偏苗社交圈子范围的因素之一。那么村当地有一个小学，村里孩子多数在村小上学，于是大部分孩子的交友范围也局限在那么村里。那么村偏苗村民的教育水平并不高，据笔者从村支书处了解，村里只有 12 个孩子有本科和大专文凭。教育水平低下成了偏苗走出村子的局限条件之一，当地居民较低的教育水平使得大多数村民不会说也听不懂普通话，对外交际困难，很难发展出新的人际关系。再加上早已形成的信任关系，让村民在外出务工时，经常是结伴而行，虽然有人相互照应，但熟悉的生活环境又会增加他们扩展人际交往的惰性，并不利于扩大偏苗的交友范围。为了维持这样的紧密关系和在困难时获得支持，村民们需要人情往来作为感情投资，甚至是万一遇到困窘情况时的金钱投资。

影响社交圈子范围的还有民族关系。据那么村中岁数较大的人所说，当地的壮族和苗族的关系是 1950 年①后才逐渐改善。互不交流的民族间关系让当地偏苗村民更注重维护本族的关系往来，这无意间把当地偏苗社交圈子集中在熟人社会里。因此民族关系也是制约当地村民社交范围的原因之一。但是，由于陌生人社会多是因业缘联系起来的，故在陌生人社会中，偏苗民族关系对社交圈子的影响程度较小，壮族和苗族之间也并不是全无交往，那么村下寨屯的 YMH 年幼就时常看到村中在农忙时请农活好的壮族村民来帮忙，而且他就与邻近村子弄桑村一

---

① 隆林县于 1950 年解放。

个壮族村民是"老庚"①，他们关系良好，对方举办的仪式也会去参加。

环境与文化相互作用、相互影响。那么村独特的自然人文环境对当地人情往来情况有所影响。在偏苗与其他民族（基本为壮族）大杂居的情境下，居住地势高和环形的村道让偏苗聚居的村屯形成一个较为封闭的小聚居区域。在此区域里，具有较落后的经济发展情况、传统家庭和家族观念、地理交通条件、地方教育情况与民族关系这几种条件，在它们之间的相互作用下，偏苗社交网络范围被限定在族群和村落之间。村民除为了获得经济收入之外，与外界接触并不频繁，族群与村落内部间互帮互助的社会支持方式并未受到严重破坏，传统的人情往来类型和礼物流动形式得以较完好的保留，也让一同保留下来的传统人情往来的规则仍在这样的社会支持情境中起作用。

三、人情往来的类型与规则

一场仪式性的人情由仪式、酒席和礼物交换这三个基本要素组成，"其中仪式是中心，酒席是附属形式，但有时候仪式和酒席又会结合在一起"。②礼物交换是人情往来的核心，人情产生于当礼物不能立即被偿还时。偏苗涉及人情往来的仪式主要有婚丧嫁娶、出生礼、满月礼、建房以及其他重大事件（如疾病、升学等）。笔者将分别以这些仪式为背景，介绍在不同仪式中一个核心家庭男女双方与亲戚朋友间的礼物交换。

（一）人情往来的类型

1. 婚礼仪式中的礼物流动形式

那么村偏苗人情往来礼仪中，婚礼与丧礼是个人一生中最重要的仪式。相应地，婚礼和丧礼上的仪式要求和承载人情的礼物最为复杂。婚礼意味着家庭新成员的加入，也意味在熟人社会中家庭关系网络得到扩张。以一个核心家庭为例，

---

① 老庚是习俗"打老庚"中双方的代称，"打老庚"是苗族传统习俗，直译为汉意是"老树的根"，即把老庚之间的关系寓意如树根般牢固可靠。

② 宋丽娜：《熟人社会是如何可能的：乡土社会的人情与人情秩序》，社会科学文献出版社，2014，第90页。

在举办偏苗婚礼仪式时，男女双方的亲戚朋友都会协助和参与婚礼仪式举办。仪式中的角色通常有主人、客人、帮工三种。主人又分新人和新人父母。客人涵盖范围很广，主要是主人的亲属、好友等，即他们的交际圈子。帮工则多是男方家族成员和村里的邻里，客人和帮工二者间有时候是有所交叉的。帮工在仪式上为主人提供各种服务和帮助，例如，婚前发喜帖、制作婚宴酒菜、招待宾客、记录宾客所送礼物等，与丧礼不同，婚礼的帮工需要主人家主动邀请。

婚礼仪式中的礼物有四种类型，分别是女方亲属所送礼物、男方亲属所送礼物、朋友所送礼物以及邻里所送的礼物。因为新人双方在仪式中消费侧重不同，双方亲属的礼物类型有所差别。女方主要在于酒席消费，故女方亲属传统的礼物是酒和米，酒和米均要在 5 公斤以上。男方主要消费在彩礼、酒席及添置结婚所需物品，钱财支出多于女方，故男方亲属传统的礼物是酒和礼金，酒需要在 5 公斤以上，主人们的朋友、邻里则是送礼金。于是，婚姻里两性不同的家庭分工和客人身份的不同，都可以成为送礼重要参考的非制度规则。

偏苗将婚礼称为"吃猪酒"，这是因为主人家的即时回礼（即当客人将礼物送出后，主人在酒席结束时能够立即给出的回礼）。婚礼上，主人通常会杀猪庆祝婚礼仪式的举办。猪肉除了被主人拿来宴客，还被主人按照与客人的亲缘关系的不同，分不同部位回赠给客人，作为客人参加仪式的回礼。婚礼上伴随礼物而来的人情不能一次性回馈完毕，需要等到下一次参加客人所举办仪式时才能彻底回馈完毕。主人在仪式中或仪式结束后，面对不同的客人需要有不同的回礼。酒席是对所有客人的统一即时回礼，此外，若是主人经济条件允许，还会杀猪回赠双方亲属一挂肉①，故称为"吃猪酒"。

---

① 因偏苗常将这份该送出去的肉用绳子挂起来，故称为"一挂肉"。此处对这一挂肉的重量并无硬性要求。

表2　偏苗核心家庭传统的婚礼礼物流动形式

送礼				回礼
女方亲属	男方亲属	朋友	邻里	主家
酒、米，酒和米都需5公斤以上	酒、钱，酒需5公斤以上	礼金	礼金，有时候还有劳力帮助	酒席。若主家经济条件好，还会回赠女方、男方亲属一份肉

2. 丧礼仪式中的礼物流动形式

丧礼是一个家庭的重要大事，"是个体在这个世界上最后的仪式"。[①] 仪式举办得成功与否以及仪式举办的礼节，最能看出个人在家族里和自己所处村庄获得的社会互助情况，且事关个人的社会评价和地位，所以偏苗的丧事十分隆重。

偏苗丧事仪式上的角色，有主人、客人、帮工三种，此时的帮工便是家族成员或村中邻里自发过来帮忙的人。若是因老人去世而举办的丧礼，并且去世的老人有多个子女，那么主人这一角色便有主孝家与次孝家之分。主孝家是赡养老人的家庭，次孝家是老人其他子女的家庭，或老人孙辈的家庭。但是有时候，与死者血缘关系亲近的侄子（女）、外甥（女），以及死者的兄弟姐妹也可以按个人意愿成为次孝家。次孝家对于主孝家来说，除了同是孝家以外，还是主孝家的客人。

在丧礼中，也会根据奔丧身份，送出不同的礼物。孝家女方的亲属传统所送的礼物有两种类型，一是礼金，二是稻谷和玉米，稻谷和玉米分别需要在25—50公斤；男方的亲属主要是送稻谷、玉米和礼金，稻谷和玉米分别也需要在25—50公斤；朋友和邻里送礼金即可。因丧礼支出的费用主要由孝家男方负责，女方则负责安排客人饮食住宿，故男方亲属还须送礼金。丧礼的主人的即时回礼只有酒席。

次孝家的任务是准备仪式所需的牲畜，以及协助主家将丧事顺利办好。每个孝家都要在丧礼上杀牲畜，牲畜多为牛或者猪。次孝家则将牲畜后腿送给主孝家，由此催生出"抬牛腿""抬猪腿"的人情往来。"抬牛腿""抬猪腿"是孝家亲属向孝家买牛腿肉和猪腿肉，既解决了孝家肉多不能及时食用的难题，也减轻了孝家

---

① 阎云翔：《礼物的流动：一个中国村庄中的互惠原则与社会网络》，李放春、刘瑜译，上海人民出版社，2000，第56页。

举办仪式的经济压力。仪式宰杀的牲畜很多，多被看作孝家的孝心或者是亲人间亲密关系的表示，但对现今而言，也有一些孝家是为了炫耀自家财力而宰杀过多的牲畜。

偏苗将奔丧叫作"去做客"，并且奔丧的亲属（特别是本家族的人）要与孝家一起或轮流守夜，于是有"养客"一说。"养客"即村里各户（除孝家外）通过抽签，抽选人家为孝家招待客人提供住处、厨房和米。"养客"习俗是多方面共同作用的结果。一是孝家举办仪式需要家族成员帮助；二是奔丧吊唁的宾客需孝家自己安排。"养客"是一种人情的互助，这既是村落帮助孝家分担客人压力的一种方式，便于孝家将丧礼礼数做全。同时也为"养客"人家日后举办仪式时，提供了村落社会的支持和帮助。"养客"在早年间是通过村民自觉轮换，这形成了邻里间参与社会交往、村内事务的机会，将个人与村落融合在一起，加强了村落共同体的建构。由于村里大量劳动力外出务工，为均匀分担责任且强制要求本家族成员回来奔丧、帮忙，才开始采取抽签的做法。

表3 偏苗核心家庭传统的丧礼礼物流动形式

送礼				回礼
女方亲属	男方亲属	朋友	邻里	主家
礼金、稻谷、玉米，稻谷和玉米需25—50公斤	稻谷、玉米、礼金，稻谷和玉米需25—50公斤	礼金	礼金	酒席

3. 满月礼仪式中的礼物流动形式

满月礼也是偏苗重要的仪式之一，它不仅是为庆祝新生儿出生的仪式，也是女方送嫁妆的仪式。举办满月礼，是宣布新生儿正式与社会相联系。仪式中最主要的客人是女方亲属，并且此仪式的酒席有别于其他仪式的酒席，满月礼酒席上外家吃酒的对象除女方兄弟外，其余均为女性。

在满月礼举办时，女方亲属的传统礼物有女子衣裙、背带、家具、孩子衣服四种形式，送礼时四选一。一般来说，女方参与仪式的女性亲属一般要送女子衣裙、背带或孩子衣服，女方兄弟辈分的亲属多数送家具。男方亲属、朋友主要是送礼金。主人需要即时回赠客人酒席以及回赠男女双方亲属两条小猪腿肉或者四斤肉。

满月礼女方亲属的礼物形式多样,是因为偏苗认为女方在产子后,女子才真正成为男方家的人。此时女方兄弟送礼多是家具,是将礼物当作女方的嫁妆或应分得的家产。除此之外,女方兄弟在酒席上还需付"买鸡头"①的礼金。笔者曾遇到一场满月礼,在酒席上女方兄弟均获得主人家夹给的一个鸡头。经了解,笔者得知,按偏苗习俗,主人家会给女方兄弟每人都分鸡头,被分到鸡头的兄弟需要馈赠作为舅舅的礼金,故这一习俗称为"买鸡头"。"买鸡头"的礼金成为一种符号,收下鸡头表示接受舅舅这一身份。

表4 偏苗核心家庭传统满月礼礼物流动形式

送礼				回礼
女方亲戚	男方亲戚	朋友	邻里	主家
四选一:女子衣裙、背带、家具、孩子衣服	礼金	礼金	礼金	酒席、回赠双方亲戚两条小猪腿肉或者四斤肉

4.其他仪式的礼物交换形式

除了生命仪式以外,偏苗涉及人情往来的仪式有建房以及家庭重大事件,包括生病、升学等。这些仪式中的礼物流动形式并无特别之处,均是以礼金为主,若是生病,有时会除礼金外再增加送鸡。除此之外便是日常性人情往来,即平日或年节时,给小孩的钱,阎云翔将这样的礼物流动称为"小情"。

(二)人情往来规则

1.几个基本概念

人情往来中,偏苗对礼物流动的称呼很特别,其中几个关键词分别是"给""帮""还"。他们将送礼或收礼都称为"帮",将回礼称为"还",将不求回报的送礼称为"给","给"类似马林诺夫斯基提出的"纯粹的礼物"。偏苗还将登记人情往来的账本称为"帮账"。

偏苗的"帮"是有来有往,是来自亲属朋友的社会支持。"还"是将互欠的

---

① "买鸡头"是满月酒中的一个习俗,男方家族的兄弟会将鸡头夹给女方家族的兄弟,因为被分到鸡头的男性需要付相应的礼金,所以也称"买鸡头"。

人情还清，充分理解人情交往平衡原则，以便再进行下一轮的人情活动。"给"是不求回报礼物，这一行为是为了维系礼物流动双方的关系或纯粹地帮助他人渡过难关。

在村民的日常生活中，这些称呼用语极为讲究，需要对应不同的礼物形式和仪式场合。下寨屯 FMY 告诉笔者："（这些）不同的（词）代表的意思也不一样。'帮'就是你在办酒 ① 时我去送礼金或者物品，希望我这点礼金或者物品能帮你减轻办酒压力，如果我家此后办酒的时候，你需要回礼帮我，并且要比当初我给你的（礼金或是物品）要多一点，让人觉得你既是来还我人情也是来帮我办酒席。"

莫斯提出的义务性赠礼、回礼与偏苗的"帮"与"还"相似，但不同于因"礼物之灵"而产生的义务性赠礼、回礼，偏苗的"帮"与"还"是为了获得社会帮助、支持以及人情网络的建构。

2. 人情往来的参与规则

人情往来对村民来说很重要，这是个人在社区中社会支持的体现和社会网络构建的重要环节。人情往来使理解村民寻求社会支持的轨迹可究，村民因人情所进行的礼物流动，成为社会支持和馈赠社会资源的一种途径。

偏苗人情往来是有一套规则的，想要参与其中，就要先了解参与规则。在熟人社会中，偏苗举办仪式的信息传播途径有请帖通知、口头通知以及口口相传几种。在村中举办的仪式，常通过口头通知和口口相传进行消息传播。采用请帖邀请的多是举办仪式的家庭经济条件不错，或者是仪式不在村中举办。

3. 人情往来的平衡规则

村民在人情往来中遵循着平衡原则，但由于各家举办仪式不同，人情往来只能最大限度地寻求相对平衡。当人情往来中的礼物形式开始以礼金为主后，经济理性开始被算进人情往来中。村民送出礼金并希望能够得到相应的回报，这是在平衡规则下最先体现出的礼账平衡。偏苗每逢举办重要仪式，家族成员都需要到场帮忙，如果家族成员有事不能参与则需自己找人代替参加仪式和帮忙，这是在平衡规则下体现出来的互助平衡。

笔者在半坡屯收集到的人情关系账本中可以分为两类，一类是 20—45 岁的

① "办酒"在当地意思为"办酒席"，有时候仪式也融合在酒席之中。

年轻一辈的账本，一类是 60 岁左右及以上的老一辈的账本。二者对比可以看出老一辈在 2013 年以酒、米和玉米等为主要的礼物形式，且礼金数额也较小，多为 10—30 元，2013 年后礼金数额开始逐渐变大。年轻一辈账本记录的礼物形式多为礼金并且数额多在 50 元及以上，这也反映了礼金在礼物形式中的比重中不断增大，促使人们将经济理性加入人情往来，以期获得相应的回礼。礼物交换环节中主人的即时回礼属于仪式要求，但礼物流动双方往来礼物、礼金带来的人情不是在这一环节就能偿还清楚的，主人家需要等待下一次机会还人情。

案例 1：偏苗礼金往来的平衡思想

LXN 是我田野点的房东，在湾子屯老一辈人中，因为她常去县城卖农产品，熟悉西南官话，所以与之交流障碍较小。除此之外，LXN 育有两子两女，均已成家有孩子，熟悉仪式举办的要求。LXN 告诉我：

> 我们去吃的酒基本都是红事白事、小孩满月酒、进新房酒，还有就是亲戚朋友得了重病这种事情去探望。以前我们穷的时候，像我们办酒嫁女儿，亲戚来帮也只是拿酒和米来帮，我们去吃酒也基本是送米、酒或者苞谷。现在去哪吃酒基本都是送钱了，送钱的时候还要在别人来帮你时的钱上再加上一点，不能原数退回，那样显得不懂事和不懂规矩。而且像我儿子他们在外面打工，到村里办这些酒席的时候，他赶不回来，就会让人帮忙把礼金送过去。但如果是家族有事的话，他是要回来村里的。因为如果三次不参加家族办的这些酒的话，是会被家族除名的，除名以后，以后你有事，本家也不帮了。所以我儿子他们不管多远都是要回来参加的。而且，如果这次人家有事你不帮，等到你自己有事的时候，也没有人帮，这是一个互相帮忙的（过程）。只不过要帮的人越来越多，要用在"帮"上的钱也越来越多了。

从 LXN 这可以看出，仪式强制人员参与既是为了村落间的互帮互助，也是为了防止村民逃避人情回报的责任。其次也能从中看出人情往来的内容是一个不断变化的过程。礼金取代了许多礼物形式，主要原因是现在物质资料充足，对物品形式的礼物需求量少；二是礼物流动参与者认为，送礼金便于让对方自己去购置所需的东西；三是从众现象，当送礼金的人变多的时候，跟着送礼金的人会越来越多；四是"面子"，碍于"面子"会有更多的人选择送礼金，送物显得仿佛低人一等，这成为村民一种炫耀式的消费。但礼金对家庭的消费支出也造成一定的压力，会产生一定的负面影响。

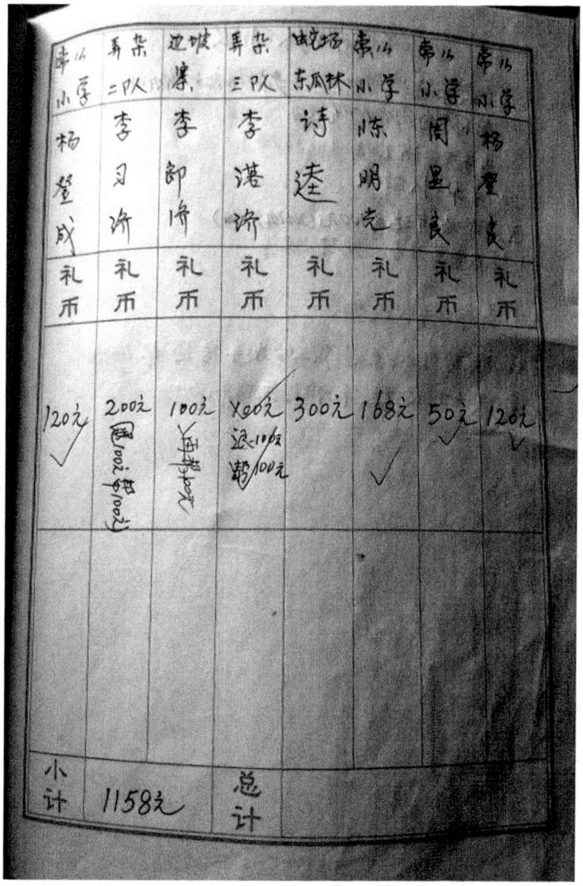

图 4　LL 家账本的其中一页

在调查过程中，从人情账本的记录中可以看出村民在履行着平衡规则。如图4村支书 LL 家的账本，登记内容打了勾的是他们已经还完的"人情"。账本登记的礼金，同时用作回礼时的参考，寻求做到人情互不相欠。

平衡规则可以追究到礼物是否可以让渡。中国的人情往来，"礼物"的不可让渡性，能够让受礼者产生背负人情的想法，偿还礼物是为了偿还人情，这促使村民在人情交往中寻找一个平衡点，用于平衡内心得失。但是，人情应该是算不清、欠不完的。安土重迁、血缘关系或者家庭成员的多少等情况，都会影响到人际交往的长期性和连续性，因此算账、清账都是不通人情的表现。[①]

4. 人情往来的进入与退出规则

在人情往来平常的农村，家庭中的年轻一辈在有工作或者结婚之后，就开始参与人情往来。这时候，父母一辈并没有结束自己的人情往来。如满月礼中，女方母亲辈分的亲属还需要送礼，体现了这时候老人并没有脱离人情往来的关系。同时，老一辈人的部分人情往来只在他们那一辈中进行，并不会传给下一代，例如老一辈中的远亲，在老一辈人偿清人情后，个人间的人情往来也宣告结束。

四、农村与城市人情往来的差异

农村是以血缘和地缘建立起来的熟人社会，在这之中人们之间的人情往来更为频繁，而在城市这样主要以业缘建立起来的陌生人社会中，人们之间的人情往来频率相对于熟人社会要少得多。社会上的人情已经没有了血缘基础，人情关系从原先的必然性变成一种或然性，[②]农村和城市的人情往来产生了差异。

（一）仪式功能的差异

在熟人社会中，常见的礼物流动的仪式场合是婚礼、丧礼、满月礼、建新房与重大事情（多是疾病和升学）。在陌生人社会中，涉及礼物来往的仪式场合，除了常见的生命仪式，还有生日宴、升学宴、谢师宴等名目的仪式。两种不同社会的仪式相较而言，熟人社会的仪式主要在人生重大变动时举办，而陌生人社会的仪式多以庆祝结果为由举办。值得注意的是，城市中出现的一些新仪式不一定能够在农村获得认同。例如，笔者在田野调查期间，一户常年在县城居住的人家

---

① 翟学伟：《人情、面子与权力的再生产》，北京大学出版社，2013，第104页。

② 翟学伟：《人情、面子与权力的再生产》，北京大学出版社，2013，第103页。

回村为考上大学的孩子举办酒席，但村里有些人家并不参与，他们认为："孩子考上大学固然值得庆贺，但这样的庆贺方式未免太高调了些，并且也不是传统的酒席，而且人家也不叫我们，只叫了人家的亲戚和同事朋友，所以我们去不去都可以。"通过这个例子，我们可以看出村民对于礼物流动仪式的一些考虑。在熟人社会内部，成员之间彼此熟悉，造就了其乐融融的氛围。所以在各类仪式场合中，很多人会自发地去主家帮忙，因为相互帮助是熟人社会中流动的人情，在你来我往的互助中，熟人社会网络会更加稳固。而长期居住在外的人回村举办仪式，他们与主人并无直接的礼物流动关系，也对此并不感兴趣。此外，这类外来的仪式对于传统社会而言是个新事物，冲击了村民对于固定仪式的认识，这也是他们不参与这类仪式的主要原因之一。

熟人社会与陌生人社会除了仪式场合不同，仪式内容也有所不同，仪式要求也就不同。就笔者父母来说，同是参加葬礼，笔者父母在去参加其他民族朋友举办的葬礼时，只需要准备礼金和参加酒席，很少参与仪式过程。而在参加偏苗举办的葬礼时，他们除了要依据自己在人际关系中的不同身份准备礼金、礼物外，笔者父亲还要作为孝家的家族成员帮孝家杀牛、做菜、招待客人，笔者母亲则需要穿着偏苗服装跟随孝家串寨子，去吃其他孝家的酒席、招待客人等，并且在死者上山安葬之前，还要与孝家或者同家族成员一起守灵堂，直至吉日死者上山安葬才算结束。由此可以看出，仪式是偏苗族群内部团结的黏合剂。相较于其他民族而言，偏苗这一支系人口很少，在"大杂居小聚居"的居住格局中形成了"抱团取暖"式的族群关系，通过姻缘和一来二去的各类仪式将自己的人际关系网络与族群内的其他成员纵横交错在一起。于是不论是亲属还是朋友，只要同属于偏苗，在婚礼、葬礼这类重要的人生仪式场合中，大家都会自发地以出钱出力的方式实现"礼物的流动"。所以我们常在日常生活中羡慕熟人社会浓厚的人情味，就是这个传统社会为了延续"抱团取暖"这种方式的表现之一。

(二) 礼金考量的差异

偏苗在熟人社会间，用于人情往来的礼物有下面几个方面的考量。一是仪式类型，仪式类型决定礼物类型。① 例如，嫁女儿需要送酒和米，丧事需要送玉米和谷子，但现在除满月酒以外，礼物形式基本都是礼金。二是辈分，根据辈分准备礼物，如满月礼中，女方不同辈分亲属需要送不同的礼。

仪式中的人情消费主要源于以下几方面的考虑：一是亲缘关系的远近，近亲会比远亲关系更密切。在礼金考虑上，若双方无重大过节，送近亲的礼金通常会比送远亲的礼金要多，并且对近亲的了解也多于远亲，更能明白近亲所需的东西，从而选择在仪式上赠送这类物品。二是日常关系的亲疏。若日常来往关系恶劣，村民甚至不会去参加对方举办的仪式，或者被仪式主人忽视而不做邀请，但这种情况是十分少有的。三是根据此前别人送的礼金，在相应的回礼时增加一些。目的是为在还人情同时将多出部分作为人情再给回去，因此双方陷入给人情、还人情这一循环过程中，这成为双方礼物来往不停的原因；最后一个考量的条件是"面子"，偏苗会根据大众的礼金估计自己应送出的礼金，礼金可以少送，但不能低于大众水平。

案例 2：村民生活中的礼金考量过程

YCF 是卫满屯里最了解民间信仰中仪式和规定的人，他家族成员或者屯里村民拿不定仪式应该怎样进行时，会来向他询问和商量，比如在去吃丧礼、结婚、进新房这种酒的时候，要送多少礼金。YCF 告诉我，他基本上是考虑别人去他家"帮"他时给的是多少，然后在此基础上，还礼时再添加一些作为他"帮"人家的。他说：

我们以前给钱的时候还有给 10 元、20 元、30 元这样的，但是现在不行了，现在是越来越多，这两年去吃酒的礼金基本上都是 100 元以上。不去吃酒也不行，毕竟他都来"帮"过我了，我不能不还回去。在亲戚和朋友之间，我肯定是给亲戚的礼金比较多，特别是和自己很亲的，根据自己的经济实力，会给得更多一点，能给就给。以前如果没钱，还可以送谷子或者玉米，现在则不能了，基本都是送礼金了。像我们家，我们一年收入才 3 万多元，但我们每年礼金的账都有六七千了，占的部分还挺多的。

---

① 详情可以参见表 2 至表 4 关于偏苗核心家庭传统的礼物流动形式。

在 YCF 这里，可以看到偏苗对礼金支出的看法，也可以看出偏苗在支出礼金时考虑的关键点是与举办仪式一方的关系如何。还可以在谈话中，找到村民的礼金支出会越来越多的答案，也证明礼账是不可能完全平衡的。

案例 3：陌生人社会中的人情往来

YHP 居住在市里，她是百色市某所高中的教师，是现在村里唯一在市里有稳定工作的人，与外出打工的村民相比，她更有机会参加陌生人社会中的人情往来。YHP 告诉我：

> 我现在开始参加同事举办的酒席了，在去吃同事举办的酒席的时候，我送出的礼金是参照其他同事给的，如果关系好，我会给更多一些。在外面去参加这些酒席，一般还考虑的就是面子问题以及与他们维系基本的社会关系。如果别的同事都去吃酒，就自己不去，觉得挺没面子的，其次就是会影响两者之间的关系。维持好基本的关系，即使不能立即体现出来，但对之后生活、工作的影响肯定是有的。对于亲属间的人情往来与同事朋友间的人情往来，我都觉得重要，毕竟亲戚还有亲缘关系，出门也需要"靠朋友"。同事的酒席和家里亲戚办的酒席，让我觉得很不一样，有时候甚至觉得家里亲戚办酒席的一些习俗很铺张浪费。例如，如果我去吃同事小孩的满月酒，只需要送礼金和吃酒席就好了。但是，我这次回来的时候，我和我爸妈去吃一个表姐的孩子满月酒，酒席不仅在这个表姐家吃了一次，还被表姐夫的亲戚拉去他们家再吃一次酒席。而孩子外婆在给亲戚准备回礼时，我爸爸和妈妈分别得了两腿猪脚，合在一起都差不多是一只猪的肉。我在参加同事酒席时，得到回礼就只有一次，是同事婚礼送了巧克力伴手礼而已。

在 YHP 论述的这里面，可看到的是偏苗在不同社会中参与人情往来仪式场合和考量的差异很明显。两者从礼物类型、礼金到回礼都有所不同，熟人社会中的仪式在保持双方关系的同时，保留有强烈的民族习俗和风格，陌生人社会则是理性分析利害关系为主，利用人情往来维持双方的社会关系。

在陌生人社会中，偏苗与他人之间的礼物流动形式主要是礼金。他们关于礼金的考量，一是双方以前来往过的礼金数额。这里与熟人社会间礼金的意义有所不同，在陌生人社会中增添礼金数额，不是为了"帮"，很大程度上是因为面子问题。二是关系的远近或者是否有必要维系关系。若不想维持双方关系，那么在回礼时，礼金数额可以只是为了还清之前欠下的人情。三是"面子"。相较于亲属间来往的礼金，非亲属间更多考虑的是"面子"问题。

（三）社会期盼的差异

熟人社会中人情往来主要涉及的对象是亲属朋友等，人情往来有利于建立、维持和保护熟人网络，维系双方的情感，使情感上更加亲密。而陌生人社会中的人情往来涉及的对象还包括单位领导、同事等生人网络。礼物在陌生人社会中流动，更多是个人出于对城市生活中利益权衡的考虑，以人情换取更多的社会资源。人情往来与礼物流动、人际关系、社会网络以及经济理性密不可分。阎云翔从礼物的工具性和表达性上，展现了礼物对农民社会网络建立的重要作用。礼物交换是人情往来的实际表现之一，也显示了依靠礼物进行的人情往来对社会网络的建设作用。

村民参与熟人社会人情往来是因为这是村庄常见的互帮互助手段，村民期盼在家庭面临重大变故时或迈向新阶段时，通过长时间的人情往来能够得到社区的社会支持以及保持亲属间的来往和亲密。人情往来是建立、维持和保护熟人网络最好的手段，能最大限度地支持个人发展。其次，如果人情往来的仪式办得好，村民还可以从中获得社会威望，进一步提高在社区中的社会地位和话语权。而在参加陌生人社会人情往来时，人们更希望获得更多的社会资源和舒适的社会环境供自身发展，也想通过此建立和维系陌生人之间的联系，以期获得更多的社会支持。陌生人社会之间更多的是理性的利益权衡。人情从熟人社会向陌生人社会泛化的过程，从原来的"亲"变成了"义"和"利"。

五、结语

人情往来在亲密社群中具有重要作用。为什么人们不愿意放弃人情往来？人具有的社会性使个体不断追求融入社会之中，可以借助人情往来进行两者的融合。

个人需要靠社会回馈的信任感和社会支持，支撑个人威望以便更好地在社会中活动，个人得到的正面评价越多，在社会中的活动就越如鱼得水。在偏苗的人情往来中，礼物交换架起了人与社会沟通的桥梁，礼物馈赠成为人情表达的方式，维系了人们由于血缘和地缘形成的社会关系网络，能够进一步频繁地进行日常的接触、互动和交往。

偏苗人情往来受地理环境、社会环境的影响。客观条件的存在，使人情往来变成必要的，因为在经历人生仪式时，个体需要所处区域社会的社会支持。人总是不自觉地区分"自己"和"他者"，偏苗的人情往来在农村和城市之间有所区别，这也反映了偏苗将人分为"自己人"和"他者"时，血缘关系成为一个重要的区分条件。这样的特性，在偏苗身处熟人社会和陌生人社会时表现得更加清楚。根据不同条件对人情往来进行分析时，除了表现人融入社会的本能，还有人对社会认同的区分。

人情往来中的礼物是"礼"的物质体现。中国人崇尚礼尚往来，礼成为人们需要遵守的规范。人情往来中的规则是农民社会交往规矩的体现，人情往来能够满足村民个体和村庄整体得以组织和运转的需要。阎云翔对礼物进行工具性和表达性的区分，在一定程度上也是从礼物的功能角度来区分。偏苗参与人情往来，能够得到来自生活的社区给予的社会资本和威望，使个人在熟人社会中得到确切的定位，给予个人社区生活参与感。礼物流动用人情将血缘关系和地缘关系牢牢绑定。不能立即偿还清楚的人情，使不同辈分间的联系得到延续，将整个熟人社会组织成一个整体，用仪式、酒席和礼物交换等推动这一个熟人社会的发展。村民在人情往来中，能够得到熟人社会的帮助从而分担举办仪式带来的人力、物力、财力的压力。熟人社会也因人情往来，能够维系更紧密的亲缘和地缘关系。

礼物与人情伦理、社会网络紧密相连，差序格局在这得以体现。偏苗按照自己心中的亲疏和远近来决定自己和他人之间的关系。村民在人情交往中不断确定自己身处其中的社会共同体，所以当礼物尽管可能以不同形式、方式重新回到赠送者手里，但是参与人情往来的双方的感情和关系也能得到提升。作为礼金的礼物在一定程度上，还能帮助接受者渡过生活危机。人情往来参与者从不吝啬于培养一个较大的熟人关系网络，以便获得不时之需。

　　人情往来能够让人进行社会表达和社会竞争。人情消费对文化进行了分类，例如礼金的多少以及送礼者的身份，在一定程度上展示了举办仪式的人社会地位的高低以及社会关系的多寡，举办仪式的人也能借此机会表达自己的经济能力、社会地位、人缘等。社会表达直接或间接地引发了社会竞争，在互相对比的时候，炫耀心理也许就会引发彼此间的竞争，这也是现在人们觉得礼物支出负担重的原因。

文化及身份的想象与实践

——异国恋女性的话语规制与主体建构

山东大学人类学系 2016 级本科生　李筱霖

指导老师　金光亿

摘要：本研究主要探究处于异国恋爱关系中的中国女性的文化和身份的想象与实践及其中所蕴含的社会文化内涵与主体性意义。研究表明，异国恋爱中的女性主体在一定的社会情境下，对外部可溯源历史政治文化的话语进行内化，既被话语规制，又发挥着主体性，进而生产反话语和主体性话语，进行对社会建构的再建构。这也是一个自我身份建构的过程。

关键词：异国恋爱；话语；主体建构；女性经验；叙事

一、前言

走在上海的茂名路、衡山路、新天地，或是走在北京的三里屯太古里，经常可见手拉手的中外情侣。在当今全球化迅速发展、时空压缩和文化交流日益频繁的背景下，跨越国界的碰撞和流动已经越发普遍。

本研究中，笔者将目光聚焦于"异国恋爱情侣"。在国内，有关跨族／跨群／跨国恋爱关系的研究较为鲜见，而"跨国婚姻"的研究则十分普遍。在搜索英文文献时，笔者采用了包括以下关键词在内的多个关键词进行文献搜索：

transnational，transcultural, intercultural, interracial，hetero-racial，relationship, dating, intimacy 等，发现相关的研究并不缺乏，但探讨非婚姻的恋爱关系或包括恋爱关系在内的研究仍十分有限。很多研究是以跨种族婚姻为主题，或将包括婚姻、情侣在内的多种关系均纳入研究，而不做区分。从研究方法上讲，绝大部分研究都属于定量研究，多关注于约会伴侣选择的种族偏好及其影响因素、跨种族恋爱接受度与种族态度、种族融合度的关系等。而采用定性研究法的社会学、人类学研究较少。实际上质性研究是有必要的，Telles 和 Sue 就特别指出有必要用质性研究的方法对处于异民族恋爱关系中的情侣进行研究，只有这样才能深刻洞察其中的关系动态。就研究的具体内容而言，有研究者研究了青少年的跨种族恋爱关系[1]，有研究者关注跨种族／族群恋爱关系建立的动机，这在跨种族／族群的婚恋关系研究中占据了相当大的比重。有代表性的理论包括地位交换理论、融入理论和亲和性种族差异理论等。地位交换理论是具有重要影响的经典性理论，传统的地位交换理论认为，拥有较高社会地位但种族地位较低的成员，通过与拥有较高种族地位但社会经济地位较低的伴侣的结合而获得种族的优势。[2] 亲和性种族差异理论以 Jiménez 为代表，他主张差异在恋爱关系中的重要性，恋爱中的双方为了满足某种差异性需要，会形成一种新的亲和性族群身份（affiliative ethnic identity），实现对对方民族身份的部分认同。[3]Yodanis 采用深度访谈法，让处在跨种族恋爱中的情侣讲述自己的恋爱故事，从而呈现出几种身份认同。其中包括对于某一民族的单一身份的认同、多民族的身份认同，还有对自身种族身份的脱离和解体。[4]Yodanis 同样强调了差异在跨国恋爱以及婚姻关系中的重要性，从而对传统的地位交换理论提出了质疑和批判。此外，也有对于跨种族关系质量的研

---

① Kreager D. A., "Guarded Borders: Adolescent Interracial Romance and Peer Trouble at School", *Social Forces* 87(2008): 887—910.

② Beigel H.G., "Problems and Motives in Interracial Relationships", *Journal of Sex Research* 2 (1966): 185—205.

③ Tomás R. Jiménez, "Affiliative Ethnic Identity: A More Elastic Link Between Ethnic Ancestry and Culture", *Ethnic & Racial Studies* 33(2010): 1756—1775.

④ Yodanis C., Lauer S., Ota R., "Interethnic Romantic Relationships: Enacting Affiliative Ethnic Identities", *Journal of Marriage & Family* 74(2012): 1021—1037.

究①,包括对跨种族／族群恋爱中的情侣态度的研究②,以及对情侣关系维系中的文化差异应对的研究。Vasquez 的研究比较经典,她关注的核心问题是拉美裔白人和白人的婚姻对于婚姻中双方的文化实践影响。她运用深度访谈的研究方法,分析了四种二元文化类型。③研究既关注了文化,也关注了在关系实践中的身份协商与实践。而恋爱关系中的自我形象塑造和身份建构正是跨种族／族群恋爱研究中另一个重要方向,但相关研究凤毛麟角。Wilkins 特别关注这种亲密关系中的身份协商,他采用深度访谈的方法,研究了处于跨种族恋爱关系中的黑人大学生是如何自己塑造突破种族限制和不平等的形象的。研究表明,种族间不平等的打破需要一种性别间的不平等来实现的。这些黑人大学生在进行着自我形象塑造的同时,也受到了传统的种族和性别话语的限制,他人想象和自我塑造之间的张力始终存在。④Wilkins 还发表了另一篇文章,同样探讨了跨种族恋爱中的身份问题。研究采用深度访谈法,分析黑人女性自己的故事和叙事,以探究其身份协商困境。⑤Hill 同样对恋爱关系中女性的种族身份的发展变化进行了研究。通过让女性自我回溯叙述的质性研究方法,探讨了处于跨种族恋爱关系中的黑人女性和白人女性的种族身份发展问题,并归纳了其身份发展的三种策略途径。⑥不同女性使用的身份协商策略不同,但都在进行抵制种族主义的自我赋权。Wilkins 和 Hill 的研究的确给予了笔者以灵感和启发。

从地域和社会背景来看,现有研究多集中于美国和加拿大,因为是在其种族

---

① Kreager D. A., "Guarded Borders: Adolescent Interracial Romance and Peer Trouble at School" ,*Social Forces*87(2008): 887—910.

② Field C. J., Kimuna S. R., Straus M., "Attitudes Toward Interracial Relationships Among College Students: Race, Class, Gender, and Perceptions of Parental Views", *Journal of Black Studies*44(2013): 741—776.

③ Vasquez J. M., "The Whitening Hypothesis Challenged: Biculturalism in Latino and Non-Hispanic White Intermarriage", *Sociological Forum*29(2014): 386—407.

④ Wilkins A. C., "Becoming Black Women: Intimate Stories and Intersectional Identities", *Social Psychology Quarterly*75(2012): 173—196.

⑤ Wilkins A. C., "Stigma and Status: Interracial Intimacy and Intersectional Identities Among Black College Men", *Gender & Society*26(2012): 165—189.

⑥ Hill M. R., Thomas V., "Strategies for Racial Identity Development: Narratives of Black and White Women in Interracial Partner Relationships", *Family Relations* 49(2010): 193—200.

多元的背景下的跨种族／族群的婚恋关系研究，因而具有鲜明的地域特色。除了实证的经验研究，就各种跨种族婚恋研究的理论而言，这些理论并不具有在本地域之外的良好的解释力。比如说，融入理论的探讨和应用离不开美国多种族的社会背景，在这种多种族的社会背景之下，有多数族裔和少数族裔的区分。但本研究中，并不存在多数族裔和少数族裔区分的背景。

当然，很多婚恋研究的理论都具有一定的解释力，这些理论在不同方面都具有启发意义，这种启发性是不会因地域的不同而丧失的。笔者在本研究中也会加以参考和借鉴。

在笔者看来，对跨种族／族群婚姻与跨种族／族群恋爱关系的研究并没有本质上的分野与不同。从先行相关研究可知，对跨种族／族群婚姻的探讨更多关注于权力、地位和文化差异应对等，而对恋爱关系的研究而言，主题更加多样化，可以说相较于对婚姻的研究而言，更具灵活性。身份困境、自我协商、关系发展中的社会遭遇、关系维持和发展的动态和张力等，都在研究范畴之内。

从国外相关研究的顺承延续来看，现有研究多为定量研究的宏观描述，少有深入细腻的定性研究，而研究的具体内容也多局限于"意愿性"的态度研究。就定性研究而言，对社会结构性、社会群体性的因素关注较多，关注具体的个人性的、情感性的研究并不多。这样不能够很好地揭示动态和内部机理。在笔者看来，真正的问题并不在于数量，而是现有的研究并未能把对处于恋爱关系中个体的主体性建构与其外在的社会文化情境、自身的社会文化实践结合起来进行探讨，而是相对割裂，或是特别强调主体对于关系和自身的主观认知部分，或是特别强调主体的外部社会情境、行为实践，缺乏既不失具体生动又有一定深度的描述和阐释。而笔者希望能够将二者结合起来，努力追求在质性研究方法下对跨种族／族群的恋爱关系进行"深描"。

在本研究中，笔者将努力探究处于异国恋爱关系中的女性主体是怎样进行文化和身份的想象与实践的，而其中又蕴含着怎样的社会文化内涵与主体性意义。一定社会情境下，异国恋爱中的女性的主体性建构是本研究的主题。本研究所指的"异国恋爱"，是指由中国女性和非中国的男性组成的恋爱关系。而从受访者的具体情况来看，中国女性的非中国的男性伴侣多来自欧美国家。本研究主要关注此类恋爱关系中的中国女性的主体经验。

本文的研究方法是访谈与参与观察相结合。因调查阶段不同，访谈又分为前期的深度访谈和后期的半结构访谈。笔者的参与观察并不是传统意义上的参与观察，而是对线上群体的网络民族志式的观察。田野调查前后持续近三个月，分为两个阶段。第一阶段为期望与假设的悬置观察理解阶段，笔者对"豆瓣"社交平台上与"异国恋爱"相关的小组进行了持续跟踪和内容分析；二是加入一个规模相当大、互动活跃的异国恋爱微信群"We complete each other"，进行线上的参与观察。同时通过该微信群添加了部分好友，在聊天互动中进行了深度访谈。第二阶段为视野聚焦和问题生成阶段，笔者对在前期取得联系的 8 位女性进行访谈，其中的 7 位是来自网络平台相识的朋友，还有一名受访者是通过由朋友介绍的"方便抽样"方法结识。访谈为半结构访谈，访谈对象皆知晓笔者访谈和研究的目的，其中部分访谈为线下面谈，还有一部分为电话、微信等线上访谈。单次访谈时间为半小时至两个半小时不等。为保护受访者隐私，受访者的姓名等信息都进行了适当处理。

二、群体想象："我们""他们"与"共同体"

（一）"他们"的复数他者语汇

"他们"与"我们"相区分，是一种他者的划定。"他们"是许多受访者在访谈中都会使用到的一个词，而笔者在这里探讨的不是"他们"这个词，而是一种对第三人称群体的相关表达。在受访者的叙事表述中，这些语汇零散，却频繁出现。笔者觉得有两点是有趣且值得关注的，一是"他们"的复数语汇的所指为何，二是这种复数他群语汇出现的情境。FLL 是一名在校大学生，与冰岛男友异地恋爱了近一年时间。她这样描述男友的性格：

我男朋友就是外表严肃、一脸高冷的那种，不太会笑，但是跟我在一起的时候肯定还是会笑的，给人感觉很温柔很舒服的。其实他们北欧人就是这样，从来都是很高冷，给人感觉难以接近。（他们自己也）觉得对陌生人完全没有必要"假笑"，他们也不会很轻易地就把你当作朋友，但是（一旦）把你当作了朋友，就会真心对你一辈子好的那种。（2018 年 6 月 15 日）

FLL 在这里同时探讨了男友的性格特质和"他们北欧人"的性格特质，而后者是自然地由前者引出，从"他"到"他们"的表述转换非常顺畅。她将自己的男友置于一个自我想象的群体中，而这个群体的边界是由她自己划定的。不论这种印象是否确切，在这种从"他"到"他们"的延展中，个体实现了对遥远他者的速写和范畴化，并对他群进行了有差异的特质想象。而在一些情况下，他群被更为直接地赋予了某种特质，这种想象经过标签化和符号化的过程，被建构起来的是"典型"的他者群体形象。

RW 是一名在校大学生，和美国男友交往了不到半年，她这样描述"典型的美国人"：

他其实是一个非常不典型的、不正常的美国人，他和大多数美国人是很不一样的，兴趣爱好、生活习惯，很多地方都不一样。

这里，受访者运用了"典型的""正常的"来修饰"美国人"。当笔者继续追问什么是"典型和正常的美国人"时，RW 给出了这样的解释：

他不喜欢所有类型的运动，足球、篮球、橄榄球，他全都不感兴趣。然后他也不喜欢户外运动，不接受那种晒黑一点更好看的审美。他也特别喜欢俄罗斯，特别喜欢（笑声）。

RW 在这里用一系列符号化的特质定义了对于美国人而言，什么是"正常的"，什么是"不正常"的。这是一种主观经验的表述和事实的建构。在她的建构下，"正常""典型"的美国人至少具有如下特质：喜欢（户外）运动、认为晒黑一点更好看、不喜欢俄罗斯。

从上述受访者的表述中可以看出，第三人称的复数群体概念出现在从伴侣个体外扩到一定群体的过程中，而被延展到的群体可能是一个国家范畴（RW），也可能是一个文化地理集群（FLL），这种延伸的界限有多远，取决于受访者主体建构下的选择。在群体的范畴化和符号化的典型想象中，比较无处不在，既包括"我群"与"他群"的比较，也包括"他"与"他群"之间的比较。异国恋爱中的女性构造了将伴侣置于其内的"想象的共同体"。

在一些情境下，"他们"的语汇不仅仅被主体在"比较"的语境中呈现出来，也被用作自我合理化的策略，从而促进差异想象下的情境理解、自我定位和问题解决。

Lilian 是一名在外企工作的职业女性，目前正与一个美国人处于约会（dating）阶段，迫切希望能够与对方确立正式关系的她这样解释目前所处的关系阶段：

> 我觉得目前的关系也就处于 dating 阶段，其实按照他们的习惯来讲，我觉得我们俩好像没有达到要讨论未来的那个阶段。

在这里，受访者自然而然地从"群体"习惯差异的角度定位自己的关系发展阶段。被标明的是习惯性差异，主体从群体视角反观自身，从而对自己与约会对象的关系状态进行抛锚定位。这不失为主体的一种自我合理化策略。

Che 在广东从事物流行业，有一个相处了两年、目前在新加坡从事 IT 行业的法国男友。在她自己看来，她和男友当下的感情状态并不太好，情绪低落，她将主要原因归于自己的脾气暴躁和经常的"作"。她告诉笔者，两个人闹了矛盾，男友可以一连两周都不来找自己并且"自得其乐"。"他就是特别有自己的生活的那种人"，"有我没我都一样"，而她自己每次都是"忍不住就去找他"，"发了信息他没回就等着，一直不来信息就会等得特别难受"。当两个人陷入矛盾时，Che 是那个努力将关系正常化的人，在男友不坚定时，她会把旧照片做成视频发给男友。"几乎每次都需要我来做这些，自己生气、发飙、吵闹，自己哄，他生气，再去哄他"。而她对男友"自得其乐""不来找我"的解释正是一种很明显的自我合理化策略的运用：

国内的男孩子应该都是对女朋友很好的，什么都很宠那种的，他们就是很独立那种的，就是不希望你黏他，也不会宠你，这个差异是挺大的。有的时候就因为这种差异吵。就像在国内，女朋友如果生气了，男朋友打一百个电话找你都可以，但是跟他的话，你生气了，他就不管你了，能打两个电话就已经很难得了，打一个，你不接就算了。觉得这个差异真的太大了。

"他们"被置于与"国内的男孩子"的比较中，"独立"的他者特质在 Che 那里，成为对男友"有我没我都一样"的合理化工具，通过人为强调男友身上的他者性，削弱了关系中的个人不适感。然而，这种自我合理化策略也不总是有效的：

一味地答应，对他来说就是纵容，所以我听到群里很多男的都会这样纵容女朋友，我还是有点惊讶。就是（他们）变得很中国（化），我就觉得很惊讶，因为我不知道还真的有外国人会为自己的中国女朋友变得那么中国（化），只是我自己没有遇到过而已吧。

通过对"外国男友会不会为自己的中国女朋友变得中国化"的探讨，Che 的这种自我合理化策略在与其他异国恋人的比较中被反思和自我解构。

从以上分析可知，对"他们"的第三人称复数群体的想象，既是在"比较"情境下对差异的强调、范畴化与典型的"他者"想象，也是将两个人之间的恋爱关系延伸到群体范畴下进行解释的个人合理化策略，尽管这种策略并不总能取得理想效果。

（二）"我们"——多义的自我身份划定

"我们"与"他们"相对应，"我们"的第一人称的复数表达在受访者中也十分普遍。"我们"的所指是多义的，笔者有必要提到"主体间性"。从"主体间"的认识论角度来看，受访者并不是客体，而是与研究者处于互动的主体关系中，访谈是双方共同的意义建构过程。[①] 在本研究中，受访者的"我们"的表述可能

---

① 王昕：《深度访谈中的"主体间性"：意义与实践》，《青海社会科学》2013 年第 3 期。

在一定程度上受到了笔者也置身其中的影响。但是在将这一因素纳入考虑的情况下，"我们"的表述依旧具有独立的语义内涵和身份划定功能。受访者的"我们"的范畴内涵在"亚洲女生""中国女生""中国人"中变化着。这种"我群"的想象和划定也是一个自我身份的建构过程。

在很多受访者那里，"亚洲女性""中国女性"的话语都会自然地浮现，而这些话语多在指涉和主体自身相关的某些特质时出现。如 Lilian 谈及约会对象说她"caring"（体贴的，照顾人的），当笔者提到男友说过笔者"think about other people"（为别人着想）时，Lilian 立刻将这两个特质联结起来，以"我们""亚洲女生"之名将其塑造为一个"亚洲特质"。于是，一种独特的身份特质就在这种主体间性的互动中被构造了出来。在 Lilian 看来，外国人喜欢的女生的类型似乎是有标准答案的。

在笔者询问自身吸引对方的点在哪里时，Lilian 的回答如下：

Lilian：我觉得和他们本国的女生比较，优势可能在于我比较 caring 吧，可能就像你刚才说的 think about other people.

笔者：看来你这个人比较善解人意、会照顾人吧？

Lilian：嗯（停顿），我觉得亚洲女生都会这样的吧。

在一些情境下，Lilian 又将"我群"划定在"中国人"群体。如在谈到应不应该将自己的感受大方表达给约会对象时，她这样说：

他最近要回美国一趟，但是还会回来，他一两周之后还会再回 JN。然后我就觉得还是要主动去表达吧，我觉得就是要摒除一些去猜或者一些中国人那种思维……我觉得我应该去主动表达我的一些想法，我不需要去做什么，其实我就是想说我想说的。

受访者在这里定义了一种所谓的"中国人的思维"，是与其自身在这段关系情境下所主张和所采取行动的策略相悖的。主体构造出一种"我群"特质，将自已放置到我群中，继而又将自我从其中抽离出来。

笔者在研究中发现，在一些情境下，受访者将"我们"进行了隐含的性别的划分，在标定自身属性的同时，将性别角色纳入探讨。Aethe 高中时就去到加拿大，现居加拿大，是一名电影学院的大二学生，男友为加拿大本地人，是自己的同班同学。从讲述他们的恋爱经历开始，"亚洲人"的语汇就出现在了其表达中：

> 他是我同班同学。刚开始吧，就是相当于只是同班同学，我总是觉得因为我一个亚洲人，然后我觉得人家白人肯定不会喜欢我，以前没有跟白人恋爱过。

有理由推测的是，身处加拿大环境中，Aethe 的"亚洲"身份归属意识自然更强。笔者本着"不使自己先入为主的概念影响到受访者的主体表达"的原则，在这种情形下，才"敢于"顺着"亚洲"的概念进行进一步的问题追问，便询问了 Aethe 亚洲男性和本地女性的恋爱情况。

> 哦，要真有那样子的话，这个亚洲男性除非是富二代，然后还有一种情况就是英文厉害上天了那种，然后在公司上班啊那种，职位也是厉害上天、特别高的那种。如果把我换成男性的话，那我在这肯定是交往不了白人妹子的。
>
> 但是有些东西，真的哈，语言就是一切，在国外，语言真的就是一切。我也不能算是语言特别好……真正像他们那样，融入他们是不太可能的。毕竟物以稀为贵嘛，我在这个白人圈子里面，相当于唯一的一个中国女生了，因为我所在的这个学校中国人少，然后所在的这个行业中国人也少，所以他们看我就像看熊猫一样。但是如果我是亚洲男生，得特别出色，如果你语言不好的话……白人妹子都比较壮实吧，会觉得亚洲男生比较弱小，这个是真的。（2018 年 6 月 22 日）

受访者将亚洲男生、亚洲女性与加拿大本地人的恋爱关系进行了比较，在情境中展现了自己对于亚洲男性的性别角色的认知，其中，亚洲男性的"弱小气质"和"语言不好"居于差异原因表述的核心。而"如果把我换成男性的话，那我在这肯定是交往不了白人妹子的"反身性思考，是主体带有性别差异的我群认知。

受访者正是通过"我们"的话语表述，对自我进行了多元的身份范畴划定，从而进行了某些特质的自我赋予或抽离，并对自己的身份进行性别语境下的反身性思考。

（三）同在一条船上——有趣的共同体

下面谈论一个有趣的问题，笔者将其称为"同在一条船上"的共同体，指的是以社交媒体网络为依托而建立、维持的异国恋爱女性线上群体。之所以将其称为"同在一条船上"，是因为无论从豆瓣的互联网小组，还是从微信聊天群来看，这些女性在线上群体的互动中显示出了一种虽有矛盾和摩擦，但仍有较强凝聚力的情感状态。最直观的感受来自笔者在微信群"We complete each other"中的参与观察。笔者将群内的聊天信息视为言语事件，作为一种文本，进行分类。这些互动内容被笔者称为"积极事件""中性事件"和"消极事件"。"积极事件"主要包括见面、订婚、结婚在内的信息发布与群体成员的回应。"中性事件"是情感色彩较为中性的交流互动，如信息共享、求助解答、日常分享，而且这种日常分享是相当普遍和频繁的，扩展延伸到恋爱范畴之外的生活领域。"消极事件"包括分手等信息的发布，以及由价值观念不同引起的争吵、退出等。通过观察研究发现，群体成员有着较强的心理共同体验和共同的忧患意识，在一种共同的情感心理环境下分享积极的信息信号。群内成员的互动也多有向线下发展，有的成员之间已经结成了很好的朋友关系。

异国恋爱女性在线上和线下的互动中建构起了一个共享相似身份特质的想象共同体，共同的情感更是将自己与其他异国恋爱女性划归到一个身份范畴中，建构自己与非异国情侣的界限。

三、身份的浮现、流动与建构

（一）伴侣选择偏好中的矛盾话语和身份构建

笔者特别希望在研究中探究的一个问题是，这些身处异国恋爱关系中的女性，是否有异国恋的恋爱偏好。在半结构访谈中，笔者设计了两个问题："想没想过自己会有一个外国男友"以及"如果你和男友分手了，以后的恋爱对象的选择是否会有对外国人的倾向性"。在实际访谈中，研究对象对此相关问题的阐述并没有局限于笔者的两个问题，也呈现在个体更为开放和不受限制的主体叙事中。从话语分析和社会心理学的角度来说，表述具有多个版本，而版本的变异性可能是由于个体自我形象呈现的需要，也可能是由于要达到某种话语作用。① 当主体在自我叙事中进行身份的建构时，叙事中的话语矛盾，则展现出一种自我身份建构中的矛盾和张力。对一些受访者而言，有一个外国男友是一件很自然的事。FLL 是这样说的：

> 我在原来小的时候可能就想过要有一个外国男朋友吧，到后来就没有了，当时主要就是觉得找中国的男朋友也完全可以的。但还是会很羡慕那些和老外在一起的中国人。所以应该说我还是有对外国人的偏好的吧，我一年前的暑假还和我妈妈说，我要是找不到外国人，我就不结婚。实际上，我就在那十几天后遇到了我男友。那个暑假也是在以半认真的心态在北京用约会软件的，也聊了几个外国人，还有那种差不多都想要变成男女朋友的。不过其实，当然不是外国人就都会OK，当然得看人，现在的男友就是各个方面都会让我觉得很舒服的那种，哎，我真的是慢慢也就明白了，是不是外国人也没那么重要，像现在的话，我真的就是把我男友当作男朋友，通常忽略了他的外国人身份了，你要是说他是外国人，我还会觉得怪怪的呢。（2018 年 6 月 15 日）

讲故事的过程也是身份构建的过程。 FLL 进行了一段比较完整的叙事。在一种对过去、现在和将来的联系中构建着自己的主体行为和主观意义。玛格丽特·米德提出的概念"审慎的态度"（deliberate attitude），论述了时间轴上的主体性。她认为人当下的经验是置于从旧到新和随情境变化中的相互影响的变化中的，行动者不断地重构过去以试图理解当下。在一种反身性思考中，FLL 对自己与过去某一时间点的意识和行为进行了反思和否定，将现在的自我与过去划开界限，以试

---

① [英] 乔纳森·波特：《话语和社会心理学》，肖文明、吴新利译，中国人民大学出版社，2006。

图消解主体认知中的矛盾，以达到一种自我叙事的和谐状态，获得主体在当下时间点自我认可的身份，她想要去除掉的是有意偏好外国人的一种"找寻者"形象。

有些受访者的话语表达是模糊化的，但从微小话语的自相矛盾中，显现出对外国人的偏好。Lilian 告诉笔者，约会对象曾经询问过她，白人是不是她的优先选择，Lilian 当时否定了，表示自己不在乎是哪个地方的人。当笔者进一步追问她是完全不在乎还是有所偏好时，Lilian 的回答是：

> 嗯，其实我不在乎，但是如果是一个白人和一个中国人同时追求我，我觉得我可能更喜欢白人，就是这样子的。我感觉在外貌上好像更喜欢白人……所以说，如果一个白人来追求我，如果他只是一个普通的或者是说一个很肤浅的人，和一个中国很优秀的男生追求我，可能我还是更倾向于选择很优秀的那个中国的男生。

Lilian 制造了两个相冲突的文本，矛盾的话语背后是自我协商。

其实包括 FLL 在内的一些被访者，只是在一定的时间情境下对外国恋人产生了一定的偏好，这种偏好，在一些情况下，只是情境中的自然选择。如 Che 所述，自己原来并没有要找外国人的想法，是到了新加坡之后，交往圈子中外国人多，又没有很多中国男性和合适的新加坡男性。

> 就是随缘，怎么说呢？好像外国的也不差，也不错，就是不知道哪一次就有这种感觉喽。

对于另一些女性而言，有外国男友是自己原先没有料到的。Elsie 一年前辞去了工作，一直待在家中，和在中国留学的法国男友交往了两年，目前两人已同居一年，她说她自己从来没有想过会有一个法国男友，自己只是对韩国文化特别感兴趣。清烺是一名英语教师，她的德国男友目前在德国工作，准备未来到中国发展，两人交往了近一年，已经在谈婚论嫁的她表示，如果和现任男友分手了，自己会考虑找中国男生，因为自己"经不起折腾了"。Lulu 目前就读于北京某语言类大学，曾有一个交往三年的美国男友，刚刚分手的她表示，"非常希望下一个男友是中国人"。

笔者认为，当受访者对自己是否具有对外国男性的偏好进行表述时，因为情境并不被知晓，所以"真实"与否是不确定的。但何为真实并不重要，重要的是将这种表述视为受访者主体建构的文本，探究其中的身份张力和身份塑造需求。

（二）亲和性文化身份——新身份的获致

"文化身份"是身份的一个层面，关乎文化认同和归属感。所谓的"亲和性文化身份"是笔者从 Jiménez "affiliative ethnic identity"[①] 的表述中受到启发而提出的一个相关联的又不同的概念，英文可表述为"affiliative cultural identity"。"affiliative ethnic identity"可译为"亲和性族群身份"。这种身份指的是个体根植于与自身民族无关的知识和持续性的消费与文化操演中的一种族群身份。这种身份的获得可以通过参与到文化活动、食物和音乐、学术活动、政治事务等中而实现。而跨民族的恋爱关系可能是建立起亲和性族群身份的一种重要方式。Jiménez 的"亲和性族群身份"与文化紧密相关，族群身份仍然是这一概念的内核，而在实际访谈中可以发现，很多时候，异国恋爱关系中的个体所呈现出的亲和性的变化更多是直接关涉文化，而并未深入族群认知。不管怎样，这种在与异文化伴侣交往的过程中、亲和性文化实践中的新自我意识和身份的获得是值得探究的。

Che 表示自己在日常生活中也会常关注一些与法国相关的东西，认为这是"自然而然"的，在遇到法国与他国的比赛时，也会希望法国赢。一直在学法语的她也表示这是她自己"主动要学"的。FLL 这样表述自己对于冰岛文化的兴趣：

我现在对冰岛的文化有了更多的兴趣和认同感，像原来看《指环王》什么，对里面的精灵没有什么特别的兴趣，后来有了男朋友，感觉就会很不一样，看着里面的精灵什么的，也会感到亲切嘛，因为冰岛有很多精灵的传说嘛。还有就是比赛什么的，也会特别希望冰岛赢，原来不怎么看比赛，更不用说希望谁赢了，现在，有的时候觉得还挺有意思，自己还有一支支持的球队。然后我有的时候也

① Tomás R. Jiménez, "Affiliative Ethnic Identity: A More Elastic Link Between Ethnic Ancestry and Culture", *Ethnic & Racial Studies* 33(2010): 1756—1775.

会搜索一些冰岛元素的东西，衣服啊、笔记本之类的乱七八糟的。对了，在冰岛的国庆日，我还会稍微穿点特定颜色的衣服庆祝一下什么的。（2018 年 6 月 15 日）

在 FLL 的日常生活中，冰岛文化的存在感是较强的。Che 和 FLL 只是两个例子，笔者在研究中发现，受访者或多或少地都会对伴侣的文化与族群产生认同感。这可能是从伴侣那里被动接受的，也可能是主动搜寻的，都以知识获得为基础，并可能随着情感涉入的增加，而越来越多地转向为个体的身份认同，成为个体的自我意识的一个新增方面。异文化在日常生活中被频繁地操练和展演，是主体获得新身份的重要途径。

笔者不禁反思，这种所谓的文化上的亲和性可以是"弱亲和性族群身份"的一种。正如 Jiménez 指出，亲和性族群身份有强弱之分。而从文化认同到族群认同的推演，也可能是异国恋爱关系中的主体身份流动和建构的一部分，而这种身份并不同于传统意义上的"跨文化身份"。

四、社会际遇下的主体建构

已有研究表明，跨种族的恋爱关系会遭受到负面的社会阻力。有相当多的质性研究支持了这一论断，即跨种族情侣遭遇负面的社会际遇的危险性较高[①]。然而，个体在面对包括负面际遇在内的情境时，也会运用策略进行主体性反抗，而不是完全受到社会话语的规范。本节第一部分关注身处异国恋爱关系中的女性在家庭领域内的遭遇，考察父代支持性与主体策略。第二部分关注的是"围观者"与异国恋爱中的女性群体之间的互动关系，围观者指的是异国恋爱群体之外的"关注者"，具体见第二部分的阐释。无论是在微信群的日常聊天交流中，还是在线下访谈中，"围观者"经常是在场的。

---

① Crowder K. D., Tolnay S. E., "A New Marriage Squeeze for Black Women: The Role of Racial Intermarriage by Black Men", *Journal of Marriage & Family 62* (2000): 792—807.

（一）父代支持性和主体策略

在传统社会中，年长者在家庭中居于权威地位，受到重视的是整个大家庭的延续和婚姻缔结的延展，文化传统和历史因素促成了父代对子代择偶行为的普遍关注。[①] 笔者在半结构访谈中特别询问了受访者家人（主要体现在父代）对其恋爱关系的态度。在这里，被重点探究的并不是父代主体的支持力度，而是受访者怎样理解父代的态度，这样的态度对其恋爱关系造成了怎样的影响。同时探究父代支持性水平低下时，受访者采取了怎样的策略。基于分析归纳，笔者提出了五种策略：积极主动的自我表现和支持寻求策略、独立性下的协商策略、选择性呈现策略、积极的抗争策略、隔离策略。

RW：但是因为之前我从来没有把男朋友介绍给家长，这次可能还是挺重要的一件事情。他可能不能意识到，不明白在中国的这个语境中，孩子的恋爱在大多数家庭里，父母的意见是非常重要的，几乎可以说是起决定性作用的。但是在他们那边不是这样的，这完全是孩子自己的事情，爸爸妈妈喜欢不喜欢其实也无所谓。中国不是这样的，他没有意识到他在面临着一个很有压力的事情，他就一定得让我父母喜欢他。也不是一定。当然我爸妈是非常开明的那种人，我爸也跟我说过，说你喜欢的爸爸就支持你。但是万一爸爸妈妈不喜欢他的话，即使他们不明着说反对我，我自己也会非常难受。他没有意识到如果他没有做到让我爸爸妈妈喜欢他，将是一件非常麻烦的事情。（2018 年 6 月 18 日）

RW 表明了三层含义，一是 RW 认为男友见父母是很严肃的事，他在面对让女友父母喜欢自己的压力；二是其实自己的父母很开明，会尊重自己的选择；三是如果父母不喜欢自己的男友她会感到难受。总体来说，RW 重视并积极寻求家庭血缘群体的支持，采取的是一种积极主动的自我表现和支持寻求策略。而一些其他受访者，更倾向于将恋爱视为私事，对他们来说，获得社会网络支持并不是必要的，但也会采取一定的协商姿态。以下是笔者与 Che 就此问题的探讨：

---

① 丁奕夫：《择偶行为的代际冲突研究——以某城市社区父代干预子代择偶行为为例》，硕士学位论文，吉林大学，2017 年。

    Che：我妈那个人很善变的，一开始知道的时候说不好，然后见了面说，嗯，不错，挺好。过两天之后又说不好，我反对。现在我也不知道她到底什么想法，不过我也不管她了。

    笔者：哦，你觉得你妈妈为什么变来变去啊？

    Che：肯定是被别人说，哦，就是她去楼下打牌或者怎么样，就听别人说那个外国的人不好啊，嫁女儿不要嫁那么远呐这样子，说这样对你不好，因为你女儿将来不在你身边，所以我妈听到别人这么说，就觉得，嗯，好像是，我不应该让她嫁那么远，然后就反对了。

    笔者：那你觉得她考虑的问题有没有道理？

    Che：我觉得没道理呀，因为我觉得远距离不是问题呀，对我来说，主要是有没有心。像我以前，我在新加坡工作的时候，我奶奶不舒服了，我是下午两三点左右接到我妈妈信息的，然后晚上我八点多还是十点我忘了，就飞回家了，四个小时飞到广州，然后第二天，应该是第二天吧，赶回家里去，然后我哥他在广州，但是他都没有来。然后我去看我奶奶，下午我们都在医院，我哥才准备过来。（2018 年 6 月 15 日）

    其实在任何的恋爱关系中，都会存在父母和子女意见不一致的情形，异国恋爱也自然存在这些情形。然而笔者觉得在这里有两点值得探究：一是 Che 对于母亲态度的波折变化做出了自己的一番解释，认为母亲的态度受到身边人议论的影响。这是她的一种自我想象，但一经表述，就成了一种建构的真实，从中也可以看出受访者是如何从他人的眼光来看待自己和"外国人"的恋爱关系的。二是 Che 将自己从新加坡工作时快速飞回家看望奶奶与哥哥在广州反而晚到进行对比，在叙事中模糊了国内和国外的界限，试图消解掉"距离"，采取的是既具有一定独立性又寻求血缘支持的协商策略。

    有时这些女性还会采取一定的选择性呈现策略，将自己的恋爱关系选择性地呈现在父母面前，而在选择中被删减掉的部分恰恰反映了受访者对于父代对自己的恋爱关系的想象和隐隐约约的反身性思考。

Lu：可能，刚开始的时候他们会担心多一点，因为我妈就以各种各样的方式跟我说过，当然也是一种偏见了，这么远的，你管得住吗？她说看那些美国电影里面人家都花心，一天换一个女朋友，你看人家美国的离婚率 50% 多的。就是这样子的会说，会有这些担心。到了最后假如说我看上了他们看不上的人，还是没有办法的，会有各种阻挠，但是我觉得还是没有办法。但是假如说真的特别糟糕，我觉得我没有跟我爸妈说我前男友的问题，我觉得主要还是觉得学历的背景，可能真的，这也是他们心里的一个坎儿，他们是不会同意的。（2018 年 6 月 20 日）

Lu 并没有跟父母说男友没有上过大学的问题，是在基于对父代对子女的择偶愿望要求的设想的压力下，对男友和自己的恋爱关系的选择性掩饰。

根据笔者在微信群和豆瓣小组的参与观察，发现确实存在女性因家人反对而与其激烈对抗的情形，采取的是一种积极的抗争策略。也有人采取的是隔离策略，会长期隐瞒自己的恋爱关系，甚至直到结婚才告知父母。异国恋爱关系可能在一定程度上更容易受到父代的干涉与反对，不过，认为异国恋爱会普遍受到父母反对并不符合实际情况。对于很多异国恋爱的女性而言，父母与男友之间和谐融洽，并不因男友的异国身份而受到任何影响。

（二）"围观者"的在场

"围观者"指的是异国恋群体之外的人，而本节所要阐述的是"围观者"及所对应的社会话语对异国恋爱中的女性的自我认知产生了怎样的影响，而"围观者"与这些女性又是如何互动的，这种互动不单单指实际的互动，也包括想象中的互动。本节还将呈现异国恋群体中的女性是如何将目光反转，从"被看"转向"看"的，看这些女性是如何反观和批判"围观者"。她们在反话语的制造中，进行彰显主体性和身份建构的去标签化抗争和话语权争夺，不过也应该看到，并不存在绝对的主体性建构。某种意义上，任何主体建构都是社会建构的再建构。①

微信群中不止一次地出现过关于"自己与男友走在街上"和"异国恋情侣走

---

① 潘绥铭、鲍雨：《论"主体建构"的认识论来源及理论意义》，《学术界》2015 年第 2 期。

在国内大街上"的可能性遭遇的探讨，而讨论直接关涉"旁观者"。①

此处微信群成员讨论了多个事件或经历，包括被人话语攻击，走在街上被看、被议论，异国情侣被人身攻击等，其核心主题是"围观者"与异国恋群体之间的互动。微信群的聊天是集体的知识生产，群成员们在描述中建构起了"围观者"的群体形象，也在对其的批判中生产着自己的主体性话语。根据分析，"围观者"有两层含义，第一层是浅表层，即"看客""议论者""言语中伤者""肢体伤人者"，第二层指涉向具体人群，既可以泛指"国人"，也可以主要指"中国男性群体"，部分中国女性也可算在内。群成员在事件和经验的讲述中对"围观者"进行了贬义化评论。在这些女性眼中，围观者形象具有以下特质：素质低、自卑、大惊小怪、特别在意中国女生和外国男生在一起。与此同时，这些女性也在激烈的情绪冲突中，十分隐晦地塑造了自己素质高、见识多、有包容性的形象，而且最重要的，是我行我素的"找了外国男性的中国女性"。

需要指出的是，与"围观者"的"斗争"并不是"围观者"和异国恋爱女性群体互动的全部，主体性的建构不可能真正脱离社会的话语环境。在 Lilian 的例子中，展现出的是社会话语规制下的主体选择：

Lilian：我一直问他有没有交过亚洲的女朋友，因为我不想觉得他认识我是因为觉得很新鲜好奇，我是希望他真的是喜欢我的内在，不会觉得是把我当探险这个样子的，所以我一直很在意他有没有和亚洲的女生交流或者交往过。

笔者：你说"不想把你当作探险"是什么意思？

Lilian：我认识他就几个月的时间嘛，因为我不是在国外认识他的，我觉得如果我是在国外认识他，就不会有这种顾虑，因为他来到中国，我是在中国认识他的，我一直就会有一种担心，就是在中国的一些外国人，他们并不是说想认真地去交往女朋友，就是想去"玩一玩"亚洲女生，就觉得亚洲女生很小巧很主动啊，就是完全想去"玩一玩"，去试一试，想体验体验，比如说交往亚洲女生是什么样的感觉，或者是说，觉得亚洲女生长得和欧美的女生不太一样，就新鲜，我以为是新鲜。所以说，包括当时第一次和他吃完饭，我不是特别明确他的目的

① 编者按：此处省略"某日微信群中的部分聊天记录"。

是什么。因为我不知道他之前有没有，就是完全觉得这个亚洲女生很可爱，还是说他真的觉得这个人不错很有魅力，所以说才去约她吃饭，还是说他仅仅就是想认识我。

所以说，后来我看到他之前的女朋友，我看到他确实接触过亚洲女生，包括长时间接触的，还有一些短时间接触的。我看到之后就觉得他应该不是图新鲜的感觉，比如说他想了解一些中国女生的想法啊，就有一些外国人想学习中国文化，想了解一些中国女生的想法，想比较一下文化差异，我觉得就是想去做朋友或者怎么样的。（2018 年 6 月 21 日）

Lilian 在一定程度上认同前述"围观者"的部分话语想象，在被这种背景性的话语规制的同时，她对这段关系进行了判断。这种不能脱离传统叙述框架的主体建构在已有研究中也有涉及，Wilkins 研究了与白人恋爱的黑人女性的身份协商困境，指出黑人女性对跨族群恋爱进行着自己的话语表达，但实际上，她们还是受制于传统的身份框架。[①]

五、文化差异的主体性感知

"文化差异"是许多人在提到异国恋爱时都会涉及的一点，从访谈来看，这也是一些受访者的父母在表达对受访者恋情的反对时常常会提到的一点。笔者想要在此探究的是，在异国恋情侣中存在怎样的"文化差异"。

在既有的对跨族群／跨国情侣的研究中，探讨文化差异相关问题的并不多。Jiménez 强调包括文化差异在内的族群差异对于异族群恋爱关系建立的重要性，强调这种差异的吸引力。一些研究者关注了跨文化恋爱中的情侣之间的文化适应、调和。[②]

---

① Wilkins A. C., "Stigma And Status: Interracial Intimacy and Intersectional Identities Among Black College Men", *Gender & Society26*(2012): 165—189.

② Tomás R. Jiménez, "Affiliative Ethnic Identity: A More Elastic Link Between Ethnic Ancestry and Culture", *Ethnic & Racial Studies33*(2010): 1756—1775.

对于异国恋爱中的女性而言，文化差异并不是不可跨越的，而是可以为主体灵活协商，女性生产制造着自己的"文化差异"话语。本部分探讨的是她们怎样理解文化差异，"文化差异"何时在场。此外，"婚恋模式"的不同是为很多受访者觉知的文化差异，在觉知到婚恋模式差异的受访者那里，普遍可以发现"浪漫之爱"的想象和"融汇之爱"的并存，其中的主体性策略显而易见。

笔者先后询问了几个问题，一是"你觉得在你们的恋爱关系中，文化差异是否存在"，受访者如果回答存在，笔者将追问是什么样的文化差异，以及他们如何应对文化差异。受访者的文化差异存在多样性，有些受访者甚至表示，其实并不存在文化差异，Aethe 这样解释文化差异：

> 对我来说文化差异可能小一点，因为目前来说，我没感觉到什么大的文化差异。我觉得文化差异还是因为语言吧，好多人觉得文化差异是因为他真的交流不了，我觉得都是人，只是在两个不同地方长大的而已，但是真的差异，你想南方人和北方人也有差异呀。对的，我要是语言能交流得了的话，真的就应该没有什么障碍。（2018 年 6 月 22 日）

很早就来到加拿大的她并没有明显感受到文化差异的存在，又将文化差异界定为受语言水平限制的差异。这其实是对"文化差异是必然存在的"这样的话语的解构，同时也给出了文化差异的主体性阐释，在她看来，个体差异大于文化差异。一个语言较好，较为融入当地社会的女性形象见于眼前。Lu 也表示个体差异大于文化差异。

而在另一些受访者那里，文化差异感较强。笔者对其进行总结，发现有两类文化差异被至少两名受访者提到。一是政治观念问题。在此以 El 为例进行说明：

> El：其他的文化差异的话，比如说最简单的是他们得到的新闻和我们得到的新闻上面的差别……特别是他们对我们国家的体制啊，我觉得这个是最大的文化冲突吧……（2018 年 6 月 21 日）

El 将自己与男友的政治观念的差异视为文化差异，通过对一系列事件的描述，既表明了自己与男友的观念差异，也叙述了自己在男友的影响下从反感到反思的过程，在男友的影响下，她进行了去理所当然化的思考。

而受访者第二个普遍显著的文化差异是婚恋观念和婚恋模式。谈到文化差异，多名受访者的第一反应是双方对于婚姻的看法以及婚姻模式是不同的。El 表述了这种差异：

就我刚刚说过的那个结婚的事情，他们没有觉得结婚是必须的一个事情，他们可以同居好多年不结婚的，但是他们觉得是一个特别严肃的事情。这是很多人都会想到的文化差异。

Che 在说到文化差异的时候也讲到这一点，并且对这种婚姻模式进行了评论：

Che：不一定要结婚，觉得结婚，其实就是一张纸。

笔者：你是说，对于法国人来说吗？

Che：我觉得，国外的都会吧，西方，然后不只是法国，像英国什么的很多国家都会这样子的。然后中国的话就是很有那种压力，就是喜欢不喜欢都要结婚的那样子，西方就算喜欢的就是爱了也不一定要结婚那种，然后就算结婚也不一定会生孩子那种，我觉得这种模式好是好啦，但是对女性来说，有点没有安全感。就是万一跟他相处了十年他都不想结婚，后来说好像不合适，不如分开吧，不过我觉得应该很少。在中国你真的会愿意跟一个人，等到 40 岁？在欧洲的话，他们男的女的都是这样子了，都觉得 40 岁不结婚都不是什么问题，30 多岁，40 岁不结婚，觉着很正常。我们的话，没到 30 岁就开始要准备结婚。（2018 年 6 月 15 日）

Che 意识到了自己与男友在婚恋文化方面的差异，并做了反身性思考，对对方的婚恋文化进行了具有批判性的吸纳。

"浪漫之爱"和"融汇之爱"是吉登斯在论述"亲密关系的变革"时的一组

概念。①"浪漫之爱"更关乎女性的未来生活，拓殖想象，"融汇之爱"更漂浮不定，更聚焦于当下。笔者发现，受访者多对自己当下的恋爱关系有着"浪漫之爱"的想象和追求，但却也在相当大程度上认可着对方的"融汇之爱"，并将"浪漫之爱"的想象下的未来计划与"融汇之爱"认同下的即时策略结合起来，以达到文化差异调和下的认知、情感协调。无论是 20 岁的大学生，还是 34 岁的职业女性受访者，普遍有着与对方进入婚姻的期待和想象，而且她们普遍较主动地与对方谈及未来计划。但与此同时，她们认同在恋爱关系中，应当聚焦于当下，而不是更长远地去考虑，因为未来毕竟是不确定的。

六、总结

笔者选择此课题进行研究，旨在建构一个中国女性的异国恋爱群像故事。笔者最终从庞杂繁多的田野调查资料中抽丝剥茧，发现了这些女性主体恋爱经历中，繁杂差异性中的共性——她们都在边界的跨越中发展、经营着亲密关系，在差异的体会中谋求协商，既是与自我的协商，也是与伴侣的协商，也是与社会网络的协商，与各种社会际遇的协商，甚至是与显性或隐性的话语的协商。研究表明，对于这些异国恋爱的女性而言，在其与伴侣的相处中，或多或少带有对"异域"群体的想象，正是在这种对他者的想象中，女性主体也生产出"我群"的摹本，他者与"我"的这种不同本身也是双方互相吸引的重要因素。对于这些女性而言，文化差异并非是不可跨越的界限，而是可以在主体的选择、建构和塑造中流动的边界，而文化差异何时浮现，以怎样的方式浮现，也可以由主体能动地选择和应对。无论是在各种文化差异情境中出现时，抑或是其他话语背景下，或是现实日常实践中，女性都在进行着对文化和自我身份的想象与实践。一方面，这些女性在一定程度上接受着群体外想象，也接受着那些可进行历史政治溯源并在当下仍不断被建构的话语，在一定程度上受到话语权力的规制，并将其内化。另一方面，女性主体也与"围观者"的想象进行着斗争和自我隔离，生产和制造着自己的反

---

① ［英］安东尼·吉登斯：《亲密关系的变革》，陈永国、王民安等译，社会科学文献出版社，2001。

话语，进行着自我身份的主体建构，彰显着主体性。笔者认为，在当代受到传统儒家父权和家族主义影响下的两性关系框架中，部分处在异国恋爱关系中的女性正在努力突破传统的"女儿""女友""妻子"等角色带来的弱势地位的束缚。

现实中异国恋爱关系是多样的，女性对于关系中各个方面的想象与实践也是多样的，试图抽取几个面并声称这是对异国恋爱关系的描写和对异国恋爱中的女性主体的描摹，都可能因遁入"刻板印象"而失去本身研究的意义。笔者在此呈现的只是基于为期不长的参与观察和访谈的一点尝试性描绘而已，这也是对一种女性自我建构的再建构，如若读者由此文而形成某种定式或印象，将并非笔者所愿。笔者认为在此需要反思两点，一是笔者有类似经历，与访谈对象经历的相似性对本研究造成了怎样的影响；二是访谈人数的问题，笔者相信经过比 8 人更多的访谈，将有一些新的发现与收获。而毫无疑问的是，关于异国恋爱或异国恋爱中的女性，有许多其他可以挖掘的有趣且有意义之处，这也是笔者在未来希望有机会继续探究的。

"记忆"的表达

——基于屯州村田野调查的研究

凯里学院人文学院 2016 级本科生　梁腾腾

指导老师　谢景连

摘要：乡村流传的传说故事是生活在特定地域的不同时期的不同人群基于其所拥有的"记忆"而被建构或重构出来的。这些故事镶嵌于人们的日常生活之中，影响着人们的日常生活，同时又被日常生活影响着。屯州村作为一个有 200 多年历史的"年轻"村落，其历史发展过程中所存留下的"记忆"，通过各类故事的形式在日常生活中得以传递。屯州的民众虽共享着一些"记忆"，但在叙述故事之时，往往受到故事讲述者所处的"现代情境"或所经历的"历史实践"的影响。故事讲述者会将自己所储存的"记忆"，经过人为的筛选进行重构或建构，其目的在于使传说故事能够符合自身的利益或目的。本文主要通过对屯州村各类故事的收集与考察，以"记忆"与社会的互动角度为切入点，在窥视故事背后所具有的社会意义的同时，将各类故事视为"记忆"表达的一种载体，以讲故事的人为媒介，分析不同角色讲述不同类型故事背后所隐含的复杂性社会意义，以探究"记忆"与社会之间的互动，社会又是如何"反作用"于"记忆"。

关键词：故事；记忆；意义；互动

乡村故事掺杂于乡间人们的日常生活之中，又和人们的日常生活保持着一定的"距离"。它影响着人们的生活，同时被人们重新构建着。收集与研究乡村故事，对于我们了解村庄的历史发展脉络有着一定的意义。屯州村位于贵州省黔东南苗族侗族自治州剑河县县城北部，是一个由张姓、唐姓、万姓共同组成的家族社会村落，其中张氏家族的人口最多，占村里人口的 90% 左右。三个姓氏之间是一种自认的兄弟关系，且三个姓氏的人多是苗族。村庄位于八郎古生物化石腹地，以古生物化石和村庄的石头建筑而著名。村中的一口古井——"你秀井"传说是村庄的祖先张你秀留下的。村中的居民乐于讲故事，一些乡村精英讲着不同版本的祖先故事、英雄故事、节日故事，试图在这些故事之中构建起村庄的历史脉络。而普通的老百姓也会讲述着各种神秘而传奇的伦理故事，这些故事在一定程度上起到了规约他们的日常生活的作用。

有关"记忆"的研究，最早源于第一次世界大战给人们带来的痛苦回忆，一些学科的学者开始关注"记忆"的研究。法国的社会学家莫里斯·哈布瓦赫（Maurice Halbwachs）在其出版的《论集体记忆》一书中提出了"集体记忆"的概念："过去是一种社会建构，这种社会建构，如果不是全部，那么也是由现在的关注所形塑的。"① 20 世纪 70 年代，随着法国历史人类学的发展，记忆史的研究兴盛起来，"集体记忆"成为历史学研究的新对象。法国著名史学家皮埃尔·诺拉（Pierre Nora）进一步推进了关于"集体记忆"的研究，其《记忆之场：法国国民意识的文化社会史》②一书的出版对法国记忆史研究的发展具有一定的影响。1989年美国学者保罗·康纳顿（P. Connerton）的《社会如何记忆》③一书，以社会记忆如何保持和传播为线索，论述了社会记忆的延续问题。

中国关于记忆的研究始于 20 世纪 90 年代，一般认为台湾学者朱元鸿是中国最早研究集体记忆的学者，他在 1992 年将"集体记忆"概念正式运用到史学研究。随后台湾学者王明珂对于"集体记忆"展开研究。王明珂的《历史事实、历

---

① [法] 莫里斯·哈布瓦赫：《论集体记忆》，毕然、郭金华译，上海人民出版社，2002。
② [法] 皮埃尔·诺拉：《记忆之场：法国国民意识的文化社会史》，黄艳红等译，南京大学出版社，2015。
③ [美] 保罗·唐纳顿：《社会如何记忆》，纳日碧力戈译，上海人民出版社，2000。

史记忆与历史心性》提出了有关"记忆"的历史心性与社会情境的概念："当代人'口述历史'的价值,不只是告诉我们有关'过去'的知识;它们透露'当代'社会人群的认同体系与权力关系。"① 随着学者毕然和郭金华对哈布瓦赫《论集体记忆》的翻译、纳日碧力戈对康纳顿《社会如何记忆》的翻译,以及景军的博士论文《神堂记忆:一个中国乡村的历史、权力与道德》② 的出版,更多的学者开始了解和研究"集体记忆"。

赵世瑜在《祖先记忆、家园象征与族群历史——山西洪洞大槐树传说解析》③ 中提道:"人们对于自身历史的记忆不仅仅是一种社会的建构,而且是出于面临具体的生活境遇时的需求。"陈春声和陈树良在《乡村故事与社区历史的建构——以东凤村陈氏为例兼论传统乡村社会的"历史记忆"》④ 一文中主要论述了记忆如何影响到现在,以及记忆与乡村社区历史构建的问题。

以上诸位学者主要从"记忆"理论本身和传说故事展开研究,给了笔者较大的启发。本文以传说故事为切入点,从不同角色的人讲述不同类型的故事为出发点,探讨故事如何与社会"互动",产生何种"互动"的结果,最终旨在探讨各类故事背后所隐含的社会文化意义。

一、"记忆"表达之载体:不同类型故事汇集

(一)族源故事

族源故事作为一个村庄历史的"根基",在村中的流传度较高,但掌握"故事话语权"的多是村中一些有权势和威望的人。作为位于黔东南一隅的一个村寨,屯州村的族源故事并没有出现在官方的历史文献记载当中,但并不是说村庄没有在历史中存在过。关于本村的族源故事,多是由当地乡村精英(例如现任村支书、前任

---

① 王明珂:《历史事实、历史记忆与历史心性》,《历史研究》2001 年第 5 期。
② 景军:《神堂记忆:一个中国乡村的历史、权力与道德》,福建教育出版社,2013。
③ 赵世瑜:《祖先记忆、家园象征与族群历史——山西洪洞大槐树传说解析》,《历史研究》2006 年第 1 期。
④ 陈春声、陈树良:《乡村故事与社区历史的建构——以东凤村陈氏为例兼论传统乡村社会的"历史记忆"》,《历史研究》2003 年第 5 期。

村长和前任支书）口述或是记录在其编撰的族谱之上。因为村中以张氏家族的人为主，族源故事也以张氏家族为主。通过实地调查，笔者收集到了三个版本的族源故事。

1. 神犬指路，你秀迁居

初入田野点——屯州村，就看到了位于村里广场边的"你秀井"。笔者在与村里的老村长交流时，老村长①首先讲到了"你秀是何许人也"。

> 始祖张你秀是台江施洞四新寨人，兄弟家族有矛盾，你秀从四新寨迁至革东流江寨，跟富主打长工。你秀公勤聪慧，得到户主的恩赐，赏他一块地，迁到革东街清水江边码头定居。当时那边船多复杂，不适宜人居，后搬迁至革东屯上养沟居住，住的时间不长，原因是用水不方便。又迁到现在的屯州东北面的汪窝定居。你秀以打猎为生，有一天，你秀随犬来到现在的屯州村古井喝水，去到了井边，看见泉水清澄，山清水秀，是一片居住的好地方，你秀迁此居住。当时不知道地名，现在屯州的对门坡原来有一个寨子叫屯州，其他村寨叫屯州老寨。后来张你秀就用"屯州"来为自己的村寨命名。屯州的家族大多为二至四世同堂。因"树大分丫，人大分家"的俗理，儿孙长大后都要把他们分出去自立门户，各自生计。所以，始祖你秀、荣秀来到屯州后，兄弟分居，自谋生计。你秀公有两个妻子，前妻李氏系东南村人，后妻潘氏系五岔村人。你秀有四子：长子"降你"，次子"亮你"，三子"树你"，四子"朽你"。兄弟四人长大分家，子孙发展成为现在的屯州村张氏四个支族。

通过老村长所讲的有关祖先张你秀的故事可以看出，故事的整体风格偏于"官方化"，这与老村长自身所"扮演"的社会角色及其自身的"历史实践"有一定的关系（老村长是村里的苗族文化传承人，曾多次参加比赛并接待外来考察人员）。张你秀的故事以其如何迁到本村以及后续的发展为主，最后讲到"兄弟四人长大分家，子孙发展成为现在的屯州村张氏四个支族"。通过这个故事将过去与现在联系起来，构建起村庄发展的一个历史脉络。村里的"你秀碑"被看成是

---

① 老村长：张德（化名），男，苗族，贵州省剑河县屯州村人，村里的苗族文化能人以及苗族古歌传承人。

祖先墓碑。通过立墓碑的形式，使村里的人们更加相信关于祖先你秀的故事，加强了人们的家族认同感。村庄中并没有祠堂或祭拜祖先的公共空间，你秀作为人们都认同的一位祖先，为他立碑起到一种维系家族关系的作用。

2. 草鞋倒穿，你秀寻宝地

与现任村支书①的闲聊，再一次将我们带入有关祖先张你秀的"回忆"之中。

这个具体的地点我记得不太清楚了，是我听我爷爷讲的。大概就是我们的祖先张你秀嘛，出生在台江施洞四新寨，他们家兄弟多嘛，他就想出去，他的父亲告诉他，人们都是往河流的上游走，你也不要往下游走。我们的祖先很聪明啊，他把那个草鞋倒起穿，这样他脚的方向是朝上的，其实他是朝下面走的。就到了革东流江寨跟一个富人家打工，因为这家人也姓张，你秀公就认他做父亲。你秀在他们家干活，插秧的时候，你秀去插秧，中间的行很宽，他的"父亲"就说你这么插秧是长不好的，他说我插的这一行是我的，你就在中间再插一行，这样到收的时候你就收你这一行，我就收我这一行。你秀公娶了旁边村的一个女孩，这个女孩的哥哥看见他们家的花开得好得不得了，就来偷，还是长得很好啊。这女孩的姐姐就拿了一个把把花根全部弄断了。后来啊，这个祖先搬到了现在的屯州，那个时候有一户杨家在这里，有钱啊，秀公就说，你就让我住你家上面嘛，我还能帮你看哈小偷呢，这么大的森林我们也能相互照应啊，杨家就答应了啊。因为你秀公住在杨家的上面，发展好像要比杨家好了很多，后来就超过了杨家，这个杨家就搬走了。后来唐家搬来的时候，你秀公说什么也不让唐家住在你秀公家的上面，唐家之后把房子建在你秀公家的下面。

现任村支书在讲述你秀的故事时，是通过较为"口语化"的方式讲出来的，并在故事中掺杂了自己的主观评价。与老村长所讲的你秀迁到本村来的历程不同的是，现任村支书是从与其他两个家族的关系讲起，故事中的人物不仅仅涉及你秀，还涉及其他两个家族。在美化祖先的同时，故事也由一代又一代的人传承下来，加入了不同人的"记忆"，即每个时期的社会通过构建新的故事，来维系着

---

① 张江（化名），男，苗族，贵州省剑河县革东镇人，中共党员。

社会的发展。

3. 打赌成真，党栋娶七女

和村民相处一段时间后，就会发现村里无论是耄耋老者，还是垂髫小儿，都极其看重诚信。听到我们夸村里人，老村长向我们讲述了村中党栋老人的故事。党栋的故事不仅涉及诚信问题，同时还反映出有关村庄祖先的另一种说法。

有个叫党栋的老人，他从榕江向西行，来到现在向九连这个地方，是个好的住处，远离家乡纷争，党栋觉得这个地方比较安全，就决定安定下来。购置了田地百亩，穿衣吃饭不犯愁，愁的就是没有一个相伴的人，一个人孤孤单单地生活。后来有一天，党栋去看水田，遇到从乌用寨上来打猎的九个姑娘，她们也去坝脚打猎，正好和党栋同路而行，姑娘们嘻嘻哈哈，和党栋说说笑笑，向党栋询问结婚没有，有几个孩子等。来到"该荣两"（地名），听说党栋没有结婚，"既然你没有结婚，你敢不敢从这'该荣两'跳下去，死了就算，如不死，我们九个姑娘就嫁给你"。党栋正在清理水沟，和姑娘们说说笑笑，一不小心脚下一滑，扑通一下摔下去了，50多米高的悬崖。她们看到党栋真的跳了下去，不知是死是活，便害怕地跑回了家。

党栋福大命大，摔到半崖被一棵树挂住，没有死。党栋慢慢爬上崖来，回到了家。晚上，党栋在床上翻来覆去睡不着，想到今天姑娘们和自己打赌，心想我虽然是无意摔下去的，但是还没有死，为何不去找她们呢。第二天起来，他抱着试一试的想法，就去了乌用寨，去找那九个姑娘。因不认识那九个姑娘，只好去找那个与他对论的姑娘，找到了姑娘的家人。党栋向姑娘说明了来意，那姑娘的父母问姑娘是否真的有这事，姑娘说，那是开玩笑的。姑娘的父母说，虽然是开玩笑，人家真的跳崖了，你应该找姐妹们来，问她们是否要认这门亲事。一会儿姑娘都集中来了，大家都说确实和党栋说过这样的话。父母们说既然与人打赌，说话算话，跟人家走吧。就这样，九个姑娘跟党栋生活了几年，她们各自和党栋生了一个儿子，共有九个儿子。苗家取个名字连三代，老大你党栋，后面有古党栋、江党栋、京党栋、柳党栋、胜党栋、台党栋、西党栋，两党栋留住父母的村里，其余分居各地繁衍生息。至今有 **42** 代人的历史，约有 **1300** 年之久，迁往各地的家族，繁衍生息。他们都是党栋的后代。

关于党栋的故事，较前两个故事的范围更广，它不仅仅提及了本村的族源历史，同时还扩展到其他地区。但它在村中的流传度并不高，村民们大多认为你秀是其祖先。这与村中有"你秀井"和"你秀碑"有一定的关系，真实存在的两个实物为你秀的故事提供了支撑。而党栋的故事对于当地人来说，教化意义似乎要大于所蕴含的村庄族源的信息。因此，现实存在的实物在一定程度上会影响人们对于"记忆"的信任度。

（二）伦理故事

当地村民们乐于讲述各种各样的神秘故事，这些故事与他们的日常生活息息相关，并且代代相传。这些被人们编撰出来的故事，虽不是法律，但一定程度上起到了维护乡村社会治安和教化村民的作用。当地村民[①]就向我们讲述了有关教化的伦理故事。

1. 兄弟之战之"怪叫声"和"扔起炸药炸自己"

在村里，有一个洞里有怪叫声，村里的人基本上都不敢进去。关于这个"怪叫声"还有一个故事。在以前，有两兄弟闹矛盾，村里有家两兄弟，弟弟和村里大部分人的关系都不大好，一天兄弟两个闹矛盾了，然后弟弟杀了哥哥，杀了之后又害怕，然后跑到村里后山的一个洞里去，随身还带了一把刀。村民去找他，他不出来，他还在洞里喊，谁要是进洞里他就捅谁，于是村民们就不敢去，因为洞里黑，他在暗处，进去看不见他，但是他又看得见别人。这时村里有个人，平时跟他较熟悉，就去劝他出来，说他们不会把他怎么样的。说了很久后他终于出来，被抓住了。服刑后，他去找当初劝他出来的人，说你当初为什么要骗我出来。那个人就告诉他，要是当初死在洞里了，那就没有这后面的几十年了，你的妻子，孩子要怎么办，怎么过活。

不知道具体的时间，说在以前，村里有两兄弟，不知道为何弟弟恨起了哥哥，

---

① 2018 年 7 月 1 日早上当地村民张彪（化名）家中访谈得知。

然后用不知道从哪弄来的土炸药去炸他哥哥的家,正赶巧他嫂子刚吃完饭出去溜达了。然后他想把土炸药从窗户扔进去,哪知道炸药失效了,威力不是很大。而且他自己并没把炸药甩出去,炸伤了自己。幸好炸药的威力不大,没有伤到他的性命,把他的右手的手腕以下都炸没了,只剩下一只手臂。

这两个故事表达的是一种家庭内的伦理道德,蕴含着教化的意味。第一个故事里两个兄弟打架,弟弟杀死了哥哥后为躲避法律责任而逃到山洞里,村里的人将他劝出来,说他如果一直待在山洞里,老婆孩子就没法生活了。第二个故事讲的同样是弟弟害哥哥,最后却害了自己。这两个故事都与村民的日常生活和伦理价值观紧密相关,所关注的是人们的日常,而不是村庄的整个历史。如果将村庄历史看作是"海洋",那么这两个故事和其他的一些伦理故事只是村庄历史"海洋"上的一朵朵"浪花"。

2. 偷化石,老天罚

屯州村因地处古生物化石腹地而闻名,因此村中关于古生物化石同样有故事流传。近年来,偷化石的人不断增多,当地人就编撰了偷化石会遭到老天惩罚的故事,以此来告诫民众不要去偷化石。

曾有两个外国人来当地勘察,想来偷化石。结果掉下山崖,一个摔伤了腿,另一个摔伤了脸,在村寨里养好了伤之后,回去就再也没有来过。后来有人在那个地方立了个碑。有一天,有几个不知道从哪来的人来到此地,想要偷偷挖一些化石,但是他们刚走到石碑那里,石碑就自己炸掉了,炸伤了他们。从此以后,人们都不敢对这些化石抱有坏的心思。当地的人说:"这是因为老天不让挖吧。"

这个故事向人们展示一种道德伦理,违背这种道德伦理的人会受到一定的惩罚,从而起到一定的震慑作用。当地村民在讲述这个故事的时候说"这是老天不让挖",以此来解释因抱有坏心思偷化石被炸的事情。这就反映出当人们遇到一些"超乎自己理解"的事情时,或将其归结为"一种超自然的力量"。同时也可以看出,人们根据其社会生活实践构建出不同的故事,而故事中所隐含的伦理道德也在"约束"着人们的行为。

3."神判"：偷牛之争

每个村庄之中都存在着不同的纠纷，关于纠纷的解决，不同的地区社会有不同的方法。屯州村的纠纷解决方法中，存在着一种"神判"的形式。村里的老村长就向我们讲述了关于村中通过"神判"来解决纠纷的"真实"故事。

从前有一户人家的牛被偷了，但他自己并不知道是谁偷了。于是主人拿了米（鬼神要通过看米来判断）去找"鬼师"，想知道到底是谁偷了自己家的牛，这个"鬼师"看出来是谁偷的，但是害怕得罪两家人，不敢告诉这个主人到底是谁，主人只能自认倒霉了。假如东西被盗，人们已经有了怀疑对象，找理老、村支书去动员那个怀疑对象，如果怀疑对象不承认，被盗者和怀疑对象一起到神灵面前喝鸡血、发毒誓，并且当场说：如果我偷你家的牛，我的下场就跟这只鸡一样。

这个"神判"的故事是老村长讲的，它和村里"喝血酒"的村规有着直接的联系。这个"真实的故事"为村中"喝血酒"的村规提供了一定的支撑。时之今日，在立村规之时，依旧会举行"喝血酒"的仪式，这在村民的心中似乎形成了一种"公平的象征"，不会轻易触犯这条村规。故事对于日常生活的影响，表现在它具有的教化作用，一些有关社会治安的规则隐喻其中，对村中社会秩序的维护起到一定的作用。

（三）英雄情怀

村落历史脉络之中，英雄人物对于村民有深刻的影响。这些故事不仅构建出家族的一种形象，而对于讲故事的人来说，通过讲这些故事可以向人们炫耀自己家族的辉煌历史。饭后闲谈之余，老村长和老支书向我们讲述了一些英雄人物的故事，它们也是他们家族的辉煌"记忆"。

1.万李公打虎

具体时间记不大清楚了，大概是在一百多年前，一个叫万李公（可能是村中万氏家族中的人）的人，去山上开采。在路上的时候，大概在屯州老寨下面的一个山坡那里，有一只老虎扑向他，将他逼得滚到了下坡，把膝盖弄伤了。后来老虎不知为何跑了，于是他也跑了，但是在跑之前他对老虎说："你别跑，你等我回去包好了再回来和你搞。"这是打虎英雄的故事。

2."乱世出英雄"：旗手张更唐

还有是关于张秀眉①的旗手张更唐的故事。他是张秀眉起义时的旗手，叫张更唐，是现任村支书的太公，他扛的旗子有十多米长，武功很高，在打仗时他总是冲到前面，一脚跨了很宽的坎，是很厉害的。当时他们杀一个敌人就割一只耳朵，一场战争下来，他杀的人比张秀眉还多三个，杀人快得很，张秀眉当时是被捆绑到长江杀死，他的将领都被割了首级，张更唐死后也被割了首级，后人只能得到他的辫子安葬。虽然不曾单独进行祭拜，可是在人们的心中不曾忘记过。

老村长所讲的两个英雄人物是属于其家族中的一员。他在讲故事的时候，根据自身所处的环境过滤掉一些"记忆"，同时"重构"一些新的"记忆点"。通过英雄人物故事的讲述，他向外来的人"炫耀"着家族的辉煌历史。对于他自身来说，这可以使他的"面子"倍增，也美化了家族的形象。

（四）节日之记忆

节日本身就是从人们的社会生活实践中发展出来的，因此，关于节日的记忆既存在于人们的日常生活之中，并在日常生活中被人们重新构建。屯州村中有关节日的故事，就与村民的日常生活密切相关。老村长向我们讲述了"踩鼓求雨"的故事。

村里有一个节日叫踩鼓节，在六月吃卯节之后的第十三天。听村里的老人说，踩鼓节中所跳的木鼓舞来源于高吴村的水鼓舞。踩鼓节这一天人们杀鸡、鸭等来祈雨（根据年景的好坏，杀的鸡鸭也会有多有少）。人们祈祷，大概是说天干没

---

① 张秀眉：清朝咸丰同治年间的苗族领袖。

雨啊，要是再不下点雨来，人都干死了。传说这个是为了纪念高吴村的一个老人，说也是天干了很久不下雨，老人带着鸭子去求雨，果然应老人的愿下雨了。但因雨太大，老人站不稳，被水淹死了。这个村里的人每年都会举行踩鼓舞，人们穿旧衣服，带蓑衣和斗笠在有水的田里跳舞，跟着鼓点的节奏。这种打鼓的节奏大概有15种，我就会一种。人们说跳这种舞就会下雨，十分灵验。

我们得知跳舞的广场就在村口，而且踩鼓舞还曾经去北京参加比赛，这些都为"记忆"的真实度提供证据。从本质上来讲，"记忆"是根源于人们的日常生活实践中的。

二、日常、记忆、角色与互动

从上述不同类型的故事来看，大致可以将故事分为两大类型，一是有关村庄整体的故事，像族源故事、英雄人物故事、伦理故事，另一类是有关村庄日常生活的故事。这两大类型故事的差异不仅仅体现在故事本身类型的不同之上，故事讲述者的社会角色也具有一定的差异性。在村里和当地人交谈的时候，当访谈者问到有关"村里的故事"的时候，不同身份的人所讲述的故事是不同的。问到当地的老村长、现任村支书和老支书，他们多是讲一些关于整个村子的故事，像祖先张你秀、党栋，还有英雄人物张更唐，以及关于村规中"神判"偷牛之争的故事。而村中的普通村民讲述的都是他们从老一辈人那里听到的那些与日常生活有关的故事。这里所说"日常"是相对于"与整个村庄的发展历史有关"，它所反映的更多的是人们的日常生活。

哈布瓦赫认为过去是一种社会建构，这种社会建构一定程度上会受到"现代关注"的影响。[①] 人的行为会受到其所处的社会文化体系的影响，现任村支书、老村长以及老支书，他们所处的社会认同体系或者说所相关的权力关系，对于他们的回忆是有一定影响的。他们现在所关注的，以及他们所处的社会认同体系，通过故事这个载体作用到"记忆"之上，从而影响到记忆。因此，他们所回忆到

① [法] 莫里斯·哈布瓦赫：《论集体记忆》，毕然、郭金华译，上海人民出版社，2002。

的故事多与村庄的历史和形象有直接的关联。普通村民所关注的多为日常生活，他们"记忆"的重新构建是基于他们所经历的社会实践与互动。

互动即两者或两者以上彼此作用产生，而"记忆"如何与社会发生互动？互动所产生的影响是怎样的？通过上述故事材料分析可以看出，"记忆"与社会的互动是将故事视为"记忆"表达的载体，而讲故事的人就是"记忆"与社会形成互动的"媒介"。通过不同角色的讲故事人这个"媒介"，"记忆"影响着社会，同时被社会影响着。"讲故事是支持记忆、保存过去，激活以往体验乃至构建集体认同的一个根本要素"。① "人们对于自身历史的记忆不仅是一种社会的建构，而且是出于他们面临具体的生活境遇时的需求。当这种历史记忆成为一种社会记忆的时候，他们必须为此创造出可以共享的资源，获得形成社会记忆的契机"。② 将之视为一种"社会记忆或历史记忆"，我们所要了解的主要是留下这记忆的"当代情境"。③ 讲故事的人基于自身所处的"现代情境"和所经历过的"历史实践"，对于故事重新构建或者挑选那些"适合"自己利益或目的要求的故事向人们讲述。

通过梳理上述故事材料可知，老村长所讲的"你秀迁居"的故事基于村里的"你秀井"和他自己所撰写的族谱。他所讲到的家族中的英雄人物故事，讲踩鼓舞故事时讲到去北京参加比赛，同样也是基于其自身的身份或者是经历。④ 通过讲故事的人基于其所处"现代情境"和所经历过的"历史实践"，从而使"记忆"与社会发生间接互动并受到社会的影响。一些"记忆"会被过滤掉或者重新建构。普通百姓则更多地关注日常的生活：两兄弟打架、偷化石被炸等，故事与其日常生活密不可分，同时基于他们所处的"情境"将故事传递下去。普通村民都会过滤掉一些与村庄整体相关的故事，就像一位当地人所说："这些故事村长他们讲得更加清楚，他们了解得更多。"普通村民认为自己不会比村长等人了解得更多，

---

① [德] 韦尔策：《社会记忆：历史、回忆、传承》，季斌、王立君、白锡堃译，北京大学出版社，2007，第93页。

② 赵世瑜：《祖先记忆、家园象征与族群历史——山西洪洞大槐树传说解析》，《历史研究》2006第1期。

③ 王明珂：《历史事实、历史记忆与历史心性》，《历史研究》2001年第5期。

④ 据了解，老村长不仅仅是村里公认的苗族古歌传人，还多次参加各种比赛并获奖，曾多次接待外来的考察小组。

这也是基于一种自身的社会角色和历史的实践。

"记忆"与社会发生互动并受到社会影响时，反映出的一些信息也对社会产生着一定的影响，具有一定的社会意义。各类的故事不仅仅与讲述者本人有一定的关系，同时是人们对一个地区的某一历史事件的记忆。关于屯州村祖先张你秀的故事，我们不去探究哪一个版本更具有真实性，而是探究这个故事所反映出的族源信息，它为村里的有关你秀的古井和古碑的设立提供了说法，村里的百姓通过这个故事认同他们源于同一祖先，起到维系家族内部关系的作用。

"神判"的故事则为村里的一项村规提供了合理性的说法，从而对村民起到一种"威慑"作用，至今仍影响着村民的生活实践。不仅如此，各类故事还在一定程度上联结起村庄的过去与现在，村庄的历史以故事的形式"述说"着，故事对现在的日常生活也发挥着作用。以祖先如何迁到本地以及发展成现在规模为"大历史"，不同时期发生的故事填充着"大历史"，从而使村庄的历史更加生动。村民们通过"讲故事"的方式，也对自己的身份形成了一定的认同感。

三、结论

从上述收集到的各种故事可知，不同的故事发生在不同的社会发展时期。族源的故事发生在整个村庄社会的最初阶段；在兄弟之战的故事中，通过故事里提到的土炸药，我们也大概可知发生在近现代；而英雄人物的故事中，养虎和打虎的故事发生在一百多年前，张更唐的故事发生在清朝；部分节日故事还讲到了节日的来源和参加比赛的故事。

综上梳理分析我们可以看出，人们在社会发展的不同时期，会构建不同的故事，每个时期都会有新的故事被构建出来。各类传说故事作为"记忆"载体的一种，以讲故事的人为媒介与社会发生互动，从这个互动可以看出各类故事都具有一定的社会意义。本文以讲故事的人为切入点，探讨了屯州村各类故事背后的社会意义。不同角色的人讲述着不同类型的故事，而这些故事对于讲故事的人以及当地的日常生活有一定的意义。伴随着现代化的发展，如何理解各类传说故事，留住更多的"民间故事文化"，应当为我们所重视。

农村自组织在乡村振兴中的作用与对策探析

——以重庆市万州区走马镇为例

重庆三峡学院公共管理学院 2016 级本科生　王　雨

指导老师　陈兴贵

摘要：乡村振兴，是党在十九大中提出的新的农村发展战略。自组织是民间群众为了有效地达到特定的目的，按照一定的宗旨、制度、原则建立起来的，专门从事某种共同活动的集体。乡村社会里存在的各种类型的自组织在公共文化建设、婚丧嫁娶、节日庆典、集体宴会等活动中发挥着重要作用，能满足社会成员的内部需要，具有特定的功能和价值。在新时代背景下，自组织在乡村振兴中发挥着越来越重要的组织、协调、调节、维持等作用。科学、合理地利用好农村自组织，可以调整社会关系，和睦邻里关系，增强凝聚力，重构村落共同体，为乡村振兴提供重要的基层社会组织保障。

关键词：乡村振兴；农村自组织；作用；对策

　　走马镇位于重庆市万州区东南部，东临万州龙驹镇、罗田镇；南邻湖北省利川市建南镇；西接重庆石柱县河嘴乡；北连万州新田镇、茨竹乡。全镇辖区面积 180.3 平方千米，辖 19 个村（居）、148 个村民小组，总人口 5.1 万，是万州区特大镇乡之一。政府驻地距万州主城 23 千米，距万忠高速盐井出口 4.7 千米。境内最低海拔 420 米，最高海拔 1280 米。走马镇在夏朝隶属梁州，商周时期属庸国，春秋战国时先后为巴国、楚国辖地。清代属万县郭里九甲。清宣统二年（1910 年），万县划分自治区域时设置走马镇。民国十六年（1927 年），万县改组乡镇，保留走马镇（驻地走马岭）。1940 年，设置走马乡。1958 年 11 月，走马乡改为走马公社。1984 年 4 月走马公社又改为走马乡。1992 年 10 月，走马乡和关上乡合并组建走马镇。1992 年 12 月，万县设立龙宝区、天城区、五桥区，走马镇隶属万县五桥区。2004 年 7 月，撤销双流乡、谷雨乡，并入走马镇，延续至今。现走马镇政府驻地在走马社区明星路 1 号。走马镇距今已有上百年历史，素有万州"南大门"之美誉。

2018 年 6 月 23 日，笔者在专业老师的带领下到重庆市万州区走马镇开展为期 15 天的田野调查。此次田野调查的地域范围包括走马镇街道和 19 个行政村落。调查主题涉及自然环境、历史严格、经济活动、衣食住行、人生礼仪、婚丧嫁娶、生产方式、信仰崇拜、口头传承等。走马镇的地域较为广阔，村落较多，为了能够对走马民俗文化有深入的调查，此次调查在初步的调查基础上，选择了 3 个行政村为重点对象。调查期间，笔者首先深入走马镇各个村落，寻找了数十位报告人，通过参与观察、集体访谈、个别深度访谈、文献搜集、录音、笔记、影像等方法，对走马镇的民间自组织进行了深入的了解。调查过程中，笔者遵循田野调查规范，充分尊重被调查者的观点，主位与客位相结合，点面兼顾，实事求是地进行原文、原话、原意的记录。建立在实地调查的基础上，笔者选择走马镇当地比较具有代表性的唢呐队、乐队、坝坝席承办团队、坝坝舞团队、酒席帮忙临时组织、花鼓队、军乐团等自组织作为重点对象，对此类组织的构成状况、组织原理、实际作用等内容进行了较为详细的描述和分析，并在此基础上深入探究走马镇自组织的社会功能，分析自组织对乡村振兴的重要意义。

一、走马镇的自组织类型及其发展状况

自组织的概念最早来源于自然科学，后来被引用到社会科学中。自组织理论是在 20 世纪 60 年代末开始建立并逐步发展起来的一种系统理论，其研究对象主

要是复杂的自组织系统的形成与发展机制等问题。有学者认为："自组织首先是作为一个动词被使用，是事物系统自我组织起来实现有序化的过程和行为。"[①]在国家中，由于政治的需要，就必然会存在如军队、政府、企业等政治性、营利性的组织。在诸多市场和国家不占主导地位的领域，由于生活需求，就会存在诸多民众自发形成的组织，在广义上都被称为自组织。费孝通先生指出："从基层上看，中国的社会是乡土性的，是一种并没有具体目的，只是因为在一起生长而发生的社会。"[②]在这样没有具体目的的礼俗社会中，自组织就显得尤为重要，在乡村社会中具有不可忽视的作用。当然，由于受地理环境和文化因素的影响，不同地区的自组织的表现形式也会有所不同。走马镇境内以山地为主，地势复杂，历来交通闭塞，受外界影响的因素较小，因而一些传统的自组织在此地保留下来，在民众的文化活动、婚丧嫁娶、农村宴席中均可见到其身影。

（一）文化活动中的自组织

传统的农村社会里存在着诸多的文化活动，但是随着社会经济的发展，传统的文化活动逐渐被遗弃，取而代之的是具有明显现代性的文化娱乐活动。为了更好地开展现代文化活动，满足群众的精神文化需求，走马镇兴起了几种有代表性的文化活动自组织。

1. 坝坝舞组织

坝坝舞，又叫自由舞，是广场舞的一种，是普通群众锻炼身体、自娱自乐的一种集体舞蹈，包括健身舞、团体操、街舞等舞蹈元素。因其场地常选在广场或者开阔的地坝，所以俗称坝坝舞。坝坝舞多流行于城镇的中老年妇女中，也有少数年轻人或男性参与其中。在川渝地区的大中城市里，坝坝舞已成为广大市民晚饭后消遣娱乐、强身健体、互动交流的重要活动之一，成为城市夜生活的一道亮丽风景。

随着我国农村经济生活水平的提高，乡镇中也兴起了跳坝坝舞的热潮，走马镇也不例外。此地的坝坝舞活动具有明显的自组织特点。报告人L是走马镇坝坝

---

① 杨贵兰：《自组织：社区能力建设的新视域》，社会科学文献出版社，2010，第6页。
② 费孝通：《乡土中国》，北京大学出版社，2017，第13页。

舞的组织者。L 告诉我们，走马镇坝坝舞兴起于 2010 年左右，现有 5 个团队，都是在镇上的小广场和比较空旷的地方开展活动。最大的一个团队在走马政府大楼对面的小广场上，平常每晚有 50—60 人，热闹的时候有 100 人左右。坝坝舞在夏天比较流行。通过参与观察，我们发现此团队的人数比较多，其中中老年妇女居多，也会有孩童参与，跳舞的时间是每晚的 6 点到 8 点。跳舞的音乐以慢节奏音乐居多，主要有《小苹果》《最炫民族风》等，歌曲中既有流行音乐，又有老一辈喜爱的"红歌"，还有舒缓的轻音乐。舞台动作一般由团队成员自己编排，便于不同层次的参与者学习模仿。坝坝舞团队的组织比较松散，成员完全是自愿参与，购买一个播放机和音箱，带到广场上，音乐响起后，人们就会自然地聚集到一起，伴随着音乐的节奏，在领队人的带领下"翩翩起舞"。这种组织没有严格的组织结构，也没有明确的章程和制度，全凭自身的喜好，自愿加入，来去自由。在这种集体活动中，人们也自然地形成了特定的场地和人员组合。在某一个特定的场地，通常都会有一些相对固定的"常客"聚在一起"闻歌起舞"，休息时也会展开交流，久而久之形成了一个具有一定稳定性的"小团体"。

2. 花鼓队

在走马镇上，有一支由老年人组成的花鼓队，也称为走马社区老年演唱队。在田野调查期间，笔者对花鼓队成员 X 进行了深度访谈，了解了花鼓队的一些信息。X 今年 66 岁，是走马镇花鼓队的指挥，是日常排练的负责人。花鼓队成立于 2015 年，由走马人氏 ZHX 组织成立，现有队员 10 人。由于成员年纪较大，所以表演范围仅限于走马镇街道及周边村落。一般在结婚、开业、做寿、丧事中表演。花鼓队表演要收取一定的费用，标准是每场 400 元。在一场表演中，每位成员可以拿到 40 元左右的报酬。对于农村老人而言，这样的收入已经让他们很满足了。走马镇花鼓队成立之初只是为了满足老人的文化活动需求，老人们表演的兴趣都很高。

走马镇的民间表演队不是专职的，其成员均为非音乐专业人士，大多是一些有强烈兴趣爱好的农村老人。进入花鼓队后，这些人经过一定的表演技巧训练后，方能达到表演的要求。花鼓队负责人会指导成员开展特定的训练。在练习过程中，主要有两种方法，一种是通过口耳相传，学习一些旧的曲调或者曲谱；一种是一些有知识的老年人借助网络学习新的音乐和曲谱，然后再教授给其他老年人。

在花鼓队承接的各类表演中，白事是最多的，也是最为讲究的。据报告人讲述，他们去参加一些丧事活动时，当走到距离主家^①还有一两百米时，就要吹打响乐器，以表示对逝者的尊重。到达主家家里后，先要在灵堂外绕三圈，然后进入灵堂行鞠躬礼。在灵堂外安放桌椅进行表演。花鼓队表演的时间是在"做大夜"^②的当天下午，一般是表演两个小时，表演的内容多种多样，包括车灯、彩船、连箫、戏剧等。花鼓队的乐器主要有腰鼓、锣、钵、小鼓、大鼓。在花鼓队中，成员自己编写曲目，代表性的有《想起往日苦》《望走马》《发居》等。

走马镇政府大力支持花鼓队的发展，特拨 4000 元经费，用于花鼓队的建设。由于政府的支持，近年来花鼓队发展态势良好。花鼓队服装统一，成员拥有四套服装，参加白事的时候，一般穿着白色或者蓝色服装。花鼓队配备的各种道具，由花鼓队队长统一管理。团队分工明确，有人专门教广场舞，有人专门教花鼓。近年来，花鼓队不仅自身发展较好，也促进了走马镇文艺活动的发展。花鼓队成员除了学徒外，都是退休老人，平均年龄是 62 岁，也有个别年轻的学徒，年纪在 40 岁左右。他们都居住在走马镇街道上，无其他的职业。花鼓队除了在走马镇和周边村落表演外，偶尔也会外出演出。外出演出时，通常是选择团队包车。花鼓队外出参与民间婚丧嫁娶的表演要收取一定的演出费。每场几百元到一千元不等。每场演出的收入由参与表演的人平均分配。过去，花鼓队由走马镇文化站管理，现今挂靠在走马社区居委会名下，由居委会统一管理。

（二）婚礼中的自组织

在传统的农村社会，婚丧嫁娶之事过程复杂，时间较长，需要大量的人力、物力、财力。如果得不到社区成员的帮助，就没有办法顺利开展婚丧嫁娶等活动。在这样的情况下，凭借一家之力难以圆满完成所有活动和事务，无法满足对人员等的需要，这个时候就需要通过各种自组织来打理与帮忙。费孝通认为："地域性的纽带是一个基本的社会纽带，居住在邻近的人们感到他们有共同利益并需要协

---

① 重庆当地将操办丧事的人称为"主家"，主家一般是死者的儿女。

② "做大夜"，是重庆当地的一种特有称呼，是丧葬习俗中必备的环节之一，指的是出殡前一天晚上，死者的亲朋好友前往吊唁，其间要举办寿宴和举行文艺表演等活动。

同行动，因而组成各种地域性的群体，并且承担着特别的社会义务。"①

结婚是人生之中的大事情，举办结婚仪式也最为隆重。在传统社会里，婚礼上不可或缺的就是唢呐队，因为有了吹吹打打，场面就会十分热闹。随着社会的发展，唢呐队逐渐退出了婚礼的舞台，取而代之的是乐队和军乐团。

1. 乐队

乐队，又称演艺队、文艺队等。在婚礼上请乐队进行表演是川渝地区的民间习俗。根据我们在田野调查期间对当地人的访谈可知，这一习俗是在 2000 年左右在走马镇兴起的。到 2018 年，走马民间乐队的发展已经趋于成熟，形成了一条较为完整的产业链。在婚礼中，乐队演出的时间一般是在下午和晚上。下午表演 3 个小时，晚上表演 2 个小时左右。在走马镇，红白喜事中请乐队被认为是家庭殷实、有能力的表现，请的乐队越多、节目越精彩，越显得有"面子"；相反，如果在红白喜事中，家里冷冷清清，则会被大家议论，认为后辈不孝或者贫困，甚至在亲朋好友面前抬不起头来。

在早期，乐队表演的节目大多内容低俗，形式单一，水平总体较低，节目仅限于唱歌和跳舞，演员没有经过专业的表演或声乐培训。随着文艺水平的提高，乐队的演员逐渐注重专业知识的学习与培训，乐队也购买了专业的表演设备，如舞台架子、灯光音响、表演服装等。乐队表演的节目也更加丰富与多样化，包括小品、相声、独唱、杂技、魔术、乐器演奏、舞蹈等。乐队使用的乐器主要有萨克斯、电贝斯、唢呐、吉他、电子琴等，所有的节目都是自编自排。

乐队一般有 10 个人左右，每个乐队都会有专门的负责人承接各种红白喜事的邀请，商议价格与拟定节目。节目的内容规格往往根据价格来确定，价格越高，节目内容越精彩。如果乐队的固定演员没有办法满足表演节目的需要，乐队负责人会从其他乐队里邀请民间艺人进行表演。一场乐队表演价格在 1000 元到 10000 元不等，愿意加钱的甚至会请专业的演员来表演。

2. 军乐团

与乐队相比，军乐团是近几年才兴起的表演团队。与乐队不同的地方是，军乐团更多的是在婚礼中进行表演，基本不参与丧事表演。

---

① 费孝通：《江村经济》，北京大学出版社，2015，第 87 页。

走马镇宏声军乐团成立于 2014 年，成立之初只有 6 人，当时的负责人是 RCG。他负责军乐团的日常训练，承接各种红白喜事和商业表演，商洽表演的节目、内容和价格等。根据 WMF 讲述，军乐团成立之初是自己组织学习，在一次表演之中碰到利川的一个军乐队，得知他们从福建请来老师专门教学，于是也联系上了福建的陈老师，邀请其来走马镇教学。学习时间是在 2013 年 6 月至 8 月，学费是每人 1000 元，学费由军乐团成员自己出。最开始学习的地点是在走马镇马安村村委会，因为担心在镇上学习影响居民的日常生活，后来就改为由成员自己在家里学习。负责人将新的曲子统一布置下来以后，团队成员自己学习一段时间，然后再聚集到一起，统一学习和声。

团队现在的成员不完全固定，一般在 20 人左右，多是退休者、音乐爱好者、移民到走马镇的无职业者（鱼背山水库移民、占地移民）。团队成员平均年龄在 45 岁左右，大多数成员年纪在 40 岁至 50 岁之间，年龄最小者 40 岁，最大者 70 岁；男性占 70%，女性占 30%。

军乐团使用的乐器多种多样，主要有小号、长号、中乐号、萨克斯、大鼓、小鼓等，适合在多种场合进行表演，如结婚、开业庆典、打广告、寿宴、满月酒等，其中结婚是主要的，比例占到了 80% 以上。不同的场合，邀请人不同。

结婚的时候大多数为男方邀请，热热闹闹的乐器表演表现男方有"面子"；也有结婚时女方邀请军乐团来表演，在送亲途中进行表演，表现女方的大方和富有，这样女儿嫁到男方家里才会更加有地位。在寿宴中，一般是寿星的女儿、孙女、外孙女邀请乐队进行表演。[1]

宏声军乐团的活动范围比较广，他们在利川、云阳、开县、梁平、石柱等区县都有表演，但是主要还是在万州区范围内，万州区内的表演占到了 80%。军乐团的表演价格也是根据人数来计算，每人 200 元一次，如果距离比较远的话，则需要邀请人额外添加车费。表演的人数不确定，一般是一次 10—12 人，也有 8 人的或 20 人的。越有钱的主人，邀请的人越多，规格越高，排场也就越大。外

---

① 报告人为军乐队负责人 WMF。

出的交通工具主要是租车，也有部分成员有私家车。在人少的情况下就乘坐私家车。

军乐团的表演曲目因场景不同而有明显差异。在婚礼中，通常演奏《迎宾曲》《欢送曲》《友谊花开万里香》《走进新时代》等气势磅礴、欢庆愉悦、讴歌新时代的曲目。军乐团成员也自己编写了一些曲目，比较有代表性的如《开场曲》。此曲目不同于其他曲目，主要在各种表演活动开始时进行演奏。

（三）丧葬中的自组织

在中国的传统社会里，死亡被看成是一种极其庄重的事情。生者往往对死者给予感情和实践上的尊重，隆重的丧礼就是这种情感的现实实践。[1] 在中国传统社会里，死亡往往比出生更仪式化。"视死者，如视生"的思想让农村地区的丧葬变得十分烦琐，与之相关的便是葬礼中各种农村自组织的运行与实践。

1. 唢呐队

唢呐，是中国传统乐器之一，在当地称为"吹吹"。过去在农村社会里，红白喜事中均可见到。由于唢呐队的乐器中包括锣鼓等，走马镇的唢呐队又被称为锣鼓队。在古代，老人 60 岁以后去世，被称为"喜丧"，故将喜丧与结婚合称为"红白喜事"。在红白喜事中，人们为了营造热闹的气氛，往往会邀请专业的唢呐队表演。随着文娱活动和演艺公司的增加，婚礼中的唢呐队逐渐退出了历史舞台，但在丧事中，唢呐队仍旧是不可或缺的。以走马镇为例，根据不完全统计，整个走马镇一共有 20 余家唢呐队，唢呐队一般由 3 到 5 人组成。几乎每家操办丧事都要请数量不等的唢呐队。

在此次调查中，笔者重点访谈了走马镇"山里人唢呐队"成员 XGT，对唢呐队做了一个基本的了解。"山里人唢呐队"一共有 6 人，吹唢呐、打大鼓、弹电子琴、拉二胡、打角角（"角角"是类似于锣的一种乐器）、打锣，每个人负责不同的乐器。因为唢呐队通常在丧事"做大夜"的时候才会受人邀请进行表演，而且通常是在夜间，所以团队成员多数是夫妻或者父子兄弟搭档。山里人唢呐队成立于 2017 年 6 月，由于成立时间较短，所以他们利用平时的闲暇时间进行排练。

---

① 陈兴贵：《一个西南汉族宗族的历史民族志研究》，四川大学出版社，2016，第 177 页。

曲子大多是比较悲伤的，适合在丧葬中演奏。有一些曲子是从网上学来的，也有他们自己编写的曲调。

走马镇唢呐队的活动地域范围比较广，除了在走马镇范围内进行表演外，还到石柱及湖北的利川等地表演，但绝大部分的表演还是在走马镇上和各个村落。团队里面有成员有私家车，如果距离较远，他们需要开车前往的话，价格就会高一些。腊月是每人150—200元，平时一般是每人80—90元。

报告人XGT告诉我们，由于在葬礼之中死者的儿子已经承担了大部分的开销，为了减轻死者儿子的经济压力，一般是由女儿或者侄儿侄女邀请唢呐队进行表演。而且女儿的邀请也表现出女儿的孝心。如若不然，就会被大家议论。

唢呐队一般是在"做大夜"的当天下午到达主人家。到达之后，邀请人①会提前等候在外面。唢呐队到达后，首先，要吹响号子，跟随邀请人一起进入孝家家里，表明唢呐队是死者的亲戚朋友邀请而来的。然后，在房屋外面的坝子安放设备。

唢呐队一般是4人一队，也有人数比较多的。人数多少取决于邀请人的经济能力，经济能力强的往往也很"好面子"，要求唢呐队人数众多。如果人数不够，就会两队合成一队，但这种情况极少。唢呐队表演的时间，是在"做大夜"当晚的前半夜，一般是夜里八点半到12点，12点后就结束表演。第二天早上再吹吹打打、热热闹闹地将死者送上山下葬。

2018年6月27日，我们在走马镇街上参加一位老人的葬礼时，不仅观察了唢呐队表演的过程，而且与其中成员进行了深入的交谈。整个葬礼一共有唢呐队14组，每组3到4人不等，14组均在灵堂外表演，除了个别的女性之外，绝大多数为男性，年龄均在40岁到60岁之间，也有少数20岁到30岁的。据一位年长者讲述，20岁到30岁的一般是学徒居多。唢呐队的演奏乐器为锣鼓、钵、唢呐、二胡、角角等，各个唢呐队不一样。14组唢呐队从8点到12点轮流敲鼓演奏，进行表演。三轮表演结束后，我们发现每一组每一次敲打的曲目都不一样。一位唢呐队成员告诉我们，这样的场合，敲打的曲目如果和其他团队重复，就显得没有水平。一位叫QCL的老师傅告诉我们，九宫十八调，一调一个曲目，指

① 丧事中唢呐队的邀请人一般是死者的亲朋好友，通常是一个人或几个人一起邀请一个唢呐队。

法不同，曲目也就不同，就他本人而言，会 40 到 50 个曲目。

2. 孝歌队

唱孝歌是走马镇丧事之中流传至今的传统习俗，是葬礼中必不可少的内容之一。孝歌曲目众多，内容可以根据死者的性别和身份来确定。

LZQ 今年 75 岁，是走马镇上为数不多的职业唱孝歌的人。老人告诉我们，他二十多岁就跟随师父学习唱孝歌，一辈子就靠此为生，养家糊口。老人的师父叫作金顶山，是那个年代远近闻名的唱孝歌能手。在当地，唱孝歌从死者去世当天晚上开始，一直到"做大夜"。唱孝歌的人每次可以得到 120 元报酬。通常情况下，唱孝歌不是一个人独唱，需要几个人轮流配合，组成一个小团队。一般是 4 个人一个团队，2 个人一组，两组轮流唱。在死者去世到"做大夜"的时间内，唱孝歌的时间是每晚 8 点到 12 点；在"做大夜"当晚，时间则是从夜里 12 点开始到第二天凌晨 4 点。唱孝歌的地点是在灵堂中。据 LZQ 老人讲述，现在整个走马镇能够演唱孝歌的有 20 人左右，年龄大多在 40 岁到 50 岁之间。虽然大部分人比较年轻，但是他们所掌握的孝歌曲目以及曲调数量都不及老艺人。孝歌讲究口耳相传，所以教授徒弟也是一个很大的难题。

LZQ 老人因为学习的时间比较长，所以掌握的孝歌曲目比较多，主要有《吕蒙正赶斋》《湘子化斋》《赵五娘全传》《十悲伤》《金钗记》《哭爹娘书》等。

3. 抬棺队

"入土为安"是传统汉族社会里处理死者的最佳选择。大多数人认为：人死后只有完整地安葬到土地中，才能让死者的灵魂安息。受此观念的影响，农村里老人去世后，都愿意选择土葬的方式。土葬方式中，抬棺是不可或缺的一个环节。随着农村青壮年人口的流失，传统上按家按户轮流抬棺的习俗已在现实中难以实现。于是，抬棺也逐渐成了一个职业，专业的抬棺队也应运而生。

LQM 是一位职业抬棺人，现年 59 岁，从 13 岁开始跟随父辈进行抬棺，那个时候由于年纪尚小，只能跟着学习抬棺的程序、步伐、号子以及注意事项等，并未直接参与。在 20 世纪七八十年代，抬棺的人只负责抬棺，而现在，抬棺的队伍还要负责挖墓坑。抬棺队一般是 12 个人，现在抬棺一般需要 8 个人，还有 4 个人则是轮换。这是由于农村山高路远，棺材比较重，所以十分消耗体力，需要队员进行轮换。LQM 团队开展业务的地域范围很广，包括走马镇老街、下池村、渡河村、马安村以及石柱县等。

在报告人的抬棺队中，成员平均年龄在 50 岁左右，年纪最大的已经 75 岁。如今由于很多年轻人不愿做这样的事情，抬棺这个职业面临消失的境况。团队成员除了抬棺之外，还有各自的工作，有的在家里种田，有的在万州区打工等。抬棺的价格是每人每天 150 元。据报告人讲述，加上挖墓坑，工作量也只有两天不到，一般是按照两天算。在开始抬棺出发的时候，主人家还会给开路钱，祈求吉利。挖墓坑时，动土的时间需要根据风水先生的安排，一旦动土，死者家人就要给封纸钱。这样一场下来，每位成员的实际收入在 300 元左右。

报告人 LQM 现居住在走马镇上，是当地比较有名的抬棺人。因为抬棺要讲究四平八稳，棺材不能落地，不能倾斜，不能碰到石头，需要胆大心细以及团队成员的默契配合。抬棺队的所有工具都是由负责人自己准备。LQM 作为团队的负责人，家中也有一套完整的工具，包括架杠（又叫"龙杠"）、保险绳、小由、滚筒、穿棒等。抬棺时，首先要拿保险绳拴套棺材，然后绳子穿过龙杠，抬起龙杠，将龙杠两头系上绳子，前后各 4 人。前面的第一个人叫作"头杠"，由于农村道路曲折，棺材体积比较大，而且在抬棺出葬的过程中棺材不可落地、不可碰到石头、不可倾斜，需要有人在抬棺过程中看着前方的路，所以"头杠"显得十分重要。通常情况下，"头杠"都是 LQM 亲自抬，如果他必须抬其他位置，那么"头杠"也要由经验丰富的人来抬。"头杠"旁边的人叫作"二头杠"，也要负责查看前方的路。抬棺过程中，为了协调步伐，"头杠"的人还要负责喊号子。在棺材后面的几个人，由于看不见路，被称为"摸黑"。他们的脚步是根据前面的"头杠"所喊的号子来确定的，因此抬棺队成员之间必须有很高的默契度。前后 8 个人必须保持步调一致、步伐合拍，才能保持棺材的平衡。

喊号子是由前面的"头杠"向后面的成员报告路况，后面四个人中的一个人回答，表示收到了前面的人的话，知道路况。团队所有的人，尤其是后面的 4 个人，必须要听得懂"头杠"所喊号子代表的意思。根据 LQM 讲述，喊号子十分有讲究。儿女双全、儿孙满堂的死者与孤寡老人去世喊法不同，上坡与下坡喊法不同，下雨天与晴天喊法不同。号子根据语速分为快号、慢号。"喊快号，去慢腿；

喊慢号，去快腿。平路喊快号，上坡喊慢号"。访谈中，LQM还现场喊了几句号子："前面抬头望，后来把坡上；前头有点陡，上去就好走；坦坦平阳，两腿放长；左边擦墙，右边抱梁；斤斤祥祥，一脚了断；前头当顶，后头端起。"号子通俗易懂，简洁明了，"头杠"通过号子向团队成员传递路况信息，以确保抬棺的安全性。抬棺号子多是方言，喊号子的人需要有较强的应变能力，方能准确指挥全队人员，平稳走过各种路段。

（四）农村宴席中的自组织

在走马镇农村地区，宴席又称作"坝坝席"，通常有婚宴、白宴、满月宴、百日宴、升学宴、寿宴等。在农村，由于人们对红白喜事的重视，办酒席成为一件复杂而麻烦的事情，要涉及诸多人员、持续时间较长、花销较大。在农村，办酒席绝不是主人家一家人的事情，因为需要大量的人力、物力、财力，通常需要左邻右舍，甚至整村的人前来帮忙。因而，在宴席中也自然地产生了临时性的自组织。一场宴席举办是否顺利，关键看村民自发形成的组织能否正常运行。

在走马镇，虽然现在农村被重新划分为19个村民小组，但是人们帮忙的范围却是以从前的生产队来界定的，"赶酒"①范围也是以生产队为界限的。在一个生产队中，除了亲戚朋友外，几乎包括全村所有的人。酒席有红事和白事之分，在红事中，人们会提前一天去主人家里帮忙；在白事之中，则是从死者去世那天开始，左邻右舍都会前来帮忙。这主要是因为丧事中的事情更多，环节更为复杂。在几天的帮忙中，人们会组成一个临时组织，组织的负责人被称为"支客师"，由他负责安排所有前来帮忙的人。"支客师"往往由生产队里德高望重、资历较深的男性老年人担任。"支客师"要协助厨师、阴阳先生、道士等开展工作。在红事中，"支客师"在前一天就要到场，然后安排礼房、抬饭、洗菜、搞卫生、杂勤等人员。主人家也会把喜烟拿给"支客师"，由他负责给帮忙的人散烟，一人一天一包烟，不论抽烟与否，都必须收下这包烟，这表示主人家对帮忙者的感谢。

按照当地习俗，各类宴席中，午饭时间通常在12点，晚饭则是在下午四点

---

① 走马镇当地方言，意思是参加酒席的人。

半左右。在午饭和晚饭期间，男性帮忙者会负责上菜，也称为"打菜盆"，这时候，往往是两人一组上菜，而上菜人员的安排与所负责的桌席则是由"支客师"拟定。在中午酒席开始之前，按照习俗，要有帮忙的人去鸣放鞭炮，目的在于提醒还没有到场的亲朋好友，"酒席快要开始了"。在酒席中，往往由"支客师"代表主人家对亲朋好友表示感谢，这一环节被称为"说席"。"说席"的主要内容是感谢左邻右舍的帮忙，感谢亲朋好友的到来。在酒席完毕后，由生产队的女性们收拾碗筷，清理卫生。

二、农村自组织在乡村振兴中的作用

乡村振兴是党在十九大中提出的新的农村发展战略。乡村振兴是经济、文化、生态等全方位的振兴与发展。繁荣振兴农村文化，焕发乡风文明新气象是乡村振兴中的重要内容之一。在新时代，自组织在乡村社会治理、传统文化复兴、村落共同体建构等方面的作用将会日益明显，有助于解决乡村社会凝聚力不强、集体意识淡薄、公共事务废弛等问题。

（一）增强乡村凝聚力，促进村落共同体的重构

村落在社会和家庭的生产与再生产活动中具有重要的作用。村落共同体既是村落发展历史的产物，也是村落发展变迁的重要动力。村落共同体是研究当代中国乡村社会发展、变迁的重要因素。通过村落共同体内在结构的分析、发展历史的梳理，可以透视村落发展演变的历史脉络和内在动力机制。村落是中国传统文化的"原产地"，村落共同体是农耕文化的创造者、承载者。村落共同体是基于血缘关系和地缘关系自动形成的一种群体组织。村民在村落共同体中不仅能够感受到亲切感，还能获得归属感，也会因为长期的居住形成一种共同的文化认同感。因此，村落共同体的存续有利于维系村民的文化认同意识，增强村落的凝聚力、向心力和内聚性。

改革开放之后，随着我国整体经济的发展，农村社会也发生了很大的变化。农村人口大量向城市流动，导致农村日趋凋敝，村落共同体的功能逐渐消失殆尽。

因此，重构村落共同体在乡村振兴中具有举足轻重的作用。正如前文所述，走马镇的农村自组织在文化活动、红白喜事、宴席及村民日常生活的方方面面都有所体现，充分发挥着团结村民、凝聚人心、互帮互助的积极作用。农村中各种形式的自组织可以有效地将村民在不同的场景中进行多种组合，从而形成一个既不断分散又不断组合的小的共同体。在若干自组织的桥梁作用下，整个村落形成一个大的共同体。

村落中不同家庭常年有复返的仪式，农村自组织可以促进一个村庄的优势资源有效地整合，从而使村民有能力共同应对所面临的问题，提高解决问题的效率。农村传统习俗的烦琐复杂使得自组织具有不可或缺性。自组织中的每一位成员都是自愿加入其中，并认真完成属于自己的那份工作。他们把这种模式称作"换活路"，即交换着互帮互助。只有这样，他们才能完成日常生活中所必须完成的任务，如果无法完成这些工作，就不能称之为一个正常的人，那活着也就失去了价值。因"换活路"而形成的自组织其实就是一个换工的集合体，把需要换工的社区成员集合在一起，进行有序的协调分工。这样的分工是有序且统一的，是建立在对整个村落的统筹兼顾之上，将村落视作一个整体进行，有利于增强乡村凝聚力，促进村落共同体的重构。

（二）促进乡村文化的传承创新，满足农民群众的精神文化需求

梁漱溟先生曾提出：中国需要一个中国精神的团体组织，即以中国固有精神为主，又吸收了西洋人的长处。这个团体组织是一个伦理情谊的组织，以人生向上为前进的目标，而这个新组织的构造则要从乡村入手。因为乡村人很有一种乡土观念，比较能引起地方公共观念，所以正好借乡村人对于街坊邻里亲切的风气来建构团体组织。因此，中国基层社会组织要以中国的精神文化为载体。任何一个社会成员从他出生那一天起，他就必须去学习他所生存的环境的所有的规矩，这是一个社会成员社会化的过程，也是濡化的过程，即是指一个人一生获得文化教养而学习的过程和传递文化的过程。

文化的传承发展需要借助一定的载体。在农村社会，自组织就充当了这样的角色。社会成员对文化的学习和传承必须有相应的组织作为载体。在诸多的自组

织活动中，传统文化时刻潜移默化地影响着组织成员，农村的规矩在这些自组织中得到淋漓尽致的体现，也在组织成员之中进行传递与继承。民间自组织是农村居民自发的社会组织，在运行过程之中，往往是依靠道德对自组织的发展进行维系。道德所体现出来的正是中国传统的优秀精神品质，在组织之中表现为互帮互助、团结合作、和睦相处的精神道德。当前，我国正处于社会转型阶段，不管是农村社会还是城市社会都面临着许多社会问题，而这些社会问题的背后往往是道德的缺失与素养的缺位。农村自组织的良性发展有利于优秀的文化品质的弘扬与传播。

乡土文化正在面临着机遇与挑战共存的历史时空，对乡土文化价值的再认识，是我国进入新的历史阶段提出的新要求。保护乡土文化的多样性，就是保护一体多元的中华文化的多样性。乡村振兴战略的实施过程中要保护好乡土文化，也需要传统文化的现代转型。民间自组织作为乡村文化的载体，对乡村文化的振兴具有重要意义。走马镇坝坝舞团队、花鼓队等民间自组织，自己编排节目，结合时代特征，把优秀的传统文化与时代特征相融合。这些自组织的运行过程，既是传统文化的发展和再创造的过程，也是农民群众精神文化需求的实践过程。

随着社会经济的发展，人们越来越注重文化活动的享受。坝坝舞和花鼓队等民间自组织就是在这类需求之中建立起来的。人不可能日复一日地进行劳作，必须在适当的时间进行适当的娱乐活动，这样才能使身体得到更好的休息，保持良好的精神状态，在工作之余享受劳动成果，进行求偶和社交等一系列的活动。世界上任何一个民族和地区，都存在节日、游戏、文艺、体育等活动，在一系列的活动之中都会有为了活动有序开展而成立的自组织。走马镇坝坝舞团队、花鼓队的成立，满足了人们的文化活动需求，使得人们在生活中找到了一种属于自己的文娱活动。人们在各种社团、协会中找到有共同兴趣爱好的人，并使自己的文化需求得到最大限度的满足。

（三）弥补乡村社会公共服务的缺失，解决村民社会生活中的困难

乡村振兴不仅仅是经济的振兴，更是文化的振兴，要使广大的农村地区变得更具活力与人文气息，乡村振兴应该是农村社会全方位的发展与振兴。农村自组

织通过组织各式各样的活动，使农村的社会更具生机与活力。各类自组织在生活之中发挥各自的重要作用，农村公共文化得到建设，使得农村社会居民的生活需求在自组织的服务体系之中得到保证，有利于农村地区人口的稳定与增加。

自组织的良性发展有利于农村社会的稳定。中国农村实行的是村民自治，即自己治理、自我管理。农村自组织正是在这一基础上形成的。农村因为缺乏像城市那样的独立服务体系，故而只有居民联合起来建立自组织进行自我服务。多种自组织的建立都是为了满足居民生活的需求，是农村社会不可或缺的一部分。例如抬棺组织，由于农村的土葬风俗难以在短时间内改变，抬棺组织也就是农村不可缺失的自组织。如果缺失这样的组织，那么居民的生活就会产生许多麻烦，农村社会问题就会显现出来。农村社会自组织的有序运行，是农村社会稳定发展的组织保障，能够更好地弥补乡村社会公共服务的缺失，解决村民社会生活中的困难。

三、自组织促进乡村振兴

乡村振兴是当前我国农村发展的重大战略。在乡村振兴战略背景下，农村自组织理应承担起更多的职能，发挥更大的协调、组织和凝聚功能。为适应乡村振兴战略的需要，农村自组织仍然需要在自身的组织结构和运行机制方面进一步完善，同时政府也应该加强对自组织的支持、扶持和管理力度，使其成为乡村振兴的重要民间力量。

（一）培育新型农村社会组织

近几年来，国家政府相继出台了各种文件政策，积极培育各种类型的社会组织。在一部分发达的乡村社会，其社会组织数量和种类都在快速地增加，但是在广大的西部地区，由于经济、人口素质等原因，新型社会组织有待进一步发展。农村自组织虽然涉及生活的多个方面，但是依旧有一些缺失的地方。例如在走马镇马安村的调查过程之中，马安村居民就垃圾清理谈了自己的看法，报告人 C 告诉我们，虽然政府会有垃圾清理车定期回收垃圾，但是由于农村交通不方便以及很多人没有养成将垃圾放入回收箱之中的习惯，故而垃圾回收存在很多的问题。国家在乡村振兴战略中提出要加强农村环境治理，推进乡村绿色发展，打造人与自然和谐共生发展的新格局。因此，广大农村地区应该完善自组织的形式与类型，按照国家的乡村振兴要求成立相应的自组织，并且以道德为约束进行自我管理与自我监督。

（二）科学整合乡村社会的自组织

乡村振兴战略是农村经济、文化、生态等要素的全面发展，要实现乡村经济、文化、生态等要素的全面发展，必须整合传统的乡村社会自组织，以乡村社会自组织为载体，推进各项政策的落实。在广大的西部地区农村社会中，农村自组织最具活力。乡村社会组织一般由当地有威望的年长者组成，他们填补了乡村基层政权难以完全覆盖的社会生活空间。[①]农村自组织在日常生活中起到的是对基层力量的补充作用，这样的作用在很长一段时间内都会是不可替代的。只有科学地整合乡村社会的自组织，才能使其在乡村振兴的过程之中发挥更大的作用。

（三）地方政府应加强对自组织的扶持力度

农村地区存在诸多自组织，这些组织具有深刻的文化内涵和极强的现实功能，是优秀传统文化的载体。但是随着社会经济的发展，这些自组织的发展遇到了很多问题，如组织成员年龄偏大、专业化知识掌握不到位、收入低等。在这样的情况下，自组织的生存就面临着许多挑战与问题。国家在乡村振兴战略中要想更好地发挥农村自组织的作用，就应该加大对农村自组织的扶持力度。很多自组织虽然是农村社会成员为了满足成员生活需要而自发组织起来的，但依然是营利性的。随着社会经济的发展，这些社会组织的经济收入并没有保障。例如走马镇的唢呐队，只是在丧事时才会受到邀请，平时的价格也就是在 90 元左右，而且每年唢呐队的经济收入不到 3000 元，所以很多成员都把唢呐当作副业，导致唢呐的发展传承出现了很大的问题，很多年轻人不愿意从事吹唢呐这个职业，行业发展自然就受到限制。

---

① 陆丹：《乡村振兴：培育新型乡村社会组织》，《中国社会科学报》2018 年 5 月 16 日。

（四）通过组织集中培训，加强对自组织的管理

随着乡村振兴战略的实施，乡土文化越来越受到重视，政府只有组织专业人员对自组织进行系统的培训，自组织的发展传承才会更加顺利。政府还应该注重自组织的传承问题，培养年轻成员，使得自组织年龄结构年轻化。近年来，万州区文化局加强了对民间文艺团体的管理力度，同时也加大了资金扶持力度。军乐团成员需要参加考试，在万州区文化馆拿营业证，文化部门会定期或者不定期地进行检查，军乐团的发展也更加顺利。

四、结语

自组织在走马镇农村社区的实践，既能满足农村社会成员的生活需求，使得优秀的传统风俗习惯能更好地传承下去，影响着一代又一代的农村社会成员；也需要跟随时代的步伐，不断改革创新，从而在农村社会中发挥更大的作用，为乡村振兴提供助力。农村自组织的发展对农村的经济、文化、精神、教育等方面具有重要的促进作用，对于农村自组织的研究，既是农村社区组织有序发展的重要依据，也是乡村振兴战略实施的重要环节。虽然自组织在农村地区广泛存在，却存在发展不全面、结构单一、所承担的社会责任不足、原有系统遭到破坏等问题。这就需要相关机构积极引导农村自组织的发展，帮助农村自组织在原有系统的基础上形成与社会大系统的互动，[①]从而使乡村振兴战略得到全面推进，使农村社区的建设更加系统规范。

① 任孟娥：《基于自组织理论维度的农民组织的现状分析》，《农村经济》2008 年第 5 期。

乡村人才与组织振兴的青年担纲者

——云南省 H 县大学生村官的角色大转变

中央民族大学民族学与社会学学院 2016 级孝通班本科生　陈九如

指导老师　黄志辉

摘要：有效的乡村治理需要以较高的文化技术领导力与有效的行政人才队伍为前提。2015 年前后，大学生村官制度与乡村振兴及扶贫战略实现了一种政策交汇，在这次交汇中，大学生村官的教育文化水准与基础信息技术正好与近年来乡村治理需求相吻合。新的扶贫项目及乡村发展项目提供了一种转变机遇，使得大学生村官群体成为一支实现乡村人才与组织振兴目标的重要青年动力支队。我们由此认为，乡村振兴与扶贫攻坚战略本身成了近几年大学生村官实现在地化治理的重要契机。大学生村官在 2015 年前后发生了角色大转变，呈现出两种不一样的实践形态乃至精神世界，该群体已经并将继续在乡村人才与组织振兴之路上发挥重要作用。

关键词：人才振兴；组织振兴；项目制；大学生村官；有效治理

一、研究问题与相关文献

乡村振兴是近年来党和国家推动的重大复合型战略，该战略针对乡村产业、人才、文化、生态、组织等方面展开了全面振兴部署，其中"人才振兴""组织振兴"两个分战略要为其他层面的振兴战略提供领导力、制度建设、实践队伍建设等方面的保证。习总书记在十九大报告中指出，"治理有效"是实施乡村振兴战略的总要求之一；2019 年的中央一号文件，也再度强调了"完善乡村治理机制"的重要性。在笔者看来，有效的乡村治理首先要求较高的文化技术领导力与有效率的行政人才队伍。具体来说，基层行政力量能否顺利衔接自上而下的战略部署以及自下而上的技术治理与信息反馈，成为乡村振兴中对人才与组织振兴这两大板块内容的具体体现。尤其在现代信息社会中，只有建立一支懂技术、有文化、能深入基层、能衔接地方政府的乡村治理队伍，才能为实现乡村人才与组织振兴提供治理保障。

但问题是：谁来担纲乡村人才与组织建设中的技术治理任务？谁来担当实现上下贯通的基层行政角色？虽然近年来，在乡村振兴与扶贫攻坚两大战略的引导下，乡村外出务工青年已有部分回流之势，但是诸多返乡青年也呈现出文化水准不一、返乡目的不同、行政能力不足等方面的问题，需要经历一个再适应、再培养的过程，才能从返乡青年、在地青年群体中汲取乡村人才与组织振兴的人力资源。针对上述问题，笔者认为可以从已有的乡村建设经验中寻找制度资源。

大学生村官制度在乡村振兴与扶贫攻坚两项战略实施之前，就已经在全国的乡村范围内普遍推行。在笔者看来，以往培养的以及在任的大学生村官可以为乡村人才振兴、组织振兴提供库存性的人力资源。2005 年，中央办公厅、国务院办公厅联合发布《关于引导和鼓励高校毕业生面向基层就业的意见》。2013 年是村官人数的最高峰，全国在职的大学生村官达 22.1 万人，覆盖了全国 30% 的行政村。此后中央调整了在职村官数量，至 2017 年底，尚有 6.6 万大学生村官在岗。虽然在任数量相对减少，但是村官学历逐渐提高，例如，大学生村官中本科及以上学历的成员占比从 2013 年底的 76% 增加到了 2017 年底的 93.4%。总之，经过14 年的发展，这个人才库存已累积了上百万人。

大学生村官是具有活力与希望的青年群体，他们的教育文化水准与基础信息技术正好与近年来乡村发展需求吻合，能够推动人才振兴与组织振兴。此外，乡村振兴与扶贫攻坚这两项总体战略目标的实现，既需要化作细分的政策与项目下沉到基层，同时更需要基层干部的配合实施与充分反馈，完成任务下达、指标分配、信息收集、报表制作与标准化反馈等工作。因此，农村治理的实践与社会治理效果的呈现，需要在自上而下与自下而上的双重治理轨道中顺畅运行，其具体要求就是项目制度的展开与文件往来体系的建立，而青年大学生们能够担当此任。综合来看，在新时期的三农治理背景下，国家对村干部群体要求的文化水准及沟通能力明显加大。作为国家基层治理与富民政策的最基层执行者，村干部群体内部如何协调分工应对国家整体振兴工程的大考，是近期乡村治理实践中的关键。显然，大学生村官在村干部群体内发挥了至关重要的作用。

也就是说，乡村振兴战略与大学生制度的实施在近十几年的实践过程中，围绕人才需求与行政组织的建设，实现了一次政策交汇。本文关心的是：大学生村官的教育身份、文化能力是否在基层社会治理过程中发挥了切实作用？十几年的实践过程中是否发生了角色大转变？面对新时期的乡村振兴战略，大学生村官群体在新的项目制度或文件治理过程中扮演怎样的新角色？新的制度背景下，大学生村官是否能够顺利地接近、体验基层社会并形成自身的实践经验？

社会科学领域中长期积累的经验研究成果，为上述问题的回应提供了诸多经验参考。作为国家治理与乡村自治的交汇点与乡村治理的主体，村干部或相关人群的身份长期受到研究者关注。较早的有关乡村士绅、经纪人等相关的研究，可以作为类比参照。例如，费孝通先生在中国绅士研究中，指出古代皇权之所以不下县，就是因为有乡村绅士作为乡土社会的代理人，实现与基层衙门的对接，从而构筑一种比较灵活的"双轨政治"。[①] 因此，有学者梳理费先生的理论后指出："传统中国政治治理的'皇权—民权'结构，皇权的'无为主义'与民权的'自治'方式是共构社会秩序的政治框架。"[②] 共治的前提是中心权力与基层民权缺一不可，如果代理人无法自下而上地反馈民意，就会阻塞轨道运行。[③] 在《乡土重建》一书中，费先生指出绅权是皇权与民权的中介，这个"中介"不可失效，否则基层行政容易僵化。[④] 因此，要活化基层治理，就必须活化这些作为绅士的非正式

---

① 费孝通：《费孝通文集·乡土重建》，群言出版社，1999，第334—363页。
② 黄志辉：《重温先声：费孝通的政治经济学与类型学》，九州出版社，2018，第84—119页。
③ 谭同学：《桥村有道》，生活·读书·新知三联书店，2010，第155—207页。
④ 费孝通：《费孝通文集·乡土重建》，群言出版社，1999，第334—363页。

"村干部"。大学生村官虽然与乡绅群体不同，但他们在"双轨政治"中的角色却很接近。费先生的研究发现无疑能够为本文提供借鉴。

与费先生的乡绅研究类似，杜赞奇在对华北农村的研究中提出了"经纪模式"[1]，该理论经常被乡村治理研究者重视。所谓"经纪"，是指虽然身处传统官僚体制之外，却帮助国家对乡村社会进行治理的群体。按照杜赞奇的表述，经纪群体很似乡土社会与庙堂之间的中介人，他们并非全然是国家的基层代理人，但却与国家意志息息相关。杜赞奇细分出"盈利型经纪人"和"保护型经纪人"，后者更加嵌入社会，是乡土社会的道德、利益代表；前者是工具理性主义者，以经纪的身份换取利益。但正如社会学者吴毅所指出的，个体的村干部很难被这样简单地进行二分，现实中村干部的实践角色，更像村庄秩序的"守夜人"与村政中的"撞钟者"。[2]这种多重面向的基层治理者，一方面不会故意怠慢国家交付的任务，但也不会全力以赴，尤其是涉及自身利益时；另一方面村干部在很多业务的办理上有困难，让村民也不再关注村委会选举。这种村政的懈怠进一步让乡村与乡镇互动中的非制度性因素增加，甚至导致正式权力的非正式运用，在乡镇干部与村干部之间，不是一种科层对接关系，而是普遍地通过特殊手段来进行联系。当下我国的乡村振兴战略，是一项正式、普遍而宏大的社会发展项目，显然不可以完全依靠一种非正式的特殊关系来全面推动。

20世纪90年代的深化改革以来，相关研究者关注到了国家在乡村的治理角色、治理方式上也发生了巨变，这为我们观察大学生村官实践的制度背景变迁问题提供了分析依据。渠敬东、周飞舟、应星等学者回顾了改革开放后中国国家治理逻辑的变化：从全能型国家向科层制转变，并给予地方一定自主权——这一政治大转型过程中，乡村行政科层化得到快速发展，"项目制"的出现就是行政制度转变的结果。[3]折晓叶对项目制的分层机制分析表明，项目制使得基层拥有了更强的活力。落实在乡村一级就让村干部为了获取更多的资金支持而"跑项目"，

---

[1] 杜赞奇：《文化、权力与国家》，江苏人民出版社，2003，第36—37页。

[2] 吴毅：《"双重角色""经纪模式"与"守夜人"和"撞钟者"》，《开放时代》2001年第12期。

[3] 渠敬东、周飞舟、应星：《从总体支配到技术治理》，《中国社会科学》2009年第6期。

并依托自己的知识对获得的项目资金进行灵活运用。^①项目制是一种将行政体制与市场体制结合的机制，其核心理念是理性化的目标管理和过程控制。^②但这种治理方式也产生了使基层社会解体的后果：项目制需要的是理性化的思维和技术控制，而基层政府和村干部的实践中往往遵循的是习惯逻辑。在错误的逻辑指引下，不少村庄走上了一条周雪光所指出的"通往集体债务之路"。^③在乡村社会中，找到使用习惯逻辑的治理者来推动乡村振兴项目并不难，但要找到大量同时兼具习惯逻辑与技术手段的规模性人才却实属不易。

基层项目需要管理，文件数据需要总结汇报，大学生村官及相关制度就在这一过程中应运产生。与项目制一样，大学生村官制也是这一政治治理大转型过程中的一个子面向。从一定程度上来说，大学生村官政策的设计就是对这些农村科层治理、项目治理、文件治理等实践过程中所出现的新问题的回应。当下学界对其角色定位已有广泛的讨论。例如，马德峰将大学生村官定位为四个部分：服务提供者、倡导者、关系协调者与资源筹措者，并强调大学生村官的角色定位是在制度和政策中被建构的，作为一种"他塑"的结果。^④郑明怀则认为大学生村官的角色正在不断弱化，成了村干部和村民眼中的"好人"，在执行国家政策时采取变通，尽量做到两头讨好。^⑤郭明的研究认为，大学生村官在国家与农村之间扮演了三个角色："弱化的国家政策嵌入者""村务工作秘书人员"与"无根的农民治理群体"。在他看来，大学生村官作为一群游走在国家政策与农村社会间的人，其三重角色也代表了三重悖论，并导致了这个群体的职业困境。^⑥程毅在上海市金山区的调查也显示：18%的大学生村官在入职半年后还存在和村民的交流

---

① 折晓叶、陈婴婴：《项目制的分级运作机制和治理逻辑》，《中国社会科学》2011年第4期。

② 渠敬东：《项目制，一种新的国家治理体制》，《中国社会科学》2012年第5期。

③ 周雪光、程宇：《通往集体债务之路：政府组织、社会制度与乡村中国的公共产品供给》，《公共行政评论》2012年第1期。

④ 马德峰：《大学生"村官"基层角色定位研究》，《中国青年研究》2013年第1期。

⑤ 郑明怀：《大学生村官角色研究》，《内蒙古社会科学（汉文版）》2010年第9期。

⑥ 郭明：《游走在国家政策与农村社会之间：杜镇"大学生村官"的个案》，《青年研究》2012年第2期。

问题。^①但地方文化还算是小问题，更大的问题还是大学生村官作为陌生管理者与农村熟人社会之间的矛盾。在政策出台早期，很多村官都处于闲散状态，很难融入村庄里。郑庆杰在山东的调查中则发现，村干部也有类似的心理，不一样的是村干部认为大学生村官是来"争夺"本地村干部权力的，虽然一起工作，却不把大学生村官视作"自己人"。^②吕程平的大学生村官研究发现，大学生要想实现自我升华，必须突破村内村外的多种壁垒。^③但随着国家治理技术的理性化与科层化，大学生村官已经成为乡村治理的必然趋势。正如陈忠所认为的，中国基层政治生态存在诸多问题，尤其是基层自治存在很多不规范的问题。而大学生村官的角色有助于联结知识与社会，促成基层社会的整合，并能培养一批熟悉基层的基层干部。^④

当国家的治理越发细化，对基层的治理要求就越发系统，大学生村官的存在也就相对更加重要。正如前述研究所指出的，大学生村官的角色受到国家政策变化、基层治理环境、相关参照群体的评价等方面因素的形塑。但有两个重要问题以往的相关研究没有有效处理：第一，十几年来的大学生村官制度在具体实践过程中是均质的吗？其效果与执行方式没有发生任何大转型吗？第二，乡村振兴、扶贫攻坚战略究竟如何具体地与大学生村官制度发生了交汇？本研究意图在新时期各种乡村项目治理的背景下，通过对一个县域内的实地研究以及对在职大学生村官的大量访谈，探讨上述问题，同时追问在当代乡村新的发展战略，尤其是"项目制"背景下，大学生村官们在地方社会的角色适应、具体调整过程以及面临怎样的治理问题或治理障碍。文中县名、乡镇及人名均做匿名处理。

---

① 程毅：《大学生村官现状调查及其可持续发展的政策设计》，《华东理工大学学报（哲学社会科学版）》2009 年第 4 期。

② 郑庆杰：《飘移之间：大学生村官的身份建构与认同》，《青年研究》2010 年第 5 期。

③ 吕程平：《支持力量、技术选择与创业周期：大学生村官创业分析》，《中国青年研究》2017 年第 6 期。

④ 陈忠：《大学生村官与中国政治生态：意义、问题与趋势》，《苏州大学学报（哲学社会科学版）》2009 年第 4 期。

二、H县大学生村官的早期实践感：“不适应”

H县位于我国西南山区，是少数民族聚居区，山区经济条件长期较差，居民以农民为主，主要种植烟叶、花椒、花生，兼及畜牧。2018年7月至8月，笔者在H县展开田野调查，主要调查对象是H县的在职大学生村官。其间，笔者进村详细访谈了该县4个乡镇的十几名大学生村官以及分管大学生村官的县委组织部干部。我们调研的大学生村官，入职时间集中在2013年至2017年。2015年以前入职的村官大部分都已经转为公务员，2015年以后入职的则还处于服务期，要在2018年9月的考试中决定服务期满后的去向。

早期入职的村官在回忆前几年的经历时，与目前在职村官有着很不一样的实践感。例如，刚从村官岗位离开不到两年的福贵，现今已是该县一个中心镇的干部。笔者在与福贵深谈时，发现他办公室的7名公务人员中有4个都有过大学生村官经历，其中包括这个办公室的领导。福贵和其他几位有村官经历的公务员感受相同：都不适应。面对这种让自己不太适应的工作，福贵每年都参加公务员考试，虽然作为大学生村官可以享受相关政策，然而他连续三年都名落孙山，一直熬到了三年期满。福贵的领导是一位资历较深的前女性大学生村官，也有类似的表述。她现在已经差不多30岁了，职务是镇政府办公室主任，毕业8年，她觉得还处于一个不到科层干部级别的位置上，心有不甘。另外一位几年前转为公务员的女性村官也有类似的想法。

早期大学生村官的实践过程，还不像最近几年这样被整合进了乡村扶贫与振兴战略的实践运行中去，也不那么迫切需要电脑技术和信息处理能力，各种具体经验尚处于摸索的阶段。县组织部的一位委员指出，在扶贫细分任务下发之前，一些大学生村官只是将这项政策视为通往正式编制的捷径，在得到正式工作机会后却不努力工作了。

但村官们自己回忆往事时的表述却并非如此：村官们进村时往往都是怀揣着一颗上进心的，大学刚毕业回到家乡，谁不想在这一片小天地中干出一番事业呢？只是工作的冗杂、费心让他们失去了斗志。从访谈和相关文献可以看出，大学生村官政策实施初期并没有得到预想的成效。对于 H 县的大学生村官来说，虽然他们大多是本地人（有极个别的籍贯为邻县），语言相同，又对本地文化相对熟悉，但要想融入相对封闭的乡村社会中，仍是件难事。

传统乡村中的村庄干部可称之为原生型村干部，至少在原则上他们是在地产生的，需要对村民负责。而他们能履行自己的职务也是由于自己作为熟人社会的一员，以及具有对村内事务的管理经验，这就是所谓的"习惯理性"。比较起来，这些特征都是大学生村官往往不具备的，他们更具备"技术理性"。以 H 县的情况为例，十位村官大多都是在县城或乡镇接受的素质教育，高中阶段都在县一中读书，至于大学更是各奔东西了。在他们受教育的生命历程中，对乡村基层的认识都微乎其微。正如 JW 村大学生村官阿飞所说的："我还算好的，就在自己老家当村官，开始的时候跟人打交道就说我家是六组的，他们的态度就好多了。像别人没有基础的，多难啊。"同样，这一点在县城内 LX 社区做村官的阿缘那里感受得最为强烈。阿缘的户口在北京，土生土长的北京人，对云南的了解在工作前仅限于在云南财经大学的四年学习生活以及来自 H 县的男朋友。身处一个自己完全陌生的环境，工作又需要群众基础，对她来说不可不谓是一种挑战了。在 2013 年至 2015 年日常工作的开展中，阿缘由于处于社区文化的边缘位置，很难接手处理社区内的核心治理业务："让我处理电脑信息技术当然没有问题，但是一开始就直接让我接触地方上的老百姓对我来说是难题。"

对于早期的村官们来说，颇为烦心的还有来自县里和乡镇的任务，这些任务并非科层行政的常态化任务，虽然他们是驻村干部，但是上级政府如果举办活动往往会调用他们去帮忙。例如，阿缘由于身处县城，就经常被县政府叫去帮忙做会务工作。而福贵的经历更是如此，他的工作一半是在村委会进行，另外一半则是在镇政府帮忙。按照相关规定，调动大学生村官需要向县委组织部申请，但除去县里举办的大型活动外，大部分日常工作调用都没有下达正式文件。正如许多早期研究指出的那样，很多村官都是挂名在村，实际在乡镇工作。

总之，一方面，文化上的区隔使得早期 H 县大学生村官常常难以融入村民；另一方面，当地村干部面对这些来"分享"自己"权力"的外来者往往抱有戒心。乡村"习惯理性"的缺失，使得早期大学生村官像村庄大门口的陌生人，无法实现身份的顺利过渡。此外，即使少数村官能克服乡村文化陌生性的问题，上级政府的频繁调用也让村官们难以与村民维持稳定的关系，早期村官缺乏一个能让他们稳定扎根的契机。这些问题共同阻碍了早期大学生村官制度的良性运转。虽然国家出台大学生村官政策时的主要目的是建设新农村，培养一批有基层经验的后备干部，推动大学生村官嵌入基层社会，但这一目的在 2015 年前显然没有全面实现，倒是新的乡村振兴与扶贫攻坚战略，推动大学生实现了身份定位与角色的大转型，并在近几年的乡村人才与组织建设中有突出表现。

三、技术治理的契机：乡村振兴机遇下的角色大转变

十九大召开以来，国家的乡村治理过程开始进一步趋于技术化与细化，从大型治理模式向适当下放事权的技术性治理发展，作为治理对象的乡村也在中央越来越重视农村工作的背景下发生着变化。乡村事务逐渐迈向行政化，并需要与乡镇乃至县级政府实现文件、数据、政策实施等方面的正式对接。自 2015 年底打响的"脱贫攻坚战"，是这一过程中的一个显著节点。当 H 县的大学生村官遇到脱贫任务时，他们中的大多数人的角色从此变得更加复杂了，单方面越加明确。

H 县 JW 村副书记阿飞，也曾经是一名大学生村官。2013 年上岗，任期满后又被乡政府指派在村里做扶贫工作。回想起自己的村官生活，阿飞认为扶贫攻坚战略实施前后的村官工作节奏截然不同："那时一方面是村里工作少，另一方面自己又没有经验和关系，都是有事情才来，比较轻松。开始搞建档立卡之后就不行了，当天的活有时候都干不完。"这里阿飞所说的"建档立卡"，就是为贫困户建立一套繁杂的档案体系，一般单户档案有二三十套材料。但从制作材料的过程来看，就是在电脑上按照规范将几个数字反反复复地填充再打印出来，可以说在一般大学生看来，除了费时间之外，没有任何技术含量。但是这只是他者的判断，一方面，乡村社会中难以寻找到懂电脑和数据的人才；另一方面，一开始大学生村官们也无法意识到自己正在卷入一个重要的乡村治理现代化的过程。大学生村官们没有意识到的是，正是这些在他们看来乏味的工作，使得他们成了国家技术治理在乡村的担纲者，并借着这个机会融入了村集体。

现代国家的"数字化管理"是实现高效治理的重要手段之一。对于乡镇干部来说，填报数据事关他们的职业，上级对他们的考核主要就基于这些数字。尤其是自上而下的战略被分化成一个个"项目"之后，"数字化""信息化"管理的技术就至关重要。实际上，自 20 世纪 90 年代税改后，国家就开始使用"项目制"来分发财政资金，虽然地方可以对到手的资金进行一些自主利用，但国家仍然借助对项目的考核进行控制，以促进数据和项目成果达标，这就促使"规范性运作"成了地方干部最重要的任务之一。

2015 年"扶贫攻坚战"开展以后，对各类贫困户的档案与资料的统计任务落在了村委会。具体来说，就落在了大学生村官身上，毕竟 H 县大部分村委会成员文化水平较低，年龄又大，大多不会操作电脑。笔者曾见到这样一幕：县委领导临时来村里调研扶贫工作，得知消息后，众人连忙让阿飞用电脑制作"扶贫队员公示板"里的资料并打印出来，在场有四五人，却都只能围着阿飞转，给他念材料。忙完之后，阿飞向笔者说："没办法，他们都不太会用电脑（软件），这些事都是我做。"类似的项目检查、调研活动，使得大学生村官成了相关场域中的中心角色。正如阿飞所言，扶贫工作的到来让大学生村官的工作有了不小的转变，这种转变对他这样的"老村官"更是明显，毕竟他经历过 2015 年前的那种闲散生活。当忙得不可开交时，自然会怀念 2015 年前闲散的状态；但静下来的时候，许多村官又认为这样的锻炼有意义，能够体现大学生村官的存在价值。

与上述现象类似的案例在 H 县较为普遍。例如，比阿飞年轻些的 BG 村大学生村官阿南承受着相同的压力，在反反复复地填了一年表格后，他对贫困户的熟悉程度可以比肩本地村干部了。阿南清楚地记得全村一百多户贫困户的具体情况，可以细到收入多少，种几亩地，种什么。阿南在这里也是独挑大梁，虽然有年轻的扶贫工作队队员共事，可是主要任务还是由他来做。在扶贫这件事上，无论下派的扶贫队员还是村委会干部，都完全认可阿南这样的村官是村委会的重要一员。一方面，大学生村官往往是为数不多的懂技术的村委会成员，对其有隔阂的村干部不得不把工作交给这些年轻人；另一方面，正是在高强度又接近基层的工作中，大学生村官得以快速了解村庄情况，接触各类社会关系，从而促成了从外来大学生向真正的"村官"的转变。

LJ 村的大学生村官元芳是村官群体中少见的"城里人",她从小生活在丽江市区,在昆明读完大学后又在泰国曼谷工作,2015 年才回来。她所服务的村庄虽然经济状况相对较好,但在初任村官的元芳看来还是非常陌生的:"来工作前从来没想过农村会是这样,穷人原来这么穷。"该村的贫困户很少,并且有一个靠谱的扶贫队员帮忙,元芳的任务主要是另一件事:党建。在全面从严治党背景下,党的各项制度落实情况也是上级党委对村党委检查的重点。她需要参加各种党小组、党支部以及村党委的例行会议与各种学习,在会前准备材料、会上做记录、会后整理各种会议信息,并在全省信息系统中进行上报。在这项工作展开的过程中,元芳获得了村委会和村民的信任,并在秋天作为"扶贫模范"登上了 H 县新闻。

再如,TP 村的阿燕是这一类借助工作嵌入乡村的典型:她是唯一一位担任扶贫队队长的村官。这和她在村里参与灾后重建的突出表现有关——当时她就在负责登记灾民的相关信息,每天都要工作到一两点。本来就是扶贫工作队的队长,再加上重建工作中每天都在和村民打交道,赢得了村民的尊敬,她在村中的地位不亚于村支书,在招待来调研的副镇长时,她和支书、主任坐在一起招待副镇长和乡镇干部。

显然,新时期的乡村振兴与扶贫攻坚战略重新激活了大学生村官制度,大学生村官们在制度交汇实践的过程中重新找到了定位。有学者指出:"只有在流动着的事件与过程之中,才能更准确地完成对变动中国家与社会及官民关系的考察。"① 村官的角色转变也是这个道理,在国家治理方式由全能型转向技术型转变的过程中,大学生村官所经历的事件不断形塑着他们的角色。乡村振兴、扶贫攻坚战及其带来的一系列事件都使得技术治理更深地进入村庄,作为技术担纲者的大学生村官,既是这一进程的推动者,也是受益者。他们不仅逐渐成了新时期乡村行政过程中的人才,也促进了组织行政的科层化、常态化与高效运作。因此,一定程度上可以认为,当下的大学生村官们在乡村人才振兴与组织振兴过程中发挥了重要作用。

① 吴毅:《小镇喧嚣》,生活·读书·新知三联书店,2018,第 7—20 页。

四、大转型中的困境、问题的解决与未来方向

在技术治理的推动下，村官在工作上获得了更大的空间，但他们在村庄场域中依然超脱不了行政身份的两面性问题：大学生村官虽是政府派出人士，存在于村委会编制之外，但没有任何权力。当村官与村干部发生分歧或是提出有创见性的想法时，没有合法身份就成了村官的困境。依照《村民委员会组织法》，大部分村官都不能参加村委会竞选，只能尝试参加村党委竞选。例如阿飞就是通过本村村民身份而不是外来大学生身份在村委会换届中成了村委会副主任。但这只是特殊情况，大部分村官在他们的村官任期内，还面临着身份的困境：既是县里派来的"村官"，却又缺乏相关法律对身份的规定。此外，LW 村的大学生村官小歌也常遇到这种情况，她所在的村子是华坪县杧果种植最集中的村，没有什么扶贫压力，她主要是做党建工作。如她所言，在村里的一些发展问题上，她也会向村里提出意见，但无人理睬，这会慢慢磨灭她的斗志。与当地村主任产生意见上的分歧是常有的事，在不断磨合过程中她找到了一些策略："那能怎么办？只能听主任的，我又没什么权力，但是，反正错了他还得按我说的办。"

能否获得确定身份的问题在各地大学生村官身上都有普遍体现，但是，在国家与最基层乡村的科层联系上，大学生却担纲了枢纽的角色。作为技术治理和处理信息数据的担纲者，大学生村官带着知识与技术来到相对封闭的乡村，在政策的调整、与农民的交往中不断调整自己的角色，让技术型的基层官员身份在农村的地位从可有可无到不可或缺。时至今日，大学生村官已不再是一些学者所观察到的在国家与乡镇农村之间的徘徊者、身份飘忽不定的游荡者，也没有成为费孝通、杜赞奇那里维护本地利益的村民代表者，他们更像是带着知识与技术，被国家科层机器分配到基层的执行者，项目制下分级运作机制的担纲者，与形形色色的文牍、文件、政策指令、三农数据为伴。这些信息收集与处理能力，将重构新的乡村治理权威。

更为重要的是，村官制度的升级几乎与乡村振兴战略同步展开。从 2017 年开始，云南省停止了专门的大学生村官招募，转而由新招的公务员赴农村担任村

官。公务员村官由于身份确定，处理相关问题时更加果断且面临更少障碍。来自政府的确定性身份以及相对稳定的岗位，让村民不敢随意为难。确实，在编的公务员有着大学生村官没有的优势：公务员是"官"，而大学生村官还是"民"，而且公务员进村后往往会成为上级任命的村委会副书记，在村里站得住脚。

有学者已经意识到，为了保证乡村治理的稳定，基层治理人才队伍的选择应该在组织与民意上实现双向吻合。大学生村官也有类似的属性：虽然不由村民选出，而是组织直接指派，但是指派之后要促成基层组织与老百姓之间的顺畅衔接。乡村振兴与扶贫攻坚战略的正式性运作，带来了乡村治理变革过程的两个面向。一面是项目制与技术治理下的变革，隐藏于文件会议和表格数据中的是技术理性，原有的村干部再也不能以个体经验担负承上启下的责任。在这一过程中，大学生村官以外来者的身份进入，在他们身后的是越来越多的专职文书与公务员身份的专职村干部。这个技术官僚群体将逐渐打开中国千年来最为稳定的基层社会的大门。另一面，则是技术治理与科层化的触角不断下探，在农村扎根。面对越来越冗杂而细分的事务，如村官所言，村委会越来越像连接乡镇政府的行政机构。昔日位于"双轨政治"下端的本地村干部们也在不知不觉中被纳入技术化管理体系中。只是做"撞钟者"与"守夜人"恐怕难以为继，还需要努力成为勤勉而理性的治理者。

总之，我们应该重新审视这个发生在基层社会的微观变化，并深度分析过往百万大学生村官将在未来乡村振兴中发挥怎样切实的功用。基于本文的实地研究，笔者至少有以下几点研究发现。第一，从现实层面看，2015 年前后是大学生村官制度的重要实践分界点，这个分界点也是大学生村官身份与心态转变的关键节点。而促成该分界点产生的根本原因是乡村振兴、扶贫攻坚等大型国家战略的全面实施，大学生村官在乡村发展项目下沉与文件上下乡村的过程中找到了自身的技术定位，这可谓是乡村振兴战略产生的意外结果。第二，青年大学生们不仅作为"人才"振兴了乡村精英队伍，而且是乡村群众、村庄两委以及基层政府之间的重要衔接者，至少在人才、组织两个层面自下而上地"反哺"了国家战略。大学生村官们就像费孝通先生笔下"双轨政治"下的"扳道工"，尽自己所能保证两条"轨道"畅通无阻，使科层技术治理的逻辑全面进入乡土世界，促使"双轨"

合一。第三，大学生村官立足技术理性，不仅逐渐获得了乡村治理者的技术性角色，而且因此迈向乡村社会的纵深，获得了更多的习惯理性。双重理性的获得意味着大学生村官们正在逐渐摆脱原有的"内外壁垒"，打破了以往研究者所谓的"职业悖论"。笔者相信，过去十几年培养的超百万基层青年村官人才，将继续为乡村人才振兴与组织振兴发挥光热。针对这一人才储备，未来要继续发挥大学生村官的青年力量，还应激发大学生人才群体的专业技能，在乡村实地运用其专业知识，提高大学生村官们的工作积极性，在产业、生态、文化等层面上继续推进乡村振兴战略。

变迁中的乡村卫生观念与实践

——以湖南某侗族村寨为例

中山大学社会学与人类学学院 2016 级本科生　朱咏玲

指导老师　余成普

摘要："卫生"概念具有丰富的政治文化内涵。人类学关于乡村卫生的研究有所欠缺。本文以人类学整体观视角考察乡村卫生问题，将卫生观念、生计转型、国家政策、生活习性和人际关系等纳入分析框架，聚焦于微观日常，展现人的行为实践和身体感受。城市卫生观念的进入使村民的观念经历了从传统到现代的转变，而新观念具有功利主义特点。经济发展和生计变迁使村民住进新式房屋，生活旧习却放大了家中的卫生状况。卫生厕所在卫生条件和如厕体验上都优于旱厕，但其排污问题与村民洁净观相冲突。商品经济产生新垃圾；除村民薄弱的环保意识外，性别规范、人际关系也间接影响村庄卫生；经济和技术条件限制了垃圾处理水平。村庄卫生状况绝非仅是个人习惯带来的结果，而与村庄内外的变迁密切相关。卫生问题不仅关涉环境和健康，还与更广阔的社会文化背景相连。

关键词：乡村卫生；卫生观念；垃圾治理；厕所革命

一、引言

（一）问题的提出

2018 年 7 月 20 日，笔者随老师和同行的同学到达 SY 村，在此地展开为期一个月的田野调查。初到村里已是下午 5 点左右，我们在村委的安排下住进学校。由于正值暑假，学校的教室和宿舍已经空置了一段时间，我们花了好几个小时打扫卫生。令笔者印象深刻的是学校的卫生状况。

而后几天的调查，笔者渐渐熟悉了村庄的环境，村民们热情地欢迎我们入户访问。除了感受到少数民族村寨独特的文化外，笔者也对村庄的卫生状况有所感触。

村民们都说，近十年间村庄发生了很大变化：村中主干道路面硬化，到广西、贵州的公路开通；年轻人外出务工成为村民的主要收入来源，很多人家搬进三四层的砖房；村里小卖部越开越多，商品更加丰富，也开始支持手机支付；快递通入村内，网上购物只需三四天即可送达；村内的很多旱厕被拆除了，取而代之的是标准化的卫生厕所……但与此同时，村庄里的垃圾也越来越多，过去清澈的河水如今变得浑浊，人们不再下河洗澡洗衣。不过，这仅是村民们偶尔提起村内环境卫生时所言，他们生活在其中，想必早已习惯，但在作为外来者且对卫生状况十分敏感的笔者看来，村庄的环境卫生不尽如人意。

尽管笔者意识到，自己不可避免地带入了观念体系中对洁净和卫生的判断标准，但正是这种不同文化语境碰撞所带来的文化冲击激发了笔者的研究兴趣。由此，笔者开始思考：村庄卫生呈现出的整体状况如何？关乎生活体验的卫生问题，除了与个人习惯有关，是否也与村庄其他方面的变化相联系？又或者说，村民的卫生观念和卫生实践如何与村庄乃至外部世界的社会文化背景相关联？

（二）文献综述与分析框架

首先需要界定的是"卫生""清洁""洁净"等概念。"卫生"概念的复杂性引起了医学界和史学界的关注。现代语境中所言的"卫生"和医学密不可分，但在医学史的研究中，"卫生"常常是作为医学的附庸而被探讨，且多关注于与卫生相关的医学实践，如卫生行政制度、卫生建设成就、卫生防疫等。史学界对于疾病和医疗的关注始于20世纪六七十年代，中外的历史学者也由此开始关注与社会文化密切关联的"卫生"，从余新忠对中国近世的卫生史研究的梳理中可看出其发展脉络。① 西方史学界中，罗芙芸对"卫生"的现代性内涵的梳理尤其具有代表性。她将"卫生"概念置于近代中国现代化进程的脉络中加以考察，认为"卫生"是于个人、社会和国家都十分重要的现代性的象征。现代中国语境下的"卫生"既不同于中国传统语境中的养生实践，也无法完全与英文语境中的"hygiene"画上等号，它包含了国家权力、科学标准、身体清洁和种族健康等政治文化意涵，覆盖了生物医学、公共卫生和个人礼仪等诸多领域。"卫生"不能简单地被理解为清洁、健康、医药等为保障健康而采取的行为，之于后者，它蕴含了更广泛的政治经济和社会文化内涵。②

国内的研究中，对本文具有启发意义的，是台湾学者李尚仁在卫生史研究中对"身体感"的引入。他认为，身体感是身体与环境互动而形成的惯习，将其纳入卫生问题的分析中，可以在一定程度上弥补道格拉斯观点的局限，即将洁净视为文化象征和分类体系中的产物，而忽视了身体的感知和实作（practice）在其中的重要作用。③ 此外，史学界对于卫生史的关注主要有医疗社会史、城市史和中外关系史三个切入点。

在此，笔者有必要对本文选择的"卫生"这一概念做出解释。笔者不使用"清洁"和"洁净"来表述主题，是因为"清洁"更侧重于卫生实践的一个方面，而"洁净"则更多地与观念体系、文化逻辑和深层秩序相关，这与本文所要探讨的问题不无关联，但未能完全体现本文的讨论重点，即将乡村的环境清洁卫生现状置于现代化的社会文化背景、独特的地方文化、国家政策、卫生观念等因素的交织中来分析，以期展现乡村的卫生现状、人们的卫生实践和观念逻辑乃至身体

---

① 余新忠：《卫生何为——中国近世的卫生史研究》，《史学理论研究》2011年第3期。

② [美] 罗芙芸：《卫生的现代性》，向磊译，江苏人民出版社，2007。

③ 李尚仁：《腐物与肮脏：十九世纪西方人对中国环境的体验》，载余舜德主编《体物入微：物与身体感的研究》，清大出版社（新竹），2008，第45—82页。

感受。相比之下，"卫生"这一包含了复杂多元因素的概念是比较恰当的。此外，这一概念在中文语境中的广泛运用也有助于读者根据经验，感悟该词在本文语境中想要表达的意涵。

关于中国乡村环境卫生的研究主要集中在环境学、生态学、农业经济、城乡规划等学科，不少学者关注乡村环境污染和垃圾问题，原因对策分析是常见思路。有学者分析了农村生活方式对环境卫生污染的影响，从环境规划、环保意识、资金投入和法制建设等角度探究成因并提出相应对策；[①] 也有学者对农村垃圾问题展开量化研究，分析社会经济因素对生活垃圾产量和组成造成的影响。[②] 此外，从处理技术、管理政策等角度对农村环境卫生的研究更是数不胜数。遗憾的是，这些研究中探讨和分析的层次较为宏观，从中难以看到人作为行动者的主观能动性，反倒是其中常提起环保意识和素质观念等问题。这类研究成果或许能给予卫生政策以指导，但对于理解环境卫生问题与社会文化背景、微观日常生活的关系则显得无力。

乡村卫生问题也引起了人类学者的关注。有学者在生态人类学的视域下探究了农村环境污染的原因与防治策略，关注人、文化和环境三者的交互关系；[③] 有学者则关注少数民族地区的垃圾观念和处理实践，聚焦于地方的传统知识体系与现代化发展的碰撞反应。[④] 相似的还有对外国乡村中作为分类体系代表的洁净观动态形塑过程的探索。[⑤] 此外，也有研究将农村垃圾问题置于农村生活城市化的背景下考察，认为垃圾问题从根本上来说是与现代化伴生的必然结果。但总体上看，人类学对于乡村环境卫生的研究并不充足，相关理论也有待完善。

基于以上文献回顾，本文将从人类学的整体观视角出发来探究乡村卫生问题，目的并不在于提出对策，而是在更广阔的社会文化背景下来理解当前乡村卫生现

① 杜通平：《农民生活方式对环境的污染及治理思路》，《生态经济》2009 年第 3 期。

② 刘永德、何品晶、邵立明、杨光：《太湖流域农村生活垃圾产生特征及其影响因素》，《农业环境科学学报》2005 年第 3 期。

③ 张莉曼：《生态人类学视野下的农村环境污染问题分析》，《常熟理工学院学报》2011 年第 25 期。

④ 曹津永：《生态人类学视域中的藏族垃圾观念与垃圾处理——以云南省德钦县明永村为例》，《云南社会科学》2016 年第 4 期。

⑤ 和文臻：《洁净与秩序——从斐济田村的清洁运动谈起》，《思想战线》2018 年第 44 期。

状。因此，笔者将卫生观念、生计转型、国家政策、生活习性和人际关系等纳入分析框架，并聚焦于微观的日常生活，在论证中辅以基于实地田野调查中的个案，力图展现人作为行动主体在其中的行为实践和身体感受，这也体现出人类学关照个体的学科精神。此外，本研究还突破了前人研究仅停留于公共领域环境卫生的局限，将关注点延伸进居所内部，同时关注私领域的卫生问题。

（三）田野调查点介绍

笔者的田野调查点 SY 村是一个侗族村寨，隶属于湖南省怀化市通道侗族自治县 DP 镇。根据村委会的资料，SY 村现有人家 677 户，共 2947 人；全村现有劳动力 1421 人，超过三分之一的劳动力（579 人）长期在外务工。

通道县位于云贵高原与南岭西端的过渡地带，全境山多田少；该地区为亚热带季风湿润性气候：四季分明，但夏天酷暑，冬少严寒。[①]DP 镇位于通道县西南部，境内群山巍峨，其中最为出名的三省坡因地处湘桂黔三省交界地带而得名。SY 村就坐落在三省坡脚下，依山而建，布局较为集中，大多数户位于核心居住区内，以此为中心，周围环绕着稻田和山林。核心居住区北侧和西侧环绕着一条水泥公路，由东经西再至东南方向穿过村庄，这是村庄的主干道。SY 村也有水，从北侧山上流下来的两支河水在公路北侧并为一条后，向南穿进核心居住区内，蜿蜒一段后从东侧寨门流出村寨。

由于地处山林，取材方便，且气候环境较为温暖湿润，村中传统的房屋，干栏式木制建筑，也称吊脚木楼。[②]不过近十几年来，随着村寨道路建设的完善、村民经济水平的提高、观念的更新和生计模式的改变，传统的全木结构房屋逐渐被人们抛弃，取而代之的是砖木结构或全砖结构的独栋楼房。砖木结构的房屋通常是一层用砖，二三层仍采用木结构，且外形设计与传统木房相似；而全砖结构的房屋则与其他地区的砖房类似，几乎没有保留任何侗寨传统的建筑特色，有些房屋反而在设计上更接近西式小洋房的风格。

在近二十几年间，SY 村的生计模式发生了很大变化，过去传统的生计模式

---

① 《通道县自然地理概况》，通道县政府网，http://www.tongdao.gov.cn/zjtd/zrdl，2018 年 10 月 21 日。

② 石佳能：《独坡八寨侗族文化》，华夏文化艺术出版社，2004，第 147 页。

图景与今天的情况差异明显。当地传统的生计方式以农业种植以及家禽牲畜的饲养为主。自20世纪90年代中期开始,越来越多的中青年人外出打工,村庄的生计模式也随之发生变化。在传统劳作时期,青壮年是主要劳动力,这些人口的流出首先带来的就是水稻种植的衰落。很多家庭都缩小了种植面积,有些人家甚至完全放弃种植水稻,而选择直接购买市场上的大米。家中劳动力的减少也影响到了其他生计。村里饲养牲畜家禽的人家越来越少,养牛和养猪已变得罕见。近年来引进的茶叶种植也成为当地新的生计方式。

二、卫生观念的更替:从传统到现代

过去,村民们在世代的生活经验中发展出一套与当地自然环境和生计模式相适应的卫生观念。城乡二元结构的强化也使城乡在卫生方面各自发展出了一套观念和实践体系。当村民外出务工经历城市生活、国家卫生政策渗透进地方,现代的城市卫生观念开始进入乡村。虽然村民们在很大程度上接受了新的卫生观念,其观念却在一定程度上是功利主义的。

(一)传统的卫生观念:与环境和生计相适应

SY村地处山区,农业是当地传统的生计模式。发展农业,就意味着土地是最重要的生产资料。过去,村民的日常劳作都与泥土紧密相连:稻田里播种插秧,菜园种菜,上山砍木柴……这些农作都离不开土地和山林。人们长期生活在这样的环境中,泥土对他们来说是再熟悉不过的东西。另一方面,乡村也保留了许多自然生态。村寨周围环绕着山林,人与自然的关系十分密切。人们以自家种植的粮食和蔬菜为食,饲养家禽牲畜并与之共居,在河水里洗澡洗衣服,用天然的树叶染布等。当然,苍蝇、蚊子和老鼠也时常出现在家中。

所以,在城市卫生观念中看来是"脏"的东西,在他们看来或许并非如此。蜘蛛网就是典例。在城市的卫生观念中,蜘蛛网是不洁的;而在乡村,蜘蛛网并非脏东西。笔者在村民家中常能见到大片的蜘蛛网,在村里的一个茶叶加工厂,仓库入口处的空中拉起了长长的电线,电线上结着大片的蜘蛛网,网丝上还落着一层厚厚的土黄色灰尘，显然它们已经存在很久了。老人往往更愿意保留蜘蛛网，认为它可以捕虫，并不属于"脏"东西。相比之下，年轻人会清扫蜘蛛网，因为觉得它"不好看"，"看着碍眼"。在他们看来，虽然蜘蛛网捕捉蚊虫的天然功能不值一提，但蜘蛛网始终没有被纳入"脏"的类别。

SY 村传统的农业生计模式不仅能自给自足，还能实现零废弃的循环生态的运作。水稻、蔬菜等农作物是村民们最重要的食物来源，他们也饲养家禽、牲畜和鱼类。农作物的某些部分是人们不食用的，如稻壳和瓜果皮，烹饪后的熟食也会有剩饭菜，这些通常被拿去喂猪，或是倒进池塘里当作鱼饲料。人们虽然也使用化学肥料，但用得最多的还是农家肥。相比起化肥，农家肥的肥力更持久，且对土壤有养护作用。从经济角度来看，化肥需要用钱购买，农家肥只需出力。更重要的是，用农家肥浇地是人们处理粪便的最佳方式。由此看来，人们在生产生活中是鲜少产生垃圾的。无论是人们不吃的食物，还是人和动物的粪便，都可以得到合理利用而不至于成为需要特别处理的废弃物。

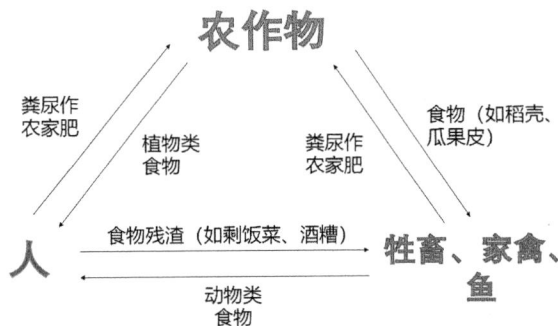

图 1　物质循环流动示意图

此外，村民的卫生观念也与圈养牲畜的方式相适应。人畜共居是村内传统，房屋一层就是动物窝圈。过去，几乎家家户户都养猪养牛，它们常招来苍蝇蚊虫。房屋一层不仅滋生了大量苍蝇蚊子，也随处可见大面积的蜘蛛网。与牲畜共居是历来如此的传统，人们也早已适应这样的生活环境。在城市卫生观念中被视为"不卫生"的苍蝇蚊虫和蜘蛛网，村民已习以为常。

（二）观念更新：城市卫生观念和国家卫生政策的进入

20世纪90年代中期，SY村和其他地区的农村一样，掀起了外出打工潮。村里的大部分中青年人都有过城市生活的经历。城市的居住环境、生活习惯和卫生观念自然与乡村有很大差别，在城市中生活久了的人必然会养成与城市生活相适应的新习惯，并形成相应的卫生观念。

笔者曾拜访过村寨里的一位阿姨，她的两个孩子都已在外地定居。她家的房屋无论从外观还是内部结构看，在村里都是十分常见的。但阿姨家却有一个特别的习惯，就是上楼时要脱鞋或换上干净的拖鞋，这是为了保持木地板的清洁。阿姨说，这是女儿带回来的习惯。女儿非常讲究卫生，之前从城市里回到家里住了一年，每天早上起来都要打扫屋子，还要求父母也把东西摆放整齐。

还有不少村民也提及了乡村和城市卫生状况的对比。一位爷爷曾说起农村的排水沟渠修得不如城市的排水系统规范；还有一位在广西打工、放高温假回家探亲的阿姨也指着路面的垃圾，主动说起村庄的卫生环境。这些案例在很大程度上能代表村民们卫生观念的集体更新，人们越来越知道什么是"好"的卫生状况，"干净""整洁"的标准是怎样的，经历过城市生活的他们开始回过头来审视家乡的卫生状况并做出评判。

2005年的第十六届五中全会上，"美丽乡村"作为建设社会主义新农村的重大历史任务被提出。2013年，中央一号文件首次提出建设"美丽乡村"的奋斗目标，加强农村的生态建设、环境保护和综合整治工作。[①] 国家越来越重视乡村的生态文明建设，环境卫生是其中一个重要方面。自上而下的卫生政策也落实到了SY村。从村委会处，笔者得到了一份名为"巩固国家卫生县城 爱国卫生运动 城乡清洁卫生工程目标管理责任书"的文件，其内容是DP镇清洁卫生村寨的考核标准，村委会也以此作为落实具体工作的指导。乡村卫生，不再只是关乎村民居住环境和生活体验的私人问题，还与国家政策、爱国精神紧密相连。

村里的老书记杨献光在退休后担任了村庄的保洁员。当他介绍起村里的"厕改"时，说到这是"为了响应上面的政策"，"学习城市的卫生"，"整治农村的脏

---

① 王卫星：《美丽乡村建设：现状与对策》，《华中师范大学学报（人文社会科学版）》2014年第53期。

乱差"。老书记日常清扫村庄道路前，会先用水把地面淋湿，但他并没有解释清楚这样做的原理，比如避免扬尘等，而是说："这是向城市学习，类似城市的洒水车。"

杨党平是村里负责清运垃圾的保洁员，在说起村里的卫生情况时，他会放慢语速，说出"构建美好家园""建设美丽乡村"等表述，并表示这些是从电视媒介中得知的，"电视里不都在放嘛"。对于普通话水平和文化程度都不高的他来说，这样的书面化语言说起来十分拗口，也令笔者印象深刻。

（三）"功利主义"的卫生观念

过去的经验、更新的观念和官方的指导，都使村民们不仅重塑了对卫生状况的评判标准，也更加明白怎样的行动才能达到理想的卫生状态。然而，村庄实际仍然存在河水被污染、道路垃圾随处可见、家中杂物堆积等状况。村民们生活在其中，却对这样的卫生现状习以为常。村民们的卫生观念在一定程度上是"功利主义"的，即只关心人与环境互动的体验感，而非环境卫生本身。

村庄的厕所变迁就是典例。尽管仍有村民使用旱厕，不少人家也修建起了卫生厕所。绝大部分村民都表示，他们更喜欢使用卫生厕所。毋庸置疑，卫生厕所在如厕体验上优于旱厕，但在排污方面，村庄尚未完善与之相配套的排污系统，化粪池处理后流出的液体直接排入沟渠、流进村庄的河道。尽管经合格化粪池处理后排出的污液中可确保不含有寄生虫卵等对人体健康有害的物质，但无害未必等于无污染，村庄内的化粪池也未必全部合格，污液直接排入河水中，还是在一定程度上破坏了河水的清洁程度。当说起河水时，村民们常抱怨河水近几年被污染的状况。在他们的解释中，污染源主要来自生活垃圾、建筑废弃物和化粪池污水。矛盾的是，在谈起卫生厕所时，人们全然忘记了其排污对河水造成的污染，而是称赞其在如厕体验上的干净卫生。

此外，村民们常常以今昔对比来展现现在村庄河水的污染状况。有趣的是，最常见的表述是："过去我们能在河里洗菜、洗澡、洗衣服，现在都不敢了。甚至洗个手都觉得脏。"但没有哪一个村民会怀念起昔日清澈河水从村寨中缓缓流过的美丽风光。在村民们看来，河水的实用性远大于观赏性。从表面上看，河水被污染，所以人们无法使用河水；但反过来看，或许正是因为他们不能像过去那样实实在在地使用河水，河水才被定义为"被污染的"，两者的因果关系并非单向的。

村民卫生观念中的"功利特点"在垃圾处理方面也有所体现。在村民看来，自家房屋和村庄公共区域内，眼不见垃圾即为净，至于运走的垃圾如何处理，很少有人关心。

三、居所卫生：新居旧习与厕所革命

居所卫生，区别于公共卫生，主要是指村民家中的居住环境卫生。近十几年间，外出打工成为当地人主要的经济来源，村庄的整体经济水平迅速提升。在村庄中，房屋就是外显的财富象征；好的房屋也能实实在在地为人们提供舒适的居住体验。因此，当村民们积累起一定财富后，整修旧房或修建新房成为他们的首选。也正因如此，村庄的整体面貌发生了很大的变化：越来越多的木房在被砖木或全砖房取代，人们的新居与过去相比差异明显。但当笔者走进这些外观现代的新居内，却发现大部分人家仍旧延续着过去的居住习惯。然而，旧习如果跟不上新居的变化，就可能呈现出杂乱、不洁和不和谐的状态。此外，本章也兼顾对房屋私领域内的厕所问题的简略探讨。

（一）新居：砖房与现代化装修

新居之"新"，除了体现在建筑材料和外观设计上，还体现在其内部现代化的装修风格中。SY 村的传统房屋为木制的干栏式建筑，也称吊脚木楼。过去，人们修建全木质结构的房屋，主要有四个原因。首先，适合当地气候。SY 村属亚热带季风湿润性气候，四季分明，夏季炎热潮湿，而木房住起来通风透气，夏天干燥凉快。其次，材料易得。SY 村地处山区，群山环绕，村民们在林场内种下的木材就可用来建房。再次，经济水平有限。砖头水泥等建筑材料都要用钱购买，这对过去的村民来说是难以负担的。此外，过去村庄的道路也不完善，运输建筑材料很不方便。因此，吊脚木楼是最适宜村民的选择。

而近十几年来，村民们的经济水平和村庄的基础建设都得到了提升和发展。

村民们能负担起购买建筑材料的费用，村庄路面硬化的完善也使得交通方便了不少，建新房的效率大大提高。因此，村庄中新建的房屋都是砖房或砖木结构的，传统的全木吊脚楼几乎已经被人们抛弃。除了经济、交通等客观条件外，砖房取代木房的另一个重要原因是砖房更防火。村庄历史上大大小小的火灾让村民们不得不重视起消防安全。随着丰富的现代化电器进入村民家中，考虑到用电，村民们更倾向于砖房。

村民们新修建的房屋不仅在外观上有很大变化，其内部装饰与过去相比也大为不同。居住在传统木房中的人们其实是没有"装修"这一概念的。木房建起后，人们只将必要的家具搬入房内，顶多只会在木板墙上钉钉子，挂些照片和图片，这就算是最简单的装饰了。所以，过去人们的居所只是用来满足生活基本需求，并不重视美感。而现在新建的房屋大多由年轻人出钱修建，家中的装修也主要由他们来决定。年轻人获取信息的渠道、在外的见识和经历都比上一代人多，观念和审美自然也不同。在房屋布置方面，他们开始重视房屋的美观性，有了装修和装饰的意识。

图 2　房屋内的现代化装修

村里有一栋坐落在核心居住区内的全砖房，修建于 2008 年，是村里最早的一批砖房。尽管房子建得早，但是内部的装修却不显得落伍陈旧。二楼客厅的地面上铺着白色的大理石地砖，靠墙摆放了浅灰色的软沙发，沙发上有配套的抱枕和沙发垫。沙发前还放置了色彩上与之呼应的纯白色茶几，茶几还是欧式风格的，四个桌腿微微翘起，侧面还有精致的雕花；茶几上摆放了一个老式笔记本电脑和一瓶假花。笔者在村里没见过几户人家会摆放茶几，更别说假花了。沙发背后的墙上还挂着一幅十字绣，绣着"家和万事兴"几个大字，背景是锦鲤、山水等中国画中常见的意象，这种风格的十字绣在村民家中倒是挺常见的。正对着沙发的另一侧墙面旁摆放着一套电视柜和音响，墙上挂着一幅正挂的"福"字。这些现代化的装修都是在传统木房中很少见到的。

（二）旧习：布局、家务和生活习惯

虽然村民们的新房屋在外观和内部装修上有了新面貌，但人们在新居内仍延续着部分过去的传统和习惯，这体现在房屋布局、家务劳动和生活习惯方面。

过去，几乎每家每户都会饲养家禽牲畜，而人畜共居是侗寨的传统，因此这必然会影响到房屋的布局和设计。传统的木房中，一楼用以圈养牲畜家禽和储存杂物；二楼是客厅和厨房等家庭公共空间；三楼则是卧室。现在，村里饲养家禽牲畜的人家与过去相比少了很多，房屋一楼在很大程度上不再需要原来的功能，但绝大部分人家还是延续了过去的房屋布局，将一楼留出来用以储存杂物，而不是把客厅改设在一楼。

杂物的内容主要是木柴、农具和仪式用品。由于煤气的价格对大部分村民来说并不便宜，所以人们也常用柴火烧饭，家中就需要常备木柴。由于村民尚未完全放弃农业生产，农具自然也是必不可少的。此外，村里不时会举办仪式庆典，这些活动需要的大量物资，有些是依靠村民互借，有些则需要自家准备。有些人家的杂物也包括剩余的建筑材料。

在实际情况中，也常常出现空间功能划分不明显的情况。笔者曾参观过一栋近几年修的三层砖房：一楼不养牲畜，但留有鸡窝，大部分空间用来堆放杂物。二楼分割出一间小厅，一间卧室，一间厨房兼餐厅和一个卫生间。其实笔者对房间的命名不一定合理，因为餐厅里靠墙处还放置了一套儿童的学习桌椅；卫生间里既有洗手池和蹲厕，也放了一张摆有切菜板和燃气灶的桌子，桌子旁放着煤气罐，角落里还有洗衣机。

村民们在家务劳动方面也延续了旧的习惯。过去，人们住在木房子里，地面和墙壁都为耐脏的深色，木板也会老化、变黑，木地板也不能经常接触水。所以，住在木房子里的村民不需要频繁地打扫卫生，即便要打扫通常也只需要把垃圾和灰尘扫走，偶尔才拖地。过去，村民们需要经常到农田菜地里照顾农作物、上山砍木材和饲养牲畜，待在家里的时间并不多。况且，由于电视等家庭休闲娱乐设备在那时还没有普及，村里也有公共的休闲空间，即便是农闲时，人们依然较少待在家中。对他们来说，居所主要是吃饭和睡觉的地方，村民们并不会"宅"在家中。因此，居所的整洁和美观对他们来说并不重要，人们并不会花费大量时间清扫家中卫生和整理杂物。

所以，由于房屋耐脏、村民闲暇时间少，过去很少有村民会费心费力地整理家务，这样的习惯也常被人们带入新居中。但在装修现代化的新式房屋内，白色的墙壁、浅色的地砖和透明的玻璃窗都是"脏"的放大镜，房屋卫生的标准自然也提高了，"干净"意味着地面要无尘、墙壁要洁白、玻璃要明净。

在村里的不少新房中，笔者都目睹过卫生堪忧的情况和杂物的堆积。在村庄入口处，一位有经商头脑的村民建起了一栋四层高的小别墅，在这里打造了一个"三省坡旅游度假山庄"。可由于生意不好做，原先在一楼为客人准备的 KTV 包间和餐厅都闲置着；家人还是住在楼上，平时也在一楼做饭和用餐。但当笔者走进别墅内，看到的是进门左侧的沙发上放着成堆的衣物，中间是前台，右侧放着茶几和沙发，上面都凌乱地放着各种杂物。

即使人们从木房搬进了砖房，过去的生活方式仍有惯性。笔者拜访过许多村民家，他们房屋内最大的特点就是堆积着大量杂物。这些杂物不仅放置得很随意，内容也很杂。尤其令笔者印象深刻的是村里的一家小卖部。70 多岁的杨奶奶是这家小卖部的主人，她独自住在村里，四个儿女都已在县城里定居。商铺开在三层砖房的一楼，奶奶的生活起居也都在一楼，她平时就坐在进门一侧的桌子后面，桌面十分杂乱，其上放着废纸、菜刀、老花镜、手机、零钱、药瓶、缝纫机等各种杂物。身后的桌上放着电磁炉、锅碗瓢盆和牙膏牙刷，再往后是她的床，周围的空间内也摆放了很多杂物，有装得满满的纸箱、成捆的大棉被、菜园里带回来的老南瓜、成袋的衣服……就连通往二楼的楼梯上也放满了各种杂物。

图3　小卖部内杂物堆积

　　上一辈人经历过较长的物质匮乏时期，难免会养成"占有"甚至"囤积"的习惯，而少有"舍弃"的观念。况且，乡村里的房屋面积足够大，也有充足的空间来放置杂物，压根找不到丢弃的理由。过去的人们对物品也格外珍惜。如果一件东西坏了，人们想到的是"修补"，而非"更换"。据村民说，村里过去还有补锅摊，如果锅破了洞，铁匠也能补上。然而，近年来经济的发展和物质的富足，使得年轻人和上一辈人的观念不同了。"舍弃"和"更换"才是他们对待物品的态度。不止一位老人告诉笔者，年轻的儿女丢起东西来都很"大方"，觉得不好看、占地方的就丢掉，但老人常常舍不得。由此可见，几代人之间对物品不同的使用和处置方式，其实折射着时代的道德和价值观，反映了快速的社会发展和文化变迁。①

（三）厕所革命

　　厕所作为重要的基本卫生设施，不仅关乎环境卫生，也与个人的卫生健康密

---

① 张劼颖：《中国高速城市化背景下的垃圾治理困境》，《文化纵横》2015 年第 3 期。

切相关。从传统旱厕向现代卫生厕所的转变，是中国社会从农耕文明向工业文明、从乡土社会向都市化社会转型过程中必然要面对的问题。① 改革开放后，厕所作为构成国家和地方形象看似隐秘却很重要的一部分，也受到国家的重视。近年来，为响应和落实国家倡导的"厕所革命"，SY 村也在厕所改良上下了不少功夫。

村民过去使用的是传统旱厕，其最大的优点在于能储存粪尿用作农家肥。此外，将排泄物用作肥料，也找到了清理排泄物的渠道，在一定程度上能避免不当处理带来的环境污染和健康威胁。

不过村民更喜欢使用卫生厕所。卫生厕所及时用水冲走排泄物，既没有臭味，蚊虫也少了许多。随着经济条件和生活水平的提高，村民们对厕所的选择不再满足于实用即可，而开始注重身体感受和如厕体验。

尽管卫生厕所具有如厕体验好、使用方便等优点，但在尚不能保证化粪池的合格率和未配备完善排污设施前，卫生厕所的排污也可能会给村庄造成污染。据修建化粪池的技术员解释，合格化粪池排出的粪液是像清水一般的干净液体，水体清亮，也没有异味，排入河流并不会造成污染。他认为，现在村民觉得河水变脏了，不过只是心理作用。尽管技术员的看法有他自己的立场，但也不能完全否认其较为专业和理性的分析。然而，暂且撇开河水是否被污染这一问题不谈，真正能让村民认识水体是否被污染的绝非一纸专业机构提供的水质检查报告，而是村民自己的直觉，这正是技术员不以为意地"心理作用"。毕竟，对排泄物的厌恶是普遍的社会化结果，即便村民们理智上能相信化粪池排出的水是清澈、无味且无害的，在情感上也难以接受直接接触它，总觉得它是脏的。这其中反映的，正是卫生厕所的排污问题给村民传统洁净观带来的冲击。

三、公共卫生：垃圾的产生与处理

公共卫生是指村庄内公共区域的卫生，笔者主要关注的是道路卫生和河流卫生。"垃圾"是村庄公共卫生的关键词，围绕"垃圾"展开讨论，以垃圾的产生、丢弃和处理为线索来展现村庄的公共卫生现状，透视其背后村庄生活的变迁、村

---

① 周星、周超：《"厕所革命"在中国的缘起、现状与言说》，《中原文化研究》2018 年第 6 期。

民的环保意识和村庄内的人际关系。

（一）公共卫生现状和垃圾产生

村庄主干道上和核心居住区内部的狭路窄道没有专人打扫。在村庄密布的沟渠里，也有垃圾漂浮在废水上。上游处的河流还比较清澈，流入居民区的河段不仅颜色变深、垃圾变多了，还有一股淡淡的腥臭味。一位爷爷在谈起村里卫生状况时，笑着摇摇头："全乡评选，我们排倒数第一！"这个事实在村民们看来有些尴尬，家丑不可外扬，但于每个村民而言，似乎不至于严肃到令人担忧。他所说的全乡评选，是镇政府组织的 2017 年度城乡清洁卫生工程考核，SY 村被评为县级"十差村"。可见，不仅是笔者和村民的主观感受，村庄的卫生状况在官方的标准化评估中也难以获得认可。

笔者曾随一位保洁员打扫过路面卫生。正是捡垃圾的经历，让笔者更清楚地了解到平时在路边看到的垃圾到底都是些什么：大部分是食品包装，如零食包装袋、饮料瓶、易拉罐，还有瓜果皮、槟榔、烟盒、烟头、纸巾、小玩具等，总之垃圾种类很多，但数量最多的还是零食包装袋。这些垃圾就散落在路边，草丛里往往藏着更多垃圾。

在传统的农业生产模式中，村庄内部能形成一个零废弃的循环生态系统。当村庄的主要生计方式由农业生产转变为外出务工时，这一完整的循环也随之遭到破坏，垃圾的产生也与之有关。最直观地来看，村里饲养牲畜的人家越来越少，对于不再养猪的村民来说，剩饭剩菜、瓜皮果皮等就由原先的猪饲料变成了垃圾。特别是当有村民家办喜事时，为了展现东家的热情，宴请宾客的食物也都是过量的。村里没有那么多猪可喂，这些剩饭菜大部分还是被扔进垃圾桶里。

无论今昔，建新房一直是村民们积累财富的重要目的。相比起过去修建木房的天然材料，修建砖房则需要用到砖、沙、水泥等建筑和装修材料，它们不仅在堆放时占用了公共空间，也产生了很多建筑垃圾，如塑料编织袋、废弃砖头和油漆桶等。这些垃圾不像木材一样可焚烧，其处理成本很高。

此外，村庄的经济和交通状况的发展都使得村民们可购买的商品更丰富了。村庄小卖部不断增多，村里通了快递后，村民也常在网上购物。在享受物质富足的同时，村民们也产生了大量垃圾，商品包装是垃圾的重要组成，这其中塑料垃圾又占了很大一部分。SY 村没有建立起完备的垃圾处理系统，因而也面临着由废弃塑料造成的"白色污染"问题。

（二）公共卫生的治理：村民和保洁员

村庄公共卫生的治理需要全体村民的共同参与：一方面，需要村民们自觉配合，将垃圾统一放置到公共垃圾桶内；另一方面，也需要村委聘请的保洁员定期清理，将垃圾清运到垃圾焚烧点集中处理。然而，使得双方共同的努力落实到实践中却并不那么容易，因为这不仅涉及村民的环保意识，也交织在村庄内部的人际关系中。

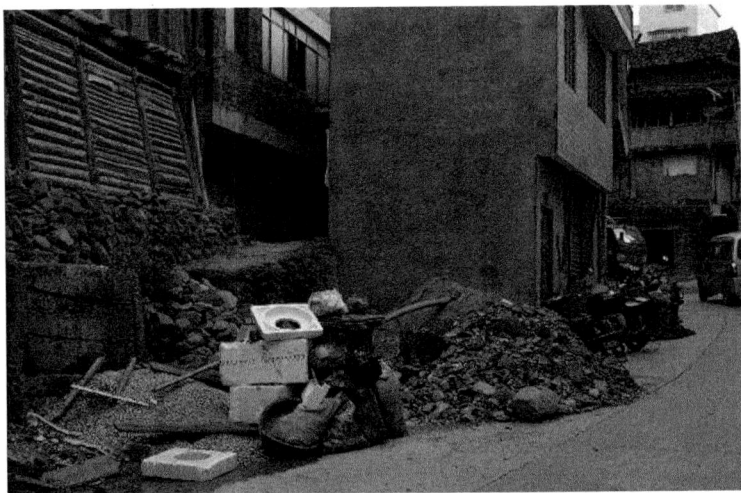

图 4　道路旁的建筑垃圾和生活垃圾

实际上，村民都有基本的环保意识，但这种环保意识，有时会因为与其他因素矛盾而被置于次要位置。

（三）垃圾处理：焚烧和废品回收

垃圾处理是村庄公共卫生治理的最后一环。在垃圾被扔进垃圾桶或运到焚烧点之前，村民或是保洁员会将可回收垃圾分拣出来。

除了少部分被回收的废品外，大部分垃圾一般都是被焚烧处理。这也是村民们一直以来处理垃圾的主要方式。过去还没有放置公共垃圾桶的时候，村民们把垃圾放在公共的垃圾焚烧点，或是在家附近烧掉，或扔到没人的地方。几年前，村里统一放置了绿色的公共垃圾桶，这些垃圾桶均匀地分布在村庄内，对村民们来说，这比过去方便了许多。而后，村里也开始有保洁员负责清理公共垃圾桶里的垃圾，运到垃圾焚烧点集中焚烧。

村庄目前投入使用的垃圾焚烧炉位于村庄边缘。焚烧炉就是一个尖顶圆柱形炉，直径约 3 米，尖顶上连接着一根约 2 米高的烟囱。焚烧炉里面烧着垃圾，但没有明火，烟囱里也没有浓烟飘出，既没有刺鼻的垃圾臭味，焚烧的烟味也不大。焚烧炉外侧堆放了一些不能焚烧的垃圾，如啤酒瓶、易拉罐、八宝粥的罐子和湿润的瓜皮。其中一些有人回收，有些则无法回收。焚烧炉后侧的炉壁上有一个出口，出口处泻出的是焚烧成焦黑色、但无法烧成灰烬的垃圾，甚至有些瓶子只是颜色变了，形状完全没变。村委也会偶尔用挖土机挖出焚烧炉内烧不成灰烬的垃圾，转移到别处。此外，有些垃圾是不适合焚烧处理的。比如，焚烧塑料会产生危害人体健康的气体物质，但乡村鲜少能接触到专业的知识和先进的技术，焚烧塑料在村里是很常见的事。由于处理技术的单一和落后，实际上，村庄的垃圾并没有得到完全的处理，要么被转移到看不见的地方，要么变成"后焚烧状态"的新垃圾。

四、总结与论述

至此，笔者回顾并总结本文，讨论其中未涉及的问题和不足之处，并提出对该研究主题的反思。结合村庄实际和个人兴趣，笔者选择村庄卫生作为研究主题，试图以此为切口看到村庄在现代转型中相互牵连的方方面面，触摸到人类学的整体观方法论。

本文首先分析了村民卫生观念从传统到现代的转变历程：过去的卫生观念与当地的环境和生计方式相适应，但是当象征着现代化的城市卫生观念通过村民外出和国家政策被带入地方后，村民们的卫生观念也发生了变化。然而，这种卫生观念呈现出一种混杂的、不完全的矛盾状态，笔者将其概括为功利主义的卫生观念。接着，从居所卫生和公共卫生两方面并列式地展现了村庄的卫生状况和村民的卫生实践。居所卫生方面，可从新居与旧习的矛盾来理解村民家中的卫生状况。随着经济发展和观念变化，村民们放弃了传统的木制吊脚楼，修建起砖木房或砖房，并配以现代风格的新式装修。然而在居住习惯方面，大部分村民还是保留了过去的布局、家务和储物习惯，这些适应于旧居的实践却与新居的环境格格不入。此外，"厕所革命"引起了村民对如厕体验的重视，但由此带来的排污问题也给村民传统的洁净观带来冲击。

公共卫生方面，垃圾的产生和处理是贯穿其中的重要线索。生计转型和经济发展导致村庄内垃圾的数量和内容日益增多，这就需要村庄专门聘请保洁员清理垃圾，但其工作的开展往往也牵连到村庄的人际关系。限于技术和观念的落后，村庄的垃圾也未能得到恰当处理，反而造成二次污染。

总之，笔者以人类学强调的整体观视角探讨了 SY 村的环境卫生问题，展现了村庄的卫生状况、村民的卫生观念与行为实践。回应引言中提出的问题，笔者发现，村庄的卫生状况虽然与个人的生活体验紧密相关，但这绝非仅是个人习惯带来的结果，而与村庄内外的变迁，诸如生计转型、经济发展、国家政策等联系在一起。卫生问题不仅是环境和健康问题，它与更广阔的社会文化背景联系在一起，从中可以看到当代社会在追求现代化过程中的变迁。

值得注意的是，笔者在本文中所探讨的"卫生"，主要是指环境卫生，而不涉及个人卫生，如医疗健康和个人清洁等方面。笔者也在调查中试图了解与个人卫生相关的信息，如村民们如何洗澡刷牙，过去和现在是否有什么变化等。但该话题较为私密，难以深入展开，且笔者在所获信息中尚未发现值得深入挖掘的地方，故并未将其纳入讨论范围中。此外，笔者也忽视了村庄内医疗废弃物的处理问题，假若能填补这部分遗漏，本文将更为丰富。

此外，笔者也对所谓现代的、城市的卫生观念有所反思。当"卫生"作为形容词时，常被理解为与"洁净"等同。判断某物是否卫生的标准，既有科学背书的普适性，如传播病菌、危害人体健康即为不卫生，也具有文化的相对性，如本文中提到的对于蜘蛛网和杂物堆积的不同态度。道格拉斯认为，洁净问题其实是关于空间秩序的问题。①而既然空间秩序是被建构的，那么洁净必然也有其相对性。只不过，在科学主义盛行的当今，科学因其客观、可检验的特点而被认为是普适的，人们忘记了科学也不过是被人们建构出来的文化之一，所以它与文化往往被认为是相互对立的。卫生问题也是如此，科学话语在其中的霸权和主导地位常常盖过了其他文化的声音。笔者也反思自己在调查中是否带入了太多主观意识，以自己所固有的卫生观念来衡量乡村卫生，并不自觉地将"美观"也纳入了衡量标准中。

从另一个角度来看，姑且不论卫生的标准是如何形成的，至少在现代化语境中的统一标准下，乡村的环境卫生状况的确不如城市，但应注意到其背后是乡村卫生受重视程度不够、资金投入不足等发展机会不平等的原因。从这个意义上看，乡村卫生问题也是关于城乡不平等的社会公正问题，②那么，仅仅倡导乡村居民"提高素质"或"增强环保意识"是远不足以解决问题的。

---

① [英] 玛丽·道格拉斯：《洁净与危险》，黄剑波、柳博赟、卢忱民译，民族出版社，2008。
② 赖立里：《农村生活城市化之下的垃圾问题》，《云南师范大学学报（哲学社会科学版）》2011年第 43 期。

乌蒙高地大花苗应对水资源匮乏的生态人类学研究

——以贵州省威宁县龙街镇大寨村为例

西南大学历史文化学院本科生　宋维君

指导老师　曾现江　张　文

摘要： 水资源对人类生存和文化的塑造及发展有着重要作用。本文以贵州省威宁县龙街镇大寨村的大花苗为研究对象，运用参与观察法和访谈法，从生态人类学的视角对苗族的水文化及其对水资源匮乏的应对展开调查，其中包括地方性知识应对与现代性应对，具体涉及水的公共性、神圣性以及"水受皇权支配"等特殊认知，农业生产、生活习惯及特殊情况下的仪式应对等，二者共同构成了当地苗族水文化的基本内容。在此基础上，进一步探讨了水资源对地方性知识及传统文化的塑造过程、当地苗族与环境间的互动关系以及水文化在生态保护中的积极意义。本文旨在使人们了解苗族传统文化的同时，希望对于理解西南地区同类型民族的社会文化有一定的参考。

关键词： 生态人类学；苗族；地方性知识；水文化

一、引言

人与环境的关系是一个古老而又长青的论题。人类自从诞生之日起，就不可避免地要与周围的环境产生复杂的相互作用。而人类学关注人类、文化与环境之间的关系由来已久，近一个世纪以来，一直有人类学家从事这方面的研究。如莫斯对因纽特人的研究，博厄斯对北美印第安人的研究，埃文斯·普理查德对努尔人的研究等，都涉及人类、文化与环境之间的关系。作为人类学的分支学科之一，生态人类学于20世纪五六十年代在西方兴起，发展不过几十年，传入中国的时间更短，属于一门新兴学科。但是由于其专注于人类社会与生态环境的互动关系，在环境问题层出不穷的全球形势下具有很强的现实意义，因此受到的关注日益增加，越来越多的学者开始加入生态人类学的学习和研究队伍之中。目前我国生态人类学的研究主要涉及以下四个方面：

一是综述性的研究。如尹绍亭的《中国大陆的民族生态研究（1950—2010年）》[1]、祁进玉的《生态人类学研究：中国经验30年（1978—2008）》[2]、崔明昆等的《近三年来中国生态人类学研究综述》[3]、张珊的《2013年中国生态人类学研究综述》[4]和《生态人类学研究回溯之文献综述》[5]等一系列文章，对生态人类学的学科发展现状及取得的成果进行了归纳和总结。

二是学科相关理论的探讨。如任国英在《生态人类学的主要理论及其发展》中对生态人类学理论的产生和发展以及学科的新近发展做了较全面的概述；[6]尹绍亭在《人类学的生态文明观》一文中从人类学的角度探讨了生态文明的定义；[7]翟慧敏在《生态人类学视阈下的"文化生态"及其在生态文明建设中的价值探究》中探讨了"文化生态"这一概念在生态人类学领域的属性、研究方法和实践价值，认为其实质就是文化与生态的"耦合体"；[8]张群辉在《试论生态文明建设对生态人类学学科发展的新要求》中提出重视环境人类学的政治生态学研究视角以及

① 尹绍亭：《中国大陆的民族生态研究（1950—2010年）》，《思想战线》2012年第2期。
② 祁进玉：《生态人类学研究：中国经验30年（1978—2008）》，《广西民族研究》2009年第1期。
③ 崔明昆、崔海洋：《近三年来中国生态人类学研究综述》，《中央民族大学学报（哲学社会科学版）》2013年第4期。
④ 张珊：《2013年中国生态人类学研究综述》，《民族学刊》2014年第6期。
⑤ 张珊：《生态人类学研究回溯之文献综述》，《玉溪师范学院学报》（第32卷）2016年第5期。
⑥ 任国英：《生态人类学的主要理论及其发展》，《黑龙江民族丛刊（双月刊）》2004年第5期。
⑦ 尹绍亭：《人类学的生态文明观》，《中南民族大学学报（人文社会科学版）》2013年第2期。
⑧ 翟慧敏：《生态人类学视阈下的"文化生态"及其在生态文明建设中的价值探究》，《中央民族大学学报（哲学社会科学版）》2014年第1期。

加强学科的应用研究是生态文明建设对生态人类学学科发展的新要求；^①李静等的《文化协从机制与青藏高原的生态系统——基于西藏斯布村与甲多村的研究》，从生态人类学的视角提出"文化协从"的概念，探讨了文化协从机制在维持当地藏族生态系统中的重要作用。^②

三是应用性研究。这也是近年来生态人类学的重心所在，即将"地方性知识"概念和"文化生态学"理论相结合，推动生态人类学向应用研究和实践的方向发展。如杨庭硕率先在《论地方性知识的生态价值》中肯定了地方性知识的生态价值，并以个案探究了地方性知识在生态人类学中应用的可能性；^③尹绍亭等的《关注生态人类学，重视文化适应研究》一文，也强调我们需要深入发掘各民族传统适应方式的精华，努力传承地方性知识和智慧；^④袁同凯在《地方性知识中的生态关怀：生态人类学视角》中主张，在地方"情境的逻辑"中去分析与研究当地人对其生态环境与社区经济发展的理解，寻求一条既能发展地方经济又能维持生态平衡的和谐发展途径。^⑤类似研究的文章还有杨庭硕的《地方性知识的扭曲、缺失和复原——以中国西南地区的三个少数民族为例》^⑥，吕永锋的《地方性知识：作为应用的中国生态人类学实践和反思》^⑦，罗意的《地方性知识及其反思——当代西方生态人类学的新视野》^⑧，崔明昆等的《云南新平傣族生计模式及其变迁的生态人类学研究》^⑨等。

---

① 张群辉：《试论生态文明建设对生态人类学学科发展的新要求》，《内蒙古民族大学学报（社会科学版）》2017 年第 2 期。

② 李静、王彬斐：《文化协从机制与青藏高原的生态系统——基于西藏斯布村与甲多村的研究》，《贵州民族研究》2018 年第 3 期。

③ 杨庭硕：《论地方性知识的生态价值》，《吉首大学学报（社会科学版）》2004 年第 3 期。

④ 尹绍亭等：《关注生态人类学，重视文化适应研究》，《景观设计学》2018 年第 3 期。

⑤ 袁同凯：《地方性知识中的生态关怀：生态人类学视角》，《思想战线》2008 年第 1 期。

⑥ 杨庭硕：《地方性知识的扭曲、缺失和复原——以中国西南三个少数民族为例》，《吉首大学学报（社会科学版）》2005 年第 2 期。

⑦ 吕永锋：《地方性知识：作为应用的中国生态人类学实践和反思》，《原生态民族文化学刊》2011 年第 2 期。

⑧ 罗意：《地方性知识及其反思——当代西方生态人类学的新视野》，《云南师范大学学报（哲学社会科学版）》2015 年第 5 期。

⑨ 崔明昆等：《云南新平傣族生计模式及其变迁的生态人类学研究》，《云南师范大学学报（哲学社会科学版）》2015 年第 5 期。

在延续上述三方面对生态人类学的探讨之外，近年来也有以某一环境要素作为切入点进行具体的甚至跨学科研究的尝试。其中具有代表性的就是关于"水文化"[①]、"水与权力"、"水利社会"等的研究。王铭铭在关于水的社会研究中以水为中心视角对费孝通先生有关"乡土社会"的研究做了延展，提出了从以土为中心到以水为中心的研究视角，认为只有这样才能在乡土中国与水利中国之间找到历史与现实的纽带；[②]麻国庆在《"公"的水与"私"的水——游牧和传统农耕蒙古族"水"的利用与地域社会》中提出，要以"水"的视角去考察中国基层民间组织和社会文化体系。[③]行龙的《从"治水社会"到"水利社会"》[④]和王铭铭的《水利社会的类型》[⑤]都强调以水利为中心，重点研究其延伸出来的区域性社会关系体系等。

鉴于此，本文在借鉴前人"水文化"研究的基础上，以参与观察法和访谈法为主。笔者于 2018 年 8 月在贵州省威宁县龙街镇大寨村展开田野调查，在当地村干部的支持及老师同学们的协助下，通过分小组进行非结构性访谈的形式，对大寨村水资源匮乏的现状、各户用水情况和应对措施，以及相关的仪式、节日、习俗等水文化进行了调查。在基本信息和资料收集完成之后，试图以水资源匮乏为切入口，分析当地人面对"缺水"现状的地方性知识应对与现实性应对，深入了解苗族的水历史与水文化，探讨苗族水文化与万物有灵信仰、华夏文化之间的互动关系。本次调查旨在加强对当地苗族地方文化的了解，同时也期望能对理解西南地区同类型的社会文化有一定的参考意义。

---

① 郑晓云：《水文化的理论与前景》，载郑晓云主编《水文化与水历史探索》，中国社会科学出版社，2015。

② 王铭铭：《侗寨水资源与当地文化——以湖南通道独坡乡上岩坪寨为例》，《广西民族研究》2015 年第 4 期。

③ 麻国庆：《"公"的水与"私"的水——游牧和传统农耕蒙古族"水"的利用与地域社会》，《开放时代》2005 年第 1 期。

④ 行龙：《从"治水社会"到"水利社会"》，《读书》2005 年。

⑤ 王铭铭：《水利社会的类型》，《读书》2005 年。

二、田野点概况及水资源匮乏现状

贵州省威宁彝族回族苗族自治县位于黔西北高寒山区，其西部与云南省的昭通市昭阳区、鲁甸县，曲靖市会泽县相邻，北靠昭通彝良县，南连曲靖宣威市，东部及东南部与本省的赫章、水城二县接壤。全县除汉族外，还有彝、回、苗、布依等少数民族。龙街镇位于威宁县的西北部，居住着彝、回、苗、汉、布依等民族。大寨村（2018 年以大寨村为中心设立大寨社区，但当地人仍习惯称之为"村"，所以本文统一用"大寨村"代之）位于龙街镇北部，距龙街镇政府约 2000 米，距县城 64 千米，全村共有 8 个村民小组，居住着彝族、苗族、汉族，少数民族人口共 2411 人，占本村总人口的 87.04%。其中苗族 1920 人，占少数民族人口的 79.63%。大寨村的生产方式以种植业和养殖业为主，整体生产力水平较低，属于龙街镇的贫困村之一。

威宁地处云贵高原的乌蒙山系，山脉纵贯全境，全县平均海拔 2200 米，其中海拔 2000 米以上的面积占 80% 以上。地貌主要分为低中山区、中中山区和高中山区。此次调查的大寨村的大寨组、小寨组、中寨组、坪子组、浦嘎组以及斗卡组，大部分都属于高中山丘陵地貌（浦嘎组除外）。气候上，大寨村处于高原季风气候区，降雨的季节差异大，夏秋多冬春少，并且降雨量的季节分布极不均匀。该地区土壤多为黄棕壤，分布广泛，面积较大。植被属于中部高中山缓丘平地和丘陵洼地温凉湿润植被区，以常绿和落叶阔叶混交林为主，有少量绿阔叶杂交林，最常见的树种是松树、青冈树、核桃树及一些杂生树。水源方面，除很少部分河谷地区有少许自然水源可利用外，其他大部分地区均无水源，更谈不上水利设施或水利工程。整个龙街镇只有一条河流经过，当地人称之为龙河。在地下水没有被开发之前，龙河是大寨村的唯一取水来源，人们每日都要往返背水四五个小时，可想而知用水极其不便。

大寨村的苗族大都居住在山地缓坡地带，少部分居住在地势较高的陡坡（斗卡组）。由于凉山和半凉山区大部分为喀斯特地貌，处于高原山脊地带，降水向四周分流，蓄存少，加上森林植被过度砍伐和邻近水源不足，有"天空降水遍地流，人畜饮水贵如油"之说。① 因此，当地苗族大部分时候只能通过容器集水的方式储存和利用雨水。同时，季风气候使得当地降雨量季节差异大并且不稳定，加之海拔较高，太阳辐射强，日照充足，蒸发量大于降水量，大部分地表水很快蒸发，难以保存，可利用的水资源较少，除雨季外，牲畜用水和生活饮水都比较困难。并且，当地黄棕壤的黏化作用强烈，而且还会产生较明显的淋溶作用，使得雨水的下渗率较低，大部分雨水都顺势而走，很难下渗入地下，因此地下水也较少。所以，龙街一带，在新中国成立前曾流行一首民谣：

龙街吃水真可怜，
吃口凉水也要钱，
大碗腊肉招待你，
不愿客人洗个脸。②

从民谣中可以看出，当地的水资源紧缺，人们日常用水十分困难。在现实生活中，大部分人印象中的西南地区并不缺水，人畜用水紧张的情况更是难以想象。但实际上，在西南的部分山区，由于特殊的自然地理环境，水资源处于长期短缺的状态，人们取水和用水十分艰难。威宁县龙街镇大寨村，由于其特殊的地理环境，长期存在水资源匮乏的问题。当地苗族在适应这一自然地理环境的过程中，逐渐形成了具有民族和地域特色的水文化，具体表现在其对"缺水"做出的一系列文化与现实应对之中。

三、关于水资源匮乏的地方性知识及行为

水使人类生存得以延续、文明得以发展。2006年在联合国教科文组织发布的世界水日主题宣言中这样说道："全世界有多少种文化传统就有多少看待、使用、赞颂水的方式……世界上每一个地区都有一种崇敬水的途径，但是共同的是都认

---

① 张艳等：《气候资源与气象灾害对威宁农业发展及其生态环境的影响》，《贵州农业科学》2011年。
② 贵州编辑组：《黔西北苗族彝族社会历史综合调查》，民族出版社，2009。

可它的价值及其在人类生活中的核心地位。"① 人类在与水的互动过程中，相关的思想观念、政治制度、生产生活方式等都打上了水的烙印，关于水的一系列观念、习俗、情感表达、管理和治理的乡规民约等也得以形成。

在大寨村，由于水资源短缺的问题长期存在，水深刻影响了当地苗族人们的精神世界，因此在苗族地方性知识和水文化的发展过程中，形成了一系列与水相关的神话传说、信仰文化、节日习俗等。同时人们对水也有深刻的感悟，这种感悟和情感存在于人类对水的认识、热爱和恐惧之中。根据实地调查的结果，当地苗族对水资源匮乏的地方性知识应对及行为主要表现在以下方面。

（一）"水是自然的馈赠，是一种公共资源"

1. 水是"自然"所有，并非私人所有

当地苗民认为，水是大自然赠予的礼物，是"自然"所有，并非私人占有。因此，"自然"分配的水，人人都可以享用，属于一种公共资源。

自古以来，在大寨村苗民的观念中，水都是大自然给予的，是自然赐予的"礼物"。对于自然分配的"礼物"，人人都可以享有。在人们还需要背水的年代，虽然很多山泉的位置，在某家人的土地支配范围内，但是大家并不认为这处山泉就是某人"私有"的。不论出水位置在哪里，只要它是"自然的水"，那么它就是一种公共资源，并不能被私人占有，人人都有共享它的权利。除此之外，村里为解决水资源短缺的问题，曾在每个小组修建了一个公共的水窖，用地下水管将其他镇上的水引到每个小组，作为整个小组的公共用水。由于"水是公共资源"的观念已经深入人心，所以人们日常取水用水的时候，都自觉遵循"水为公"的集体意识。整体而言，当地因水资源而引发的纠纷少之又少，但也会存在极少数浪费水或者自私自利的行为。每当有这种情况出现时，人们都会进行劝阻，若屡劝不改，乡邻们会认为这个人的品行有问题，久而久之，就会与其交往疏远，关系淡化。可见，从道德层面而言，潜移默化的集体意识对"水为公"的观念也有一定程度上的约束和强化。

---

① 郑晓云：《水文化的理论与前景》，载郑晓云主编《水文化与水历史探索》，中国社会科学出版社，2015，第2—3页。

2. 敬山仪式和求雨仪式

在苗族原生的自然崇拜之中，对于"水是自然所有"的认同也有相关仪式的体现，具体表现在当地苗族的敬山仪式和求雨仪式。这些仪式不仅反映了山地苗族对水的所有权的独特认知，而且也规范和强化了人们对"水是公共资源"观念的认同。

第一个是敬山仪式。一百多年前，敬山仪式在大寨村就已经存在，初期敬山仪式的目的是保佑家园平安。因为当年苗族的祖先在迁徙的过程中，经常隐蔽在山林中，躲避野兽和敌人的攻击，山林就相当于他们的保护伞，所以出现了最初的敬山仪式。1960年之后，冰雹、暴雨灾害越来越频繁，人们觉得是得罪了大自然，所以自然才会无节制地下雨、下冰雹。至此，敬山仪式的目的转变为祈求避免冰雹、暴雨等自然灾害。如大寨组一位苗族老爷爷所说："敬山是为了保佑不下白雨（当地人称冰雹为白雨），只有敬了山，山才会保佑你啊。"即只有祭拜山神，敬拜拥有和分配水的自然，它才会给予适当的水资源，才会给予福祉而不是灾祸。关于"祭山林"（敬山仪式举行的地点），大寨村的每个小组都有一片山林是本组的"神山"，山上的树木、沙石等一切东西都不能碰。至于敬山的时间，说法不一，有的说是在农历十二月三十日，有的说是在农历二月马日①。敬山仪式是以家族为单位，由每家的长男进行仪式，每个家族敬山的时间都不尽相同。具体仪式过程是：带上一只"一根毛"（当地方言，意为"纯色"）的狗或者鸡，在"祭山林"选择一棵最大、最旺盛的树或者是一个最大、有形状的石头作为敬拜的对象。祭拜之前，先在树下用小树枝或者石头搭一个类似房屋形状的"小房子"，之后用羊角杯装满酒，将酒洒在树或石头前面（当地人称为"点酒"）。接下来就是祈福，内容就是祈求风调雨水、不下冰雹、自然保佑等。紧接着就是将带来的鸡或狗杀死，一般都是割脖子，将血滴在树根或石头上，并拔下鸡或狗脖子上的毛，沾上血之后，抹在树或石头上。待鸡或狗的血流尽之后，就把祭祀的鸡或狗带回家吃掉。至此敬山仪式结束。

第二个是求雨仪式。当地苗族认为，由于道德品行或实践行为的某方面得罪

---

① 干支纪日法，甲子为第一日，乙丑为第二日，丙寅为第三日……六十日为一周。一周完了再由甲子日起，周而复始，循环下去。

了大自然，才使得它减少水资源的供给，导致水资源不足、人们生活艰难，所以要祈求自然给予人们更多的雨水。大寨村最近一次的求雨仪式是在 2012 年，时间是农历四月的甲子日。仪式人员需要苗族的端公①（或指路师②）和汉族的道士各一个，彝族还要去一个人，主要是充当保镖，还需要一两个年轻人，主要是带炊具以及当杀羊时的助手。具体过程是：带一只白色绵羊，在龙河边上的龙洞③祭祀。一般选择凌晨举行仪式，因为下雨的时候都是阴天或雾天，天色都比较暗，所以求雨仪式也选择在夜晚举行。到达后开始许愿（祈求雨水等）。先是由苗族的端公或指路师许愿，然后等到洞里面的山泉水被风浪带过来的时候，用水瓢舀水，如果舀到水了，就算求雨成功了；如果没舀到，这时候再由汉族的道士许愿，再重复一次舀水。总共只有这两次机会，若两次都没舀到水就算整个仪式失败。在整个仪式过程中不烧香、不烧纸，并且只能由苗族端公（或指路师）和汉族的道士观看，其他同行的人不能观看。并且，不管仪式成功或失败，都要杀羊，将羊血洒在洞口，之后在距离龙洞比较远的地方煮羊（因为怕随行的人醉酒了说一些"不敬"的话，所以煮羊的地点要距离龙洞远一点），大家一起吃羊、喝酒、回家。至此整个求雨仪式结束。

从这两个仪式中可以看出，在当地水文化中，水是自然所赠，是一种公共资源，因此"水能致福亦能致祸"根本上是由水的所有者——"自然"决定的。在相关的各种仪式过程中，村民怀着敬畏之心去完成仪式步骤，期望通过自身虔诚的信仰，换来大自然的馈赠。不仅如此，在部分仪式环节中，通过全部村民参与的方式，强化了水作为公共资源的重要地位，对于极个别人想要私自占有水的行为，集体观念亦会谴责。同时，在日常生活中，人们亦秉着"水为公"的意识取水和用水，珍惜神灵分配的公共资源。总之，不论是传统仪式活动，还是潜移默化的集体意识，人们对水的所有权和公共性的认同，体现在地方生态体系的方方面面。

---

　　① 苗族传统中巫师和巫医两种职业兼备的人。人们每遇病痛灾疫，少请医生诊治，惯邀巫端公诉神治疗。

　　② 人死后，指路师将《指路经》念给死者，引领死者回归祖源地。

　　③ 具体位置老人们也记不清，就是龙河边上的一个山洞，传说以前有龙在那个洞里住过，所以大家就称之为"龙洞"。

（二）"水资源匮乏是神权与皇权共同支配下的结果"

1. 水资源"由神灵支配"

在"水是自然所有"和"水是公共资源"观念的影响下，人们将各种自然神灵视为水的支配者之一。除自然神灵之外，还有"水神龙王"的相关传说。据苗族老人说，以前有水源的地方（一般都是山洞）都是有龙居住的地方，因为"龙王"是管水的，是水神。与此相关的有两个俗语：一是"黄水朝天"，意思就是有山洞的地方，泉水就会"朝天"似的冒出来。因为山洞里有龙"居住"，就一定会有水，所以山洞或其附近一般都不会修路或者开垦，这样才能保护更多的水源。二是"黄水淹天"，意思就是历史上曾有一次暴雨，连续下了七七四十九天，感觉要"把天都淹了"。从那次暴雨后，人们就减少了对天然林的砍伐。至于这两个俗语为什么都是"黄水"呢？当地苗族老人说是因为龙是黄色的，所以龙王管的水也是黄水，不论是洞里的水还是地下泉水，都是黄色的水。还有一种情况，当水塘里面的水干涸了，人们就会认为有"怪物"在水塘里面把龙王赶走了，这时候就会往小水坑里面丢鸡蛋，念咒语，把"怪物"赶走，将龙王请回来，再次带回水源。因此天干的时候，人们也会去龙洞拜龙王、举行求雨仪式。不论是山神、龙王还是其他神灵，它们都拥有对水资源的支配权，所以当水资源匮乏的时候，人们都会祭拜各种神灵，祈求更多的水资源。

2. 水资源"受皇权制约"

华夏皇权对水资源支配权的影响，在当地主要体现为"得罪大禹导致缺水"的故事。传说在治水的年代，大禹曾带着他的孩子路过龙街大寨村，孩子口渴，所以大禹想要讨点水给孩子喝。但是由于当时人们都是从很远的地方背水，取水用水很不方便，一碗水对于人们来说十分珍贵，所以当地村民就拒绝了大禹的请求，没有给孩子水喝，因此得罪了大禹。所以大禹在治水时，只在龙街镇修建了一条河道——龙河，从那时候开始，大寨村的水资源就很少，当地人们就面临常年缺水的状况。

关于大禹治水本身，首先，必须澄清一个基本历史事实，即大禹是人，不是神；大禹治水是信史，不是传说。①在古代的文献中，如《史记·夏本纪》《诗经》《左传》《尚书》《墨子》《孟子》《论语》等典籍中，都有关于大禹治水的记载；并且今天出土的大量考古文物，如"遂公盨"铭文、商周时代的甲骨文、战国秦汉时期的简帛文字资料等，以及"夏商周断代工程"等，都证实了大禹治水是历史的事实，不是传说，更不是神话。其次，大禹治水对人类本身和社会的发展产生了巨大的影响，留下了深深的文化印痕。大禹治水是中华民族形成的关键事件，是理解中国早期政治的一把钥匙。最后，大禹治水促使了水文化的形成，开启了中国早期治水英雄的时代，标志着中国水利技术的开始，同时使得由治水产生的水文化具有东方文化的治水特色。

那么从当地这个传说故事中我们可以看出：首先，该故事将大禹神化，认为他拥有可以改变自然地理的权力。因为得罪了大禹，所以龙街就只有一条河流，水资源才会紧张，若没有得罪他，可能就会有更多的河流和水源。其次，大禹治水本是华夏文化的内容，大禹代表的则是华夏皇权。当地苗族认为，得罪了华夏皇帝才使得当地缺水。因此即使神灵馈赠了水资源，由于皇权的制约，他们也不能完全自由地使用和支配水。同时也正是因为得罪了皇帝，皇权的力量才将他们常年囿于这片水资源匮乏的山区。

由此看出，在当地水文化的信仰体系中，除了神灵对水资源的支配，华夏皇权对水资源也有一定程度上的支配权，当地水资源匮乏，某些方面也是皇权影响的后果。其次，在这个传说中我们还可以看出当地苗族对于皇权制约地方的权力格局的适应过程。一方面，地方苗族在受华夏文化影响的过程中，将水资源短缺的现实归咎于皇帝大禹的制约；另一方面，又将皇权的制约与自身的过错——没有给予大禹帮助联系在一起。这种将自身道德层面上的过失与皇权制约的结合，实质上反映的是人们对于"缺水"这一现实，由被动到主动的适应过程。最后，水文化具有地方属性②。人们生长在不同的水环境中，总是依据自己所生存的水环

---

① 靳怀堾：《大禹治水与中国古代国家的形成》，载郑晓云、熊晶主编《中国水历史与文化的研究——国际水历史学会昆明国际会议文集》，中国书籍出版社，2013，第14页。

② 郑晓云：《水文化的理论与前景》，载郑晓云主编《水文化与水历史探索》，中国社会科学出版社，2015，第6—7页。

境来获取生存资源，因此在和不同水环境的互动过程中形成了具有鲜明的地域性特征的水文化。当地苗族的水文化和其他地区苗族的水文化在内容和形式上肯定是有区别的，尽管可能有相似之处，但绝不可能完全相同。

（三）"水是有灵魂的，有神性的"

当人们接受了水资源匮乏的现实，并且笃信神灵是水的所有者和支配者之后，水便被赋予了"神性"。主要体现在以下几点。

1."自然给予的水都是洁净的"

大寨村的苗族认为"大自然给予的水都是洁净的"。村民们对于水干净卫生的标准，有自己一套独特的洁净观。对于当地苗族而言，所有自然神灵给予的水都是洁净的。在田野调查时，当我问到"对于你们来说，什么样的水是干净的"时，大部分人的答案都是"大自然给的（水）都是干净的"，"天上下的（水）、地下冒的（水）都是干净的"。山泉、雨水、河水这些自然形成的水，对于当地人而言都是干净的水。他们使用这些水的时候，最多将它们沉淀几日，然后就直接使用。当地几乎所有苗族的家中，都会有大桶或大缸，用来收集雨水，将之沉淀后作为储备用水。对于他们而言，这些就是可以直接饮用的净水。沸腾后的水对于他们来说区别只在于冷水和热水，并没有涉及任何卫生标准，两者本质上都是干净的水。在这样一套洁净体系中，水由于其所有者的特殊地位而被赋予了神圣性。

2."水有灵魂"

在苗族传统的万物有灵信仰文化中，水崇拜也占据了一席之地。"偷水"仪式是苗族万物有灵信仰中关于水崇拜的仪式之一。当地苗族认为水是有"灵魂"的，偷走了水的"灵魂"，自然就会有水源了。但是偷盗被公认是一种道德败坏的行为，并且这个仪式很容易引起村寨之间的矛盾，所以只有在万不得已的情况下才会做"偷水"仪式。据调查，大寨村历来只做过几次"偷水"仪式。当本村的水塘常年没有水，维持日常生活用水都十分困难，甚至有人会因此生病、死亡的时候，人们才会跑到其他村的水塘"偷水"。仪式进行的时间是在凌晨一两点的时候，带上一个水瓢和一只公鸡，每念一次咒语，就舀一瓢水倒在水塘边上，共计念三次咒语，舀三次水。念完咒语后抱着公鸡给那个水塘磕三次头，之后将公鸡抱回自己村干涸的水塘，放在水塘周围，这样就结束了"偷水"仪式。整个仪式意在通过这只鸡"偷"走水的"灵魂"，将其带给自己村的水塘。一旦"偷水"仪式成功，水塘就不再干涸，地下水也会增多，源源不断地提供水源。至于"偷水"仪式由谁去做，有两种说法，一是由过过刀关、舔过铧口、比较厉害的端公去做。据说大寨村大寨组有一个很厉害的端公曾"偷过水"，地点在大寨组的"苗婆水井"。这个水塘原来是没有水的，后来突然就有水了，那个韩姓的端公就说水是他"偷"来的，但是谁都没有见过他"偷"水，只是知道他会做"偷水"仪式。第二种说法是由郎舅①去"偷水"。这种说法主要是盛行在中寨组朱姓的苗族中，他们所了解到的"偷水"仪式都是由郎舅去做的。在整个"偷水"仪式之中，最核心的部分就是"偷"走水的"灵魂"，水的"灵魂"象征着神灵的力量，神灵又可以支配水资源，所以在整个过程中，水被赋予了"神性"，是神力的代表。

3. 关于仙水节

当水成为沟通神与人、神圣与世俗的中介，当神灵崇拜与水资源稀缺现状联系在一起时，就产生了"仙水""神水"。这时，自然给予的水不仅是可以传达神力的"神水"，更是可以治病救人的"仙水"。为了感恩神灵给予的"仙水"，当地还形成了一个与此相关的传统节日——仙水节。大寨村的苗族对仙水节的重视仅次于花山节，并且仙水节规模日渐扩大，周边乡镇的苗族也会参加。

关于仙水节的情况，在先前的民族调查和文献中就有所记载。"南取好嗷"节，即仙水节。关于"南取好嗷"节的起源，传说有个美丽的姑娘和孤儿卓赞相爱，遭到姑娘父亲的残酷迫害，这个节日由此而产生，故苗族认为这是自己的传统节日。②此次调查的龙街镇大寨村，当地苗族关于仙水节的起源以及相关看法，和先前文献上的记载有所不同。

首先，关于仙水节的起源，当地主要存在两种说法。第一种说法是，有一个

---

① 姊妹的丈夫为郎，妻的兄弟为舅，合称为"郎舅"。
② 威宁彝族回族苗族自治县民族事务委员会编：《威宁彝族回族苗族自治县民族志》，贵州民族出版社，1997，第233页。

青衣秀才从淋零洞①经过，有点口渴，一不小心在洞口踩了一脚，青衣秀才的脚后跟就冒出一股水，从此那里就有了一股水源。之后有一位彝族姑娘生病了，久治不愈，就找苗族的端公看病，端公看完以后，让她到青衣秀才脚后跟踩出水的那个地方舀水喝，病就会好。结果那个彝族姑娘就去淋零洞舀了水喝，果真病就好了。之后为了庆祝彝族姑娘痊愈，苗族、彝族、汉族就在一起大摆宴席、唱歌跳舞，久而久之就演变成了仙水节。第二种说法是，有一个汉族的和尚（当地苗族的方言叫"吃素的"）总管淋零洞片区。一天，一个四川的生意人去昆明，途中得了瘟疫，他听说这附近有一个汉族的和尚很厉害，就到和尚那里去试试看能不能治好他的病。那个和尚就给他念咒语，保佑他的身体早日痊愈。结果等那个人从昆明回来的时候病就好了，之后他就去找那位和尚报恩。和尚说："你的病既然好了，就要去那个淋零洞还愿，喝点仙水。"之后"喝仙水治病"这个事情就在云南昭通市、威宁龙街镇等周边地区传开了，渐渐就形成了仙水节。

仙水节的活动地点在龙街镇马踏乡陆家营，时间是每年农历七月的猪日，那个月有三个猪日就去三次，只逢两个猪日就去两次。如果恰逢要去三次的年份，第一次和第二次就会大办，人更多，更加热闹。恰逢去两次的年份，就只是第一次人比较多。活动内容有饮"仙水"、烧香拜佛、吹芦笙、赛马等。20世纪50年代之前，每逢仙水节，热闹非凡，人多时可达三四万。之后的几十年间，人数在一万左右，渐渐演变成汉族、彝族、苗族共同的节日之一。

对于参加仙水节的人来说，最重要的环节就是"饮仙水"。来饮"仙水"的人主要分为两类：一是来淋零洞还愿的，其中大部分是苗族。第二类来喝"仙水"的人，不同于之前的苗族，这部分人主要是自己主动前来淋零洞许愿，并且大部分是汉族。除此之外，彝族也会找苗族的端公或汉族的道士一同前来或自己独自前来，具体情况不定。总的来说，参加仙水节的主要就是苗族和汉族，彝族参加的人数较少。

在这个节日中，仪式中的水脱离了世俗性的功能，成为沟通神界与俗界的中介物。通过烧香、祈福等方式，神将旨意传递到了水中，因而水被赋予了更多功

---

① 当地人将每年接仙水的那个洞称为"淋零洞"，里面有一股水，还有一些石菩萨雕像。人们会在淋零洞喝仙水以及举行敬酒、烧香、拜菩萨、杀鸡等仪式。

用和"神力",具有了神圣性;同时,以秀才、和尚为代表的华夏文化的内容融入苗族传统节日的起源故事之中,反映了地方文化对于华夏文化的逐渐认同,也体现了人们对于权力结构认知的转变。当地苗族在受华夏文化影响的过程中,最初反映出来的是"得罪大禹导致缺水",人们被迫接受水资源匮乏的现状,到逐渐演变成"仙水"是由秀才、和尚带来的,这种由被动到主动的转变,深刻体现在当地苗族对水资源匮乏的一系列文化应对之中。这也进一步说明,在人类社会的历史发展过程中,并不是完全被动地适应当地的水环境,人也在不断地努力改造自身的精神世界,主动适应地理环境,使有限的水资源更有利于自己的生存和发展。

四、对水资源匮乏的现代性应对

人类社会对待环境的基础和出发点,就是根植于不同社会中的文化。2006 年在联合国教科文组织发布的世界水日主题宣言中这样说道:"人们在不同的地区、国家,总是基于他们对水的理解、价值、宗教、习俗、政治、经济去认识与管理水,这就是一种水管理的文化基础。"[①] 大寨村苗族在适应当地水资源短缺现状的过程中,在地方性知识上形成了一系列的应对措施。同时,这种对水的特殊认知,使得人们管理水、治理水、对待水往往也是从不同的社会价值出发的。在百年的生产生活实践中,当地的水文化不断外化,逐渐形成了一套现实可行的利用水、管理水环境的应对体系。

(一)节水原则

节约用水是所有现代性应对措施的实践准则,一切利用水、管理水的村规民约、具体措施都建立在节约用水的基础之上。由于大寨村水资源匮乏的问题长久存在,当地苗族在百年的生产生活实践中,自发性地形成了节约用水的观念,并且将这种精神代代相传,从老人到小孩,都自觉遵守节约用水的行为准则。下面

---

① 郑晓云:《水文化的理论与前景》,载郑晓云主编《水文化与水历史探索》,中国社会科学出版社,2015,第 5 页。

是日常生活中人们节约用水的部分具体表现。

（1）对待生活用水，在节约用水的基础上提高对水的利用率，一水多用。早上洗完脸的水，还会留下来洗手，洗完菜的水也会收集起来煮猪食，基本上都是反复利用后才处理掉。

（2）洗澡的频率。老人们讲，在他们的爷爷辈甚至父辈时代，根本没有洗澡这个习惯。因为那时候用水实在是太难了，所以他们最多就是洗个脸。现在的话，人们洗澡的频率也不是很高。在雨季雨水充足的时候，一般一个月会洗两至三次澡，而且是做完农活出汗了之后才会洗。旱季的时候基本上是不洗澡的，如果实在是太脏，就会用水擦洗一下，擦洗完后的水，还要留下来洗手。

（3）衣服多以宽大为主，很少有人着紧身的衣裤，这样可以减少汗渍浸湿衣服的频率，从而减少洗衣服的频率。

（4）当地的厕所基本上都是不用冲水的旱厕，一方面节省了部分用水，另一方面可以储存天然的肥料。

（5）饮食以干食为主，例如烤土豆、玉米粉饭、炒面、米饭等，很少有吃稀饭或煮汤之类的情况。烤土豆是最常见的食物，一方面节省时间，另一方面根本不需要用水，很快就能吃上。很多人去地里干一天的农活，只要带一个打火机，饿了就在地里挖几个土豆烤了吃。其次是玉米粉饭，苗族人隔一段时间会吃一次，或者是用来招待客人。玉米粉饭是用饭甑蒸煮，一次蒸上一大木桶，吃上几天是没问题的。相对来说，米饭和炒面吃的频率更低一点。但是常年都是以干食为主，这样下来，一年能节省很大一部分生活用水。

（二）种植耐旱作物

由于大寨村长期以来水资源匮乏，加之以高中山地和缓坡地形为主，所以当地苗族因地制宜，主要种植玉米、土豆、苦荞等山地耐旱作物。这些农作物对水分的需求相对其他农作物要少很多，基本不需要人工灌溉，雨水完全可以满足生长期所需要的水分。人们在缓坡种植玉米，平地种植土豆，并且实行土地的轮休，每年都会有几个月的时间土地是休耕的，目的在于恢复和保持土壤的肥力。总的来说，大寨村苗族将种植耐旱作物和土地轮休两者结合，尊重自然规律，因地制宜解决水资源匮乏在农业生产上的难题。

（三）集水方式的演变

最初，人们的生活用水以山泉水为主。山泉作为一种公共资源，人人都可以去取水，所以那时候背水的人非常多。刚开始都是用木桶背，到后来又将木桶改进为轻便的塑料桶。1965年以后，人们陆陆续续开始修水窖，但是那时候并不普遍，真正普遍修水窖是在1975年以后。有了水窖，每家每户就可以在自家院子里收集雨水，这时候背水的人就陆续减少了。2000年以后，就出现了水袋。那些没有修水窖的人家，就会用水袋买水来解决生活用水。同时，当地人也陆续开始修建平房，利用平房屋顶来收集雨水。具体就是，将平房的屋顶四周加高一点，形成一个浅浅的小"水池"，用水管将每次下雨收集的水引下来使用，这样基本可以解决日常生活用水，现在大部分人家都是以修平房的方式来集水。随着经济、社会条件的发展，集水方式也逐渐发生变化，集水越来越方便，雨水的利用率越来越高。

（四）引进自来水

大寨村在1982年开始实行"自来水进户"工程。在自来水引进之前，村民们都是自己背泉水。1982年开始从其他乡镇引水，用地下管道分配到每个小组，以小组为单位共用一个大水塘。到2000年左右，开始完善自来水运输管道网，截止到2017年初，每家都有自来水管，基本上实现了"自来水进户"。田野调查期间，正值龙街镇修村公路，由于施工挖掘过程中将自来水管道损坏，所以其间大寨村没有通自来水。据当地村民们反馈，一旦通水，可以很大程度上缓解当地水资源短缺的现状。

（五）修建水厂

龙街镇近几年新修了一个水厂，这里的水主要是从龙河或者其他水资源充足的乡镇拉过来的。水厂的功能是将水资源集中起来，再通过送水上门、收取运费的方式获得利润。销售的时候一般是以水袋为单位，可以送水到户，但要收取一部分运费。随着人们经济收入的逐渐增加，现在大部分家庭用水都是通过买水解决的，这样可以节省更多的时间和精力、人力和物力。加上水厂合理的价格，基本上大部分村民的日常用水都是靠水厂解决。

（六）退耕还林，禁止乱砍滥伐

威宁县从 2002 年开始实施退耕还林工程，截至 2015 年底，全县完成退耕地造林 437.13 平方千米。其中退耕地造林 148.47 平方千米，荒山造林 242 平方千米，封山育林 46.67 平方千米[①]。退耕还林实施之前，全县植被稀少，退耕还林工程之后，植被覆盖率明显升高，生态环境明显改善，有效地实现了保护水资源的目的。在保护天然林的过程中，人们也逐步停止对天然林的商品性采伐，调整能源利用结构。根据当地海拔高、风力大、阳光充足的特点，威宁县倡导广大农民使用新型能源，停止砍伐薪柴林，把对天然林的保护放在林业发展的首要位置。大寨村的陆书记说，从 20 世纪 80 年代开始禁止砍树，违规就罚款，一般一些杂生树（柳树之类）的罚款要少一点，松树这些罚款要多一点，总体标准是 200—500 元 / 颗。

五、结论

大寨苗族千百年来对水资源的认识、开发和利用，既体现了个体的创造性，即苗族人民独特的水文化，也体现了所能承受的内部条件的限制。总而言之，人类、环境、文化之间的关系密切而又复杂。一方面，环境在一定程度上影响并形塑着文化的形成与变化；另一方面，人类借助文化来认识环境、利用环境和改造环境。水资源匮乏的现状使得在大寨村苗族的宇宙观和价值观中，水占有十分重要的地位并发挥着重要的作用。在这一核心的文化理念指导下，产生了一系列与水密切相关的文化与现实应对措施。地方性知识应对中，苗族传统的万物有灵崇拜是一切水文化产生的基础。在此过程中，华夏文化与华夏皇权对水文化的形成也有较大的制约或促进作用，一定程度上与自然崇拜互为补充，共同影响并塑造当地苗族水文化的形成与变化，同时也伴随着一系列节日、习俗、仪式的产生。

---

① 杨永艳、赖勇等：《威宁县退耕还林工程生态效益评估》，《现代农业科技》2016 年第 20 期。

其次，这种精神层面的特殊认知外化于苗族人民的日常实践，从生产到生活，形成了一整套可持续利用和管理水资源的生态体系，有力地保障了大寨村苗族百年来人与自然的和谐发展。当然，认知和实践并不是截然分开的，观念指导着各种仪式、节日的进行，反之各方面的实践、行动又折射出人们对水的独特认知，二者是紧密联系，不可分离的。

同时，随着"地方性知识"这一概念引入生态人类学的研究领域，越来越多的学者致力于发掘、整理和开发地方性知识。但地方性知识并不是静态的，本土知识也会随着时空的变化发生改变。随着当地社会经济的持续发展以及水资源利用和管理方式的改进，大寨村苗族的水文化以及人们对水资源的认知也会发生改变。仅从大禹的故事到仙水节的传说，已能窥见苗族人民对于神权与皇权二者权力建构及关系的认知改变。那当人们面对如今社会生活的变化，如水厂的新建、自来水引入、水资源的商品化、农业灌溉技术的发展时，对于神灵的信仰和依赖是否依旧强烈、"水为公"的观念是否有所改变、对权力结构的转变或新的权力结构的产生又有什么新的文化应对、这些改变对当地民族文化的发展是机遇还是挑战等一系列问题，都还有待深入追踪研究和探讨。

最后，作为一种应对当代水困境的有效手段，水文化的研究和运用对于生态文明建设具有重要的意义。在当代，"绿色"权力[1]无疑是生态保护与重建的关键所在，越来越多的学者热衷于分析资源使用者之间的权力关系妥协，以及资源利用社区与外部力量之间的权力关系。作为横向的、尚未被现代化和全球化吞没的、各民族各地域的传统生态智慧和知识，正在被各学科不遗余力地抢救、发掘、传承和利用，并逐渐获得了社会的认同。例如以"清水江文书"[2]为基础的对清水江流域传统林业规则的生态人类学解读，为我国生态文明制度的建设做出了重要的贡献。因此，大力发掘和研究不同地域、不同民族的传统生态文化和智慧，批判继承，灵活实践，应是未来生态人类学研究和生态文明建设的重心所在。

综上，环境与文化之间的关系紧密而又复杂，本文仅仅探讨了乌蒙高地大花

---

① 付光华：《生态重建的文化逻辑——基于龙脊古壮寨的环境人类学研究》，中央民族大学出版社，2013。

② 徐晓光：《清水江流域传统林业规则的生态人类学解读》，知识产权出版社，2014。

苗对水资源匮乏问题的地方性知识应对和现代性应对措施，旨在了解威宁县龙街镇大寨村苗族的传统生态文化，分析尚有不足。并且，水文化和水历史的研究是作为一门学问去探索研究的，但探索的结果在丰富科学研究的同时，更应该为现实服务。鉴于此，希望本文能对理解西南地区同类型的社会文化以及水资源的开发与保护有一定的参考意义。

大张坑畲族村养老及孝文化调查

丽水学院民族学院 2016 级本科生　卢春凤

指导老师　吴稼稷

摘要：现代社会，养老问题日益凸显，大张坑的孝文化呈现了转型社会中乡村养老的困境和民间的解决智慧。通过深入的田野调查，揭示出大张坑养老总体上能够遵循畲族传统的生活方式，在以血缘关系为基础的传统社区中做到人伦意义上的养老。由于农耕生产方式的单一性，加上社会信息的封闭，家庭生活中父母与子女之间的代际传递是文化传统和文明更替的重要方式。在"少子化"和社会流动不断挑战养老事业的今天，大张坑社区还必须面对一些更紧迫的问题。

关键词：大张坑；畲族；养老；孝文化

一、前言

养老是人们生命周期进入最后衰老阶段时的一种生活特殊需求及其满足的过程。它体现了人类社会自我发展中不同年龄群体存在的周期性调适及有机联系的事实，从古至今都是社会密切关注的事项。一代又一代的人们奋斗，推动了社会历史的发展。"老年人是昨天的劳动者，他们的劳动为今天社会和经济的发展及每个家庭的延续奠定了基础。尊重老年人，就是尊重人的生命价值，尊重人生命的发展过程和规律"①。而不同形态的社会围绕着养老的核心意义构建了各自不同的一套孝文化体系。"孝是中国传统文化的基础和核心，是中国古代产生最早、影响最深远的家庭道德观念和伦理文化之一。"②由此可以说，孝文化反映着中华各民族尊老养老的时代含义。

景宁畲族自治县（简称景宁）是全国唯一的畲族自治县和华东地区唯一的少数民族自治县，隶属浙江省丽水市，位于浙江省西南部，下辖2个街道、4个镇与15个乡。总人口17.22万，其中畲族人口1.99万，占11.5%。

大张坑村是景宁东坑镇的一个行政村，距离县城约23千米。该村共有大张坑、草鱼塘、岭口3个自然村。它地处敕木山麓，海拔650—800米，亚热带季风气候，常年温和湿润，山上林木葱茏，云雾弥漫。大张坑属山区，总面积16.6平方千米，林地面积5431亩，但耕地面积仅249亩，主要种植水稻和薯类，近年因白茶价值高而改种白茶的面积也在逐渐增多。

二、人口与家庭

人口是一个国家、民族乃至一个社区的发展基础。从养老视角来看，老年人口的相对数量，反映出一个社会人口构成的合理化程度及活力创造水平。人口由家庭组织起来，家庭是周期性养老的主要平台和承担者，养老人口生活在哪一类家庭以及是否得到家庭的照料和关心，体现着养老的特性和社区发展的人本意义。

（一）人口

1. 男女比例

大张坑村由4个村民小组组成，根据大张坑村村委提供的资料，大张坑村全村人口278人，其中男158人，女120人，男女比例为4：3。

---

① 李岩：《中国古代尊老养老问题研究》，中国社会科学出版社，2016。
② 杨清哲：《解决农村养老问题的文化视角——以孝文化破解农村养老困境》，《科学社会主义》2013年第1期。

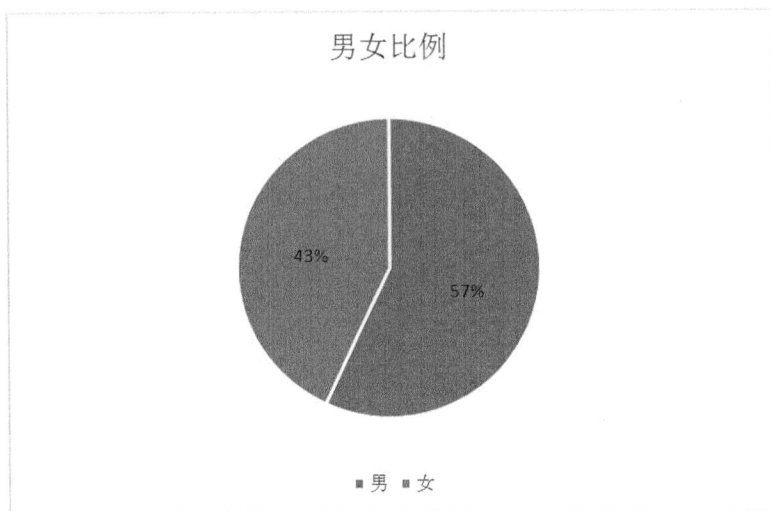

图 1 大张坑村男女比例

从图 1 可以看出，大张坑村男女人数比例有差距，男性村民多于女性村民，村中男性比例达到全村人口的 57%，女性比例为全村人口的 43%。调查得知，大部分男性村民外出打工，为家庭提供经济来源，女性与儿童留守村中。

2. 人口性别与年龄分组

大张坑村人口的性别与年龄分组，具体详情见表 1。

表 1 大张坑村人口的性别与年龄分组

年龄	性别		合计
	男	女	
10 岁以下	6	8	14
10—19 岁	7	9	16
20—29 岁	15	10	25
30—39 岁	18	15	33
40—49 岁	26	20	46
50—59 岁	18	17	35
60—69 岁	20	12	32

续表

年龄	性别		合计
	男	女	
70—79 岁	7	7	14
80—89 岁	10	8	18
90 岁以上	2	4	6
合计	129	110	239

注：该表所统计人数不包括定居外地的村民，仅指常住居民人口。

资料主要来源：汇集对村民的走访调查资料和整理村长所提供的信息。

表 1 中所统计的人口数只涵盖了在村中走访调查所得的数据。部分人不在村中，通过其他村民口述得到相关资料。调查所得人数与村委会提供的总人口数 278 人不对应，但基本能够反映大张坑村人口年龄段的分布情况。

从表 1 中可以看出，大张坑村人口老龄化程度趋于严重。村中老龄人口较多，40—49 岁占全村各年龄段人口的比重最大，为 19.2%；50—69 岁 67 人，占所调查人口的 28%；70 岁以上接近 40 人，占所调查人口 15.9%。而 20—29 岁占全部调查人口的 10.4%，且大多数青少年都外出求学、打工。

（二）家庭结构

家庭是由婚姻、血缘纽带联系或者有收养关系的一群人共同组成的一个生产生活与经济发展的单位。家庭成员占有共同的财产，有共同的目标，通过劳动的分工过着共同的生活，相互承担特定的互利互惠的权利与义务，尤其是进行经济方面的合作。家庭结构是指家庭成员之间的纽带关系，包括家庭成员构成类型及代际之间的关系。家庭结构并不是一成不变的，它会随着家庭成员的纽带关系的变化以及家庭成员的增减而变化。基于这样的认识，我们概括了大张坑村的家庭类型、各种家庭类型的比例，以及不同家庭类型的成因。

我们对家庭类型的调查并非像政府部门统计时以"家户"为单位，而是以家庭成员之间分灶或者共灶吃饭为原则。根据地方性知识，分家，分灶，分开居住、分开生火做饭，不在一口灶上吃饭即为两个家庭。表 2 是调查者通过走访调查完成的 59 户家庭的基本家庭结构表。

表 2　大张坑村家庭结构表

序号	当家人	家庭关系	人数	家庭类型
1	雷利忠	雷利忠 + 父 + 母 + 妻 +2 子	6	主干家庭
2	雷小勋	雷小勋 + 妻 +2 子	4	核心家庭
3	雷利勇	雷利勇 + 妻 +2 子	4	核心家庭
4	雷日荣	雷日荣 + 妻 +2 子 +2 媳 +2 孙子 + 孙女	9	主干家庭
5	雷荣亲	雷荣亲 + 女	2	不完整核心家庭
6	雷荣兴	雷荣兴	1	单身家庭
7	雷晓聪	雷晓聪 + 妻 + 子	3	核心家庭
8	雷岩妹	雷岩妹 + 妻 + 子 + 女 + 孙子 + 孙女	6	扩展家庭
9	雷志春	雷志春 + 父 + 母 + 妻 + 子 + 女 + 婿 + 媳 +2 孙 + 孙女	11	扩展家庭
10	雷光伟	雷光伟 + 父 + 母 + 妻 + 子 + 女	6	主干家庭
11	雷美珠	雷美珠 + 夫 + 子	3	核心家庭
12	雷福延	雷福延 + 女	2	不完整核心家庭
13	雷建亲	雷建亲 + 妻 + 子 + 女	4	核心家庭
14	雷香菊	雷香菊 + 夫 + 子 + 女	4	核心家庭
15	雷志礼	雷志礼 + 妻 + 子 + 媳	4	不完整核心家庭
16	吴振伟	吴振伟 + 妻	2	不完整核心家庭
17	雷利深	雷利深 + 父 + 母 + 妻 + 女	5	主干家庭
18	雷玉荣	雷玉荣 + 岳父 + 岳母 + 妻 +3 子 +3 媳 +3 孙女 + 孙	14	扩展家庭
19	雷伟林	雷伟林 + 父 + 母 + 妻 + 子 + 女	6	主干家庭
20	雷钱宗	雷钱宗 + 母 + 妻 + 女 + 婿	5	不完整主干家庭
21	雷宗岩	雷宗岩 + 妻 + 子 + 媳 +2 女 + 孙	7	主干家庭
22	雷日宗	雷日宗	1	单身家庭
23	雷钱龙	雷钱龙 + 妻 +2 子 + 媳 +2 女 + 孙	8	主干家庭
24	雷延进	雷延进 + 妻 +2 子 +2 媳 + 女 +2 孙 + 孙女	10	主干家庭
25	雷延宗	雷延宗 + 妻 +2 子 + 孙 + 女	6	主干家庭
26	雷守扬	雷守扬 + 父 + 母 + 妻 + 女	5	主干家庭

续表

序号	当家人	家庭关系	人数	家庭类型
27	雷小华	雷小华 + 父 + 母 + 妻 +2 女	6	主干家庭
28	雷国庆	雷国庆 + 妻 + 父 + 子 + 女 + 媳 + 孙 + 孙女	8	不完整主干家庭
29	雷献珍	雷献珍 + 妻 + 母 + 子	4	不完整主干家庭
30	雷爱青	雷爱青 + 妻 +2 女	4	核心家庭
31	雷爱兄	雷爱兄 + 父 + 母 + 妻 + 子 + 女	6	主干家庭
32	雷爱忠	雷爱忠 + 妻 +2 子	4	核心家庭
33	雷伟勋	雷伟勋 + 妻 + 子 + 女	4	核心家庭
34	雷雨勋	雷雨勋 + 妻 + 女	3	核心家庭
35	雷伟华	雷伟华 + 妻 + 子 + 女	4	核心家庭
36	雷玉福	雷玉福 + 妻 + 子	3	核心家庭
37	雷聪华	雷聪华 + 父 + 母 + 妻 + 子	5	主干家庭
38	雷茂忠	雷茂忠 + 妻 + 子	3	核心家庭
39	雷聪菊	雷聪菊 + 夫 + 女	3	核心家庭
40	雷聪录	雷聪录 + 夫 +2 子 +2 媳 +3 孙女	9	主干家庭
41	雷景菊	雷景菊 + 夫 + 子 + 女	4	核心家庭
42	雷泽	雷泽 + 妻 + 子 + 女	4	核心家庭
43	严振法	严振法 + 妻 + 子 + 媳 + 女	5	主干家庭
44	雷晓娟	雷晓娟 + 夫 +2 女	4	核心家庭
45	雷延仓	雷延仓 + 妻 +3 女	5	核心家庭
46	雷汤红	雷汤红 + 夫 + 子	3	核心家庭
47	雷汤珠	雷汤珠 + 夫 + 女	3	核心家庭
48	雷汤娟	雷汤娟 + 夫 + 子	3	核心家庭
49	雷伟峰	雷伟峰 + 父 + 母 + 妻 + 子	5	主干家庭
50	雷李峰	雷李峰 + 妻 + 子	3	核心家庭
51	雷振余	雷振余 + 妻 +3 子 +3 媳 +2 孙 +2 孙女	12	主干家庭
52	雷建平	雷建平 + 妻 + 子 + 女	4	核心家庭
53	雷建华	雷建华 + 妻 + 女	3	核心家庭
54	雷建勇	雷建勇 + 妻 + 子	3	核心家庭
55	吴进龙	吴进龙 + 母 + 妻 + 子 + 女 + 孙	6	不完整主干家庭

续表

序号	当家人	家庭关系	人数	家庭类型
56	吴道伟	吴道伟 + 母 + 妻 + 子	4	不完整主干家庭
57	吴道清	吴道清 + 妻 + 子 + 女	4	核心家庭
58	雷海忠	雷海忠 + 父 + 妻 + 女	4	不完整主干家庭
59	蓝胜利	蓝胜利 +2 女 +2 婿 + 孙 + 孙女	7	不完整主干家庭

资料来源：本表数据为入户调查资料的汇集，由田野调查小组各组提供，民族学 14 级李霖整理，得到各组核对。在家户调查中，未将流动人口统计在内，且一部分统计数据由于被访问者自己也不清楚是不是分户，实际情况可能导致统计数据有误差。

编者注：此表中所有人名均为化名。

将所获得的大张坑村家庭结构类型数据进行统计后得到表3。

表3　大张坑村家庭结构类型统计表

家庭类型	主干家庭		核心家庭		扩展家庭	单身家庭	合计
	完整	不完整	完整	不完整			
户数	17	7	26	4	3	2	59
人数	115	38	93	10	29	2	287
比例	28.8%	11.9%	44.1%	6.8%	5.1%	3.3%	100%

来源：本表由民族学 14 级李霖整理并分享。

表 3 对 59 户家庭结构类型进行了统计，其中核心家庭 30 户，是大张坑村最主要的家庭类型；主干家庭 24 户；扩展家庭和单身家庭最少，分别为 3 户和 2 户。

1. 核心家庭

核心家庭通常是指一对夫妇与未婚子女一起生活的家庭。这类家庭体现夫妻关系和亲子关系。大张坑村的核心家庭（30 户）占所有家庭类型的 50.9%。其中完整型核心家庭 26 户，不完整型核心家庭 4 户，分别占所有家庭类型的 44.1% 和 6.8%。

不完整核心家庭包括夫妻离异、配偶去世，以及家中无子女等多种形式。不完整型核心家庭其家庭内部成员不健全，没有完整型核心家庭的关系稳固。因丧偶或者夫妻离异而形成的不完整型核心家庭，大多容易出现子女教育或者生活上的问题，从而影响将来的养老；因子女长期外出务工或分家，独留父母在家而形成的不完整核心家庭，被称为"空巢家庭"，容易出现年老的父母亲在生活上无人照顾，精神上孤独等问题。

2. 主干家庭

主干家庭一般可以跨越 3—4 代人，但是每一代人中只有一对已婚夫妻。主干家庭其成员可以由父、母、子、媳和孙子女组成，也可以由父、母、女、女婿和外孙子女组成。大张坑村共有主干家庭 24 户，其中完整型（17 户）和不完整型（7 户）分别占所有家庭类型的 28.8% 和 11.9%，其中 7 户不完整型主干家庭均是由于一方丧偶。在此类家庭中，配偶的空缺容易造成老年人精神寂寞，下一辈的精神关怀至关重要。

3. 单身家庭

大张坑村 59 户家庭中共有 2 户单身独居家庭。形成的原因有两种，一种是由于户主未婚而形成的单身家庭，一种是配偶逃婚而形成的单身家庭。在单身家庭中，户主年老无法完全照顾自己时，养老问题成为迫切需要解决的问题。

4. 扩展家庭

扩展家庭是指由父母和多对已婚子女及孙子女组成的家庭。扩展家庭是核心家庭发展扩大形成的结果。大张坑村的扩展家庭共有 3 户，一般是因兄弟结婚以后感情好，或是父母权威较大不允许分家而形成的。在中国农村社会的传统家庭中，由于老年人掌握较多必要的生产生活知识，地位较高。受畲族传统孝道观念的影响，在扩展家庭中，老年畲民的地位最高，有较强的权威。

不同类型的家庭结构中老人的地位各有不同，养老显现的代际关系及所体现的孝文化传统，其角色反映的责任与义务、权利，都不相同。

三、养老模式与形态

我国养老在代际关系上自有特点，与西方亲子关系的义务分配上存在着差别。费孝通指出，中国是甲代抚养乙代，乙代赡养甲代，乙代抚养丙代，丙代又赡养乙代，是一种下一代对上一代要反馈的模式，简称"反馈模式"①。西方则是甲代抚养乙代，乙代抚养丙代，是一代代接力的一种"接力模式"。中国传统养老依靠家庭内部代际反馈来赡养老人，而养老整体状况与老年人口数、老年人经济来源等有关。

（一）老龄人口

表4　大张坑村民老龄人口统计表

年龄	人数（个）	所占总人口（239人）百分比（%）
60—69岁	32	13.39
70—79岁	14	5.86
80—89岁	18	7.53
90岁以上	6	2.51
合计	70	29.29

根据世界卫生组织对老龄化社会的划分标准，老龄化社会是指发达国家65岁以上人口比例达到或超过7%，发展中国家60岁及以上人口比例达到或超过10%。中国属于发展中国家，采用的是第二个划分标准。根据整体社会的老年人所占比例分析，中国已经进入了老龄化阶段。

从表4可以看出，村中老龄人口较多，60岁以上有70人，占全村人口（按表1统计的239人）的29.29%。大张坑村是畲族传统村寨，年轻人大量外流，老年人留居村寨，老龄化程度尤为严重。

（二）畲民经济收入

大张坑村畲民多以务农为主，收入单一。老年畲民在家附近的田地种植水稻、番薯和生姜等农作物，并饲养少量鸡、鸭，自产自销，并不出售。部分老人由于田地分散，且距离居住地较远，不再种植水稻，由孩子每个月提供生活必需品及生活费，维持日常开销。

村中有极少数的老人年轻时曾离开村子从事其他职业。有2位老年畲民

---

① 费孝通：《家庭结构变动中的老年赡养问题——再论中国家庭结构的变动》，《北京大学学报（哲学社会科学版）》1983年第3期。

（LZY、LQX）年轻时担任教师，后调往景宁民族宗教局担任局长。二人退休前属国家公职人员，享受福利津贴，退休后享有退休工资。我们在村中调查时，LZY 任教期间教授的学生们听闻他最近身体不适，特意相约来看望他。此行一共来了 30 多人，LZY 一家专门准备了红豆饭招待学生们。他们交流彼此的现状，回忆往事。另一位老局长 LQX 十几年前在景宁县城购置了房屋，退休后夫妻二人与老母亲一同在县城居住，夏天天气炎热时便回大张坑小住，避暑纳凉。

（三）养老方式

1. 家庭养老

所谓"家庭养老"，实际上是以个人终身积累为基础，在家庭内部进行代际交换的"反哺式"养老。[①]家庭养老和社会养老是目前两大主要的养老模式。在农村起主要作用的是家庭养老。其实，"家庭养老也就包含两个层面的含义：一是老年人家庭的自养老，经济上独立，夫妻之间相互照料，情感上彼此支持；二是代际赡养关系，子女为老年人提供以上的支持"[②]。人们以家庭为单位承担养老义务与责任。在大张坑村，不赡养老人的情况极为少见。不赡养老人会被村民瞧不起，舆论和社会道德的约束为老年人提供了一定的养老保障，创造了良好的养老环境。

大张坑老年畲民赡养主要有自伙、轮吃轮住、轮吃不轮住、轮住不轮吃和固定奉养等五种方式。自伙，指有行动能力的老人，自己照料自己，不同子女一起生活，子女们只需按时提供一定生活费或者粮食。轮吃轮住，指老人在几个成年子女家中轮流居住，饭食也由子女轮流负责，时间上多以几月或半年为一轮换。轮吃不轮住，指老人单独居住，日常饮食由成年子女轮流提供，尚有行动能力时，老人自行前往轮值的子女家吃饭；若行动不便，则需轮值的儿子送饭。轮住不轮吃，指老人轮流居住在成年子女家中，但是老人自行负责饮食，不与子女同桌吃饭。固定奉养，当中又分一子奉养、独子奉养和两子各负责老人一方的三种不同类型：一子奉养，是指由一个儿子承担起日常养老的责任，其他几个子女只需按

---

① 陈其芳、曾福生：《中国农村养老模式的演变逻辑与发展趋势》，《湘潭大学学报（哲学社会科学版）》2016 年第 4 期。

② 史玲玲：《农村养老——在制度与伦理之间》，《西北民族研究》2014 年第 2 期。

时提供金钱或是粮食，一般都是幼子养老；独子奉养，是指只有一个儿子或女儿，负责老人的食宿；各负责一方，是指将年老父母各自固定跟随一个子女，各自负责老人的食宿，其他的子女定期提供生活费用。大张坑村养老方式统计见表5。

表5 大张坑家庭养老方式统计

养老方式	自伙	轮吃不轮住	轮吃轮住	轮住不轮吃	固定奉养			合计
					一子奉养	独子奉养	父母分随两个儿子	
户数	5	3	2	2	10	3	4	29

随着家庭成员数量的增加，年龄的增长，分家就成了一个必须面对的问题，也是绝大多数家庭都会经历的一个过程。但是在大张坑村民的传统观念里，家庭成员数量越多，证明家长做得越好，能力越强，因此畲民一般很少分家。若分家，家庭成员在老人在世时便确定家庭共有的房屋山林地产所有权，避免日后再起争端，破坏家庭和谐。

分家最重要的一项任务是老人赡养的约定。LMS家共有3个儿子，大儿子去做了上门女婿，分家时约定好由二儿子负责赡养父亲，小儿子负责赡养母亲，大儿子并不需要承担赡养老人的责任。平日LMS夫妻二人独自居住在老屋里，自己做饭。LMS中风卧病在床后，二儿子一家负责日常的照料。LMS去世后，所有的丧葬花销都由二儿子一家承担。有些人家由于家中子女众多，经济贫困，难以维持日常生活，便把儿子送给没有孩子的人家（做养子），或者是只有女儿的人家（入赘）。那些被选中的家庭多经由亲属或熟人介绍。孩子被送出以后，有些带有亲属关系的仍然与原生家庭保持联系，有些不再联系。畲族并不歧视入赘，男性上门和女性出嫁的性质相同。做了上门女婿的儿子，等同于嫁出去的女儿，不需承担给自己父母养老的责任，只需要负责其妻子父母的赡养义务。村中较典型的一个例子是LMG和LTG，二人共育有四子一女。其中大儿子和二儿子做了上门女婿，这两个儿子平时不会回来，只有过年过节才会回来探望老人。三儿子LQS从小就被LMG的亲兄弟LZG抱养了。LZG自己育有一子，两家人前后相邻居住，日常交流沟通极为便利。LZG19年前抱养的儿子去世后，儿媳从外村找了一个上门女婿，之后并未生育子女。目前LZG在景宁县城与自己的亲儿子一同居住。

2. 社会补充养老

除了家庭养老，现有社会补充养老作为辅助。社会补充养老提高了大张坑村民们的养老生活质量，减轻了家庭养老的负担，为老年人的晚年生活提供了基本的保障，已逐渐成为养老的重要补充。

医疗保险。老人多病，养老医疗需要社会保险分担。村民均缴纳农村医疗保险。根据《2016 年景宁县城乡居民医疗保险参保缴费须知》：成年人 300 元 / 人，未成年即 1999 年 1 月 1 日之后出生的为 150 元 / 人。畬民只需缴纳一半的费用，其余由政府出资。低保、五保、残疾、低收入家庭的老年人和优抚等人员无须缴纳费用。

村中并无诊所与医生，最近的医院是东坑镇卫生院。村民在自家房前屋后种植基本的常用的中草药，出现一些小症状，村民选择合适疗效的草药自行治疗，并不会去医院。老年人行动不便的时候，家人直接联系卫生院的医生上门看诊。村中有一位老人生前曾中风瘫痪在床，行动不便，感冒生病需要挂盐水时，卫生院的医生便每天上门服务。

自 2014 年起，景宁县组织卫生院每年 11 月份进入村子为村民进行健康体检。有些老年人口多的村子一年体检两次。体检的主要项目有身高、体重、血液、尿液、心电图、B 超、腰围和臀围。负责大张坑村医疗体检的是东坑镇卫生院，这次（2016 年）共来了 19 位医务人员和 1 位浙江省疾控中心的负责人。他们早上带着医疗器械，在农家乐门口的空地上为村民进行体检。村民须空腹，携带自己的身份证或是社会保障卡，登记个人信息，领取体检表格，随后逐个检查。60 岁以上的老人除了这些检查项目以外，还需填写浙江省疾控中心的一份问卷调查，由当地卫生院中会说畬语或者景宁方言的医生负责沟通记录。

福利补助。景宁县的城乡居民养老保险主要由个人缴费、集体补助和政府补贴三个部分构成。共有 100 元到 1700 元的九个档次可供自由选择。选择缴费档次越高，政府补贴金额越多。若缴纳养老保险金，缴费年限越长，获得养老金额越多，去世以后还可获得一笔丧葬补助费。若未缴纳养老保险，每个 60 岁以上的老人每月可获得 120 元基础养老金的生活补贴，80 至 89 岁的老人每月可多获得 30 元的高龄补贴，90 至 99 岁的老人多获得 100 元的高龄补贴，100 岁以上的老人每月多 500 元，并一次性给予 5000 元的慰问金。

这些官方福利补助和社会保障增加了老年人的经济收入，保障了他们的基本生活，也为年轻人减轻了一定的养老负担，降低了老年人对家庭养老的依赖。

（四）老年畲民的业余生活

大张坑村位置偏僻，全村位于半山腰，交通不便，老年畲民的业余生活主要是看电视、"过家家"、唱山歌以及简单做些手工等方面。

1."过家家"

村里的老人在农忙之余，无论男女经常会到其他村民家中"过家家"（畲语中意指串门）。泡几杯茶，拿几盘腌咸菜，放几双筷子，大家围桌子而坐，闲聊，道道家长里短。若是冬天必然要在桌下燃一个大火炉。大张坑畲民最常用以待客的便是腌蕨菜。清明节前后，村民上山采集蕨菜，开水焯过一遍后用冷水冲洗绒毛，揉搓根茎使其变软，日晒至七分干，随后将晒好的蕨菜团成一小团混合着盐放入中部打通的竹筒当中，装满后在顶部铺上一层厚盐，防止变质。装好的蕨菜需放置在阴凉处，避免阳光照射，腌制三五天后便可食用。食用之时，先用水清洗一遍，去除多余的盐分，加入醋、白糖还有些许辣椒，搅拌均匀即可。"过家家"时用咸菜、茶来招待邻里，不仅是大张坑的日常礼俗，也是消遣养老时光的好方法。

2.喝茶

村中畲民不喜喝白开水，老年畲民尤其喜爱喝茶。畲民将茶树种植在自家菜园子的边角地，到了采茶的季节（清明前后），采摘、炒制茶叶。虽然不如外边出售的茶叶那般精致，但是口感佳，老人喜喝。每年每户人家会准备至少四袋茶叶共 20 多斤，以供自家饮用、招待"过家家"的村民和远方的客人。

3.唱山歌

除了"过家家"，畲民围坐在一起时会唱山歌以打发老年时光。山歌的内容并不局限于歌本记录，歌词常常会根据场景随意编写。一般以四行、七言体式韵文为一条，四句为一首，也有少数歌词第一句为三个字或五个字。为讲究押韵，第三句末字须是仄声。山歌曾在求偶、教化孩童、劳作娱乐中发挥重要作用，但是由于山歌在现代社会的功能减弱以及小辈不愿意学，村中只有极少数年老畲民会唱山歌。

四、孝文化传统

养老是孝文化核心思想的实践形态，孝是养老伦理。《尔雅》言："善事父母为孝"。《说文解字》进一步明确："孝，善事父母者。从老省，从子，子承老也。"孝是代际关系调整规则及行为方式，是以子代敬事父代为基础所体现的晚辈对待长辈应具有的道德品质和必须遵守的行为规范。大张坑的孝文化影响着子辈对父辈的态度，提高了老年畲民的养老质量。围绕孝构建的孝文化，包含做寿、祭祀先祖、送终等。

（一）做寿

早在秦朝，民间就将长寿老人称为"寿星"，而据说寿星是主宰人间寿夭的吉祥神，在我国民间有许多美丽的祝寿神话，如西王母蟠桃盛会、麻姑祝寿、八仙庆寿、东方朔偷桃等。为老人做寿是一种尊老、爱老的表现形式。做寿的寓意是为长辈庆祝生日，向长辈表达健康长寿、幸福如意的真诚祝愿。大张坑畲民一般给 50 岁以上的长辈做寿，仪礼的隆重程度与年龄大小及逢五逢十的整数相关。

LSR 过 79 岁生日时，4 个儿子，2 个女儿以及他们的配偶特意在家里为老人庆祝生日。平时各个子女都在景宁县城租房子居住，只有一个儿子留在家中照顾老母亲，其他子女平日无事不常回家。家宴的八仙桌上摆着两个火锅，还有各式菜蔬肉食共 20 多道菜，食材大都为自家养的鸡鸭鱼和自家种的蔬菜，还有自家磨制的豆腐品类等。

做寿时，老人一定要吃畲族美食——麻糍。子女会在晚饭准备期间特意去村里的踩碓制作麻糍。制作麻糍是一件很辛苦的事，需要踩碓，劳动强度大。踩碓时先将需要加工的糯米等食料放到碓臼里，几个人相互配合，把握好节奏，一只脚用力踩在架上，利用杠杆原理，使得碓头（由整块石头制成，较重）高高扬起，重重落下。由于糯米的黏性较强，需有一人翻转臼中的糯米团，并在碓头上抹上水，防止粘连。随后将炒制过的黑芝麻碾碎，直至无颗粒存在。经过 70 多分钟的加工，子女将加工好的黑芝麻和糯米团带回家，在黑芝麻中混合白糖加以搅拌，用手揪一小团的糯米团搓圆，在混合好的黑芝麻里滚上一圈，使之整个被芝麻和糖包裹，成了一个新鲜的麻糍。过寿后，依例子女要带一些麻糍回家，分享给左邻右舍，得到邻人对老人的祝福。

这一次做寿，女儿给老人买了新衣服，每个儿子给老人 1000 元钱作为寿礼。除了儿子女儿给父母做寿外，侄子侄女、外甥外甥女也都来给长辈做寿，或赠送猪腿，或赠送衣物钱财等。在大张坑村，畲民做寿的时间一般从 50 岁开始，隔十年过一次，送礼时间提前一年，即过年前后时间段。例如过 50 大寿的话，49 岁那年过年时就应该送寿礼。大张坑畲民并不举办大规模的寿宴，只是家里人聚在一起吃一顿团圆饭，或者把送来的猪脚煮好，并另外准备些吃食，叫上送礼的亲属聚餐。

（二）祭祀祖先

孝的内涵，还体现在对祖先的祭祀上。中国文化传统历来重视祖先崇拜。认为通过祭祀仪式可以获得祖先灵魂的保佑。大张坑村每户村民家里，中堂所对应的二楼内侧都有一个神龛，用于供奉自家的祖先。每年的正月初一都要点上香烛，摆上供品，祈求祖先保佑新的一年生活顺利。家中儿子结婚添人口了，也要点香告诉先祖。

除了在家中供奉祭祀外，村中曾有一个祠堂，供奉村里所有去世的人的牌位。每年畲民会按照轮值的顺序，准备供品祭拜祠堂内的先祖。村中几座祖坟同样按照轮值顺序在每年清明轮流祭拜。2016 年夏天一场台风，祠堂被山体滑坡的泥石流冲垮掩埋。

祖先在成为先祖之前是人们的长辈，时间长了就变成了先祖。祈求先祖的保佑，存在趋利避害的心理，也表明孝文化的对象从现实存活的对象延伸到了已经逝去的人，范围扩大，仪式感更加强烈。

（三）送终

大张坑村为老年畲民送终的过程显现了孝文化。丧葬仪式是人生的最后一程，也是一种对世人的宣告。在长者年龄甚老或是疾病缠身的时候，其子女会提前为老人准备一些百年以后的物品，包括提前修建墓地，准备寿衣。以前还会提前准备棺材，平日放置在家中的隐蔽处，内部可以用来储物。做这些准备是为了以免老人突然过世，家中慌乱来不及准备。这是自建村以来延续的传统。老年畲民并未对此表示不满或产生抵触心理，有甚者不用子女操心，自己就会提前准备这些东西。

在女性畲民去世以后，专门的互助组织会负责通知其邻居及亲属。娘家人需要由死者的儿子专程上门通知，以表示对娘家人的尊重和孝顺。娘家人在出殡前一天的下午由孝子接到家中参加葬礼，进门之前死者的子辈和孙辈都必须按照长幼内外顺序呈一长队，跪在家门口，每人手上持一把香迎接。娘家人从他们每人手中接过一炷香，带入灵堂插入香炉中，最后进门的一个人扶起跪着的人。若是娘家人认为这些子孙辈对死者不孝顺，生前没有善待死者，死后葬礼仪式办得不够妥当，就不会把他们扶起来，让他们一直跪着，任村里人和来往的亲属围观和谴责。

老年畲民去世后，所有的子孙辈都要赶回家奔丧，送最后一程。其子女被统一称呼为孝子孝女，丧期内关系较亲近的家属穿白衣戴白帽，前来奔丧的亲属和丧葬互助组织成员只需要戴白帽以示哀悼。孝子的服装更为传统，身穿祖辈流传下来的麻衣，腰间系麻绳，头戴麻帽，胳膊绑一根麻绳，长孙的穿着与长子相同。其余的孙辈们穿白衣，戴白帽，白帽上贴一个圆点红纸。丧礼仪式后，还要进行做七、上位等一系列复杂的仪式，安顿死者灵魂，令其日后受到家中子孙辈的香火供奉。

在做寿、祭祀先祖、丧葬等一系列特殊的交互活动过程中，大张坑逐渐形成尊老爱老及敬老的村庄氛围。一方面强化村民的尊老养老意识，另一方面孩童处于这一文化背景中，不断濡化，习得尊老爱老的文化，为父辈的养老提前奠定基础。

访谈中村民对于孝顺父母有着自己的看法：

　　LYR（男，79岁）：活着的时候，他们需要什么就给他们买，经常买好的吃的东西给他们补补身体。过辈（去世）以后，就做一个好一点的坟墓。（背景情况：本人9岁时被带到LZQ家，后来与其女儿结婚，做了上门女婿，育有三子一女）

　　LMG（女，62岁）：有吃有穿，不会让老人饿肚子。有时间回来看望父母，帮父母提一些重物。父母生病了带他们去医院治疗。（背景情况：本人育有一儿一女，女儿前些年去世，儿子一家现居景宁）

　　LGJ（女，52岁）：不要乱说话，不要说闲话，要一直对父母好，不能今天对他们好，明天就不管他们了。（背景情况：本人招婿上门，弟弟为抱养。分家时约定好，老人在两家轮吃轮住，一家负责半年。后来由于LGJ认为其养弟与弟媳对赡养老人不尽心，很多方面没有照顾好，自己便承担全部赡养老人的义务）

　　LFQ（男，79岁）：不打骂父母，有饭给父母吃，有地方给父母住。过节时多回家探望父母，买些鸡带回家给父母吃。（背景情况：本人幼年时意外右眼失明，未结婚生子，与兄嫂共同居住）

五、余论

　　田野调查结果表明，大张坑养老，总体上能够遵循畲族传统的生活方式，尽量不分家，在大家庭中共同生活，无论起居、饮食，都有子女善待，关心、照料老人；老人体谅子女，敦睦、和祥，这是在以血缘关系为基础的传统社区中人伦意义上的养老。"由于农耕生产方式的单一性，加上社会信息的封闭，父母与子女之间的代际传递是文化传统和文明更替的重要方式。'孝'作为中国传统伦理的基本观念，不仅是子女对于父母的道德责任，更是体现了人们对于传统的尊重和认同。'父慈子孝'是亲子关系重要的伦理责任，老人居家养老，子女赡养父母，这是'孝德'的要求"①。但养老是对社会、社区，家庭、子女的综合要求，在少子化和社会流动不断挑战养老事业的今天，大张坑社区还必须面对一些更紧迫的问题。

---

　　① 聂建亮：《养儿还能防老吗？——子女人口经济特征、代际关系与农村老人养老资源获得》，《华中科技大学学报（社会科学版）》2018年第6期。

（一）留守老人养老问题

大张坑畲族村地处山区，距离城市较远，除农业种植以外，无其他稳定就业的机会。村里中小学二十多年前停办，学龄儿童需前往澄照乡或是景宁县城读书。为增加收入及解决子女教育的问题，村中青壮年纷纷选择带着孩子进城务工读书，老年畲民留守家中。尽管大部分人选择就近在景宁县城打工，少部分去外地开店，但青壮年的外出务工给老年人的养老生活、子女对老人的赡养方式产生了极大的影响和改变。老年畲民日常除了看顾老房子，还需照料农田和山林。

农民离开农村进入城镇打工或从事其他非农产业，对提高家庭经济收入有较大帮助，但同时也造就了农村为数众多的"空巢家庭"的老人。老人与子女在生活上时空分离，日常生活无人照料，甚至还需帮助子女照看留守的孙辈。老人生活负担加重，精神非常孤独，严重影响了养老质量。老人与子女之间缺乏情感的交流，虽然满足了老人的物质生活需要，但是忽略了他们对精神文化的需求。这既是当前乡村的普遍性问题，也是大张坑的一个更具典型性的问题。

（二）家庭养老矛盾问题

调查所知，村里没有较大的婆媳矛盾，但偶有一些小的摩擦冲突，婆媳之间会拌几句嘴。一般发生这种矛盾时，村民不会主动帮忙调解，认为那是人家的家务事，不能随便插嘴。LMG 的妻子 LYM 认为她家的儿媳妇懒惰，嫁入夫家后从未工作，仅在家养育孩子。她的儿子每日工作，不仅赡养两个老人，而且还要抚养两个孩子。老人的心里很不平衡，觉得自己的儿子受委屈了。但是 LYM 也只是私底下抱怨几句，不会和儿媳妇吵架闹不愉快。

赡养老人的矛盾，一般在最小的儿子结婚以后分家的时候显现出来。LLX 一家在分家时只得到 8 只碗、几块薄地和半间房子。老人尚有劳动能力时，只是帮小弟干活，不会帮他们家干活。老房子二楼装修，老人借口去女儿家住，不过问一切相关事务，到装修结束才回家。分家之时妯娌曾因为一台缝纫机吵架，差点发生打架事件，后来是村子里比较亲的几个亲戚站出来说话，LLX 才分得唯一值钱的家当。以前未分家时，LLX 的妻子出去"过家家"时间稍长也会遭到婆婆的嫌弃，婆婆会说一些很难听的话。当 LLX 与他自己的父母吵架的时候，妻子就会带着孩子去"过家家"，或者去菜地里转转，避开争吵。妻子觉得父母子女吵架后会自动和好，儿媳妇不能劝，会被迁怒。

在养老责任的分配上，LLX 负责赡养父亲，其弟赡养母亲。父亲中风卧病在床，需要服药治疗糖尿病。父母的钱财（退休工资，往年打工所得，卖牛所得）都在小儿子那里，去年住院时，小儿子办理住院手续，缴纳医疗费后再不露面。LLX 夫妇俩一直陪伴在老人身边，照顾老人起居。LLX 夫妻说，现在生活条件好了，两个孩子都长大了，老人重病在身没几年的寿命了，想想自己以后也会变老，也就不会与弟弟计较那么多。

（三）养老负担问题

"养老无非是老年人在特定的时期获得足以应对其生活的养老资源，其中特定的时期指进入生命周期的老年阶段，而养老资源包括经济支持、生活照料和精神慰藉等方面。养老资源的来源也是多方面的，包括自我劳动、养老金、子女及其他人的供养等"。[1]

养老支出占农村家庭支出比重的一大部分。但是每户家庭的经济状况不同，他们对老人的待遇也不相同。村子里有一户条件较好的人家，育有 3 个女儿，均已成家。3 个女儿每人每月给老人 1000 元的生活费。村中退役的老人每月能享受国家发放的福利待遇，能够满足他们自己的日常生活所需，就不需子女每个月给生活费。子女只需要在过年过节时给老人一些钱表示心意即可。然而对于大张坑村大多数家庭而言，养老是一项沉重的生活负担。

孝文化弘扬了一种孝道的观念和思想，关注比自己年长、辈分高的人，不能简单地归于赡养父母等长辈。如果把孝文化看成是解决农村养老问题的一种途径，这种想法未免太过理想化、片面化。孝文化在我们日常的思想行动中，我们自身可能都未意识到这个事实，这是以孝养老，以精神文化养老的体现。

---

① 屈群苹、许佃兵：《论现代孝文化视域下机构养老的构建》，《南京社会科学》2016 年第 2 期。

湘西凤凰县德榜村苗族银饰锻制技艺传承现状调查研究 ①

中南民族大学民族学 2015 级本科生　杨　媛

指导老师　李　然

摘要： 银饰是湘西苗族人最喜爱的传统饰物，德榜村是湘西凤凰知名度颇高的苗族银饰集中加工地，也是国家级非物质文化遗产"苗族银饰锻制技艺"的集中传承地之一。本文采用文献法、参与观察法、深度访谈法等方法，对村内"非遗"传习所、著名银匠大师、湘西凤凰县德榜村苗族银饰锻制技艺传承现状及周边银饰交易市场等进行调查，研究德榜村苗族银饰锻制技艺的传承方式、传承主体和传承中的创新性发展与创造性转化。本文发现，德榜村苗银锻制技艺的传承方式分为村内银匠，政府及其他社会人士的传承两种类型。随着品牌影响力的扩大，德榜村苗族银饰在制作工艺和销售方式上也在不断创新。目前，德榜村已走上了将文化资本转化为经济资本的道路。然而，在发展过程中，德榜村也面临着村内宣传资源分布不平衡、老年银匠思想传统化、银饰定价随意化、传承人后继乏力等问题。针对上述问题，本文认为应搁置争议、照顾多方利益，培育合作共赢意识，共同提高经济效益等。本文希望这些对策能为处在相似困境下的手工艺传承与发展提供参考，

---

① 编者注：此文中所有人名均为化名。

从而进一步振兴苗族传统工艺，传承与发展中华优秀传统文化，涵养文化生态，丰富文化资源，增强文化自信。

关键词：德榜村；苗族银饰；锻制技艺；传承

一、导论

（一）研究背景

银饰是湘西苗族人民最喜爱的传统饰物，银饰加工是湘西地区传统的手工技艺，其中凤凰县的苗族银饰手工技艺更是历史悠久、工艺精美。德榜村是凤凰知名度颇高的苗族银饰集中加工地，也是国家级非物质文化遗产"苗族银饰锻制技艺"的集中传承地之一。

2017 年 1 月，中共中央办公厅、国务院办公厅印发《关于实施中华优秀传统文化传承发展工程的意见》，要求"到 2025 年，中华优秀传统文化传承发展体系基本形成，研究阐发、教育普及、保护传承、创新发展、传播交流等方面协同推进并取得重要成果"。[1]

2017 年 3 月，《国务院办公厅关于转发文化部等部门中国传统工艺振兴计划的通知》要求"立足中华民族优秀传统文化，发掘和运用传统工艺所包含的文化元素和工艺理念，丰富传统工艺的题材和产品品种，提升设计与制作水平，提高产品品质，培育中国工匠和知名品牌"。[2]

在上述背景下，为响应政府关于传承、发展中华优秀传统文化的相关工程，促进民族文化产业的发展，本文就湘西凤凰县德榜村苗族银饰锻制技艺的传承进行了研究。

（二）文献综述

少数民族喜爱银饰的历史非常久远。苗族对银饰的喜爱尤甚，苗族的银饰以

---

① 《关于实施中华优秀传统文化传承发展工程的意见》，中华人民共和国中央人民政府网，http://www.gov.cn/zhengce/2017-01/25/content_5163472.htm，2017 年 1 月 25 日。

② 《国务院办公厅关于转发文化部等部门中国传统工艺振兴计划的通知》，中华人民共和国中央人民政府网，www.gov.cn/zhengce/content/2017-03/24/content_5180388.htm，2017 年 3 月 24 日。

黔东南和湘西的工艺水平最高。随着国家对少数民族文化和传统工艺传承的重视，学界也越来越关注对苗族银饰的研究，每年都有关于苗族银饰研究的论文发表，也产生了很多研究成果。以下是笔者对阅读过的湘西苗银相关文献的梳理。

有关湘西苗族银饰传承现状的研究中，李若慧以湘西与黔东南苗族的银饰制作技艺为代表，认为这两个地区的银饰工艺的保护与传承出现了"本土自觉中的文化保护"与"政府推动下的文化保护"两种模式。①周雪林指出，目前凤凰苗族银饰技艺的保护存在行政和保护机制不健全、社会有效性保护缺乏、传承形式表面化、传承人思想传统化等方面的问题。她还认为应该从完善相关地方性法规、强化行政保护、加大传承人保护力度、实行产业化发展等方面对苗族银饰技艺进行保护。②滕新才、彭凤也指出，凤凰苗族银饰的传承现状和保护力度不太乐观，银饰的传承受到了市场经济和旅游业发展的冲击。他们认为国家、地方政府、传承人自身都应该行动起来，共同保护银饰文化。③除了上述内容，吴永江还从旅游开发的角度研究了苗族银饰的传承与保护，认为可以通过开发旅游产品，创新营销手段等方式，在开发中实现文化遗产的保护。④段知力也从规范市场的经营与运作、创新营销手段等方面提出了湘西苗族银饰的开发对策。⑤

具体来看，在有关德榜村苗族银饰锻制技艺传承问题的研究中，陈剑、焦成根、唐慧、刘雯从湘西凤凰县德榜村民间流传的传说出发，研究了当地苗族银饰的种类、传承谱系、锻制工艺、生产及销售现状等内容。⑥李冰雁也在研究德榜村银饰加工及销售现状的基础上，认为不能仅仅依靠政府的力量保护苗族银饰文化，要

① 李若慧：《苗族银饰的文化生态与传统工艺的保护——基于湘黔苗族地区的案例比较》，《湖北民族学院学报（哲学社会科学版）》2017 年第 35 期。

② 周雪林：《苗族银饰锻制技艺保护研究——以湘西凤凰县为例》，《怀化学院学报》2017 年第 36 期。

③ 滕新才、彭凤：《凤凰古城苗族银饰技艺传承现状调查及对策初探》，《重庆文理学院学报（社会科学版）》2013 年第 32 期。

④ 吴永江：《苗族银饰锻制技艺的旅游价值与开发——兼论湘西非物质文化遗产保护》，《边疆经济与文化》2014 年第 11 期。

⑤ 段知力：《浅析湘西凤凰县苗族银饰锻制技艺的旅游价值与开发》，《才智》2016 年第 19 期。

⑥ 陈剑、焦成根、唐慧、刘雯：《德榜苗族银饰锻制技艺的现状调查》，《内蒙古大学艺术学院学报》2012 年 9 期，第 4 页。

重新包装民俗文化,扩大受众。[①]周丽娟、李倩则研究旅游语境下德榜银饰的文化功能的嬗变,从而分析苗族银饰文化的传承与发展问题。[②]王彬从影视人类学的角度,以文化影像志的形式,记录、保护并传承德榜村苗族银饰的锻制技艺。[③]

总的来说,学界对湘西苗族银饰锻制技艺,尤其是德榜村银饰锻制技艺的传承问题进行具体、专门研究的文献还不是很多。陈剑、焦成根等学者的研究虽然也涉及德榜村苗族银饰的传承谱系、锻制技艺等内容,但现有研究文献往往在划分内部传承与外部传播这一步后就止步不前。将苗族银饰锻制技艺的传承划分为内部传承与外部传播后,再对内部传承与外部传播进行更深层次界定与对比的研究比较少见。因此,本文将德榜村本土自觉的传承进一步细分为三种传承方式,并对此进行了分析与对比,具有较大的研究空间和创新性。笔者希望本文能够为以后相关主题的研究提供示范,能为关于苗族银饰锻制技艺的传承问题的研究提供来自德榜村的个案参考。

(三)研究方法

1. 文献法

文献法,指收集、分析、研究统计资料和报道资料以获得研究地点与对象的基本信息。笔者通过多种渠道查阅了有关苗族银饰的文献和期刊论文,通过对这些资料进行分析,了解了关于苗族银饰文化传承的相关研究成果。通过大量阅读文献,笔者对德榜村的地理环境及银饰锻制现状有了初步印象,在此基础上,笔者设计了访谈问题与调查提纲,为展开调查做好了准备。

2. 参与观察法

参与观察法,是民族学田野调查的主要方法之一,指观察者进入观察对象的生活或工作场所,参与他们的生活和工作活动,在参与过程中观察研究对象的各种行为及其变化情况。[④]本次调研,笔者及队友借宿在德榜村村长龙海珍家中,

---

① 李冰雁:《对湖南湘西凤凰县德榜村银饰加工市场的调查及思考》,《现代装饰(理论)》2014年第1期。

② 周丽娟、李倩:《旅游语境中德榜村苗族银饰文化功能的嬗变》,《佳木斯职业学院学报》2018第12期。

③ 王彬:《湘西"银匠村"苗族银饰锻造技艺文化影像志》,硕士学位论文,湖南工业大学,2018年。

④ 郑杭生:《社会学概论新修精编本》,中国人民大学出版社,2015,第45页。

与德榜村银匠们同吃同住同劳动。并且，笔者曾在吴美菊、龙建杨两户银匠家中亲身参与银饰锻制的各个环节，在参与过程中，笔者与队友积极向银匠们请教各类注意事项，了解他们最真实的工作、生活状况。2017 年 8 月 27 日，笔者及队友跟随龙求海去往禾库镇赶场。在赶场中，笔者细致观察了当地的银饰交易过程，通过对当地苗族少女、外地游客、苗族文化爱好者、银贩等调查对象的访谈，积累了大量的第一手资料。

3. 深度访谈法

深度访谈法，指在调查过程中进行直接性、深入性且面对面的对话。访谈的对象一般选择所要研究内容的知情人及当事人，也可以选择调研当地有阅历、具有代表性的人物等。本次调研中，笔者分别对德榜村村长、村内三户具有代表性的银匠家庭、相关村民、凤凰县非物质文化遗产保护中心工作人员及锦绣堂负责人等进行了深入的访谈，整理出了 3 万多字的访谈记录，500 多份的音频及图片，得到了大量的资料。

（四）调研点概况

德榜村，位于湘西凤凰县禾库镇西北部，有上、下两个自然寨，7 个村民小组，共登记 202 户，952 人，是一个典型的苗族聚居村，也是一个远近闻名的苗族银饰锻制之乡、银匠之乡，先后被评为 2011—2013 年度"中国民间文化艺术之乡"、2014—2016 年度"湖南省民间文化艺术之乡"。2014 年 6 月，德榜村被湘西州人民政府授牌为"非物质文化遗产传习所"和"苗族银饰锻制技艺生产性保护基地"。

凤凰苗族银饰手工技艺历史悠久，是苗族最喜爱的民间传统工艺。德榜村的银饰生产传统历史悠久，渊源深厚。从清朝开始，德榜村银匠们就以纯手工制作，为周边苗族群众加工银饰品，至今已传承七代以上。整个生产流程保持手工锻制，技艺独特、工艺精美，因此，德榜村是凤凰县乃至整个湘西地区最具影响力的银饰加工基地。

目前，德榜村内有 11 户 54 人专门从事银饰加工生产，其中包括州级银饰技艺传承人 1 人，县级银饰技艺传承人 7 人。村内浓厚的银饰制作氛围为建立苗族银饰生产性保护基地提供了良好的历史条件和文化空间。

二、德榜村苗族银饰锻制技艺的传承方式

德榜苗族银饰锻制技艺历史悠久，至今已传承七代以上，银匠师傅凭借着自己多年的经验将一块块银料通过熔解、锻打、拉丝、焊接、雕花、炼制、压模、掐花、镶嵌、洗涤等工艺，制造出光彩夺目、美轮美奂的银饰。工艺在银饰锻制中占有重要的地位，也是技艺传承最为核心的内容。银饰工艺如何从上代传递到下代，是研究银饰文化传承现状的重要方向。下文将通过两个方面研究德榜村苗族银饰锻制技艺的传承方式，一方面是德榜村内银匠的传承包括的三种典型模式，通过对这三种模式进行评估和比较，揭示德榜村内银饰锻制的传承现状。另一方面是政府及其他社会人士的传承，通过这一方面，笔者试图了解社会力量对德榜村苗族银饰传承的推动与影响。

（一）德榜村内银匠的传承

1. 内部传承 [①]：以个体户吴美菊家为例

在德榜村，银饰加工几乎都是以家庭手工作坊形式完成的。虽然近几年苗族人民的生活日见起色，但是对银饰的购买力仍然不高，这直接影响了银饰加工地的传承方式及手工作坊的规模。在德榜村，半数以上的银匠家庭还延续着传统的内部传承方式（指不向外招收学徒或不请帮工，仅家庭内部成员继承手艺）。这些家庭中具有代表性的就有收入来源为银饰加工和农业耕作兼有的吴美菊家。

通过访谈，笔者了解到吴美菊虽是德榜村人，却是在嫁给了村里银匠大师龙成华（苗族银饰锻制技艺县级传承人）的小儿子龙文汉后，才开始学习打银技艺。而龙成华的打银技艺是与其妻子结婚后跟随其妻子的外公学习的。龙成华与妻子育有三子，其中大儿子和二儿子一人帮人建房，另一人在外打工，虽然两人都会打银，但并不愿加入打银行业。如今家里只有龙成华、龙文汉和新媳妇吴美菊锻制银饰，龙成华的妻子只在银饰销售旺季时给予一定的辅助。另外，除了锻制银

---

① 在本文中，"内部传承"是德榜村苗族银饰的传承方式之一。具体说来，指在德榜村内，一些银匠家庭不接收家族成员外的学徒或帮工，仅家庭内部成员继承本族的银饰锻制手艺。

饰，吴美菊一家还从事农业生产，但一般只能自产自销，无法出售盈利。

图 1 小组成员在禾库镇赶场时与吴美菊的合影

在德榜村，吴美菊家位于龙建杨家的后方，只有三间小平房，远没有龙建杨家的三层楼房舒适宽敞，但这里就是吴美菊一家的生活场所，也是他们的生产场所。吴美菊家没有单独开辟出的专门的工作间，工作间就是堂屋（客厅）旁边的一间小耳房，墙壁是用砖头垒起来的，并没有粉刷。与龙建杨、龙先虎师傅的作坊相比，这里用于拉丝、洗银的机器也较少。据吴美菊介绍，他们家为数不多的几台机器中，有一台还是评选传承人时别人赠送的。通过之后对德榜村银饰生产家庭的整体调查，我们了解到这其实是德榜家庭银饰手工生产作坊的真实写照。

除了上述硬件设施的差异，与龙吉堂和龙建杨的手工作坊不同，吴美菊家的银饰原料一般不是从贵州凯里或湖南郴州买入，而是在禾库赶场（逢农历每月一、六即禾库赶场的日子）时，从银料贩子手中购入，这些购入的银料分为两种：一种是原银料，即银块；另一种是已经压制好的不同厚度的银片。银料购入价一般为3600元/斤，即约合260元/两。这些银料老板往往来自外地，因为每次赶场他们基本都在，所以他们与德榜村的一些银匠建立起了固定的合作关系，甚至当银匠手中没有足够现金时，也可以通过赊账的方式从银料贩子手中拿到银料，等到加工完并出售之后再补上欠款即可。在德榜，银匠缺乏足够的财力一次性购入大量银饰原材料，因此他们不可能囤积银子，一般都是按照自己的需求量购买。

此外，在平时加工过程中剩下的碎片残渣，也可以保存下来，将其先熔化成银块，再与原材料商贩兑换为银片、银丝等半成品，但每斤需另付50元加工费。

在银饰的销售方面，由于吴美菊与龙文汉年轻能干，思想活跃，除了固定在赶场时售卖银饰外，两人还通过微信等网络渠道展示、售卖自家银饰，故吴美菊家不仅锻制传统苗族银饰，也根据客户发来的图案样式锻制新式银饰。因此，吴美菊家的银饰生意在当地还算不错，赶场的日收入基本在2000元左右，在网络平台上，一年也能接到上万元的订单。

为了进一步迎合外地人的审美，扩大市场，他们不断改进苗族传统银饰样式，例如，龙文汉师傅在2010年曾自行创制了一种梅花手链，这种手链长约20厘米，重约0.6两，由若干个梅花与银环组成，其形状构件与胸颈饰的银链基本一致，两端分别有一挂钩，很受顾客的欢迎。吴美菊家凭借精美新颖的银饰产品以及与时俱进的营销策略，形成了独有的竞争优势，因此，德榜村最大的银匠世家龙先虎家也时常以7元/克的价格从吴美菊家拿货，但龙先虎家转卖出的价格（10元/克）却比吴秀菊家的售价（吴美菊卖给顾客也是7元/克）要高。

由于德榜村及周边地区的人们以佩戴苗族传统银饰为美，酷爱传统花纹样式，所以还是以本地市场为主。吴美菊一家虽时有创新，但并没有完全放弃锻制传统苗族样式的银饰。每次赶集时，吴美菊和龙文汉都会各摆一个摊位，吴美菊的摊位上主要售卖改进样式的银饰，龙文汉的摊位上则是传统苗族样式的银饰。吴美菊一家没有得到过多的政府扶持，但是因为自己勤劳肯干、技术过硬、样式新颖，吴美菊家的银饰在当地独树一帜，十分吸引人，生意也蒸蒸日上。

2. 内部传承与外部传播[①]**相结合：以龙吉堂家和龙建杨家为例**

在湖南省湘西凤凰县德榜村，银饰加工基本上都是以家庭式作坊为主。某些家庭作坊因受生产规模的局限，只能在内部进行打银技艺的传承；而另一些生产规模较大、销售渠道较广、实力更为雄厚的家庭作坊则扮演着对内继承与向外传播银饰文化的角色，此处就以专门从事银饰加工的龙吉堂家和龙建杨家为例。

---

① 在本文中，"外部传播"是区别于"内部传承"的，也是德榜村苗族银饰的传承方式之一。具体说来，"外部传播"的含义有两种：接收家族成员外的学徒或帮工，传播手艺；或专门向外展示、传播德榜村银饰文化，而不专门招收学徒，传播手艺。此处外部传播以前一种释义为主。

（1）龙吉堂家银饰锻制技艺传承情况

根据谱系可知，龙吉堂是其家族第二代打银传承人，其子龙先虎是家族第三代、县级传承人。为进一步开拓市场，2014年龙吉堂一家与凤凰县某商人合作，对自家楼房进行装修改造，成立了吉虎手工银饰厂。该厂共由三个区域构成，在展示区内悬挂了多块苗族银饰文化宣传牌，摆放了镶嵌着银饰的成套传统苗族服饰，并划分了熔银、锻打、镶嵌、掐花工艺参观区来宣传德榜村银饰；在交易区额外设置了两个柜台来进行成品银饰的现场销售；工作区内则摆放了多台用于加工原料的机器设备，张贴了有关工作人员的个人情况简介。平日里，龙吉堂一家就在厂内生活、经营。因为雇佣银匠人数多，银饰产量大、口碑好，吉虎手工银饰厂不仅被政府评为"非物质文化遗产保护基地"，而且也被作为"德榜村苗族银饰锻制技艺生产性保护基地示范户"向外推广，以进一步扩大德榜村苗族银饰的影响力。

笔者通过访谈得知，如今吉虎手工银饰厂有银饰锻制技艺县级传承人2人，厂内员工以从事银饰锻制十几年的师傅和五六位精准扶贫户为主。这些厂内非龙吉堂家的人员，一部分是无本钱且无能力自立门户的老银匠师傅，另一部分则是学徒兼工作者。他们通常依照计件的方法获得工钱，平时每人每月有三四千元的收入，并有闲暇时间可照顾自家农务。每年农历十月到第二年正月是德榜银饰交易的旺季，那时吉虎手工银饰厂的员工可达十多个，工人的工资甚至可达到七八千元左右。

图2　银匠大师龙吉堂在制作苗族传统银项圈

通过调查可知，吉虎手工银饰厂主要从贵州凯里和湖南郴州购入银饰原料，之后通过自家工人手工加工原料和用低价向德榜村其他家庭作坊直接购得银饰成品，进行生产，如龙先虎曾以7元/克的价格在龙文汉家收购若干银饰。

吉虎手工银饰厂生产出售的银饰款式丰富，主要可以分为两种，一种为针对腊尔山地区苗族群众销售的传统成套银饰，包括银花帽、银凤冠、银项圈、银腰链等；另一种则为通过创新设计图纸，手工加工后，面向外地游客和其他苗民销售的新式银饰，主要有龙头手镯、毛衣银链、流行耳饰等。

一方面，客户可以根据自己的需求，选择银匠和款式来订制传统银饰或新银饰。出于对银匠信誉和银饰原材料成色的考虑，订制银饰的客户主要来自银匠的亲戚朋友或经亲戚朋友介绍的熟人。由于吉虎经营时间长、信誉和口碑较好，因此他们家在最近几年每年的纯收入有十万元左右，属村里经营情况较好的作坊之一。

另一方面，厂内设置了销售区，以10元/克的价格向德榜村居民和游客销售银饰。同时，它也在禾库、腊尔山等地集市中摆摊销售产品，甚至与位于凤凰县景区的"德榜村苗族银饰传习基地"锦绣堂保持着供货关系。

（2）龙建杨家银饰锻制技艺传承情况

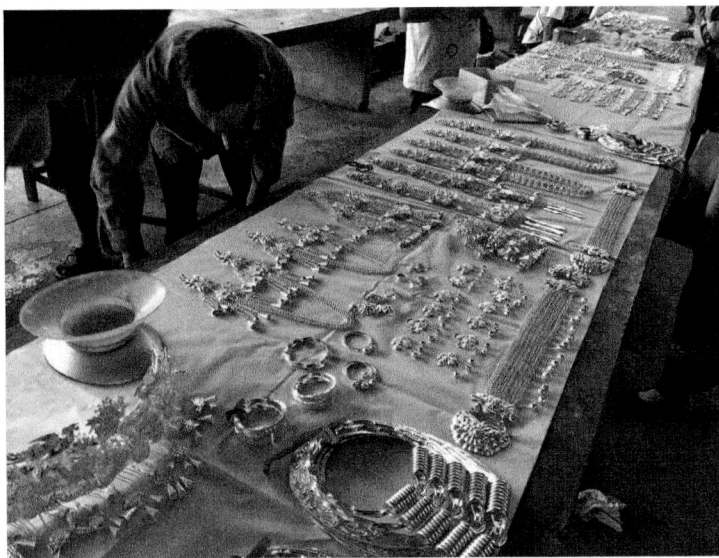

图3 龙建杨家在禾库镇赶场的摊位

　　根据谱系可知，龙建杨是家族第五代打银传承人。其次子龙玉先起初是在浙江和广东打工，由于近几年银饰市场扩大，打银变得有利可图，才归家向父亲学习打银技术，经营自家作坊。除了龙建杨、龙玉先在打银外，他们早在三四年前就于村内雇用了两位学徒兼员工来他家学习、帮忙锻制银饰。

　　龙建杨家在村里有一栋住宅，一家三代人在这里一起生活、锻制银饰。屋内有两个房间用作银饰的加工与生产，屋外门前的平地里摆放了多台用于拉丝、洗银的机器。

　　与吉虎手工银饰厂一样，龙建杨家作坊的银饰原料主要也是来自贵州凯里、湖南郴州等地。而他家销售的银饰一方面基本上全都出自自家工人之手，几乎很少向外家进购；另一方面这些银饰大部分以腊尔山苗族传统银饰为主，很少有新款式。

　　每当禾库等地区集市开放之时，龙建杨就会开车前往。他们通常会在一个面积约两平方米的固定摊位上铺上一层白布，将银饰依照类别摆放，向周边村民销售银饰。另外，本地村民也可以根据自己的需求，选择款式来他家订制传统银饰或新银饰。同时，他们也跟位于凤凰县景区的"德榜村苗族银饰传习基地"锦绣堂存在着供货关系。

　　龙建杨家打银历史悠久，且保存的苗银传统元素较多，于是许多高校的专家学者纷纷慕名前往，调查有关德榜村苗族银饰技艺的相关课题。例如，2015年10月，他们家就入选了"西南民族大学与凤凰县人民政府民族传承共建项目"，挂牌"苗族银饰传习基地"。与各大高校的合作，不仅有利于他们家自身发展、继承传统苗银技艺，而且还有利于深度挖掘苗银所承载的历史文化价值，促使德榜村苗族银饰得到更加广泛的传播。

　　3. 外部传承①**：以锦绣堂为代表的商业性传承销售基地**

　　锦绣堂由湘西古歌百绘园文化传播公司凤凰分公司设立，主要展销苗族传统的手工刺绣、织锦、蜡染等。2017年夏，德榜村的银饰已整体作为一个品牌入驻锦绣堂，在锦绣堂进行展销。

---

　　① "外部传承"的含义，既可指向外收学徒或请帮工，继承手艺；也可指向外展示、传播德榜村银饰文化，而不专门招收学徒，传播手艺。此处"外部传承"以后面一种含义为主。

锦绣堂坐落于凤凰古城文星街陈氏祠堂北部的一座重点保护民居内，民居向南开门，由东、南两墙，西、北两厢四合而成，共有两层。第二层为苗绣历史与成品博物馆。第一层西面厢房为苗绣、蜡染制作展示厅，东面为一展示墙，介绍了苗绣、苗银的制作过程与各位"非遗"传承人；北面厢房为德榜村苗族银饰展示和销售厅；南面有一门房，门房内是打银展示区，常有传承人在此制作银饰。

通过与银饰展示台的工作人员交谈，我们得知该展示厅的银饰全部为德榜村银匠手工制作，工作室内传承人所制作的银饰也会在此展览售卖。展示厅内既有德榜传统的银饰——项圈、花冠等，也有比较符合现代审美的流行款式，如项链坠（有花鸟走兽乃至天使、十字架等款式）、各式各样的錾花手镯（蛇纹、鱼纹、花鸟纹、几何组合纹等），此外还有戒指、耳环。据柜员说，这四样是销路最好的，购买传统款式的顾客也有，但多是用于收藏，佩戴者很少。除去款式的区别外，根据各款银饰的工艺复杂程度，售价也不尽相同，其中倒模的银饰最便宜（26.8元/克），錾刻工艺的其次，拉丝扭花的因为耗时费工，售价最高（40元/克），以上三种皆按克称重售卖，还有部分银饰为各种工艺的组合，不称重而是论件出售。

总体来看，锦绣堂的银饰售价远高于村民的自销价格。在德榜村，我们也咨询过村长关于锦绣堂售卖产品的利润分成问题，据村长说，约是每卖一百元分给锦绣堂八块钱，店面租金与人工费用都不需要他们负担。相较于凤凰古城内每年十万元的租金，这个分成是非常划算的。

常驻锦绣堂的银匠师父皆为德榜村人，其间资历较老的龙先林师傅十分擅长制作拉丝扭花蝴蝶，仅需5分钟就能绕出一只蝴蝶的雏形。此外，他也善于制作各种细致的麻链、扣链、小孩帽饰等。当然，他在锦绣堂制作最多的还是最受游客欢迎的"四小件"——项链、手镯、耳环、戒指。

值得一提的是，我们在锦绣堂的展示柜中见到了一些色彩鲜艳的银饰，据龙先林师傅介绍，传统款式的拉丝扭花蝴蝶并无染色这一工艺，这是在锦绣堂进行工艺展示的年轻工匠的一种创新尝试，是先将银料部件染色再进行扭花、清洗等工艺。这一大胆尝试无疑赢得了许多外地人的关注与认可，但是龙先林师傅说，许多苗族人包括他自己，还是觉得银饰最原始的颜色是最美的。

2017年9月4日，"湖南金鹰纪实卫视"来到锦绣堂，就苗绣文化开展了采

访与录制，其中主要介绍了《苗族古歌》史诗绣卷，并以此为基础，将苗绣文化
传递给更多的人。很遗憾，德榜村的苗族银饰没能在此活动中占更多的篇幅，没
能把握住机会，将苗族银饰锻制技艺展现在观众面前。但是，德榜村与锦绣堂的
合作才刚刚开始，锦绣堂无疑能够成为宣传德榜村苗族银饰锻制技艺的一大窗口。

4. 三种传承模式的比较分析

表 1　德榜村银饰锻造的三种传承模式比较分析表

传承方式	内部传承 （以吴美菊家为例）	内部传承与外部传播相结合 （以龙吉堂家和龙建杨家为例）	外部传播 （以锦绣堂为例）
银料来源	赶场银贩手中购入	贵州凯里和湖南郴州购入	外地购入 + 赶场购入
产品来源	自身锻制	自身锻制 + 个体户购入	村内收购 + 自身锻制
款式	以现代新款为主，辅以传统款式	以传统款式为主，辅以现代新款	现代新款与传统款式并重
人员规模	3—4 人	8—13 人或 3—4 人	4—5 人
产品展示	无专门展示区域	家中柜台陈列	店铺陈列
价格	7 元 / 克	10 元 / 克或 8 元 / 克	26.8—40 元 / 克
销售推广渠道	赶场销售 + 网络销售	政府宣传 + 高校推广 + 熟人推荐 + 赶场销售	官方宣传 + 景区观光
产业化水平	低	较高	高
显著特点	保留传统的同时又有创新	传统有余，创新不足	商业化气息浓厚

（二）政府及其他社会人士的传承

2014 年 9 月，湘西土家族苗族自治州文化广电新闻出版局为重点扶持德榜村
当地传统手工艺人，改善银饰锻制技艺的日常生产条件，在保护手工技艺活态传
承的基础上，购置了一系列银饰加工生产工具，并在凤凰古城建立"凤凰县苗族
银饰锻制技艺传承中心"，为德榜村银饰提供销售平台。经凤凰县非物质文化遗
产保护中心的积极推荐并开展继承人申报工作，村内现已成功申报 8 名苗族银饰
锻制技艺传承人。

在笔者调研期间，据龙建平所述，政府对德榜村银饰的宣传力度很大。"每年
我接待很多来腊尔山的人，搞民族学的、中央电视台的、'非遗'中心的都来。整

个凤凰县，乃至湘西自治州，打银最出名的就是我们德榜村。""对于我们来说，打银一定要有知名度，不是每个人都能当银匠的，你没知名度别人都不会让你做事。上次一群清华大学的学者来搞了个'腊尔山会议'，精准扶贫课题研究组。我带着他们一直在腊尔山腹地转悠，我对他们说德榜村的银饰是最出名的。"

此外，湘西地区的民间力量也推动着德榜银饰锻制技艺的传播。在禾库镇赶场期间，笔者偶遇一名民间苗族文化爱好者陈永红先生，当时他正在拍摄德榜村银匠的售银摊位。通过对他的访谈，笔者了解到湘西地区有很多像他这样的苗族文化摄影师，而他尤其喜欢拍摄苗族银饰，甚至他还曾亲自前往德榜村进行拍摄。我们问道："您拍了这些照片的话回去是会发表吗？或者是交流？"陈永红回答道："有的时候有影展，我们会把认为满意的照片送过去。"在他的朋友圈也可以看到很多关于苗族银饰的图片。

由此可见，除了德榜村内银匠的传承，社会力量对德榜村苗族银饰锻制技艺传承的推动与影响也不可忽视，主要表现为在传播中传承这一形式。这些社会力量的种类也十分多样，包括政府、学界人士、民间苗族文化爱好者、媒体人士等。

三、德榜村苗族银饰锻制技艺的传承主体

德榜村内银饰锻制技艺的传承方式有上文所述的三种模式，但在德榜村内部，银饰的加工几乎都是以家庭作坊形式完成的，村内几乎只有纯手工锻制的银饰，没有整套由机器打制的银饰，机器打制只是辅助手工锻制的一种手段，只是作为银饰锻制过程中的一环。德榜村苗族银饰锻制技艺的传承主体还是一个个鲜活的人。除了已经有名气的银匠大师，近几年，兴起学徒制，学徒主要由银匠大师的远房亲戚或者精准扶贫户组成，但银饰技艺的传承基本还是以家族传承方式为主。

本部分将从银匠大师和银饰学徒两方面，分析德榜村苗族银饰的传承主体情况。在银匠大师方面，笔者以村内名气最大的龙吉堂、龙先虎和龙先林（锦绣堂苗银负责人）为例；在学徒方面，笔者以龙建平家和龙求海家的几位学徒为例。

（一）银匠大师

1. 龙吉堂

龙吉堂，男，苗族，小学文化，1939 年 5 月生于湖南省凤凰县德榜村的银匠世家。2012 年，他被评为凤凰县第三批非物质文化遗产代表性传承人。1954 年，他 15 岁便开始跟随爷爷龙老柱（师承）学习项圈制作技艺。因他勤奋、悟性极高，很快便熟练掌握了苗族传统银项圈的打制方法，将苗族传统项圈的打制方法熟稔于心。学成后，因作品精美、为人厚道而闻名苗区。

60 多年来，龙吉堂的银匠生涯从未间断过，如今仍然每天坚持锻制银饰。从拉丝、捶打到錾花、烧制、清洗，每道工序都讲究做到极致。尤其是传统项圈技艺非常精湛，在锻制上也有独特方法，打好后不用画图，直接用錾子、锤子开始錾花，每道工序都需数小时乃至半天时间，每个尺寸都需要反复考量确认，每道錾花都需锤子、錾子与手部力道的精准配合，手工极其复杂，充分展现了苗族传统银饰制作技艺的高难度、高水准，保留了当地苗族银饰技艺最古老、最原汁原味的艺术形式。

为了将银饰锻制这门传统手工技艺一代代传承下去，他不使用机器，坚持纯手工的制作方式，并且从不在银料中渗入杂质，同时把技艺毫不保留地传给想学习银饰锻制的非亲属成员，让自己的技艺走出家门。他的作品更是出现在官方展演、海外非物质文化遗产传承交流活动等场所，有力地宣传了苗族的银饰文化。

由于龙吉堂大师年纪大，且只会讲苗话，笔者通过访谈他的孙子龙建平，了解到龙吉堂大师毫无保留地向村民传授银饰锻制技艺，为德榜银饰技艺培养了很多继承人，对未来苗族银饰技艺的传承发展寄予厚望，他更是时刻叮嘱子孙徒弟一定要把德榜苗族银饰锻制技艺传承下去！

2. 龙先虎

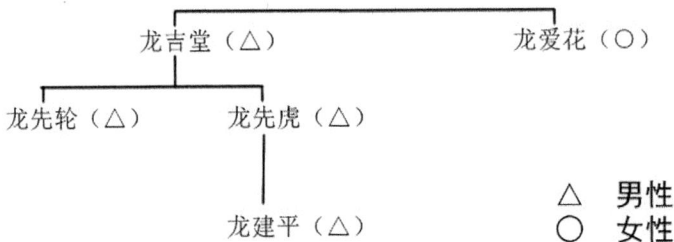

图 4　龙吉堂家族谱（部分）

龙先虎，男，苗族，初中文化，1972 年 8 月出生于德榜村银匠世家。16 岁便开始跟随父亲龙吉堂学习银项圈、银手镯的制作技艺。因他耐心、勤奋，3 年便学成出师，20 岁时就能掌握苗族传统银项圈、银手镯的锻制方法。30 岁时开始带徒授艺，至今授徒 10 余人。代表作有银项圈三件套、银项圈五件套、手镯套件等。值得一提的是，在龙先虎当家的 2014 年，吉虎手工银饰厂成立，这是一家专注于苗族银饰研究、开发、生产及销售的私营公司，并被政府设定为"非物质文化遗产保护基地"。公司的员工以从事银饰锻制十几年的师傅和精准扶贫户为主，其中州级传承人 1 人（龙吉堂），县级传承人 4 人（龙先虎等）。公司的产品占据本地银饰市场销售的 70%，主要销往腊尔山和凤凰、吉首、花垣等湘西自治州境内及周边地区（如贵州松桃）。

在与龙先虎的访谈中，笔者了解到他们家雇用的银匠人数多，银饰产量大、口碑好，因此，他们不仅去禾库镇赶场，还去到另外几个集市扩大销量，龙先虎之子龙建平更与一老板合作在凤凰县内开了一家银饰店。对此，龙先虎表示他不仅想把吉虎手工银饰厂推出凤凰，更希望与村民一起把德榜村这个品牌推向全国甚至世界，尽管他知道，目前来讲这是一件很困难的事情，但他仍然会为此努力，他对未来德榜村苗族银饰技艺的继承和发展充满了希望。

3. 龙先林

龙先林，男，苗族，小学文化，1962 年 7 月出生于凤凰县德榜村。龙先林虽未出生于银匠世家，年轻时无处从师，却从小对银饰制作充满热情和向往。

15 岁时，龙先林开始通过观察的方式，自学银饰制作技艺。他四处观察学习，常常站在其他老银匠的身边，边看边记，将每道工序刻进脑海。龙先林擅长细致手工，他的作品有蝴蝶、大小麻链、扣链、背链、腰链、小孩帽饰等，这些饰品对工艺的精细度要求极高。龙先林热爱手工锻制银饰，甚至有时他也会改良一些传统制银设备。

龙先林制作的蝴蝶在苗区远近闻名，样式精美，其手工效率极高。他采用纯手工绕银丝，不使用任何器具，能在五分钟内绕出一对蝴蝶雏形，从绕丝浇铸一共仅需 13 分钟便能完成，一天能完整制作出 8 只蝴蝶。整只蝴蝶的制作过程从一根细银丝开始，作品栩栩如生。

为保证作品的传统性，他制作的蝴蝶焊接仍然使用牛皮膏、油桶等传统技法。他还将技艺传给他人（他的徒弟有龙会、龙金、龙秀花三人），扩大了蝴蝶、麻链等银饰的传承主体，促进了苗寨银饰的整体性传承。

（二）银饰学徒

1. 龙建平家的学徒们

由于龙建平家是当地规模最大、名气最响、盈利最多的一家传习所，且他家在德榜村有两位出名的传承人，因此在他家学艺的学徒最多。在这些学徒中，有的师从龙吉堂，有的师从龙先虎，这是根据师徒双方的意愿划分的。

（1）师承龙吉堂的学徒们的基本概况

除了上文所述的龙先林（徒弟：龙会、龙金、龙秀花）、龙先虎外，师承龙吉堂的银饰学徒还有以下几位：

龙先轮，男，苗族，1964 年 10 月出生于德榜银匠世家，是龙吉堂的大儿子。15 岁时开始向父亲学习制作苗族银饰，尤其擅长制作大小链子、小孩和大人的手镯等，5 年后学成可独立制作。代表作有银饰套链、龙凤手镯等。

龙三姐，女，苗族，1972 年 9 月出生。20 岁时拜师龙吉堂，专程学习银饰套链的制作工艺，师父见其天资聪颖，便倾囊相授。龙三姐用了 4 年时间，将银饰套链的制作工艺学至纯熟。经过多年磨炼，她制作的套链在当地名声大起。代表作有"恋恋不舍"、大链、小链、针筒等。

龙妹玉，女，苗族，1965 年 9 月出生。25 岁时拜师龙吉堂学习银饰的加工制作，5年后学成出师，能独立制作完成一系列银饰小饰品，尤其擅长小孩帽饰和手镯。代表作有"八仙过海"、传统长命锁等。

（2）师承龙先虎的学徒们的基本概况

龙爱花，女，1965年9月生于德榜村。30岁时拜师龙先虎，向其学习银饰制作，龙师傅发现她对掐花很感兴趣，便着重训练，35岁时学成出师。她擅长掐花、小链的制作，代表作有菊花链、腰链等。

吴珍爱，女，苗族，1973年9月出生。25岁开始学习银饰锻制技艺，师从龙先虎，4年学成出师。擅长焊接、拉丝等工艺。

隆自安，男，苗族，1970年5月生于德榜村。30岁时开始学习银饰制作，师从龙先虎，学习5年后出师。擅长银披肩、银扣子、银花片等精细小物件的制作。代表作有莲花披肩、盘龙扣、莲花扣、蝴蝶花等。

（3）总结

如今吉虎手工银饰厂的员工以从事银饰锻制十几年的师傅和五六位精准扶贫户为主。厂内非龙吉堂家出身的人员，一部分是无本钱且无能力自立门户的银匠师傅，另一部分则是学徒兼工作者。对于无本钱的银匠师傅来说，他们在此工作就是为了养家糊口，把自己的银饰技艺最大化变现，这类师傅今后很可能会一直坚持锻制银饰，不太可能转变职业。

对于另一些学徒兼工作者来说，基本上想学打银就可以自己来龙吉堂家学习，其中大部分学徒或多或少与龙吉堂家存在亲戚关系，且都住在德榜村内。他们通常依照计件的方法获得工钱，一般每人每月可有三四千的收入。龙吉堂家不包吃住，学徒们回到自己家中吃住，有闲暇时间可照顾自家农务。每年的农历十月到第二年正月是德榜银饰交易的旺季，此时吉虎手工银饰厂雇佣的员工可由平时的五六个增加到十多个，经验老到的工人在旺季每月可获得的工资甚至可达到七八千。对于这些学徒兼工作者来说，他们的职业流动性较大，一般是银饰市场景气时，留在村内锻制银饰，一旦市场不景气，就很有可能远赴外地打工。

2.龙求海家的学徒们

在前文中，笔者已经说明龙求海家即龙建杨（龙求海的爷爷）家的银饰传承方式属于内部传承与外部传播相结合这一模式，但相较于同模式下的龙吉堂家，龙求海家规模较小，也更偏向于内部传承，学徒除属于家庭内部成员的龙玉先夫妇（龙建杨之子及其儿媳）外，便只有 2 个远房亲戚。

龙玉先，男，苗族，1975 年出生，是该银匠世家的第六代传人，小学学历。龙玉先起初是在浙江和广东打工，后因近几年银饰市场扩大，打银盈利较多，才回家向父亲学习银饰锻制技艺，经营自家作坊。他 18 岁时，便开始跟随父亲龙建杨接触银饰锻制技艺，但近几年才真正开始学习扭花等技艺。学习七八年后，他便能独立完成各种小饰品的制作。龙玉先的妻子本来是外村人，在嫁给龙玉先之后，才跟随丈夫和公公学习银饰锻制，尤其擅长焊接和掐花。

与其他银匠不同，龙玉先不是一直以锻制银饰为主业，他先是外出打工，发现锻制银饰有利可图，且他本人不喜欢在厂里被老板约束后，才回家专门从事银饰锻制工作。一旦银饰市场不景气后，他可能会重新去打工。在村内同龄人中，这是很少见的。并且，他对苗银发展前景的看法不如其他人那样乐观。他表示，本地银饰款式的销售前景应该不会很好，这些款式也只是本地人结婚时才需要，像其他城里人喜欢的款式，手工很难打出来。与机器相比，手工锻制的效率很低，这也是制约德榜银饰走出去的一大阻力，因此他对德榜银饰的发展前景比较担忧。

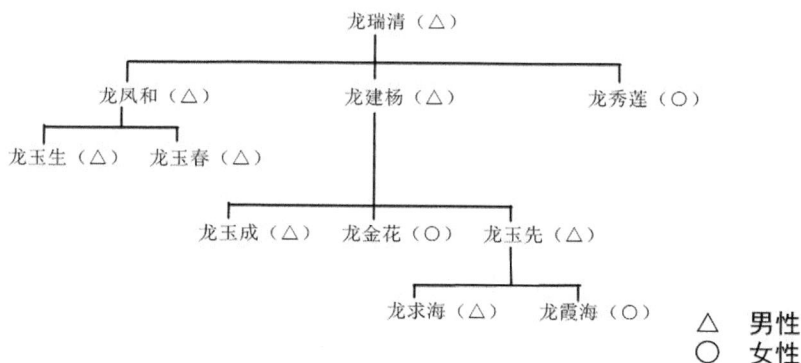

图 5　龙建杨家族谱（部分）

另外两位学徒是一对夫妇，也是德榜村民，按照辈分属于龙求海的外公外婆一辈。在银饰市场景气的三四年前，他们受雇于龙建杨，手艺也从龙建杨处习得，刚开始打基础的，慢慢地就会上手一些小饰品，每天从早工作到晚，不包吃住，工资是 100 元 / 天。银饰销售旺季时，他们夫妇来到龙建杨家帮忙，淡季时，种田或者外出打工，由于名气不够、技术不足，他们现阶段并不想自立门户。对于苗族银饰的发展前景，他们认为由于传统习俗会带来银饰的刚性需求，因此德榜的苗银技艺并不会失传。

（三）小结

在德榜村内，笔者几乎看不到年轻人的身影，大部分年轻人都选择外出打工或者求学，银匠以中老年人为主。在调研过程中，德榜村仅有的几位年轻受访者对于银饰锻制的态度，要么兴趣不大，要么觉得现在年纪小，是否锻制银饰以后再说。其中龙吉堂家的第四代传人、21 岁的龙建平直接表示："我将来会不会从事这份职业取决于它能不能给我带来一定的经济收入。"龙建杨家的第六代传人龙玉先和第七代传人龙求海也是类似的态度，所以未来德榜村苗族银饰锻制技艺的传承状况仍然值得关注。

四、德榜村苗族银饰锻制技艺传承中的创新性发展与创造性转化

（一）银饰锻制技艺的创新

1. 学者与专业人士加入银饰图样设计浪潮

近年来，随着人们的生活需求转向精神文化享受，旅游业日益兴起。少数民族独特的文化景观作为一种文化资源，对它的开发、传承与保护得到了来自社会各界的广泛关注。在这个过程中，德榜村苗族银饰就受到了学者与专业人士的青睐。他们通常利用自身的知识技能优势，在了解苗族文化的基础上，对银饰的式样进行创新性改造，对银饰所承载的文化意义做出详尽阐释。这些努力不仅促进了银饰技艺的传承，也为它日后进一步的发展拓宽了受众人群。以民间艺术设计家唐晓宇为代表，2016 年，他与苗绣传承人向秀平合作，注册了苗族艺术文化原创品牌"唐镶蓝绣汝亭"，开办了"德榜村苗族银饰传习基地"锦绣堂，利用民族文化元素来设计、创新传统苗族服装及银饰花纹。并且他还与德榜村建立联系，将设计好的图案式样提供给当地银饰作坊，让其按图锻制新式银饰，生产出创新

性产品。

2. 银匠大师对款式花样的创新

另一方面，村内的银匠大师也紧跟时代的步伐，积极进行款式花样的创新。前文已经讲到，龙文汉师傅在 2010 年自行创制了梅花手链。该手链长 20 厘米，重 0.6 两，由若干个梅花与银环组成，其形状构件与胸颈饰的银链基本一致，两端分别有一挂钩。由于款式新颖独特，且保留着传统苗族银饰色彩，故受到了本地人与外地游客的欢迎，促进了银饰文化的传承。同时，位于凤凰县城内的"锦绣堂"也正在出售一些别具特色的创意银饰。例如，彩色拉丝扭花蝴蝶就格外引人注目，该银饰是锦绣堂年轻工匠的一种创新尝试。在传统锻造技艺中并无"上色"这一程序，后来为了迎合广大消费群体的需求，这类新式花样应运而生。

在专业人士与传统银匠的努力下，德榜村苗族银饰的款式变得更加多元，颜色变得愈加艳丽，村中的银饰制作工艺也得到了极大的传承及发展。

（二）销售方式的创新

通过对德榜村银匠户的走访调查，了解到村里逐渐发展出了网络销售、来图定制，以及生产、展示、销售相结合这三种创新的销售方式。

1. 网络销售

在电商主宰的市场下，村里的青年一代如吴美菊、龙先虎等人，年轻肯干，思想活跃，除了固定在赶场时售卖银饰外，他们还通过网络渠道展示、售卖自家银饰。通过网络平台，德榜村的银户们扩大了销售市场，拓宽了销售渠道，增加了经济效益，改善了日常生活。如吴美菊一家每年通过网络渠道，就能接到上万元的订单。

2. 来图定制

通过拓宽网络销售渠道，德榜村相对封闭的银饰制作工艺开始与外界文化频繁交流。由于苗族银饰以大、重、多为美，单单一对银耳环，就常常重达 0.5 千克，且苗族日常银饰的花纹图案不甚讲究，与外地人追求轻便，做工精巧的需求不相符，于是，很多通过网络销售渠道购买德榜村银饰的外地买家常常把自己喜欢的图案通过微信等方式发送给银饰制作方，让他们根据图案来锻制银饰。也正因此，一些银匠开始改进花纹样式，符合外地人审美的银饰工艺品也开始出现在赶场的集市上。这些产品也受到了当地民众，特别是年青一代的喜爱。如吴美菊一家就常收到外地买家的图样定制需求，他们除了做好外地客人需要的银饰之外，也会有选择地多做几个拿到集市上售卖。由于吴美菊家的图样新颖，龙先虎也常常从吴美菊处拿货。

3. 生产、展示、销售相结合

这部分可以分两个方面来讨论。首先是展销结合。这个"展"就是汇展的展。由于国家近几年来对非物质文化遗产的保护和重视，凤凰县政府也出台并实施了很多针对苗族银饰保护和宣传的措施。其中就有一年一度的凤凰县"非遗"文化汇展会，以及选派"非遗"传承人赴外地开展交流合作活动等。这些由官方组织的汇展，除了有展示苗族银饰的魅力、宣传苗族银饰的作用之外，还可以通过活动吸引卖家，甚至能够在活动中卖出苗族银饰，这也是一种销售渠道的创新。接着是生产、展示、销售相结合。以位于凤凰县古城广场文星街陈氏祠堂北部的锦绣堂为例，通过与银饰展示台的工作人员交谈，我们得知一楼内侧的展示厅所展示的银饰全部为德榜村银匠手工制作，展示厅内既有德榜传统的银饰——项圈、花冠等，也有比较符合现代审美的流行款式，如项链坠、各式各样的錾花手镯。此外在锦绣堂的门口，有来自德榜村的银匠现场展示手工打银技艺，这对德榜村手工银饰的宣传起到了一定作用，更重要的是吸引了很多游客在此驻足观赏，进而购买银饰。此外，在锦绣堂售卖的苗族银饰价格也最为昂贵。除去款式的区别外，根据各款银饰的工艺复杂程度，售价也不尽相同，其中倒模的银饰最便宜（26.8 元 / 克），錾刻工艺的其次，拉丝扭花的因为耗时费工，售价最高（40元 / 克），以上三种皆按克称重售卖，还有部分银饰为各种工艺的组合，不称重而是论件出售。这种展销结合的销售渠道，是对德榜村以往银饰成品售卖方式的一大创造性改进。

（三）文化资本转化为经济资本

德榜村自清朝始为银匠村，历经数百年。村民主要以出售银饰制品为生，这就要求他们拥有高超的锻制技术。在这种要求下，世代累积的奇思巧工经过沉淀，成了我们今日所见的德榜村苗族银饰锻制技艺。这种技艺无疑是一种非物质文化遗产，具有独特的价值。

以往德榜村的银匠们运用锻制技艺创造财富，而现在，随着非物质文化遗产保护工作的推进，他们意识到了这种技艺本身就是一种财富，是一种文化资本。在各方的引导下，德榜村目前已走上了将文化资本转化为经济资本的道路，即将银饰锻制这一技艺直接变现。与以前专注于售卖银饰相比，德榜村民现在更注重展示和推广银饰锻制的过程，他们将这种锻制过程视为一种文化景观向外推广。例如，在售卖银饰时，他们会向买家展示、讲解银饰中包含的手工技术，以此深化德榜村苗族银饰的品牌内涵。除此之外，德榜村银饰锻制技艺的传承人携作品参与各类展览活动，在德榜村内、凤凰县城设立苗族银饰生产保护基地等都是将这一文化景观向外推广的重要途径。

制作、展示、销售三者有机结合，能为德榜村人带来更多的利润，提高他们的生活水平，使得这片银饰艺术之花赖以生存的土地更为肥沃。如此，才会有源源不断的有生力量加入德榜村苗族银饰制作工艺的传承和保护中来。

五、德榜村苗族银饰锻制技艺传承面临的问题及对策

在政府、村内银匠以及外界社会力量的共同作用下，德榜村苗族银饰锻制技艺的传承呈现蒸蒸向上的发展趋势，但仍然存在着一些问题。

（一）问题

1. 宣传信息存在争议

在政府大力宣传及其自身的推广下，吉虎手工银饰厂成为德榜村银饰生产的示范户、带头人。在宣传用语中，龙吉堂是当地资历最高、工艺最好的州级银饰锻制传承人，村中的打银个体户都师承龙吉堂，在他们家工作学习过一段时间后才出去自立门户。因此，在现实销售推广中，吉虎手工银饰厂在一定程度上拥有某种优越性。然而，在某些村民心中，龙吉堂只是在制作银项圈方面的工艺精湛，其他方面的技艺并不能代表德榜村的最高水平。

2. 市场化、产业化发展存在分歧，整体发展难以推进

毫无疑问，一个地区的发展必定要经过当地群众共同的奋斗，故步自封的传统思想观念只能阻碍发展。吉虎手工银饰厂是当地政府推广的一个"苗族银饰锻制技艺示范户"，兼具旅游观光与产品生产两种任务，对宣传德榜村银饰起着重要的作用。笔者在对该厂青年负责人龙建平访谈时，他就表示："我现在做的不是要把我们家推出去，而是要把整个德榜村推出去。知名度搞大了，才会有人知道在凤凰还有一个村全部都是以打银为主。一个人打银饰和一村人打银饰的概念是不一样的，德榜村的发展要多户作坊一起努力。"然而，村内目前的状况是，老一辈银匠群体思想传统，他们对银饰工艺市场化、产业化发展的接受能力弱，认为自己够吃够穿就足够了，没有必要进行大规模的合作。显然，这种观点在科技发展迅速、高度讲究效率与团队协作的现代社会是不适用的。苗族银饰若要更好地传承与发展，传承人应着眼于更大的场景下，使它服务于更广泛的人群。合作可以扩大知识面，提高生产效率，激发创新思维，提高创造力。单个的家庭作坊前期无法为银饰的宣传提供最为广大的空间，后期也没办法满足与日俱增的市场需求，德榜村苗银品牌的打造需要多家的互补和努力。

3. 银饰价格差距大，游客购物满意度低

德榜村作为一个面向外界开放的银饰生产性保护基地，当前面临的一大问题就是银价并不统一。同样的原料，相近的工艺，在吴美菊家售价是 7 元 / 克，而到龙先虎家就变成了 10 元 / 克。诚然，一户人家的定价自有它的道理，但所谓"货比三家"，价格便是这"比一比"中的重头戏。过大的价格差距会造成许多问题，售价低，利润就跟不上，而售价高，销量又会偏低。当宣传资源集中在某一家时，甚至可能售价高但销量也高。在长期的竞争中，售价低的银匠可能产生心理的不平衡，其生存空间也会大大缩减。因此，当从事银饰生产无法满足生计后，一些银匠会放弃这项技艺，转而选择外出打工。笔者在德榜村进行调研时，就有很多原本是银匠的村民由于银饰生产效益不佳，最后选择去广东、浙江等地打工。从业人员的减少，对于德榜村苗族银饰锻制技艺的传承是十分不利的。然而，受到价格差距影响的不仅仅是银匠家庭作坊，前来参观的顾客也会因此担心——购买了低价银饰的买家会担心质量，而买到高价银饰的顾客则会有"被宰客"的

感觉，这种不太令人满意的购买体验，无疑会对德榜村银饰的推广工作造成不利影响。

4. 年轻人缺乏兴趣，技艺传承后继乏力

通过访谈笔者发现，德榜村里的年轻人文化程度普遍都不高，很多都是高中文化，没有继续深造。现今还常住在村里，文化程度相对较高的更为年轻人（多为95后），如龙建杨的孙子龙求海（1998年出生，吉首市师范学院小学教育班），孙女龙霞海（1999年出生，凤凰县第一高中古筝艺术特长生，以后打算考取艺术类院校，从事艺术行业）对以后从事手工银饰生产并不十分热衷，甚至明确表示拒绝。但是他们从小就帮家里人做一些简单的银饰锻制工作，本身是具备一定的锻制功底的。这类有功底的银饰传承人的流失现象在德榜普遍存在，这些年青一代对于手工银饰制作的态度，将会影响到德榜村手工银饰的传承发展，德榜银饰的传承略显乏力。周雪林在《苗族银饰锻制技艺保护研究——以湘西凤凰县为例》一文中，认为思想传统化、传承形式表面化是当前苗族银饰锻制技艺传承的主要问题。[①] 银饰技艺在凤凰县主要以父传子的方式传承，因此，一些银匠只愿意将手艺传给本家族的家庭成员，不愿意向外收徒。然而，当本家族的家庭成员不愿意传承手艺时，这门手艺就会渐渐失传。

（二）对策

1. 搁置争议，实事求是，照顾多方利益

关于银饰宣传资源集中化存在争议信息的问题，笔者调查发现争议双方各执一词，具体求证工作很难展开。因此，本文认为，一方面，德榜村在宣传中应该搁置争议，实事求是，改善村民之间的关系，促进整体发展。另一方面，政府在集中宣传中，资源不能过度倾斜，要协调各方，照顾多家利益，明确打造富有代表性苗族银饰生产性保护基地示范户的目标是以所有银匠为基础，是把德榜村这一整体品牌推向全国，甚至全世界，推动德榜村苗族银饰锻制技艺的传承与发展。

2. 普及市场化、产业化知识，培育合作共赢意识

---

① 周雪林：《苗族银饰锻制技艺保护研究——以湘西凤凰县为例》，《怀化学院学报》2017年第36期。

关于市场化、产业化发展方向存在分歧的问题，笔者认为，一方面，当地政府可以邀请本地或周边地区有从商经验的成功人士不定期地到德榜村分享经历，让村民认识到产业化与规模化发展的大好前景，推动多个银匠世家走向合作，进而以凤凰为窗口打响"德榜村苗族银饰"品牌。另一方面，必须开拓村中青年人的眼界，加强对青年人商业活动合作共赢意识的培养与教育，推动银饰文化"走出去"。除此之外，滕新才、彭凤在《凤凰古城苗族银饰技艺传承现状调查及对策初探》一文中，也表示传承人应该加快自身观念的转变，努力去除私心杂念，打破门户偏见，合作共赢。①

3.建立健全价格监督机制，提升德榜的服务水准

长久来看，若没有一个相对合理的价格区间，是不利于德榜村银饰锻制技艺的传承发展的。确定这个区间，就需要将德榜村作为一个整体，各家各户积极沟通协商，建立健全价格监督机制，提升德榜村的服务水准。其他学者在研究中，也提到了要加强司法保护，运用《反不正当竞争法》来调整银饰市场现存的竞争行为，规范市场秩序。同时，还要重视专利、商标保护，维护银匠的合法权益。

4.扩大市场，提高经济效益

通过与龙求海进一步的熟悉，笔者了解到，苗族银饰的发展前景不明、市场狭窄、经济效益不高，是他不愿意继承家业从事手工锻制银饰的主要原因，村中其他年轻人也普遍持此观念。对此，推进银饰传承人队伍的培养与建设，加强德榜银饰对外宣传的力度，扩大市场，改进银饰生产技艺，从而吸引更多顾客，提高经济效益是留住年轻人的必然选择。

六、结语

民间工艺是历经历史长河的冲刷与洗礼后，凝聚出的某一民族的文化精华，它不是短时间内形成的，而是经历了漫长的、多方面的、动态的渐变过程。它带有每个时代的民族文化烙印。德榜村的苗族银饰锻制技艺是国家级非物质文化遗

---

① 滕新才、彭凤：《凤凰古城苗族银饰技艺传承现状调查及对策初探》，《重庆文理学院学报（社会科学版）》2013年第32期。

产项目，是代表苗族文化的重要载体。本文采用多种调查方法，研究德榜村苗族银饰锻制技艺的传承方式、传承主体和传承中的创新性发展与创造性转化。本文发现，在发展的过程中，德榜村面临着村内宣传资源分布不平衡、老年银匠思想传统化等问题。因此，本文认为目前德榜苗银的宣传、保护、传承等工作还远远不够。针对上述问题，本文也提出了一些建设性对策。总之，笔者认为，今后，我们也要在政府关于传承发展中华优秀传统文化的相关工程的号召下，不断充实自身知识结构，提高自身能力，继续深入研究这些优秀的民族文化遗产，争取提出更有价值的对策与建议，在保护民族文化的前提下，将这些优秀文化推向全国，推向世界！

旅游开发背景下桑植民歌传承与发展研究

中南民族大学民族学与社会学学院本科生　马豆豆

指导老师　田　敏

摘要： 桑植民歌历史悠久、旋律悠扬动听，作为非物质文化遗产具有十分重要的文化价值，在张家界旅游开发过程中的作用日益突显。本文立足于田野调查，探讨了旅游开发背景下桑植民歌的传授及传播现状，认为旅游开发活动与民歌传承发展之间存在着两方面关系，一方面两者是相辅相成、共同促进的；另一方面旅游开发会使民歌内容产生变迁。同时针对桑植民歌在张家界文化旅游产业发展中出现的问题提出了相关发展对策和建议。

关键词： 非物质文化遗产；桑植民歌；旅游开发

一、桑植县及桑植民歌概况

（一）桑植县概况

桑植县隶属于张家界市，位于张家界西北部。张家界位于湖南省西北部，辖永定区、武陵源区与慈利县、桑植县，属武陵山区腹地。张家界是中国最重要的旅游城市之一，其景区包括国家森林公园、天子山等，它们是国家首批 5A 级旅游景区以及中国首批被列入《世界自然遗产名录》《世界地质公园名录》的景区。

其中桑植县地处武陵山脉北麓、鄂西山地南端。东边与石门县、慈利县和武陵源区相邻，南边与永定区、永顺县相接；西边接龙山县；北靠近湖北宣恩县、鹤峰县。距张家界市 71 千米，全县总面积 3474 平方千米。

桑植县地势由西北向东南倾斜，多为低山、中山地貌，拥有 40 条主要山脉，多呈东北—西南走向，有一万余个大小山头，最高点海拔 1890.4 米，最低点海拔 154 米。桑植县境内水网密布、河流湍急，溪河 400 多条，娄水是主要河流。

桑植县聚居着以土家族、白族、苗族为主的 28 个少数民族。多民族聚居的社会环境特点，伴随产生了丰富多彩的民族文化，其中桑植民歌、桑植民族仗鼓舞已先后被列入国家和省级非物质文化遗产保护名录。2008 年 3 月，桑植县被国家命名为"中国民歌之乡"。2008 年 11 月，中国民间文艺家协会授予桑植县"中国民歌之乡"的称号。桑植县内充足的文化资源为张家界旅游开发创造了有利条件，旅游开发活动也将隐匿于深山之中的桑植及其非物质文化遗产展示在更多人面前，使之迎来了新的机遇与挑战。

（二）桑植民歌概述

1. 桑植民歌的起源

对于民歌的起源，学界有着不同的说法，一般认为，民间歌曲产生于人类谋求生存的物质生产与自身繁衍的实践活动。而作品的产生，需要创作者源于客观实际和主观内在的抒情诉求，配以音调节奏感等作用。[①]桑植地区具体的历史发展经历，多民族融合、共同繁荣发展的社会现实，以及境内高山、溪流纵横分布的地理环境特征等因素，共同孕育了特色鲜明的民歌文化。

据相关文献可知，桑植民歌已有两千多年历史。屈原在楚辞《九歌·礼魂》以精练的文字形象地描绘出了一个隆重的祭祀送神场景。[②]在交通不便、信息传播不畅的古代，人口迁移影响着音乐的变迁及融合。春秋战国时期，战乱频发，外地人纷纷迁居至桑植县，实现了多民族文化的融合，为原始桑植民歌注入了新

---

① 钟敬文：《民俗学概论》，上海文艺出版社，2009，第 271 页。
② 金平：《桑植民歌文化变迁的研究》，硕士学位论文，四川师范大学，2011 年。

的活力。唐宋时期，诗歌盛行、竹枝词诞生，被融入嫮草锣鼓、打丧鼓、莲花闹、霸王鞭、花灯、傩戏等各种曲艺中，桑植民歌得到发展。到了明代，倭寇横行，桑植儿女在土司的带领下英勇抗敌，此时便诞生了大量思乡念亲的歌曲，如民歌《马桑树儿搭灯台》最早可追溯到此时。大革命时期，以贺龙元帅为首的桑植人民投身革命，湖北、四川、贵州、广西等地的红军来到湘鄂边、湘鄂西以及湘鄂川黔革命根据地，桑植民歌得到创新，出现了诸如《工农兵联合起来》《不打胜仗不回乡》《门口挂盏灯》等一批脍炙人口的革命歌曲。

桑植民歌起源于原始农耕社会，流传于张家界桑植及周边县市的各民族之间，与人们的日常生活联系紧密，是当地人民劳动和智慧的结晶，也是休闲娱乐的重要方式和表达情感、沟通联系的重要载体。据长期生活在桑植的村民所言：

桑植主要的一个地理特点就是，它是湘、鄂、川、黔的一个边区，在最边缘的一个地方，也是澧水的发源地。它就是在一个大山里面，几千年来都是和外界隔绝、不相通的，走哪都是上坡下岭。所以人们走到哪里都要喊、都要叫，出门干个什么活都要大声叫一下，人家才能听得到。山下、山上、对面那些看得到的地方，走起路来起码要两个钟头才能到，但是只要你喊一声，（那边的人）就能听得到。

由于县内丛林险峻、山高而人稀，陆路交通极为不便等因素，人与人之间日常的沟通交流都必须通过大声喊叫才能实现。同时，在这种相对封闭的环境中，人们容易产生孤独感，而唱歌则可以把自己的感情抒发出来。久而久之，"吆喝"就被赋予了特定的曲调，再配上随机性的歌词喊话，成千上万首的桑植民歌由此诞生。桑植县内优美的自然环境，也为情感的触发提供了精神寄托，丰富了民歌的形式与内容。

2. 桑植民歌的基本分类及特色

在各种具体的社会场景下，人们会产生不同的情感诉求。音乐作为与人类现实生活紧密联系的文化事项，常常被用来表现情感，进行沟通交流，千百年来人类或以歌传情，或以歌作乐，抑或是以歌表哀。据资料记载，桑植民歌共有 1 万多首。通过分门别类，改编整理，目前比较流行的山歌有 1400 多首、小调 200 多首、花灯调 129 首、劳动号子 100 多首、风俗仪式歌 66 首。

其中，受劳动生产、自然环境及方言等因素的影响，桑植民歌中的山歌可分为低、中、高腔山歌，其歌词短小精练、节奏舒展、曲调高亢悠长。[①]比较著名的有平腔山歌《冷水泡茶慢慢浓》。

在日常生活的休闲、娱乐或是节日聚会等场景下，桑植群众通常都会演唱小调，它经常是以一种即兴演唱的形式出现，比较口语化，节奏平缓、音域不宽。如《苞谷杆杆节节多》：

苞谷杆杆儿（罗喂呀子喂），节节儿多（啊哟喂），快请媒人（情哥哥儿 哎哟喂）我家说（罗哟喂）。挪钱挪米（罗喂呀子喂），早娶我（啊哟喂），免得奴家（情哥哥儿 哎哟喂）受折磨（罗哟喂）。

而花灯调，是一种将舞蹈和音乐融合为一体的艺术表现形式，它的曲调轻快、节奏明朗，唱词曲调生活化，具有小调的体裁特点，如《花灯儿花灯开》《开台词》《跳粉墙》等。

劳动号子则是人民在日常生产实践中创作出来的音乐艺术形式。它通常是由集体一起来演唱，分为领唱和合唱两部分，其音调激昂、音调简单、铿锵有力、舒缓自由，节奏感十足，能够在生产实践中起到统一群体的身体活动节奏、缓解劳动疲劳等效果。按照劳动环境和场所的不同，桑植民歌中的劳动号子可分为水上和陆地号子。常见的劳动号子有《岩工号子》《挑担号子》《拖木号子》《扯炉歌》等。这些劳动号子的节奏一般都是循环重复的，与工人劳作时的运动频率一致，是具体劳动场景的体现。以《摇橹号子》为例：

远看（的个）大呀姐（哎嗨哎嗨哎哎嗨哎嗨哎），小妹子儿（嗬嗨），穿身啦蓝啦（哎嗨哎嗨哎哎嗨哎嗨哎）……

---

① 乐之乐：《桑植民歌的分类研究》，《中国音乐》2019 年第 3 期。

其曲调歌词中就不断重复"哎嗨""哎嗨哎""嗬哟",与划桨开船的动作频率相对应。

总而言之,桑植民歌诞生于具体的生产生活实践之中,没有约定俗成的词曲内容,由演唱者根据演唱时不同的情感需要,即兴填词演唱,并与方言结合在一起,具有很强的地方性、民族性特色。

3. 桑植民歌的功能

娱乐是桑植民歌最主要的功能之一。一方面,由于桑植县过去交通闭塞、信息交流不通畅,与外界几乎没有任何联系。另一方面,因处于农耕社会时期,物质资源较为短缺,文化生活十分单一,没有额外的娱乐消遣。于是,这里的人们便开始白天在田地里干活时互相对歌娱乐,晚上一家人围着火坑唱歌打发时间。

其次,桑植民歌源自桑植各民族人民的生产生活,它不仅帮助人们传情达意,也起到人与人之间互相交流沟通的作用。音乐是人与人之间发生关联的媒介物之一,通过音乐,人们可以展示出内心的情绪、想法及观点。这种功能在地域社会中尤为突出。如民歌《马桑树儿搭灯台》就表达出男女双方不离不弃的情意绵绵,展现出夫妻双方应该忠贞不渝的爱情观念。另一方面,被群山阻隔的桑植人民,也会利用歌曲的形式,将自己的声音放大、尾音拖长,从而实现远距离沟通与联系。

同时,桑植民歌中有许多礼仪歌,在特定的仪式中演唱桑植民歌已经成为一种定式。演唱桑植民歌与当地民族的习俗息息相关,它承担着教化民众、团结群体的作用。例如《哭忘人》是在葬礼上演唱的歌曲,其歌词中唱道:

（哎哎哎）闻听舅舅命归西,（哎哎哎）香纸未拿就跑起哭都没得眼睛水……（哎哎哎）锣鼓声声奏哀乐,（哎哎哎）三五道士绕灵柩超度亡人赴天堂。[1]

此歌通过描写舅舅去世场景中亲友、道士的行为举止,反映出了当地社会丧葬仪式的面貌,表现当地民众对于亲族意识的强调和家族关系的重视。

---

[1] 钟以轩:《桑植民歌》,岳麓书社,2000,第423—424页。

二、旅游开发背景下桑植民歌的传承与发展

张家界以旅游立市，是国际知名的旅游城市，现有国家级旅游区 19 个，包括 5A 级 2 个，4A 级 9 个，3A 级 8 个，其中由张家界森林公园、索溪峪和天子山自然保护区三大著名景区构成的武陵源核心景区总占地 264 平方千米，是自然风景区的代表。除此之外，还有天子山贺龙公园等红色景区、五雷山道观等宗教景区、武陵源双峰农家乐等不同类型的旅游项目。同时，作为一个少数民族聚居区，张家界民族文化资源丰厚，以桑植民歌为代表的非物质文化遗产被广泛运用到旅游项目中。在这种环境下，桑植民歌的传承机制呈现出自己的特点，并与旅游开发互相作用。

（一）桑植民歌的传授

1. 传统方式：家庭熏陶式教育

家庭是文化传承的重要场所，家庭的熏陶是民歌传承的基础，对民歌的教育具有重要的启蒙作用。家庭传承是指家庭成员上一辈向下一辈主动传授、教育。通过访谈，笔者得知桑植民歌省级传承人尚生武，从 15 岁开始习歌，家庭是其最初的学习场所：

> 爷爷晚上就在火塘里面给我教。他说，你晚上坐在这里没事干，人家都睡觉了你不睡觉啊？那我就教你唱歌吧。早晨和老人去放牛、放羊的时候，他也教你放牛歌，或者喊一下山歌，这样这边放牛的和对面放牛的人互相之间就能交流了。有时交流一些好的东西，有时互相之间也骂人啊，都是用这个东西。①

桑植人不仅干农活时会唱歌，而且做饭时也会唱歌，甚至休息时还会唱歌。人们在孩童时期就跟着父母长辈哼唱民歌，但这一阶段只是无意识的模仿阶段，传承人并不知道自己学的是什么以及为什么要学。在这种耳濡目染的影响下，当

---

① 访谈对象：尚生武，男，桑植人，土家族，桑植民歌省级传承人。

地人们都学会了一些简单、基本的民歌,这是对民歌的最初印象。

2. 师承教育

师承教育与家庭熏陶式教育有十分显著的不同。相对于家庭熏陶式教育,师承教育不是无意识地模仿,而是主动、有意识地向富有经验的前辈学习,更加注重演唱技巧的掌握。通常来说,桑植民歌的师承教育也有一套正式的、完整的体系。在授方与被授方之间有着明确的师徒义务关系,即双方存在着一种"互惠",表现于师父向徒弟传授知识,而徒弟则给予师父礼物、资金等物质性报酬或辅助劳动作为回报。通过访谈桑植民歌传承人尚生武可知,为了充分地掌握师父的技艺,过去徒弟一般会和师父同吃同住,白天帮师父干活儿,晚上跟师父学唱歌:

我之前学艺的时候就跟老艺人们同吃同住,一起生活。白天在家帮他干活,晚上老师就教我们唱歌。那个时候都没有视频,所以我们只能用最开始的那种圆盘,有几十盘,现在好多机子都放不出来了。[①]

徒弟拜师学艺的原因可分为:一是出自兴趣;二是培养专业技能以适应旅游市场的需求。笔者在田野调查中选取的尚生武和徐诚武两个访谈对象都是在正式参与旅游景区工作以后,为了巩固演唱基础知识,培养更高的演艺才能,才开始拜师学艺。他们一般选择当地比较知名的民歌艺人或者政府认定的民歌传承人作为拜师对象:

桑植民歌传承人向佐绒就是我的老师。她唱一句我学一句。也不是说全部的歌曲都是她手把手地教,那个时候还没有光盘,那我们就只能用磁带听着学唱。其实我是先开始从事民歌演唱这方面的工作后,发现自己的才能跟不上表演需求,才去拜师学艺的。我1999年开始工作,2001年开始向她学习,这中间也是不间断地在学习。[②]

---

① 访谈对象:尚生武,男,桑植人,土家族,桑植民歌省级传承人。
② 访谈对象:徐诚武,男,张家界人,土家族,宝峰湖景区民歌演唱者。

此外，由于当时物质条件匮乏、信息储存及传播不便，老一代民歌演唱者学习桑植民歌的方式比较单一，师承教育以口传心授的方式为主，以听录音带为辅。随着当今社会科技的发展，艺人们的学艺条件在很大程度上得到改善，观看视频录像与线上交流也成为徒弟学艺的重要手段。

师承教育的门槛比较高，一般要求学生有一定的音乐基础，而且耗时较长。经过系统的学习和练习，学生的演唱技艺能够得到很大的提升，在培养专业民歌艺人方面发挥着不可替代的作用。

3. 培训班式教育

张家界服务业从业者众多。为了提高服务人员文化素质，让游客享受更好的服务，同时也向外地游客推广张家界的民俗文化，大部分旅行社及餐饮业都会要求员工至少学唱一两首桑植民歌，所以桑植民歌传承人经常被邀请为服务人员等进行民歌培训。

民歌是方言的音乐化，传统桑植民歌的演唱需要借助桑植方言。桑植方言的一个显著特点就是"儿"话音特别重。大部分从事桑植民歌相关事业的工作人员都有"音乐是由语言慢慢演化而来的。只有会说方言了，民歌才能唱准"[①]这样的观点。培训班一般是一对多式的短期集训，追求短期内出成效，却无法系统传授桑植民歌的演唱知识及技巧。加之，在张家界景区工作的桑植籍服务人员并不多，大部分从业人员并不了解甚至完全不会讲桑植话。因此，培训班式教育并不能十分科学、有效地传授桑植民歌，即使达到了"量"的效果，却难以完成"质"的追求。但这种传承模式传授的都是耳熟能详的经典曲目，由于需求众多，形式灵活，可定期举办。

4. 学校音乐教育

学校是传承文化的重要场所和主要渠道。推动桑植民歌走进校园，对于传承和发扬具有地域特色的音乐文化有着十分重要的作用。桑植民歌传承人或经过专业训练的音乐人才通过课堂，向学生们集体授课，这也是培养桑植民歌传承人的有效方式之一。

通过对桑植民歌传承人尚生武老师的访谈，笔者了解到，桑植民歌作为民间

---

① 访谈对象：侯碧云，女，桑植人，土家族，桑植县文化局非物质文化遗产保护中心。

音乐的代表,其学术价值也备受关注。中国许多高校的音乐专业的学者和学生经常会到桑植县进行采风活动,了解桑植民歌历史起源并与当地的民歌艺人进行音乐交流。据了解,桑植民歌传承人曾受到中央音乐学院、湖南师范大学、吉首大学等高校的邀请,走进大学课堂,为具备专业音乐技能的人才传授桑植民歌。他们不仅向大学生们传授桑植民歌,还向高校老师讲解桑植民歌的相关知识,还参与过湖南大学、厦门大学、长沙大学等高校的民歌采风调研活动。

桑植民歌作为张家界市的文化瑰宝,受到当地政府的重视,其中,桑植县政府还专门下发文件,要求把桑植民歌列入当地中小学音乐教材,让桑植县的中小学生学习传唱桑植民歌。省级传承人尚生武就曾在桑植县二十几所中小学宣传桑植民歌。当时桑植土家族协会还拿出一部分资金,挑选出二三十首适合中小学生学习的歌曲,印刷成册,每到一个学校就给每人发一本册子,然后把全校的学生集中在操场,一句一句地教,每次都是几千人的大合唱。

(二)桑植民歌的传播

1. 以商业表演活动为途径

旅游是一种文化现象,是一种出售文化产品的商业行为。当今社会人们选择旅游的层次已经从简单的自然风光旅游过渡到追求精神享受与文化体验。因此,为了迎合消费者的"求异"需求,以传统性为本质的文化遗产逐渐被塑造成为"消费对象"。而旅游地区则可以利用当地独特的文化资源,通过出售门票、提供一系列旅游服务产品来获取经济收益。[①]

桑植民歌作为张家界的非物质文化遗产,曲目繁多,特色明显。随着张家界旅游业的不断发展,民俗文化旅游的开发逐渐引起政府重视,各行各业也看到了桑植民歌具备的商业价值,开始利用桑植民歌创造经济收益。

张家界景区是由国有企业开发和经营的。同时,国有企业也承担着将民俗文化与自然景区旅游融合、推动民俗旅游开发的重任。

以张家界武陵源区宝峰湖景区为例。宝峰湖景区内现搭设有两个民歌表演舞台,分别布置在湖的两侧。舞台主体为一个漂浮在湖面上的固定的小木屋,屋内

---

① 龚锐:《旅游人类学教程》,旅游教育出版社,2011,第178页。

有一男或一女桑植民歌表演者。每当夏天旅游旺季时，每十分钟左右就会有一趟游船经过这一地点，此时坐在木屋内身穿民族服饰的"阿哥"（男歌手）或"阿妹"（女歌手）走出木屋，演唱桑植民歌，演唱的时间长短由游船的速度而定，正常情况下为 25 秒左右。一般都是男游客与"阿妹"对唱、女游客与"阿哥"对唱。据了解，景区内现有民歌歌手十余名，男女大致各半，其主要工作就是为乘坐游船的游客演唱桑植山歌，并与游客进行男女对歌的互动。由于表演工作量大，对身体损伤较严重，为了保护民歌艺人的嗓子，景区内采取两人轮班制度。这种表演方式也受到了游客的欢迎，一位外地游客说：

我觉得民歌表演挺好的，把山水和歌曲融合了。导游在船上介绍桑植民歌的时候，我就开始期待这个表演了。虽然工作人员唱的时间有点短，但是形式蛮新颖的，可以边坐船看风景边跟他们对歌。整个氛围很好，在船上大家有说有笑，凉凉的风吹来，整个人都特别轻松舒服。

歌手与游客对唱山歌的表演模式，既让游客聆听了优美的民歌，又将民歌文化体验与自然旅游观光结合起来，展现出了桑植民歌产生及存在的客观生态环境，突出了文化事项的全貌。

当宝峰湖景区艺人向外界游客传播桑植民歌文化的同时，文化内部也在进行传播和推广。出于跟外地游客互动时调节气氛的需要，景区里其他岗位的服务人员也对桑植民歌表演产生兴趣，甚至会主动向景区内专业的民歌演唱者请教，学唱桑植民歌。他们会认为"正式做桑植民歌的需求量不是特别大，不同程度的技术就会有不一样的工作岗位需要你去做，而做旅游服务的人多一点文化技能总是没错的"。这样一来，在旅游开发的背景之下，民歌不仅对外进行传播，也促进了文化群体内部的文化自觉性。

与自然景区内注重将民歌表演与风光旅游结合不同，私营企业经营的剧院更重视挖掘和创造民族文化的艺术价值，试图将日常的文化事项进行"舞台化"的展演。大型民族歌舞《魅力湘西》以湘西土家族、瑶族、苗族、侗族的音乐舞蹈艺术为主，表演还包含桑植民歌、土家族摆手舞、土家族茅古斯舞等。为了提升知名度，企业特意聘请了多位著名的文艺学教授和国家级编导、舞美设计进行策划。剧场大致可容纳 3000 名观众，每晚安排两场演出，演出门票按座次前后分为 208 元、248 元、288 元不等。它将音乐与舞蹈相结合，使原本以清唱为主的即兴民歌演唱融入了现代乐器的伴奏，《马桑树儿搭灯台》等代表作品是其演出的固定曲目。

与此同时，在张家界，无论是景区的小卖铺，还是城区的民俗风情街，游客随处可听闻到桑植民歌欢快的节奏。各大小商铺为满足游客体验民族风情的好奇心，将原本作为内部交流、学习资料的民歌光盘打造成一种商品，游客通过购买民歌光盘，不仅满足消费欲望，也帮助桑植民歌以光盘为载体向张家界市以外的地区传播。

2. 以节日庆典为途径

为了进一步开发民俗旅游，向广大游客展示当地民族的特色文化，张家界市政府会定期举办各种类型的文化艺术活动月，如在 2017 年 7 月 18 日，张家界就举办了"第二届中国张家界民俗文化活动月暨首届国际网红直播旅游节"，报名参加活动直播的网红达到 500 多人，整个活动期间网络在线点击率突破一亿人次。这是首次将直播与旅游紧密结合，探索"直播＋旅游"发展模式，使网络粉丝直接体验到桑植民歌的魅力。活动现场还有众多本土企业家及海内外游客的参与，来自全国各地的民歌手同台竞技。本次活动不仅充分展现了张家界的民俗文化，还提高了桑植民歌的知名度，对扩大桑植民歌的传播范围、促进桑植民歌与旅游业的结合，起到重要的作用。

3. 以电视、演出为途径

中央电视台音乐频道《民歌中国》栏目，就曾以桑植民歌为素材专门制作过一期节目。民歌的传播还要有传唱民歌的传承人。桑植县政府经过复杂细致的鉴定，现已确定桑植民歌各级传承人 17 人（已故 2 人）。桑植民歌传承人曾受邀参加过"湖南省少数民族文艺调演""全国少数民族'非遗'项目调演""桑植民歌走进校园原生态音乐会"等国内众多民歌艺术活动。除此之外，民歌传承人还将桑植民歌带出国门，走上了国际舞台。尚生武老师曾于 1987 年赴波兰参加国家民间文艺比赛，又于 2015 年赴德国柏林演唱桑植民歌。传承人们通过自己的身体力行，不断与国内外各民族进行文化交流，不仅让更多的人能听到桑植民歌，也创造了桑植民歌与其他民歌融合的机会，促使桑植民歌能有新的发展。如此一来，桑植民歌作为彰显张家界特色民族文化的名片被推广出去。

（三）旅游开发与桑植民歌传承发展的关系

一种文化的起源、发展与保护受限于它所处的社会环境。伴随当下张家界旅游产业的迅猛发展，旅游文化与"消费主义"渗透进当地社会生活的方方面面。而为了能在此种社会环境下充分发挥出文化资源的经济价值，张家界桑植县桑植民歌作为独具民族特色的民俗事项，成了张家界文化旅游开发的一大亮点，得到了张家界市政府的重视和企业家的关注。在开发的过程中，旅游活动与桑植民歌产生了多方面的互动关系。一方面表现在旅游开发与民歌传承之间共同促进；另一方面体现在旅游开发使得民歌文化内容发生变迁。

1. 旅游开发与民歌传承相辅相成

在遗产旅游发展的成熟期，遗产与旅游之间形成了共生关系，即旅游利用、促进遗产价值传播并为遗产保护提供资金保障，而遗产保护及展示技术的提高又为旅游注入活力。①

首先，旅游活动对桑植民歌传承发展的积极作用主要表现在使其传承方式与传播媒介实现多样化，扩大了桑植民歌的生存和发展空间。

一方面，通过调查可知，桑植民歌传统的传承方式是以家庭内部熏陶式教育为主。随着张家界旅游业的发展，桑植民歌的文化价值得到突显，为了向游客更好地展示张家界地区独特的民族文化、建立当地独特的文化品牌，在"看山看水听戏"的口号下，越来越多与旅游相关的从业人员开始自觉地学习桑植民歌，这突出体现在师承教育与培训班式教育的兴起，旅游开发使得桑植民歌实际传承人数大幅度增加，其传承主体从桑植本地人拓展到来自外地的从业者。另一方面，出于发展旅游经济与教化当地民众的诉求，张家界市政府利用本地文化及人力资源，通过构建"民族文化节""非物质文化遗产节"等方式，集中包装并展示地方民俗文化，争取实现资源的全方位开发。当地居民通过对"传统"的消费、使

---

① 周小凤、张朝枝：《遗产保护与旅游利用关系的时空演化》，《中国文物报》2018年第12期。

用，来接续或重构他们的集体记忆与文化表述，并在这个过程中逐渐加深对桑植民歌的理解和认识，重新确认自己。桑植民歌作为桑植地区民族文化的"名片"，在旅游景区内的各种大型晚会和活动中进行推广，无形之中增加了桑植人民的文化自信心与认同感。

此外，张家界在旅游开发过程中，为了拓展文化旅游项目，挖掘桑植民歌的艺术特色，将其搬上了现代高科技舞台，吸引了大批本地居民及游客前往专业的歌舞剧院进行文化消费。数字化互联网平台的运用，有效地突破了非物质文化遗产在传播过程中的时间、空间限制，拓展了传播对象，增强了传播效果，并且也有利于音频资料的保存。而旅游地区发放的宣传介绍手册也有助于人们通过文字叙述和图片展示的方式了解桑植民歌。

调研期间，笔者曾面向张家界市区域内居民发放网络问卷，以此来了解桑植民歌的普及情况，共收回了173份问卷。调查问卷显示，173人中有133人知道桑植民歌是国家级非物质文化遗产，占76.88%；共有154人知道桑植民歌中的山歌一类，占89.02%；又有122人表示能够演唱桑植民歌，占70.53%，其中对于歌曲熟练程度为"一般"的占56.65%。总的来说，在张家界市，桑植民歌的知名度比较高，只要是生活在张家界的居民都对桑植民歌有一定的了解，并通过广播电视、旅游宣传手册和网络来了解桑植民歌，这是桑植民歌传播的主要途径。

其次，桑植民歌自身的传播、发展也对桑植与张家界旅游进行了有效的宣传。

每一种文化都是人们结合其所处的自然与社会条件创造出来的，反之透过文化事项也能洞察自然与社会的面貌。桑植民歌是当地人民生产实践及生活状态在艺术上的表现。世代生活在山高壑深的自然环境下，使桑植民歌具有粗犷有力、富有穿透力的特点。民歌歌词多涉及耕作词汇，反映了其以农业生产为主的生产生活面貌。在艰苦的自然条件下，桑植人的祖先并没有被这些困苦压倒，相反，他们在苦中作乐，创造出了属于自己的音乐，展现出人们对待生活活泼、洒脱的积极态度。

具有鲜明民族、地域特色的桑植民歌被拍摄并制成综艺节目或是文艺表演，在电视、网络等媒体播出。通过节目的播出，向外界展示民歌的音乐魅力，同时也普及了民族文化知识，使观众在聆听民歌的同时，也感悟到民歌背后所蕴含的文化内容与乐观豁达的精神，欣赏到秀美的张家界山水风光，更是很好地向外宣传了张家界。

总之，张家界旅游开发与非物质文化遗产保护形成了一种相辅相成的有机互动关系，即旅游开发促使桑植民歌的传承方式、传播媒介丰富化，而桑植民歌在大众媒体上的展演也从侧面将张家界和桑植的自然风光、民族文化旅游招牌宣传了出去。

2. 旅游开发使得民歌内容发生变迁

民族学中对于"文化变迁"的定义是："由于民族社会内部的发展，或由于不同民族间的接触而引起的一个民族文化体系，从内容到结构、模式、风格的变化。"[①]旅游开发对于当地文化具有多重影响。一方面，旅游开发为非物质文化遗产的传播、继承拓宽了途径；另一方面，旅游开发行为与外来文化的渗入使当地文化发生重构与更新。在张家界大力开展旅游事业之时，桑植民歌从地域社会的日常生活中脱离出来，被搬上舞台和荧幕，其自身在词曲内容、表现形式上发生了变迁。

（1）词曲内容的变化：方言演唱的消亡

文化是复杂的，是看不见摸不着的，它隐藏在一个民族的日常生活的细节之中，包括知识、信仰、艺术、道德、法律、习俗和任何人作为一名社会成员而获得的能力和习惯等方方面面。方言作为地域文化的一个重要组成部分，是文化的重要表现形式，能自然地表达各种文化的地域特色，反映出其所产生的特定人群的生产生活方式、思维方式、对外交流水平，甚至是地理区位信息。桑植方言与桑植县的社会环境息息相关，具有很强的民族性、地域性及历史性。据史料记载，宋末元初之时，忽必烈命镇守云南的大将兀良合台率领部队会师鄂州，并南下攻取南宋首都临安，以求统一中国。为扩充士兵，兀良合台在云南境内招募了2万多名白族士兵，奋战一年最终成功会师。后忽必烈继承汗位，内部势力纠葛，兀良合台失宠，这支军队被迫解散。部分士兵及其后代流落到了长江一带的桑植周边，到了近现代，白族人约占桑植人口的24%。很长一段时间里，这部分白族人被称为"民家人"，其所说的方言也就叫作"民家腔"。在长期的民族交往和融合

---

① 林耀华：《民族学通论》，中央民族大学出版社，2014，第396页。

下，作为汉语支系西南官话的桑植方言中就借用了很多白族、土家族语言特色。如，桑植方言中将吃饭称为"歹饭"，父母叫儿子为"佬佬"，那个人称为"畏个人"等。①

传统的桑植民歌在演唱过程中运用的是属于桑植县的桑植方言，这是它区别于其他民歌的一大特点。笔者在对桑植县非物质文化遗产保护中心主任进行访谈时，她就说道："一方山水养一方人，你有什么样的方言，就是你的声腔是什么样子，就有什么样的民歌……桑植民歌是桑植方言的音乐化，要想学会桑植民歌首先要学会说桑植方言。"因此，非当地人就很难学会演唱桑植民歌。

然而在旅游业迅猛发展的背景下，来自不同区域、拥有不同文化背景的游客争相涌入张家界。以方言演唱的传统桑植民歌，其歌词生僻、晦涩，除去本地人，很少有人能够听懂，且不同的游客对音乐的喜爱大相径庭。为了让游客能听懂民歌，最大限度发挥民歌的可利用价值、实现利益的最大化，民歌必须符合大众化的喜好，并在原有的基础上进行改编。于是张家界景区及各大剧院开始通过聘请国内知名的作曲家、作词家，并参考本土民歌传承人的意见，挑选出一两首具有代表性的桑植民歌，对其曲调、歌词进行普通话改编，并结合交响乐、流行乐的演奏，以适应旅游市场的需要。例如《魅力湘西》中的《马桑树儿搭灯台》表演就全部使用普通话演唱。

如此一来，桑植民歌在旅游开发的作用，其方言音乐化的本质特点开始改变。

（2）表现形式的变化：从日常即兴演唱到模式化舞台表演

桑植民歌本身主要是一种与民众联系紧密的说唱艺术，通常是在生活的常态下进行，与民众的生活衔接度较高。农耕社会中，人们在山野间劳作时，如果觉得累了就会停下来朝着山对面的人喊上几嗓子山歌，山对面的人也会唱一两句以示回应，他们将"对山歌"当作田间劳作的娱乐活动。不光在田野劳动的娱乐中运用对歌形式，家庭聚会、男女约会、节日庆典等社会交往活动中也经常利用对歌来传情达意。

而现在，为了满足旅游者的文化消费需求，在当地政府的引导和企业家的策

---

① 鲁艳：《多民族杂居区民族边界与民族关系研究——以湖南省桑植为例》，博士学位论文，中央民族大学，2013 年。

划下，桑植民歌被改编成了一种模式化的舞台说唱艺术。各大文化企业纷纷通过出售高价演出门票的形式创造经济收入。桑植民歌所具有的表达情感、沟通联系、教化民众、团结群体的社会功能已经发生变化，转向了与旅游活动相匹配的文化消费功能。

舞台化的桑植民歌表演与传统民歌有很大的不同。首先，传统桑植民歌的演唱者可以是地域社会中的任何一个成员，他们从小在家庭与社区的教育下无意识且自由地习得民歌，并把它纳入自己的生活及生命轨迹中。而在旅游开发的驱动下，为了博取外来旅游者的眼球、吸引更多的受众群体来此地进行文化消费，就要求桑植民歌进行高技巧和专业化的演绎。因此，舞台化的民歌其演唱者即使大多都是当地人，也经过专门的演唱培训，具备一定的艺人功底，脱离了最初的地域社会生活。他们的声音往往非常精致、毫无瑕疵，没有传统演唱的粗犷。对其而言，民歌演唱不再是日常生活的消遣，而是安身立命的本事。

其次，传统民歌是出现在田间地头、家中火塘的，演唱者是当地普通居民，其服饰搭配朴素，并且都以自然景色或是具体的社区活动为演唱背景，多以清唱为主，无灯光渲染。而景区剧院为了满足游客追求浪漫、新奇、享受的文化消费需求，不仅对演唱者的演出服饰进行美化，配备了专业的服装师和化妆师，而且还运用现代科技打造出了一个融合多彩灯光的舞台，对演出道具进行精细化加工，纯粹的听觉感受被转化为视听觉感受。如张家界魅力文旅发展有限公司组织和编排的《魅力湘西》中的节目《马桑树儿搭灯台》，就利用了可升降舞台实现演员的出入唱、LED 背景和高品质音响设备相结合，表现丛林密布的场景等。

最后，桑植人在生活中所演唱的民歌曲目和曲调是一脉相承的，基本上不会有太大变化，但对于曲目具体的歌词没有严格的界定，演唱者可以根据当时身处的环境以及所思所想进行自由发挥，即兴表演。然而商业化旅游开发的本质目的是追求利润，实现利润最大化的一个途径就是制定标准进行生产以提高效率。剧院的民歌表演就是遵循着这个模式，邀请国内知名的艺术工作者对经典桑植民歌进行编排，再统一出一个具体的曲调和歌词模版供艺人专门学习。在这个过程中，即兴表演不复存在。

在旅游开发背景下，桑植民歌走出传统的社区生活，登上了由现代科技打造的舞台。舞台化后的民歌表演将一切都模式化、固定化、精准化。从演员的挑选，到出场时间的设定，再到舞蹈动作、服饰和演唱曲目的选择，甚至是歌曲的歌词全是前期确定好的。经过如此改造过的民歌仿佛一个被放置在精美礼盒上的工艺品，人们在驻足欣赏、对它赞不绝口之时，谁又会疑惑它最初由谁创造，又是何种模样？

三、桑植民歌发展过程中存在的问题

旅游开发活动不仅可以扩大非物质文化遗产的传播范围和影响力，还可以激发当地社会成员保护和传承文化的自觉性，但不可避免地会使得传统文化内部发生变迁。若在开发过程中只看重文化带来的经济效益，而忽视它真正存在的价值，不对其发展进行科学合理的规划、不给予充足的资金以支持长远发展，或是不关注文化传承人本身的境遇与需求，便是对文化本身的破坏。

（一）民歌商业表演部分"失真"，走向商品化

将传统音乐舞蹈艺术从日常生活实践中挖掘出来加以改造、包装，搬上舞台进行定价，作为商品提供和出售给游客，这种非物质文化遗产进入旅游消费市场的趋势，已是无法逆转的事实。然而旅游产业化市场过程中附着的技术主义简单复制、流水线作业、标准化生产、消费至上等因素，又进一步对非物质文化遗产本身造成深远影响。[①]

根植于群众生活的桑植民歌，由于其淳朴真挚的情感、丰富多变的曲调、优美动听的旋律、别具一格的衬调衬腔，表现出了鲜明的民族特色和浓厚的乡土韵味。出于张家界旅游开发和建设文化消费市场的需求，桑植民歌经过地方政府、商业资本、专家学者及媒体等合力改编，演变成一种极为"完美"的文化产品。在这个过程中，桑植民歌传统方言演唱的消亡、即兴表演到模式化舞台的呈现，它的个性、功能及真正蕴含的价值都发生了改变，这也带来了"舞台"真实性的问题。

方言是地域社会文化的重要表现，桑植方言是当地少数民族语言与汉语西南

---

① 龚锐:《旅游人类学教程》，旅游教育出版社，2011，第185页。

官话的融合产物，有着显著的特点，这也使桑植民歌区别于其他地方民歌。景区剧院为了塑造出符合大众喜爱的文化商品，将桑植民歌中难懂的方言抹去，统一使用普通话进行演唱，抹杀了桑植民歌的个性，使其难免落入雷同。观众在观看这种被改编成普通话版的桑植民歌后，很难留下深刻的印象。

在张家界景区的商业文艺表演中，也存在着桑植民歌歌词被改编的问题。以《魅力湘西》剧目中的《马桑树儿搭灯台》为例。据记载，《马桑树儿搭灯台》最早出现在明代，其素材借鉴了湘西当地山歌《马桑树儿搭荫蓬》，那时桑植首领正率兵到朝鲜抵抗倭寇，就以此歌来鼓舞将士，后 20 世纪四五十年代被改编，成了一首叙事性民歌作品。其歌词为：

（男）马桑树儿搭灯台哟，写封书信与姐带哟。郎去当兵姐在家，我三年两年我不得来哟，你可移花别处栽哟。

（女）马桑树儿搭灯台哟，写封书信与郎带哟。你一年不回我一年等，你两年不来我两年待哟，春天不到花不开哟。

（齐）郎去当兵姐在家哟，二人心中别牵挂哟。姐在家中勤生产，郎在前方把敌杀哟，英雄模范人人夸哟。

然而在剧院创造的舞台剧中，其歌词却被改编为：

（女）马桑树儿搭灯台哟喂，写封书信给郎带。你一片思念枕头边，我乘梦飞过高山崖哟喂，花花的背篓摆哟，起来哟。

（女）马桑树儿搭灯台哟喂，写封书信给郎带。水在转来山呀在转哟喂，我窗前挑灯绣花袋哟喂，雨不浇花来耶，花不开哟。

（男、齐）马桑树儿搭灯台哟，唱起山歌都是爱。捧个日头，照呀白崖哟，我与情人不分开哟喂，幸福的日子过耶，起来哟。

可以看出，《马桑树儿搭灯台》传统的歌词不仅赞美了男女之间纯真美好、矢志不渝的爱情，更加赞颂了在战争时期个人抛弃儿女私欲而奔赴战场、保家卫国的英雄作为，是特定时代背景下的产物。而当代在进行旅游开发时，或是出于让民歌节目与其他文艺表演的衔接更加通畅，追求更完整舞台效果的呈现等目的，剧院在排练、表演民歌时，只对歌曲的曲调和爱情基调进行了传承，忽视了它原本的从军色彩。这样，来到剧院观看演出的观众便只知它是情歌，而不懂得它曾在战乱年代起到过鼓励、抚慰士兵的作用。

此外，张家界的不少景区和剧院都十分注重搭建视觉效果好的演出舞台，强调运用新媒体科技手段来配置场景、服饰、灯光等，并注重演员专业化的培养，对演出的时间、动作，甚至是演员的表情管理进行严格的模式化限定，以求完成旅游消费者对文化精神享受的渴望。但对于民歌来说，过分利用舞台技术来展示其外在表现形式，而忽视对受众进行民歌本身内在功能和价值的传达，无疑是一种伤害。

桑植民歌在旅游消费活动的作用下，从原生环境中脱离出来，远离了它日常生活中的真实样貌。方言的消失、歌曲的创新，导致原本意义的消散、模式化舞台的呈现等，都是对民歌一种非真实性的展现，使其在如浪潮般的文化商演中失去自己独有的特色和活力，从而难以得到长远发展。

（二）整体规划不足、资金短缺

张家界的旅游业是以自然风景观光为主要内容发展起来的，并占据了很大的比重。民俗文化旅游仅处于起步阶段。在大力发展经济的社会背景下，政府对待桑植民歌这一类文化价值大于经济价值的民俗文化，大多只是维持基本的保护工作，相应的旅游开发、利用引导性政策不足，更多的还是靠文化企业去打造。

我们张家界的旅游暂时还是以传统的山水观光为主，政府旅游局更多的是帮助宣传，民歌的传承还是得靠传承人自身的行为，以及与企业之间的合作、一起去打造。①

同时，无论是民歌资料的收集整理，还是改编创新，都需要耗费大量的人力、物力、财力。通过调查得知，虽然每名民歌传承人每年都能获得一定数额的补贴，

---

① 访谈对象：张家界市武陵源区旅游局工作人员，男，35 岁左右。

县级传承人每年补贴 500 元，市级 1000 元，省级 5000 元，国家级 20000 元，但如果要从事大规模的民歌创作，那也只是杯水车薪。例如，桑植民歌传承人尚生武就表示，他的补贴金主要用在了桑植民歌的宣传推广上，并没有多余的资金用来从事民歌保护、挖掘方面的工作。除去享受政策福利的传承人，普通的民歌艺人很难通过单纯地演唱民歌获得理想的经济收入。景区内从事民歌演唱的工作人员离职率较高，所以想要依靠这些数量众多、质量却良莠不齐的民间歌手来发展桑植民歌并不太现实。

另外，即便政府每年都会调拨一定的资金用于文化遗产的保护和开发，但因张家界市区域内民族成分复杂，特色民俗文化更是多种多样，最后分摊到桑植民歌上的资金已经没有办法发挥太大的作用。

（三）传承体系出现断层

张家界市现有省、市、县级传承人 17 人（已故 2 人），但大多数传承人都已年事过高、不具备劳动能力，只有少数人还能从事桑植民歌的宣传推广工作。况且还有一部分传承人迫于生计，不得不在国内其他景区奔波、演出，造成了张家界市民歌人才的流失。

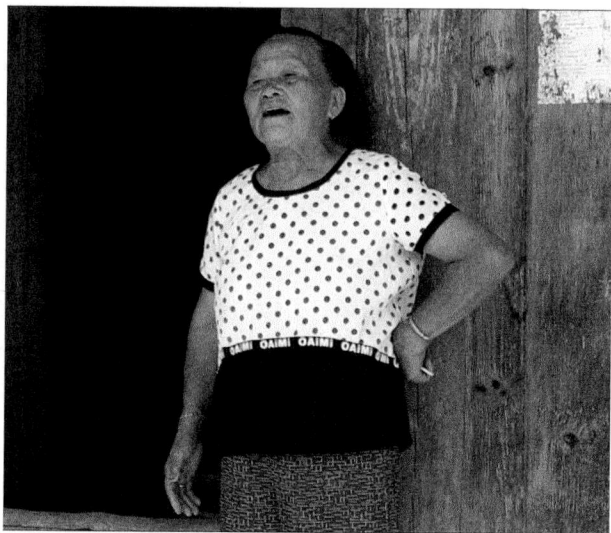

图 1　年迈的民间歌手演唱桑植民歌

由于唱民歌并不能为歌手提供理想的经济收入，很多人在从事民歌演艺工作的同时会去谋求诸如婚礼、开业庆典主持等副业，甚至几年后就会转业。

问：请问你对自己的工资满意吗？

答：工资还是少了点，也会想着出去工作。但是毕竟做了这么久，八年了，自己也爱好这个行业，会舍不得放弃。不过做这个的确很伤嗓子，之前我们景区本来有五个男孩子，后来有一个唱了八九年的把嗓子唱坏了，不能继续做就只能辞职，听说他现在也不好找工作。我呢，因为我们是轮班制度，没有固定的假期，只有间断性的休息。所以平时也会接一些主持婚礼、开业典礼这类的外场活动，去当主持人或者是唱歌。这样来贴补家用，也是给自己找一条后路吧，毕竟现在这个工作也不是长久之计。[①]

同时，目前新一代的继承人还没有培养出来，大多数民间歌手都不具备被认定为传承人的素质，桑植民歌演唱者的中坚力量即将面临断层的危机。

四、结论

非物质文化遗产的潜在价值是最直接的旅游资源。桑植民歌源于人们的生产生活实践，是桑植地区独特自然环境的产物。其歌词动人、曲调多样，拥有十分重要的文化价值，是张家界旅游开发活动中的一块"招牌"。

在旅游开发活动的作用下，桑植民歌目前主要存在家庭教育、师承教育、培训班教育、学校音乐教育这四种传授方式；并以商业活动、节日庆典以及电视演出为途径进行传播。旅游开发与民歌的传承与发展之间存在着多重关系，一方面表现为两者相互促进，即旅游开发能够扩展民歌的传播，而民歌自身的传承又能给旅游带来新的活力与契机；另一方面表现为消费主义的旅游活动会引起民歌文化的变迁，如方言消散、从即兴表演到模式化舞台呈现的变化等，使得其逐渐脱离了它原本的面貌。

---

① 访谈对象：徐诚武，男，张家界人，土家族，宝峰湖景区民歌演唱者。

"我们是谁？"

——通达村他留人族际通婚与族群认同研究

中央民族大学民族学与社会学学院 2016 级本科生　徐瑾如

指导老师　巫　达

摘要： 作为人口数量少，文化传统、社会地位被边缘化的族群，分布于通达村的他留人不仅处于当地地理和社会边缘，同时被隔离在"他留文化中心"永胜县六德乡的边缘，因此，与汉族和傈僳族"大杂居"、他留人"小聚居"的分布格局使各民族的交往互动赋予他留人涵盖多元文化的特征。在多族群互动的社会背景下，通达村他留人口耳相传的族源和祖籍传说的共同记忆具有原生性、根基性情感力量，同时为了族群在人口延续、资源配置和竞争中取得优势的工具性考虑，共同成为形成其族群边界和族群认同的因素。族际通婚加深了族群互动，也使他留人的传统文化传承断裂、历史记忆逐渐模糊，同时他留人正在积极实践族群身份的再建构。

本文拟从通达村他留人的姻亲关系切入，梳理他留人通婚的历史和基本现状，以族际通婚作为族群关系和族群互动的表现形式，将族群认同与边界置于族群动态互动的背景下，探讨他留人从"族内婚"到"族际婚"观念的转变和动因，为何会形成唯独对彝族封闭的通婚边界，以及在这个"变与不变"的过程中，族群认同对族群身份确认和边界维持起到了怎样的作用。

关键词： 他留人；族际通婚；族群认同；族群边界

一、绪论

（一）问题缘起及意义

婚姻是个体获取生活经验不可替代的组成部分，关系着族群内部和跨族群的交往互动和边界维持。云南省华坪县他留人虽然在 20 世纪 50 年代的民族识别中被划分为彝族，但出于对"他留"身份的强烈族群认同感，他们一直保留着相对严格的族群内婚制。虽然新中国成立后华坪县他留人的通婚圈发生变化，从族内婚逐渐转变到接受与当地傈僳族和汉族的族际婚，但依然不与当地彝族通婚。

通婚圈由封闭到开放的过程标志着族群边界的依次开放。以往有关他留人通婚情况的研究大多集中于云南永胜县六德乡的他留人聚居地，较少研究散布在华坪县的他留人，因此本文选取华坪县通达傈僳族乡他留人作为研究对象，笔者进行了为期一个月的田野实习，采用参与观察法、口述史与文献资料相结合等研究方法，尝试分析影响他留人逐渐打破族内通婚的社会背景，并结合族群边界理论讨论他留人族际婚的通婚边界不对彝族开放的原因，以及探析在这个"变与不变"的过程中，族群认同对族群身份确认和边界维持起到了怎样的作用。

（二）文献回顾

1. 族群边界理论

弗里德里克·巴斯（Fredrik Barth）在《族群与边界——文化差异下的社会组织》[①]中批判以社会和地理隔离维持文化多样性的观点，否认传统族群理论将族群视为一种文化、语言和相互排斥的团体，提出族群边界是互动和交流的基础，族群区分包括排斥与包含的社会化过程；族群互动可以使文化差异继续保留，同时文化变迁与涵化并不会瓦解族群互动。

巴斯将族群定义为社会组织形式，是成员间有组织互动的自我归属和认同的范畴，在多族群社会体系中，存在复杂的人口运动和调整过程，导致构成族群人

---

① ［挪威］弗里德里克·巴斯：《族群与边界——文化差异下的社会组织》，李丽琴译，商务印书馆，2014，第 1—29 页。

员资源不断变化，但族群边界仍保持着相对稳定性。[1] 本文的案例印证了巴斯关于族群成员资格变化的理论。通达村是汉族、傈僳族和他留人的共生地，生态位的重叠使其分享和竞争生存资源、人口资源。族际通婚促进人口调整的同时，族群边界仍然存在。

族群身份的变迁不一定取决于文化整合和政治经济形势的变化，环境的变化本身就包含了鼓励身份转变的因素。实现族群身份变迁必须满足两个前提：一是"存在着实施合并的文化机制"；二是"同化家户和首领具有的明显优势会产生刺激作用"。因此，20世纪80年代，人口流动增强，外出务工的他留人在不同于家乡的城市环境中，感知到身份的转变有助于自身各种利益和价值的实现后，可能会做出转变身份的选择。但是严格的户籍制度与城市对外来人员的接纳限制，使他留人无法轻易改变身份，这时通婚成为替代性选择。

巴斯还指出，在多族群社会中，存在主流群体与边缘群体的互动壁垒、边缘群体被排斥和"污名化"现象。在整个社会环境下，主流群体成员的共享身份将各个活动领域组织起来，身份限制了少数群体的活动领域，占优势地位的统治群体主导互动，产生群体间行为表现的相对不充分性，由此引发挫折与身份危机。巴斯的族群边界理论一经提出，便引发学者广泛关注族群认同形成的原因，相关研究主要从根基性和情境性两个角度出发。

2. 族群认同：根基论与情景论

20世纪70年代至80年代，族群认同理论主要形成两大流派：根基论（primordialist approach）[2] 和情景论（circumstantialist approach）或工具论（instrumentalist approach）。[3]

根基论认为，族群认同来源于天赋的、根基性的情感联系。格尔茨（Clifford Geertz）分析了新兴国家的原生情感与公民政治，假定的血缘纽带、种族、语言、

---

[1] ［挪威］弗里德里克·巴斯：《族群与边界——文化差异下的社会组织》，李丽琴译，商务印书馆，2014，第1—29页。

[2] 有学者将之译为"原生论"（如纳日碧力戈在《现代背景下的族群建构》中的译法），或者"根基论"（如王明珂在《羌在汉藏之间：川西羌族的历史人类学研究》中的译法），或者"族群内心情感"（如巫达在《族群性与族群认同建构》中的译法）。

[3] 周大鸣：《论族群与族群关系》，《广西民族学院学报（哲学社会科学版）》2001年第23期。

地域、宗教、习俗等外在文化特征一致性所蕴含的自然的或"精神上"的同源关系形成原生纽带和原生情感,是族群认同和族群意识的根源所在。[①]

在根基论出现之后,情景论反对将族群过分本质化,认为族群认同是在具体的社会、政治、经济情境下构建起来的,具有多重性、随情境变化等特征。阿伯纳·科恩(Abner Cohen)认为人既是象征的人,又是政治的人。他强调只有具有政治功能时,象征意义才有价值,族群只是利益群体成员借文化机制联系的非正式社会组织,而族群意识也在这种条件下产生。[②]而保罗·布拉斯(Paul Brass)认为,族群认同可以在衡量政治、经济目的后进行理性选择与建构,强调族籍的可变性和场合性,尤其是在政治经济竞争中,族群精英有意唤醒成员的族群意识并取得竞争优势。[③]

在两派理论争论不休之时,也有学者在综合两派观点的基础上提出,族群认同产生于可行的根基认同与可见的工具利益相结合。[④]在个案中的具体情况往往并不根据理论流派表现得泾渭分明,反而在分析复杂的族群认同现象时需要综合各个流派。正如在彝族支系他留人的族群认同在婚姻变迁的动态过程中,既呈现出对祖源地根基性认同的主观想象,通过强调文化符号和通婚对象而强调族群边界,也呈现出社会资源、象征意义资源和政治资源竞争中"趋利避害"的理性选择。

3. 族际通婚与族群认同相关研究

国内对族群认同的经验研究主要是在西方族群理论基础上进行的区域性研究,大多是两种及两种以上的多元理论的结合,以文化视角(仪式、宗教信仰、语言等文化事项)、历史记忆视角、族际互动与民族关系视角等研究族群认同的形成、消解、构建过程。根据本文"族际通婚"的研究主题,下面拟从族际互动视角梳理有关族群认同和族群边界的经验研究。

族际通婚作为族群深度互动的一种特殊形式,往往被视为反映民族关系的重

---

① [美] 克利福德·格尔茨:《文化的解释》,韩莉译,译林出版社,1999,第303—367页。

② Cohen A.,*Custom and Politics in Urban Africa: a Study of Hausa Migrants in Yoruba Towns*(Berkeley: University of California Press,1969).

③ 王琪瑛:《西方族群认同理论及其经验研究》,《新疆社会科学》2014年第1期。

④ 周大鸣:《论族群与族群关系》,《广西民族学院学报(哲学社会科学版)》2001年第23期。

要尺度,①或族群融合程度的判断标准。②族群认同和跨族群的文化认同不仅是影响族际通婚的因素之一,而且族际通婚的互动形式也使族群认同和跨族群的文化认同发生动态变化。

(1)族群认同:主观认同与工具策略

族群认同既是族群成员身份的自识和他识、边界的确定等主观认同,也具体表现为族群成员为了使族群存在和不断延续,而在人口、生存空间、资源配置等方面所做的努力。一方面,人口较少族群通过族际通婚保证人口增长活力;另一方面,在现代化与全球化导致婚姻边界主动或被动开放的背景下,用以增强族群的社会资源竞争力,以及在保证族群认同延续性的同时,通过寻求周边族群的跨文化认同与共识,实现多族群共生。

出于在人口和资源竞争中占优的同一目的,族群认同可能限制或促进族群互动,表现为是否限制婚姻边界开放,并且根据族群互动中对社会和文化距离的感知而选择婚姻边界开放的对象。例如较多民族在历史上甚至至今仍保持族内婚,限制族际通婚。但是,在民族成分异质性较高、民族间交往普遍的地区,族际通婚率要普遍高于异质性较低的社区。③罗意在阿勒泰红墩研究的基础上提出,在区域内多民族杂居的"民族互嵌型"社区环境中,表现出较高的族际通婚率。虽然因群体规模小而采取族外婚,但也由于受到宗教因素限制,红墩的汉族主要选择与蒙古族通婚,而非哈萨克族。这也是族群间通过互动形成的对各方文化距离和社会距离的认知与体验。④

(2)族际通婚促进族群认同的动态变化

从族内婚到族际婚的主动或被动开放过程中,不同族群在区域性村落中独特场域的惯习和具体情境,形成了独特的文化调试手段。

王志清调查了烟台营子村中蒙汉民族从族内婚到族际通婚的演变历程,认为族际通婚表现出明显的代际差异,代际间成长的社会文化背景和认同意识的差异

---

① 柯豪爽、沈思:《各民族族际通婚影响因素的统计分析》,《调查研究》2018年第3期。

② 马戎:《民族社会学——社会学的族群关系研究》,北京大学出版社,2004,第438页。

③ 良警宇:《牛街:一个城市回族社区的变迁》,中央民族大学出版社,2006,第173—174页。

④ 罗意:《在嵌入中共生:新疆红墩族群关系的百年变迁》,《西南民族大学学报(人文社会科学版)》2017年第3期。

是族际通婚比例上升的主要原因。并且从微观层面分析了族内婚逐渐开放的文化调适策略——"硬找蒙汉兼通的介绍人（媒人）"，缓和父权制和子女个体意识、传统与现代的矛盾，维护了族群间的交流平衡。在族际通婚家庭中，子代的族属选择也透露出民族政策影响下族群认同意识和身份的工具性。[①]

郑佳佳和马翀炜认为，全球化背景下产生了族群间深入社会互动和新的社会关系的构建，哈尼族从族内婚到族际婚的制度变迁是积极的文化调适的结果。在现代化背景下，哈尼族外出务工和旅游业的发展为个体跨越族群身份缔结婚姻创造了条件。变化了的社会结构形式要求与之相适应的文化结构，哈尼族采取了"改族称""改姓名""改口"等手段进行积极的文化调适，为族内婚转变为族际婚提供了合理的文化解释，实现文化意义框架与社会结构相和谐，本质上并没有违背过去通过实践族内婚以求得人口、资源配置和生存空间的智慧。[②]

此外，族际通婚也可能导致族群认同的建构或消解。余达忠和陆燕在对三撬人和三撬人村寨"乌勒"的调查基础上，发现族群认同的形成和族群边界的维持与其生存的社会环境密切相关。由苗侗汉三族包围着的族群孤岛——乌勒是一个独立的三撬人村落，区域间稳定的生产生活和族群互动方式促进了族群认同的维系和族群边界的清晰。在现代化和全球化进程中，因水库建设移民搬迁四散到各处的乌勒人面临族群认同的消解和再建构。[③]

巫达结合在四川凉山彝族自治州的田野材料和个人经验，提出彝汉藏三族杂居的多族群社区中，各族群虽然因社会经济发展不平衡而产生竞争性关系，但也在互动中形成了维护互相间和谐关系的策略和生存性智慧，对这种族群共生惯行准则的认知有助于形成跨族群的文化认同。[④] 在对四川藏族尔苏人的调查基础上，巫达认为尔苏人的族群认同建立在某种"想象的共同体"上，即想象为"奕冉布"

① 王志清：《农区蒙古族村落中的族际通婚及其演变》，《湖北民族学院学报（哲学社会科学版）》2009 年第 27 期。

② 郑佳佳、马翀炜：《禁忌、压胜与调适：哈尼族族际通婚的社会文化同构历程》，《北方民族大学学报（哲学社会科学版）》2018 年第 5 期。

③ 余达忠、陆燕：《族群认同的建构与消解——一座三撬人村落的当代裂变》，《西南民族大学学报（人文社会科学版）》2015 年第 1 期。

④ 巫达：《族群互动与生存性智慧——以凉山彝族为例》，《西北民族研究》2011 年第 4 期。

的后裔。在多族群社会环境中,族群互动产生文化的涵化现象,但并不意味着抛弃了原有的族群认同。文化认同建构为族群认同建构服务,根据与不同族群互动的不同情境进行工具性接受、调试、建构文化,从而保持鲜明的族群认同和边界。①

总之,从族群互动(族际通婚)的视角研究族群认同,离不开对族群边界的讨论,不论族群认同是促进还是限制族群互动,本质都是为了族群在人口延续、资源配置和竞争中取得优势,因而他留人从族内婚到族际婚的实质是运用通婚策略调适几十年来当地社会背景和多族群关系产生的深刻变化,以及缓解社会和文化的抵牾。而族群互动,尤其是族群婚姻边界的开放,可能导致族群认同的消解,但文化涵化未必带来同样的结果,也可能产生族群认同的建构和族群边界的维持,正如他留文化与其他族群文化相互交融,而强烈的族群认同感使通婚边界逐渐开放的同时仍对彝族保持封闭,他留人也在积极地进行着族群身份和文化的建构。

(三)田野点与研究对象概况

通达傈僳族乡位于华坪县西北部,西北面分别与永胜、宁蒗两县交界,辖区面积 151.7 平方千米,海拔 1560—3198 米,地势西北向东南倾斜,山高谷深,沟壑纵横,地质条件复杂。通达傈僳族乡辖通达、维新、双龙、丁王、白姑河 5 个村民委员会,48 个村民小组。2017 年末,有居民 2091 户 8379 人。乡内居住有傈僳族、彝族(他留人)、傣族、回族、纳西族等少数民族 6323 人,占全乡人口的 75.36%;主体民族傈僳族 6009 人,占全乡人口的 71.62%。②

通达傈僳族乡通达村共有 2456 人,其中有 543 人(22.1%)为他留人,579 人(23.6%)为傈僳族,1297 人(52.8%)为汉族。通达村现有 14 个村民小组,他留人集中居住于 4、5、10、11、12 组。③1956 年,聚居在永胜县六德乡的自称为"他鲁苏"的他留人被划分为彝族支系,但是通达村他留人直到今天对于"彝族人"的身份划分仍存在争议。

他留人也叫他鲁人,自称为"塔怒素""他鲁苏",意为从外地迁徙而来定居的人。他留人主要分布在云南省永胜县、华坪县和四川省盐边、盐源等地,其中

---

① 巫达:《涵化与文化认同建构——以四川藏族尔苏人为例》,《青藏高原论坛》2013 年第 1 期。
② 通达傈僳族乡相关资料由当地乡政府于 2018 年 7 月 26 日提供。
③ 人口信息资料由当地公安局于 2018 年 7 月 26 日提供。

永胜县六德彝族傈僳族乡的营山、玉水、双河是主要聚居区。[①]"他鲁"始见于明正德《云南志》中所附的地图之上。明末清初，为供奉六德山下的南岳哈弥佛的铜佛像，土司高斗光在永胜六德古城堡修建了"他留大德寺"，铜佛像的来历意为他自愿留下，普度众生，故以"他留"定名，并载入清乾隆三十年《永北府志》，沿用至今。[②]

关于此佛像与"他留"名称的来历，在通达乡他留人中有一个广为流传的传说：相传有人背了一尊佛像从湖南一路向西到达永胜，晚上，他把佛像放下来休息，但是第二天早上起来的时候就再也背不动佛像了。有人询问他，他就说"他留"，意思就是说他留下来了，因此这个佛像也就留了下来。佛像被人重新发现后又建了庙，在此地不断繁衍的族群便被称为"他留人"。

"来自湖南""佛像""他留""依佛像建庙"，传说中的诸多元素与史料互相印证。由于没有自己的文字，祖先传说凭借他留人口耳相传代代承袭，目前村中虽已无人能说清他留人是如何迁徙到通达傈僳族乡的，但较为清晰的是，在他留人家中堂屋贴着的"家神"上写有"湖南长沙府湘乡县"，他们认为祖先是明朝洪武调卫而来，原籍湖南长沙府湘乡县柳树庄，最初落根在永胜而后迁徙至通达村。这一族源记忆伴随着他留族群的原生性、根基性情感，形成族群边界和身份认同的基础，也是通婚边界开放过程中与汉族通婚的基础。

（四）构建族群边界的双重机制：根基性情感与多族群社会中的资源竞争

他留人族源和祖籍传说的共同记忆成为形成其族群边界的因素之一，而随着社会历史条件的变迁，在通达村多族群互动中为自身谋求生存资源也是边界维持的重要机制。族群边界的形成一方面是对祖源地湖南长沙的想象而具有原生性、根基性情感；另一方面，是在多族群社会中人口与资源竞争形成的稳定的族群互动模式。

1. 根基性情感维系族群认同与边界

通达乡他留人的族群认同主要表现在对祖源地的认同与对他留文化符号的强

---

① 黄彩文：《彝族支系他留人的历史源流》，《云南民族大学学报（哲学社会科学版）》2004 年第21 期。

② 简良开：《神秘的他留人》，云南人民出版社，2005，第 25 页。

调。他留人认为祖先是因明洪武调卫，从湖南长沙被调至云南永胜一带戍边的。共同的祖源地维系着永胜县与通达村他留人的族群归属情感，也是主观上对他者的异己感的区分标志。"家神"、饮食、节日习俗等文化符号是他留人身份区分的重要标识。生活在通达村的各个族群间，在风俗和习俗中存在很多共享的文化特征，虽强调族群间文化符号的迥异，在实际上并没有表现得如此泾渭分明，反而呈现出交融的状态。这种强调并非为了彰显文化的特色，而是作为族群的象征符号，用以确定和突显族群的边界。

对族群的原生情感也在"他识"中不断触发，通过与他留人聚居地——永胜县的密切联系互动得以巩固。处于地理和社会边缘的他留族群在国家话语中被划分为"彝族"，但是在乡村基层政治生态话语中，他留人则被当地干部和村民称为"他留人"。在与周边民族长期互动的基础上，"他人"以称呼来区别他留人，以此来表达自己的情感和身份认知，"他识"发挥了划分他留人族群边界的作用。而他留人也在互动交往中，不仅在对"他者话语"的解读中强化自身文化的有意识的身份认同和建构，并且加强与永胜他留人的"他留文化中心"的联系，将通婚作为实现亲属关系网络联系的互动行为。

通达村他留人具有对祖源地的归属感和向往。虽然祖源记忆出现模糊，但"从永胜迁过来"却是他留人的普遍共识。因此，永胜对于通达村的他留人存在着持久的引力作用，在本地他留文化无力保存的境地下，永胜成为通达村他留人的文化寄托之地。为了使这种确认族群身份的"引力"不被切断，通达村他留人与永胜他留人缔结婚姻关系就成为将"归属感"实质化的策略之一。地域间的族内通婚将他留人的血缘、亲属关系牢牢地绑定在一起，通婚所带来的"你来我往"是两地他留人维持身份认同的重要因素，也是散居在通达村的他留人没有与原族群产生文化分离和身份断裂的原因之一。

2. 多族群社会中族群互动构建边界

作为资源的分享者，他留人在通达村得以落户生根是以原住民的不强烈排斥为基础的，逐渐固定的基本生存资源形成了族群间较为稳定的互动模式，简单稳定的生产生活方式也在多族群社区中起到维护族群边界的作用。

他留人迁徙到通达村以后，最先到达瓦谷，而且没有土地。当时通达村以傈傈族为主，人少地广，于是傈傈族便将一些土地让给他留人。因此，今天他留人的"王"姓与傈傈族的"谷"姓一直都保持着融洽的关系。土地相让的历史渊源、相同的生计方式与日常生活中的交流互动等，使他留人和傈傈族虽然受到传统族内婚的限制，但也有个体之间打破枷锁，组建他留人和傈傈族通婚家庭，促进相互间的文化认同和更广泛通婚行为的发生。

从他留人在通达村的迁徙和发展历史可以看到，傈傈族与汉族作为当地的主体族群，无论是在人口数量方面还是在历史渊源方面都比他留人更有优势。最开始在同一生态位中，环境资源可容纳的人口远远达不到饱和状态，因此最初迁入的他留人得以与其他两个族群分享土地进行农业生产。在不构成对其他族群资源威胁的情况下，他留人的基本生存资源逐渐固定下来，并在区域内部与其他族群形成较为稳定的互动模式，有利于维护清晰的族群边界。

二、他留人族内通婚：族群认同与边界维持的机制

在族内婚阶段，他留人的通婚边界与族群边界相吻合，族群身份决定了配偶选择的范围。族内婚是族群认同与边界维持的机制与策略。源于自然或"精神"的原生情感导致族群身份成为选择配偶的条件，并且为了族群在人口延续、资源配置和竞争中取得优势，族群认同不可避免地带有了工具性色彩。所以族群内婚的形成与延续是族群认同所导致的结果，族群认同又以传统的力量维护着族群内婚的发展，同时族群内婚制也支持着他留人族群认同感的代际传递。

（一）族内婚与族群边界

为了维系本民族的延续和发展，不同民族往往采取不同的策略保证人口增长活力。在民族成分异质性较高、民族间交往普遍的地区中，族际通婚率要普遍高于异质性较低的社区。[①] 在通达村，迁徙而来的他留人面临着傈傈族与汉族的"双面夹击"，遵循传统的族内通婚使人数较少的他留族群在与傈傈族和汉族交往的过程中，被逐渐吸纳。

---

① 良警宇：《牛街：一个城市回族社区的变迁》，中央民族大学出版社，2006，第173—174页。

他留人在 1950 年以前一直保留着相对严格的族群内婚制,在永胜县六德乡他留人与通达村他留人之间形成了以血缘关系为纽带的亲属关系网络。因此,虽然处于他留文化"边缘",但频繁的走亲访友和族内通婚使分隔两地的他留人保持着密切的交往互动,散居于通达村的少部分他留人维持着与永胜他留人相同的传统习俗和文化,体现在配偶选择上婚姻边界的封闭性。往往当子女还在幼年时,父母便从周围的同族人群中寻觅相配的"娃娃亲"对象,诸如兰、王等主姓更愿意同姓间大小分支对亲,以此保持本家族的传统。

1.族内通婚禁忌

族内通婚禁忌从本质上讲,是维持族群的消极性防范措施。族群内部正是通过缔结婚姻这样一种最为亲密的方式,保持相互的联系和构建亲属关系网络。因此,族群内婚制度的延续包含着经济、政治、社会和对本民族文化认同的心理等因素,传统习惯和宗教信仰所形成的族内通婚禁忌也维护着族群内婚制的发展。

在族内通婚对象选择上,他留人严禁同宗同支三代以内结亲。以通达村他留人兰氏家族为例,宗族里有"大兰"和"小兰"之分,在祖宗的时候,哥哥家的一支是"大兰",弟弟一支为"小兰"。以父系血缘关系进行排辈,宗族分为(有且只有)一支大兰和一支小兰。大兰作为掌管家族重大事务、延续家族香火和传承家族的主要分支,地位比较高;而小兰并没有大兰的诸多禁忌,小兰以下的分支很多已经划分成更小的家庭单位,部分小兰家去别姓别家上门,因此小兰之间的亲属关系较为凌乱。在大兰支内,还在世的家庭按"宗"字辈—"子(紫)"字辈—"立"字辈—"剑(建)"字辈,依次排辈。同宗同支三代内禁止结婚是指在大兰支中的三代之间不能通婚,而大兰为了保证家族的延续,往往会优先选择与小兰支通婚。

2.族内通婚对象选择优先级

他留人在配偶选择上恪守族群内婚制,选择族内通婚对象时存在同宗同支三代内禁止通婚、辈数不合禁止通婚和以前流行的通婚习俗禁忌。同时,由于传统的沿袭和经济社会条件的限制,选择配偶也遵循着一定的优先顺序,以维持家族的等级地位、扩大家族规模、节省婚姻花销等。

(1)第一优先级——交错姑舅表婚

他留人习惯于交错姑舅表婚，即舅舅的儿子可以优先娶姑家的女儿为妻，而姑家的儿子也可以优先娶舅家的女儿，双方机会均等；但是禁止姨表婚，这是因为母亲姐妹的子女是兄弟姐妹，故不能通婚。因此，在择偶过程中，父母为子女选定"娃娃亲"对象或子女自己挑选配偶时，会优先选择缔结姑舅表婚。这种表亲内婚在经济条件有限的情况下，因为对于结婚对象和其家庭条件较为了解，无须在结婚彩礼方面因"面子"而过多铺张，可以减轻双方的经济负担。但是自20世纪80年代以后，他留人因普遍认识到近亲通婚的害处，故很少再出现"娃娃亲"或姑舅表婚等近亲结婚的现象。

（2）第二优先级——同姓大小支通婚

在姓氏间等级观念较深的他留人传统家族中，出于维护血统纯正和家族传统的原因，同姓大支通常选择同姓小支作为通婚对象，姑舅表婚也是其中较受欢迎的选择。这种同姓大小支间形成的婚姻默契不仅与经济、社会和居住地相近有关，与这两支亲密的亲属关系网络互动也密切相关。

他留人家族姓氏的大小分支是由祖先兄弟分家而形成的，但是大小支之间的界限并非泾渭分明，通婚可以使大支分为小支，也可以将小支并入大支；在小支后辈稀少的情况下，小支可以跟随大支排字辈，即算作并入大支。

同姓大小支间传统的亲属关系网络的互动使通婚成为相互转化的渠道，大支接纳小支的并入，在使小支家族得以延续的同时，也扩大了大支的家族规模。宗支间的包容度和相互转化的灵活性也成为他留人族群内婚制得以延续多年、保持人口增长活力、不因人口规模越发减小而被迫进行族外通婚的重要因素之一。

（3）第三优先级——社区互动频繁的家庭结亲

他留人中普遍流传着各个家族对亲的说法。"熊家的谷子剥出的米多"，形容熊家的姑娘多并且与各家结亲，而"熊家的男丁去陈家上门，陈家的女儿嫁给兰家（熊—陈—兰）"。但是大支家庭内的男性如果去同姓小支或其他姓氏上门，就会被排除在大支之外，如果同姓小支家庭的男性到大支上门，则会被接纳为大支成员。

关于配偶选择的严格的族内通婚禁忌并不存在于他留人兰、王、海、熊四大姓氏之间，因族群内部各姓氏基于亲属关系网络的互动与社区互动相重叠，对于居住位置相近、互动频繁的不同姓氏的两个家族而言，选择邻近家庭的子女作为通婚对象成为一种普遍现象，尤其是在禁止近亲结婚之后，此种因社区互动产生的友好人际关系而缔结婚姻成为常态。

他留人选择族内通婚对象时，出于经济条件的限制或家族血缘、传统传承的考量，不论大支小支，姑舅表婚是第一优先缔结的婚姻形式；姑舅表婚之外，在姓氏间等级观念较深的他留人传统家族中，同姓大支通常选择同姓小支作为通婚对象，具有第二优先级；因族群内部各姓氏基于亲属关系网络的互动与社区互动相重叠，四大姓氏之间并不存在严格的通婚禁忌，相较于相隔较远、缺乏互动的其他姓氏的子女，邻近家庭的子女作为通婚对象具有第三优先级。通婚后形成的家庭成为沟通他留族群内部各姓氏的渠道，也因有效地避免了寻找族外通婚对象而起到保持通婚和族群边界稳定性的作用。但是，随着禁止近亲结婚宣传的深入，现在的他留族群极少选择姑舅表婚，具有第一优先级的婚配对象逐渐成为历史的记忆。

（二）族群认同以族群内婚作为表象

对于传统的习惯性遵守由父到子代际传递，使族群因素成为他留适婚男女择偶的首要因素，以族群身份划分婚姻边界。"黄牛配黄牛，黄牛不能配水牛""黄牛和水牛不能养在一个圈里"，他留人族内婚的"制度规范"将他留人与外族人区分开来，表达的是对他留文化的认同和对他留族群身份的认同。

这种身份认同和族群认同反映了他留人的情感心理，这种族群认同感来源于成员间表现在语言、血缘、习俗、历史记忆等外在文化特征一致性所蕴含的自然或"精神"上的同源，是格尔茨所言的根基性、原生性情感，并作用于成员对"我族"文化的感知，以及与"他族"互动中对先赋的"我族"身份的再确认。而缔结婚姻关系是两个家庭间亲属关系的建立，婚姻作为家庭的结合和延续、文化认同的结合，深刻影响着族群成员的再生产。他留人族群内婚制表明个体始终以族群身份作为选择配偶的第一标准，隐含着在相同文化背景这一前提条件下的选择，是婚姻双方所共享的文化，代表了以族群身份为标准的配偶选择所体现出的文化认同。

因此，族群内婚是族群认同的表象。源于自然或"精神"的原生情感产生分类、归属和区别的动力，导致族群身份成为配偶选择的首要条件，甚至是不可逾越的"制度性"规范。在社会、政治、经济和多族群互动的情境下，族群认同也不可避免地带有了工具性色彩。为了族群在人口延续、资源配置和竞争中取得优势，唤起和强调族群认同显得更有价值，因而在族内婚阶段，通过封闭的通婚圈凝聚人口和土地，争取较大的生存空间和较为优质的资源，防止人口流失和被同化。而族群内婚的形成与延续既是族群认同所导致的结果，族群认同又以传统的力量维护着族群内婚的发展，同时族群内婚制也支持着他留人族群认同感的代际传递，表现在对本族群共同的风俗习惯、行为准则和禁忌的遵守，产生区分"我族"和"他族"的民族自识和他识的符号，形成群体意识，从而巩固族群认同感。

三、从族内婚到族际婚：族群认同的多重性

族际通婚是跨族群、跨文化形成的一种婚姻行为，是个体与个体之间、族群与族群之间互动的体现，通过将"他族人"纳入"我族"，或者"我族人"被纳入"他族"的过程，表达了不同的族群认同态度，并通过双方群体文化交流和涵化的影响，正向或负向地改变原来的族群认同观点和态度。因此，研究族际通婚就是通过研究婚姻带来的族群间互动，揭示深层的社会制度的变迁。

（一）族内婚的打破

巴斯从主观角度出发，以共有的价值观和行为方式来界定族群成员的认同，忽视了国家力量对族群身份和族群间互动方式的界定，正如郝瑞·斯蒂文的观点：族群成员、邻近族群的成员和国家是族群界定的三类组成者，[①] 而国家主导的民族识别工作成为在国家话语体系中严格界定族群身份的重要力量，以及促进族群互动的潜在动力。

20世纪50年代，他留人与通达村各民族仍处于互不通婚的状态。随着知青

---

① ［美］郝瑞·斯蒂文：《田野中的族群关系与民族认同——中国西南彝族社区考察研究》，巴莫阿依、曲木铁西译，广西人民出版社，2000，第23—24页。

下乡潮的到来，来自华坪各乡镇的知识分子被派到通达村，不论民族身份均被编入生产队工作。其中，少部分知青在生产劳作过程中结识了当地他留人。但在当时，他留人还处在极力反对与外族通婚的状态，外来知青同他留人结婚只是个例。刘 JG（1942 年出生，汉族），是目前唯一健在的与他留人通婚的知青。

20 世纪 60 年代末，他留人很少和汉族通婚，当时我从石龙坝知青下乡，他在村里的生产队工作。我们结婚的时候，我家不反对，但是他家里不同意，说我们"黄牛和水牛怎么能配嘛"。我们不管这些，等有了孩子以后，慢慢地他家里也默认了。

兰、刘二人作为当时彝汉结合的个例，受到来自他留人族群内部和个体家庭的双重压力，在倡导民族间互动和鼓励自由恋爱的背景下，国家政策成为他们二人成功突破族群边界和婚姻边界的契机。汉族知青与当地他留人的结合是个体打破族内婚的尝试，而成功组建家庭对于改革开放后他留人婚姻观念的逐渐改变发挥了积极引导作用。

（二）多重认同：社会与文化冲突的调适手段

现代化与城镇化的发展、生计方式的变迁使个体减少对家庭的依赖、家长制权威和族内婚禁忌效力被极大地削弱，均扩大了他留人的通婚范围。社会背景与传统文化的通婚禁忌发生冲突后，他留人选择了灵活的文化调适机制，即形成"将外族人纳入我族"的新式通婚习俗——"上门女婿"，并生发出对汉族的多层次族际认同。族内婚和族际婚本质上都是人口、空间和资源配置的竞争，均以族群认同和族群存续为最终目的。在族内婚阶段，通婚禁忌是维持族群的消极性防范措施，而社会资源和物质资源的竞争情景转变，要求族群延续的方式也要与时俱进，因此他留人开放通婚边界，形成工具性、情境性的族群认同观念。

改革开放以后，因为华坪煤矿业有所发展，临近的四川人便来华坪打工。1988 年乡政府成立时，需修建房屋，通达村没有人会修瓦房，于是将工程承包给四川人。大量涌入的四川人成为当地人眼中"有手艺""勤劳能干""会找（挣）

钱"的人，因此他留人家庭中，父辈对于女儿嫁给四川人的反对较以前要小很多。当时来到通达村的四川人因为掌握烧瓦片和做木工的手艺，比从事农业生产的当地他留人和汉人的经济地位更高，政府也开始鼓励搞活经济和发展个体经济，所以从事这类营生的四川人也拥有一定社会地位，对于他留女性来说，是超过族群身份、获得个人婚姻利益的更优选择。

在这一时期，他留人族际通婚在范围和程度上都有所增加，族群身份也不再是配偶选择的首要和最重要的考量因素，而促成通婚边界开放和观念转变的内在动力是族群认同的情境性适应形成强调文化共识的多层次族际认同，以增加少数族群的社会活动参与。面对逐渐开放的社会环境和传统保守的通婚习俗的矛盾时，产生的调适社会结构和文化结构的灵活机制，也为通婚边界开放提供了具有可行性的解决方法。

1. 情境性族群认同：增加社会参与和促进资源竞争

他留人与汉族通婚人数的增加使两个群体因个人的姻亲关系建立起长期的互动和交往，生产生活上的互助也逐渐转变他留人对汉族和汉文化的看法。很多他留人对于汉人的"聪明""会找（挣）钱"充满了羡慕之情。

> 过去常说我们（他留人）叫"他留有主意，茶饭做菜汤"，意思是说他留人没有主意，吃什么都比较随便，菜都弄不来，就随便吃茶饭当作菜；说汉人就是"汉人无主意，脚拿口袋套"，意思是说汉人穿得起袜子，即使"无主意"，也穿得起袜子，比较讲究。（兰 YG）

在族内婚向族际通婚发展的过程中，他留人建立起对汉族文化的认同，衡量群体的价值观念和标准以经济条件为主，选择婚配对象的民族因素限制随着对经济条件的重视而越发降低。随着国家优生优育政策的逐渐普及，关于汉人和他留人结合的后代更为聪明的看法不在少数，这甚至赋予打破族内婚传统以合理性。

当然，族际通婚作为族群深度互动的方式，也会成为少数族群为融入当地主流社会而采取的策略。作为远离"他留文化中心"永胜县六德乡的通达村他留群体，在社区中少数族裔的身份使得传统的维持越发艰难，为了融入社区、获取社会经济地位和族际认同，他留人与汉人组建家庭是既不伤害情感、又不伤害利益的"两全之策"。在权力关系和利益关系的影响下，族际通婚作为族群深度互动的方式，一方面，使他留人的价值观念发生转变，实现汉族对他留人的族际认同；另一方面，在维持自身族群身份的同时，获得能够促使族群文化延续下去的经济社会基础。

2. 灵活的文化调适机制："上门女婿"

在他留人接纳四川人融入当地社区，甚至将其纳入配偶选择范围时，族内婚的限制与族际婚禁忌阻滞着婚姻边界的打开，但也无法使变化了的社会环境恢复到不受"打扰"之时，社会结构和文化结构朝着相悖方向进行拉扯与博弈。在族群团结和不分裂的前提下，他留人采取接纳四川人成为"上门女婿"的方式，弥合了文化模式与社会结构的裂缝，缓解了族际通婚带来的文化紧张感，也为他族人突破通婚边界提供了解决策略和合并的文化机制。

20世纪80年代来到通达村打工的四川青年如果希望融入社区并持续性地生活下去，成为他留人的上门女婿是获取必需的生存资源（例如土地、文化资源等）的有利选择。他留人文化中并不因"男子上门"而对其身份和地位产生歧视，只要上门男子通过婚姻获得土地之后能勤劳耕种或工作，可以支持家庭，仍被视为"一家之主"；在继承方面也是如此，上门男子往往不止一个孩子，第一个孩子通常随母姓，继承妻子一家的血脉，而第二个孩子甚至更多的孩子可以随父姓，继承父亲一方的血脉。至于彝汉通婚家庭后代的民族身份，则大多登记为彝族。这使得上门女婿和正常娶妻的男子拥有平等的社会地位。在文化中甚至在他留人家庭内部也形成了灵活的上门女婿机制，即如果家中有两个适婚男子，其中一个娶妻留在家中帮衬家事，另一个儿子可以外出上门，帮衬妻子家。

适时的文化转变是婚姻边界开放得以不受巨大阻碍的重要基础，他留人"黄牛和水牛不养在一个圈里"的传统婚姻观念转变为"白菜青菜都是菜，彝汉两等都是人"的现代婚姻观念。

（三）女性外嫁与男性婚姻失衡

在他留人家庭中，勤劳能干的四川青年在通婚优先级的地位得到跃升，族内婚传统也越发无法限制他留女性外嫁，从而导致他留男性婚姻失衡的现象。对内，他留女性与四川男性结合；对外，因户籍制度的开放与文化共识的形成，他留女性有倾向性地外嫁。由乡村到城市的环境变化使他留女性无法仅凭借族群身份带来的资源在城市立足，必须寻求其他社会身份和角色。

2000 年之后，陆续有其他地区的男人特地来通达村"找媳妇"。嫁出去的他留姑娘又会介绍自己的亲戚和朋友外嫁或者去外地打工，因此在当地，外嫁潮和外出打工潮成为人口流动的主要动因。人口流动速度加快以后，原本封闭的、自成一体的他留人传统社会和通婚圈被打破，通婚市场中民族和地域已经不再成为择偶的限制条件，族群内婚逐渐被开放的族际通婚替代。

我们这边有去江苏当兵的小伙子，娶的那边的媳妇。媳妇就成了两边的"介绍人"，把我们这边的他留姑娘介绍去江苏。一开始只有两三个姑娘去江苏，后来因为那边"好在"（生活更好），又有八九个都嫁到江苏去了……也有这么嫁去山东、湖北的。有些姑娘也不为嫁人去的，出去外地打工后就认识了那边的人，也结婚了。（兰 ZF）

更加优越的经济条件和更高质量的家庭生活成为吸引他留女性外嫁的动力，个别成功的案例会迅速形成一定的"起势"，即先前嫁过去的他留女性成为"中介人"，促使越来越多的他留女性选择这条"外嫁之路"。

女性的"出走"和"外迁"导致了当地男性的婚姻贫困问题。由于性别比例失调、生活贫困、品行失范等原因，一些他留男性难以在适婚年龄寻找到合适的配偶，面临着"隔代婚姻"和"空位婚姻"的婚姻贫困僵局。[①] 在当地婚姻市场上，他留女性的择偶阶梯按照外来打工的四川人—当地的汉人—他留人的顺序依次降低，当地他留男性面临着越来越严重的婚姻危机，传统通婚圈已被瓦解。在当地日益稳固的婚姻阶梯中，他留男性选择与外族女性通婚，就是对婚姻失衡状态的"被迫"应对。

① 李雪彦：《婚姻贫困：一个困扰边远山区成年男性的噩梦》，《云南民族大学学报（哲学社会科学版）》2016 年第 1 期。

四、族群身份的再建构

通婚边界开放后，多族群社会的深入互动带来他留文化的涵化，对于自身历史记忆和族群文化的遗忘造成的族群边界模糊化和地区文化同质化倾向，族群身份"自识"与"他识"逐渐明确，通达村他留人对"他留"身份的强烈认同使他们正在进行族群身份的再建构。

（一）族际通婚背景下文化的遗忘

族群婚姻观念、婚姻市场和通婚圈逐渐开放的过程，一直伴随着民族识别、民族政策、婚姻改革等国家介入性力量，"国家在场"是改变原本封闭社会和族群边界的重要力量。族群间由近距离到远距离、大规模、多层面、频繁化的互动交往使人口较少、处于相对弱势地位的他留人失去了保存自身文化的自觉性与能力，"双向互动频繁的两个族群间，人口较多的族群在互动中往往更占有优势，更能保留自己的文化，而人口较少的族群往往更多地接受对方的文化"。① 因此，族际通婚带来的族群边界模糊效应和地区文化同质化倾向越发严重。

因为他留人没有文字，所以关于他留人的族源和迁徙历史都是通过民间故事、神话传说和民间歌谣等口传文学保存下来的。而口传的主要途径便是通过父母或长辈传递至下一代，当父母或家中长辈无人对下一代讲述有关族群的历史时，这种代际传承便出现了断裂。在汉族为主体民族的环境中，族际通婚成为当地的主流婚姻形式以后，他留人家庭中由于"他族人"的加入，自然倾向于以汉族文化为主导，语言偏好、习惯偏好、对于下一代的教育也会发生一定的妥协，这是不同文化持续交流过程中因适应性带来的文化涵化。

（我们）在家里不跟小孩子讲这些（关于他留人的神话传说和民间故事等），小孩子不问我们也不讲……平时家里都说汉语。说我们他留话，儿媳妇也听不懂，就不好了。

---

① 袁丽红：《壮族与客家的文化互动与融合》，《广西民族研究》2012 年第 2 期。

族际通婚伴随着不同族群成员间在行为和意识上的共为或交叠①，族群成员对于历史记忆和族群文化的遗忘虽然造成了族群边界模糊化和地区文化同质化倾向，但这并没有妨碍他留人对自身族群身份认同的坚持。

（二）族群身份的再建构

族群身份认同是个体对所属群体的内在情感，表现为明确的族群意识和归属感。族群身份认同基于对自身群体的文化认同。在跨文化交流中，"我者"形成对于"他者"的区分，获得族群身份的自识与他识。"文化认同的形成与维系主要取决于认同主体自身的体认和坚持，以及认同客体的默许和接受，这是一个建立在自身条件和外在条件之基础上的现代建构行为，其最终结果是在社会文化交流的过程中形成了'自我'与'他者'之间的社会区分。"②

因此，作为一种"现代建构行为"，面临传统文化传承断裂、历史记忆模糊、现代化冲击的情况，他留人在与汉族、傈僳族杂居而呈现多元文化的同时，并未放弃对"我们他留族"的身份认同，仍旧坚称自身文化与他族文化不同。

1. 双重身份认同产生张力的原因

虽然处于与母体文化的隔离和边缘状态，在多民族文化交融、互动的背景下，通达村他留人的历史记忆逐渐模糊，传统文化的延续也越发依赖与当地傈僳族和汉族文化的结合，但是对于族群身份的认同感却在不断加强。"彝族"身份的认定，在族群身份"自识"与"他识"逐渐明确和被"污名化"的情况下，他留人产生了不容忽视的身份认同危机和归属焦虑。

宁蒗彝族与他留人的历史矛盾，导致通达村他留人对于彝族产生刻板认知，这种刻板认知一时间难以改变，使他留人产生对自身彝族身份的不认同。这种社会、心理边界的存在，使他留人很少同宁蒗彝族通婚，除非是因外出打工认识而结婚的，只有两例。另外，华坪当地存在的关于宁蒗彝族的"污名化"现象，导致被划分为彝族的他留人也承受着不平等的待遇，这种"不平等"和误解加剧了他留人对彝族身份的不认同和身份归属焦虑。

---

① 何艺：《"阿克塞人"认同研究》，博士学位论文，兰州大学，2016 年。
② 雷勇：《论跨界民族的文化认同及其现代建构》，《世界民族》2011 年第 2 期。

在国家和民族层面，他留人被视为"彝族"；而在地方和族群层面，他留人自视和被视为"非彝族的他留人"，这种族群身份认同的危机带来焦虑，在个人和族群利益的驱使下，面临着身份与文化流离失所的困境，被迫寻求新的身份归属。由语言、风俗习惯、历史矛盾、自身利益等原因造成了他留人对彝族身份的不认同，并且空间距离和社会距离等结构差异也是误会无法解除、偏见深化的重要原因。

2. 族群身份的再建构

对彝族的刻板认知，使通达村他留人越发强调自己"他留人"的身份，并积极进行族群身份的再建构。他留文化虽然在本地已经因与汉族和傈僳族文化逐渐融合，文化特征并不明显，但是永胜县六德乡还保留着传统的他留文化，其作为他留文化的"中心"，依旧对通达他留人的身份认同具有感召力。以跨区域族内通婚作为族群身份建构的实践方式，使他留人对族群身份的坚守、归属感得到实质上的表述和体现。

在访谈中不难捕捉到，他留人对于自身族群身份的认同，以及与其他民族的身份边界的区分。"我们这种族""我们他留人"，在"他留人"之前加以"我们"作为限定和强调，充分表达出对族群文化和身份的认同和自豪感。

族群身份自识和身份认同的产生与坚守依赖于族群内部的密切联系和交往，尤其是散居族群与族群"文化中心"形成的以亲属关系为基础的社会关系网络，既牢不可破也无法轻易割裂二者的联系。同时，坚守族群身份认同也与"他识"对"自识"产生的促进作用密切相关。

五、结语

以族际通婚作为族群关系和族群互动的表现形式，将族群认同与边界置于族群间动态互动的背景下，探讨他留人在婚姻边界渐次开放的过程中对族群认同产生的影响与对彝族的边界封闭。族群内婚是族群认同与边界维持的机制与策略。在族内婚阶段，他留人的通婚边界与族群边界相吻合，族群身份决定了配偶选择的范围。族群边界的形成一方面是基于对祖源地湖南长沙的想象而具有原生性、根基性情感；另一方面，是在多族群社会中，因人口与资源竞争形成的稳定的族群互动模式。

自识、他识逐渐固定之后，国家力量以民族识别的方式重新划分他留人的族群归属，产生了他留身份与彝族身份的认同张力。随着知青下乡突破原本的婚姻边界，他留人开始极个别地与外族人通婚。20 世纪 80 年代四川青年大量涌入当地，使族群身份在配偶选择中的重要性大大削弱，而促成通婚边界开放和观念转变的内在动力是族群认同的情境性适应形成强调文化共识的多层次族际认同，以增加少数族群的社会活动参与。面对逐渐开放的社会环境和传统保守的通婚习俗的矛盾时，产生的调适社会结构和文化结构的灵活机制——"上门女婿"风俗，为通婚边界开放提供了具有可行性的解决方法。此外，女性外嫁也造成他留男性的婚姻挤压与婚姻贫困现象，促使当地他留男性选择与外族女性通婚，这是对婚姻失衡状态的"被迫"应对。族内婚和族际婚本质上都是人口、空间和资源配置的竞争，以族群认同和族群存续为最终目的。在族内婚阶段，通婚禁忌是维持族群的消极性防范措施，而社会资源和物质资源的竞争情景转变，要求族群延续的方式也要与时俱进，因此他留人开放通婚边界，形成工具性、情境性的族群认同观念。

随着现代化与城镇化的发展，他留人的族群意识不断被激发出来，试图通过强化族群身份的认同感、自豪感以及与同彝族文化"找不同"的方式，积极实践族群身份的再建构。

云南永胜彝族他留人古墓群的墓碑类型与特点探析

云南民族大学人文学院 2015 级本科生　徐瑞霞

指导老师　黄彩文

摘要： 他留人是居住在云南永胜六德境内的一个人口较少的特殊族群，民族识别为彝族支系。近年来，随着他留人、他留文化逐渐进入人们的视野，他留人古墓群，这座位于永胜六德他留山上的露天石雕艺术"博物馆"，也引起了越来越多人的关注。2006 年 5 月，他留人古墓群以"营盘村墓群"①之名被国务院公布为第六批全国重点文物保护单位。作为他留人历史文化的一个缩影，他留人古墓群以它排列有序的墓碑、生动形象的墓碑图案雕刻、历久弥新的墓志记载，为我们研究他留人的历史文化和祖源记忆提供了重要依据。

关键词： 他留人古墓群；墓葬；图案

一、他留人概况

六德傈僳族彝族乡位于云南省丽江市永胜县东南部，东接仁和镇，西邻永北镇，南依东山乡，北与宁蒗县永宁坪乡接壤。全乡辖 8 个村民委员会，71 个村

---

① 因他留人古墓群属于营盘村管辖范围，故又称"营盘村墓群"。

民小组，总人口 14273 人，其中傈僳族人口 6635 人，占 47%；彝族支系他留人 4397 人，占 31%；汉族及其他少数民族人口 3214 人，占 22%。① 六德乡他留人，自称"他鲁苏"，意为"外地人"，在民族识别时归入彝族支系，现主要聚居于营山、玉水、双河三个村，其中人口占多数的是海、兰、王、陈四大家族，除此之外还有罗、段、熊、邱、杨几个姓氏。

他留人，是滇西北的一个特殊族群，有语言，无本民族文字，语言和文化主要靠口头传说来代代相传，故官方文献中缺乏对他留人的祖籍来源及其历史文化的记载。在他留人的集体记忆中，他们大多坚持其祖先是明朝洪武年间跟随傅友德进入永胜的汉族军士与当地少数民族融合而形成的一个特殊族群，并以族谱、传说、碑刻等形式作为历史记忆的叙事文本。② 他留人古墓群，作为他留人的一个文化缩影地，其中的墓制、类型和碑刻记载为我们研究他留人历史文化、祖籍来源提供了重要的依据。

他留人古墓群作为他留人的公共墓地，距今已有四百多年的历史。其形成始于明末清初，持续发展至民国年间。他留人古墓群面积约 30.4 万平方米，有墓葬 1 万余座（包括土洞碑），记录在册的坟墓有 6340 余座，其中 2500 多座保存较好。1992 年，"营盘村墓群（原名'他留坟林及城堡'）"被永胜县人民政府公布为县级文物保护单位；1998 年，"他留坟林及城堡"被云南省人民政府公布为省级文物保护单位；2006 年 5 月，以"营盘村墓群"之名，被国务院公布为第六批全国重点文物保护单位。③

二、他留人古墓群的墓葬类型

在他留人墓葬群中，大多数墓碑主要是他留人在接受汉文化之后形成的，即是"夷汉"结合的产物，有单人墓葬、双人墓葬和个别三人墓葬。但当我们走进

---

① 数据来源于六德乡政府（2017 年）。编者按：此处数据有缺失。

② 子志月、蒋潞杨：《永胜彝族他留人的祖源记忆与仪式空间》，《西南边疆民族研究》2018 年第 1 期。

③ 数据由永胜县文物管理所 2016 年 7 月提供。

他留人古墓群之后，还会被一些大小不一的小坟丘吸引，这些小坟丘正是他留先民原始的安埋方式，虽然它们布局比较简单，且无任何纹案装饰，却也是坟林的一个重要构成部分。

（一）土洞碑

土洞碑，既无任何图案修饰，也无文字记载，据兰恒发老人说，这是他留先民原始的安埋方式。整个墓群中土洞碑的数量还是占相当大的一部分，但土洞碑的构成比较简单。碑体由五块石板组成，即中间有一块碑心，两边分别有一块碑侧，上面有一块碑帽，下面有一块作为底座。有的碑体左右两边还有两个大一点的石头压在上面，有守护坟墓的作用，相当于石狮。墓碑两侧还会垒上一些石头，许是为了给墓碑加固，不容易倾斜毁坏。

土洞碑有单人的，也有夫妻合墓的，三人葬的情况几乎没有。土洞碑整体偏矮小，单人的高度在 0.3 米到 0.5 米之间，宽 0.5 米到 0.7 米左右（见图 1），而双人墓则大小不一，小一点的大概和单人的差不多，大的则能达到高 0.6 米，宽 1.1 米（见图 2）。双人葬的土洞碑，都是夫妻共用一块平整的碑帽石，只有个别是分别用两块的。夫妻合葬的墓碑，中间有一块石板把它们隔开，有的是左边的碑宽一点，也有的是右边的宽一点，没有一个特定的标准。由于土洞碑没有任何文字记载，也就无法确定他们的安埋方式是否遵循男左女右的准则。

图 1　土洞碑单人墓　　　　　　　　图 2　土洞碑双人墓

（二）单人墓葬

在整个古墓群中，单人墓葬的数量极少，许是单人的缘故，墓碑普遍偏小，碑体通高 0.7 米到 1.4 米，宽 0.8 米到 1.5 米，碑身上的花纹和装饰图案也不如别的墓碑类型雕刻精美。从碑心对主人的记载来看，大都是有子有孙的，排除了孤身一人，无所娶的猜想。

如立于清道光十二年壬辰仲春月吉旦的蓝公墓（见图3），碑心上面就刻有"孝男**"（因为年代久远，字迹被冲刷得模糊）；又如立于清嘉庆十三年十二月十七日吉旦的"清返故显妣海母成氏刷止①墓"（见图4）上就刻有"孝男永顺、永橱，孙运祖、运培"；再如立于清咸丰*十年十二月吉旦的"清淑妣慈母秋氏之基"上刻有"孝女秋姿*，孙成巴、成四、成止"。这些墓碑都较为清楚地记载了墓主的子孙后代，墓主虽没有与自己的丈夫或妻子合葬，但大都是埋葬于自家的墓地里面的。

图3　蓝公单人墓

图4　海母成氏单人墓

（三）双人墓葬

双人墓即夫妻共同合葬的墓葬。按照中国人夫妻之间百年好合的传统观念，对于夫妻间的恩爱情感，人们常寄予"生当同衾，死亦同穴"的美好愿望，所以多年以来，夫妻间百年以后的墓葬，一般会选择合葬的安埋方式。在他留人古墓

---

① 刷止：他留人称谓中的女孩老二。

群中，夫妻合葬双人墓中又分"并穴合葬""异穴合葬"两种。双人碑的大小不一，相对于并穴合葬而言，异穴合葬的情况更为多见。异穴合葬的墓碑整体上来说要比并穴合葬的墓碑占地面积大一些，宽2米多到4米左右，长度能达到2米到3米之间（见图5）。常见的并穴合葬情况多在清宣统到民国这一时间段，墓碑也相对于个别清道光年间的要高大和精致一些（见图6）。

图5　异穴合葬

图6　并穴合葬

　　当时墓地面积有限，有些家族的墓碑因为空间的原因，只好埋在老一辈上面。在这种乱序关系的情况下，他留人为何依然选择占地面积相对于并穴合葬要大的异穴合葬呢？这可能是因为墓葬作为一种身份和礼仪的象征，异穴合葬更能标榜男性的地位。从整个古墓群来看，也许乍一看并不能看出夫妻异穴合葬的墓碑有什么差异，但细细观察的话，你会发现，妻子的墓碑相对于丈夫来说，会矮上一两厘米，个别墓碑更甚。这种差异可以反映出当时男尊女卑的伦理观念。从另一方面分析，一般夫妻不会同时死去，异穴合葬的话不用等到夫妻另一方死去需要下葬的时候，又把先去世的一方的坟墓挖掘开来，扰乱她（他）的安宁。再者，异穴合葬也比较方便和节省金钱。

（四）三人墓葬

　　三人墓葬即一个丈夫两个妻子共同埋葬的墓葬。在整个古墓群中，三人墓葬大概只有六座。按照三人墓葬出现的姓氏分布来看，海氏家族占的数量比例达到一半，王氏家族和蓝氏家族占比次之，而没有出现陈氏、段氏、熊氏等家族。

　　海氏家族的三座三人墓葬中，其中一座是生于清道光十年、死于清光绪十二年的海公及他的两个妻子，丈夫居中，两个妻子一左一右居于两侧（见图 7）。墓碑上则刻有原配去世之后才续娶次配的字样，次配的墓碑不仅比原配的稍微矮上一两厘米，并且次配与丈夫的墓碑稍微隔开一点点，这就向我们传达了一种儒家文化的纲理伦常、妻妾有别的观念。另外一座立于清光绪年间，丈夫居左，两个

妻子居右，其中挨着丈夫的那个妻子的墓碑基座石和丈夫的是同一个，而另外的一个妻子则是单独的一块基座石，看上去似乎也有点尊卑主次的味道。还有一座是立于清光绪年吉旦的海公及他的两个妻子之墓，丈夫居中，碑帽图案为缠枝莲，两个妻子一左一右，碑帽图案为太极图，墓碑无基座及修饰图案，碑身通体矮小。

图 7 （光绪十二年）海公及两妻

王氏家族的三人墓葬中，有一座碑文上面有明确记载，因为原配夫人没有生育能力，故娶次配延续香火，上面还刻有大人拿着棍棒教育孩子的图案。还有一座是立于民国四年吉旦的王公（字固措大人，生于嘉庆年间，死于同治元年）及他的两个妻子之墓，丈夫居左，两个妻子依次居右，墓碑相对较矮，图案雕刻简单（见图 8）。

图 8 （民国四年吉旦）王公及两妻

蓝氏家族三人墓葬的墓碑只有一座，就是卒于清光绪年间的蓝公及他的两个妻子，丈夫居中，两个妻子一左一右，墓碑较之其他几座三人墓葬来说，图案装饰精美，碑体相对宽大（见图 9）。

对照这几座三人墓葬之后，可见安埋的次序有男左两女右及男中、一女左一女右两种情况。从三人墓葬出现的年代来看，

图 9 （光绪年间）蓝公及两妻

主要集中于清光绪年间。从墓碑的形制和雕刻的图案来看，三人墓葬碑体有大有小，墓碑打造有精美的，也有粗糙的，这可能与死者的生前地位和拥有的财富有很大的关系，又或者与死者后代的孝心有关。而从墓碑所传递出来的信息来看，三人墓葬受到汉文化影响颇深，它们当中无一不体现着男尊女卑、妻尊妾卑的思想观念。

（五）文官和武官

从墓碑记载来看，他留人古墓群中的文官只有一个，即"蓝公常发贵"。据兰恒发老人说，这个文官是他留山的管账先生，是秀才出身。这座文官墓碑立于清光绪二十九年癸卯岁暮春月朔四吉旦，是与其妻"海刷姿①"夫妻并穴合葬的墓碑。在墓碑前有一对文官华表，是针对这个管账先生建立的。华表高约 5 米到 6 米，表柱呈菱形状，柱尖是笔尖头形状（见图 10），表明了他的身份地位。墓碑上的五字对联"玉案联天马，文光射斗牛"同样也折射出墓碑主人的文人身份。

比起文官来，他留人古墓群中有碑刻记载的武官相对较多，这大概与他留人能征善战有很大的关系。但是立了华表的武官墓碑，只有一个，即立于清宣统元年岁次己酉岁花朝月下浣二日吉旦的六品军功把事（相当于他留人的头目）王雨亭的墓碑，碑文记载"……湖广长沙府湘乡县，自弘（洪）武调卫游于永，世居北胜州，为他留把目，源远流长者也……"（见图 11）。据兰恒发老人说，华表是从高土司那里请求建立的，华表构造也是由高土司来决定的。②故武官华表除了柱尖是一只坐立的石狮外，与文官华表并无差别。除此之外，他留人古墓群中还有清六品军功乡谥英毅他留把目蓝乡长兰发茂、清六品军功陈春山、清六品军功及民国忠勇团首民国蓝宝臣等仁人志士。

---

① 刷资：他留人称谓中的女孩老大。

② 访谈对象：兰恒发（1964—），男，彝族他留人，现任坟林管理站站长。访谈时间及地点：2018 年 7 月 28 日。访谈地点：坟林管理站。

图 10 （光绪二十九年）文官华表

图 11 （宣统元年）武官华表

三、他留人古墓群中的墓碑图案雕刻

踏进他留人古墓群，首先映入我们眼帘的是一座座排列有序的墓碑。当你细细观察每一座墓碑上雕刻的图案时，就会被它们深深地吸引住。他留人古墓群中的墓碑图案，大概可以分为动物、花草、太极，以及其他几种不常见的葫芦笙、铜鼓（镜子）等类型的图案。每座墓碑上的图案都有所不同，但大都雕刻精美，富有极高的美学价值。

（一）动物图案

在他留人古墓群的墓碑图案中，十二生肖中除了蛇和猪以外，都可以在不同的碑刻上面找到。因为在他留人的观念中，蛇和猪这两者是不吉祥之物。据黄映辉说，"他鲁人[①]本来是有文字的，他们的文字就刻在一张猪皮上，但携带这张猪皮的人因为路上长途跋涉，饥饿难耐，就把猪皮煮了吃，他鲁人自此也就没了文

---

① "他鲁人"是他留人的自称。

字。还有一种说法是他鲁人的文字是刻在一张树皮上的，而这张树皮却被猪吃了，从此就没了文字"①。不论是哪种说法，都提到他鲁人的文字不存在与猪有关，故他鲁人忌讳猪，也就不把它雕刻于墓碑之上。

古墓群中比较有民族特色的图案要属墓碑上面的石狗，也有的人认为它是石狮，因为它们的外形与狮子神似。据他留精英蓝绍增老人说：

坟林里面看着一只只在碑柱上面坐立的石狮，其实都是石狗。那为什么我们他留人没有用石狮而是用石狗来替代呢？究其原因有二，一是因为狗是看门的动物，与人更亲近，二是因为我们他留人崇拜狗。据老一辈说，当时我们种植的稻谷红米的种子就是狗从河对面用狗尾巴叼来的。直到现在，新米成熟的时候，有些人家还会先把稻米煮熟了以后，让家里面的狗先吃，以表达对它们的感激之情。②

他留人古墓群里雕刻的石狗形态各异，有的看似凶猛威武，让人油然而生一种敬畏之心；也有看着柔和慵懒的，让人忍不住凑近细细观摩它们。

如何分辨石狗和石狮，蓝绍增说：

从它们的尾巴形状就可以看出来了，石狗尾巴是细长的蜷卷的一根紧贴于身体本身（见图12），而狮子尾巴看着是一团似散开的毛笔头并往上翘。③

在有些墓碑上，也会将石狗和石狮一并雕刻在上面，只是石狮是倒立式雕刻在墓碑内框上，形态似在伸懒腰；而石狗则刻于墓碑的边柱之上，形态坐卧，似在守门看家。有两种动物镇守在墓碑主人身旁，给人以一种特别的安全感（见图13）。

---

① 访谈对象：黄映辉（1973—），男，汉族，他留古城堡遗址及他留大德寺管理人员。访谈时间：2018年7月29日。访谈地点：营盘村其家中。
② 访谈对象：蓝绍增（1948—），男，彝族他留人，曾任坟林文化站管理人员。访谈时间：2018年7月30日。访谈地点：二村其家中。
③ 访谈对象：蓝绍增（1948—），男，彝族他留人，曾任坟林文化站管理人员。访谈时间：2018年7月30日。访谈地点：二村其家中。

图 12　石狗

图 13　石狗及石狮

　　除了这些动物外，还有麒麟、蝙蝠、凤凰、龙、喜鹊、鹿、犀牛（见图 14）、孔雀等。麒麟大多雕刻在墓碑的基石上，体型比其他动物要大一些，形态各异。蝙蝠刻于碑帽上，碑帽中间大多是"寿"字，两旁饰以展翅的蝙蝠，蝙蝠谐音"福"（见图 15），寓意"福寿双收"。凤凰同样也刻于碑帽上面，两只凤凰飞向中间的太阳，寓意"丹凤朝阳"。刻于碑帽上面的动物除了蝙蝠和凤凰以外，少数还会刻龙，两条龙中间有一个绣球，寓意"二龙戏珠"（见图 16），一条龙和一只凤凰同刻寓意"龙凤呈祥"。有一定的寓意或谐音的还有三只羊加一个太阳，寓意"三阳开泰"，同时刻有石狮、月亮和树木，寓意"牛民望月"。

图 14　犀牛图案

图 15　蝙蝠图案

图 16　二龙戏珠

（二）花草图案

　　基本上每座墓碑上面都会刻有花草图案，并加以精美的花瓶修饰。其中有的是刻于碑帽上面，形状是两棵花草的一头缠绕在一起，另一头向两边散开，有"望不断，永远连在一起"的意思。八字石上大多刻有梅花、菊花等图案，寓意"吉祥富贵"，喜鹊停留在梅花枝上寓意"喜上眉梢"（见图17），有些花卉图案上还会点缀上一两只蜜蜂等。还有一些是刻于基座两边或中间的石板上面，虽然无法识别出是什么花种，但是都十分精美，栩栩如生。

图 17　喜上眉梢

图 18　莲花图案

莲花图案（见图18）在墓碑上面也很常见，大部分是用于碑帽及碑额上，还有个别是雕刻在边柱上面的童子手持莲花。莲花大都加有两条长长的叶子修饰，寓意"缠枝莲"。莲花图案刻于墓碑上面，说明这时佛教已经传入今他留地区，并有部分人十分信奉佛教。墓碑上的莲花图案，还有他留大德寺的修建，无一不说明佛教在当地人生产生活中的重要性。他留大德寺现存碑文如下：

他留大德寺来历不凡。据传明朝初期，北胜世守高氏在佛教圣地鸡足山建传灯寺，欣逢峨眉山方丈将新近运到的铸有"南岳哈弥佛"字样的两尊铜佛像转赠于彼，并令二位师太专程送往，二位师太历尽千辛万苦途径他留地方，露宿原始森林中，突遭大地震，一师太殉难，铜佛像埋入地下。清雍正年间，他留古城堡落成，在他留地方创办新义学的张立宁等进红泥山狩猎，发现历经数百载雨水冲刷露出地表的铜佛像，即将铜佛像搬入城堡并建他留大德寺供奉，香客络绎不绝，香火常年旺盛。19世纪中叶，城堡毁于战火时，大德寺及铜佛像安然无恙，但在

21 世纪中叶，铜佛像被毁，寺庙改作他用，加之年久失修，原寺破烂不堪……①

从碑文上也可看出，佛教出现在他留地区，应该与世守土司高氏信奉佛教密不可分。

（三）太极图案

太极图案用于部分碑帽中间，其中有年限记载的，最早是明嘉靖到万历年间，最晚是在民国时期，而用得最多的要数清道光年间。据记载，道教在东汉末年创立之初就已经传入云南了，只是起初影响不大，直到明清两代，道教才发展到极盛。从他留人古墓群中墓碑上太极图案出现的年代推断，道教应该是在明洪武调卫时期进入他留地区的，在清道光年间达到极盛。但令人不解的是，好多刻有太极图案的墓碑相对于同时期的来说较矮小，图案也相对单调和粗糙（见图 19）。

图 19　太极图案　　　　　图 20　葫芦笙

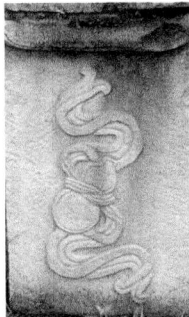

（四）葫芦笙和笛子

个别墓碑上面还会刻葫芦笙（见图 20）和笛子在碑框上作为修饰图案。葫芦笙和笛子是他留人音乐中的重要乐器，葫芦笙可在节日、婚礼等喜庆场合用于打跳，也可用于铎系主持的丧礼仪式中，主要由铎系师父伴随着葫芦笙的乐声跳丧。而笛子主要用于仪式场合中，如铎系仪式，且笛子只有在汉族师父主持的情况下吹奏。

---

① 资料 2018 年 8 月 4 日收集于他留大德寺。

在葬礼中吹葫芦笙，还分为不同的调子。在出殡前一晚引路前，一般吹的是比较哀情的调子，而在引路完成后，吹的调子相对来说就欢快一点，可以用来打跳。关于为何会在葬礼中吹葫芦笙，兰恒发老人说道：

> 听老一辈人说，以前我们他留人是不懂祭祀和安埋死者的一整套仪式的。有些人死后身上长满蛆虫后才被发现，死者的亲人就要请周围的亲戚邻居一同帮忙把蛆虫清除干净，并要把蛆虫用脚踩死。这样的做法还是从猴子那里学来的，老猴王死后很久才被小猴们知道，身上已经长满了蛆，一开始小猴们都是用手来把这些蛆虫弄死的，结果久久都不能清除完，小猴们只好围成一个圈，把蛆虫弄下来之后用脚踩死。他留人正是学到了猴子的这一套做法。直到现在，他留人在葬礼中引路的时候都还要和着葫芦笙的调子，走一步磕一个头，踩一下脚。①

葫芦笙和笛子是他留人的一种重要器乐，葫芦笙是在过节和祭祀场合中不可或缺的一样东西，而笛子大多用于年轻人所在的场合中。此外，笛子还用于葬礼中读祭文的时候。葫芦笙一般被他留人看作是本民族的东西，而笛子被看作是汉族的东西。

（五）铜鼓（镜子）

对于墓碑上的这个图案，他留村民有不同的说法和见解。兰恒发老人说：

> 刻于墓碑外边框上的圆形图案并加了几条花草修饰的是镜子，和花瓶同时出现在墓碑上，寓意"平静安宁"。②

图 21 铜鼓图案

而蓝绍增老人则认为：

① 访谈对象：兰恒发（1964— ），男，彝族他留人，现任坟林管理站站长。访谈时间：2019 年 1 月 27 日。访谈地点：坟林管理站。

② 访谈对象：兰恒发（1964— ），男，彝族他留人，现任坟林管理站站长。访谈时间：2018 年 8 月 2 日。访谈地点：坟林管理站。

这个圆形的图案是铜鼓（见图21），修饰的几条为铜鼓上的丝带。以前在高氏土司统治的时候，分别在永胜县城、他留地区和华坪的"鸭子庄"三个地方设有衙门，在衙门口都装有两个大大的铜鼓，以示威严和公正。将铜鼓刻于墓碑上，一方面是对于高土司统治的认同，另一方面则是借助它所寓意的威压之态。^①

四、他留人古墓群中的碑文与墓志铭记载

他留人古墓群中的墓碑主要是由碑帽、碑心、基座、供台、碑框、神道牌等部分构成的。墓碑上面雕刻的文字皆为汉字，基本上使用楷书，字体大多清秀强劲。墓碑上的碑心文、墓志铭、对联等都在一定程度上为我们提供了重要的史学价值。

（一）墓碑碑心文

碑心文是表明死者身份的重要依据，上面最基本的有名字，有些则写明生于哪年，卒于哪年，子孙后代姓名等，个别墓碑会连某某题词都会标注上去。如立于清嘉庆岁序丁卯沽洗月吉旦的海公，讳文祥，中间写有"清乡评德寿懂恪勤勉海公讳文祥荣基"，左边写有"壬午年九月初五日寅时生"，右边写有"大清嘉庆岁序丁卯沽洗月吉旦""男永顺、澎，孙运祖、培立"的字样。

立于清道光年间的王氏夫妇之墓，王公墓碑碑心上中间字样为"清乡评恪谨王公字学圣之寿域"，左边为"永北直隶厅×××题"，右边为"大清道光十二年壬辰岁三月朔九日吉旦""男王长庚、有龙、宝川，孙长生、福、寿立"；王母墓碑碑心上中间字样为"清乡评慈淑王母成氏姿超之基"，左边为"永北直隶厅×××题"，右边为"大清道光十二年壬辰岁三月朔九日吉旦""男王长庚、有龙、宝川，孙长生、福、寿立"。

立于清道光七年吉旦的成海郁墓碑碑心文却有别于其他墓碑。这座成氏家族始祖碑将自家从二世到十一世的子孙名字都镌刻在了一块碑心文上，不仅为成氏

① 访谈对象：蓝绍增（1948— ），男，彝族他留人，曾任坟林文化站管理人员。访谈时间：2018年7月30日。访谈地点：二村其家中。

自己家族提供了一份宝贵的家谱，同时也是他留人起名方式逐渐汉化的一个重要标志，并且为学者们研究他留人入主他留地区的时间提供了一个依据，故有重要的研究价值。

这几座墓碑都清楚地写明了逝者的基本信息，从碑心上面镌刻的子孙后代名字来看，基本上都是沿用了汉族的起名方式，很少会用他留名字的谐音，比如说海马、措姑、止凹、刷姿这样的就是他留人的起名。其中在碑心上见得最多的就是"清乡评"三字，"清"即指清朝，"乡评"有乡里公众评论这样的意思，"乡评"二字后面会有称赞逝者的词语，比如说慈淑、恪谨、醇恪、和顺贤良等。

（二）墓碑对联

在他留人古墓群中，除了土洞碑之外，基本上每一座墓碑上都有墓联。墓联主要有五言联和七言联两种形式，而墓联上面的横额则有二字、三字、四字的，如吉穴、好穴、寿域、瑶池、居之安、安乐窝、魂依穴、寿永千秋、寿域同春、上谷源长等。

有的墓联又分为内联和外联，如蓝公常发贵及妻海刷资合墓的内联横额为"寿域"，墓联为"吉地兴寿域，佳山钟福人"，外联横额为"寿永千秋"，墓联为"大启文明运，宏开富贵基"。

而有的夫妻异穴合葬的对联是两相呼应的，如立于清嘉庆年间吉旦的罗氏夫妻之墓，罗公墓碑上的墓联横额为"和春"，墓联为"祖德千年盛，宗功万古长"，罗母墓碑上的墓联横额为"富秋"，墓联为"青山朝地脉，绿水映儿孙"；立于民国二十二年吉旦的蓝公芬夫妇之墓，蓝公墓碑上的墓联横额为"福寿"，墓联为"寿同山岳长，福共海天长"，蓝母墓碑上的墓联横额为"双辉"，墓联为"同心同吉穴，有福有后人"；还有立于咸丰四年吉旦的王氏夫妇之墓，王公墓碑上的墓联横额为"长发"，墓联为"喜德山青地，子孙卜吉地"，王母墓碑上的墓联横额为"其祥"，墓联为"百代发流长，后代发文 *"。

从以上这些墓联来看，墓联内容大多是赞颂子孙孝顺、祈求保佑后代、赞美坟地风水及歌颂逝者功绩的，而且在墓联的字里行间中，儒家思想、封建伦理观念、佛教及道教观念也都有充分的体现。

（三）个人生平

墓志铭分为志和铭两个部分，志主要是叙述逝者的生平事迹，铭则是对逝者一生的评价。古墓群中有墓志铭的墓碑通常是有官爵或是有名望的人，且有墓志铭的墓碑基本上都是夫妻并穴合葬的，左边叙述的一般是男逝者祖籍来源及他个人的成就，而右边则是赞颂其夫人的贤良淑德等方面的品质。如"皇清荣膺六品军功乡谥英毅他留把目兰发茂"的墓志铭如下：

乡长讳发茂，号秀亭，先年老把目荣膺五品军功、千户长华之仲军也。昆玉六人，惟独出众乎。其幼读诗书，聪缘天授，长习文，艺灵敏，本于性生。特是身限于地，莫觅登云之梯。虽学裕于心，终因衙门之下，识者窃深惜之。然门间虽困于僻壤，而才识堪质诸通都。光绪七年（1881年），代理北胜州玉山。公深知其然，胆足以讳。公有略，足以应事，令其子充把目，统矛民，奉去之，力犀拿平安良。数年间，上无误公，下之无累乎民，汉夷悦服。且邻近黑夷数犯界，则丈乡长平之。益于地方者，良非浅鲜矣。又计甲年（1894年）春初，章压夷匪作乱（指华坪傈僳族首领丁洪贵起义一事），奉命带练从戎协镇。都督府马命为前驱向导，未五旬即奏凯旋师。论功行赏，给予军功，洵有以光于前裕于后也哉。无奈何积劳成疾，因疾丧命，噫亦可惜也。已今卜牛眠之地，为营马之封。予属旧相知，特纪之以垂不朽，此志。

赞曰：卓哉乡长，有略有胆。办公勤劳，应事果敢。屡建肤功，众皆景仰。恒邀上赏，绩勒贞珉。

明臣居士秦庭铠　拜乎再撰 [①]

再如"大名望王公讳洪才暨德配蓝孺人"的墓志铭如下：

从来墓之有志，自田横肇起，所以记其实也。下仅以记其实，行而未闻，若观取其然。公讳洪才，乃有望公之子也。有望公生二子，公居长，未习诗书，秉

---

① 简良开：《神秘的他留人》，云南人民出版社，2005，第312页。

性聪慧。时值辛酉花门之变，封豕南渡，东逃西奔，性命保全。太平归，房屋尽被毁坏，新修栋宇。其为人也，足不履公门，口不谈公事，畜牧课农桑为务。

德配蓝孺人生三子，长子国正，娶媳蓝氏；次子国安，娶媳王氏；三子国富，尚未完配。生孙有二。耕读功贸易，勤力于外。孺人秦笃，操就田劳，苦力于内。公年近六旬，精神矍铄，正享福之期颐，令郎之公与孺人寿域宏开，大建佳城。公来往与余至交，余义不容辞，特表其大略云尔。是为序。

前清明经进士选举参事员候委巡政杨亿年丽天氏题。①

这两份墓志铭都对逝者的生平，包括出生、德行、志向、功绩等进行了赞颂，不仅可以作为一份家庭的参考材料，也可作为一份历史材料，在一定程度上弥补家族史和地方史的不足。

（四）祖籍来源

他留人古墓群中的墓志碑刻作为保留他留人历史记忆的一种工具，明确指出了他留人的祖籍来源与明代洪武调卫入永这一历史事件密切相关。

如立于清光绪年间兰茂廷的墓志："原籍湖广长沙人也。其先世公自洪武调卫游于永，由永移居斯邑数代"。立于清宣统元年王雨亭的墓志："原籍湖广长沙府湘乡县，自弘（洪）武调卫游于永，世居北胜州，为他留把目，源远流长者也"。立于民国十年海成才的墓志："原籍湖广长沙府麻林县，世居此邦，源远流长者也"。立于民国二十一年陈学明的墓志："原籍湖广长沙府人也，其先世自洪武调卫入永，由永移居斯邑数代……"。②

海、兰、王、陈四大姓氏都不约而同地表明其祖先原籍湖广长沙府，强调了是在明洪武调卫时期入永。兰恒发老人说：

我们家有一本族谱，族谱上就写着我们祖先来自湖广长沙府湘乡县柳树湾大石洞村。直到现在我们到山林祭祖的时候，都还会在坟前搭上一枝柳树枝作为祭祀。

① 简良开：《神秘的他留人》，云南人民出版社，2005，第322页。
② 简良开：《神秘的他留人》（连载一），《永胜报》1994年2月20日。

他留人作为一个卫所移民与地方土著族群相互融合后形成的族群，声称他们的血统来自中原。一方面，这种"历史记忆"是将自己转化为帝国秩序中具有"合法"身份的成员的文化手段。[①]另一方面，自明代以来，强调自身的"正统性"成为地方士绅和宗族大姓的一种风尚，攀附国家也成为不少边疆民族地区的普遍现象。[②]他留人墓志碑刻的祖源叙事的核心在于坚持宣称其祖先与明代澜沧卫汉族移民的血缘关系，这其实隐喻着他留人追溯族群身份正统性的远景。[③]

五、他留人古墓群的主要特点

通常来说，墓碑是后代对死者的一种缅怀、纪念的载体，也是彰显死者地位、表现生者孝心的最直接体现。墓碑的大小、排列等都不是任意而为的，而是遵循着一定的规则。

（一）古墓群的排列特点

整个古墓群中，有碑文记载的主要是海、蓝（兰）、王、成（陈）四大家族的墓碑。一方面可能是因为这四个家族在当时占的人数最多，而另一方面则是因为当时这四大家族比较富裕和有名望。四大家族的墓地虽没有明确的划分，但大致一个家族基本上都是统一埋葬在一个地方的。除了四大姓氏之外，古墓群中还存在罗、段、秋、熊等家族姓氏，但其数量不多，且不像四大家族的墓碑具有显著特点。

如果有族外人想要进他留人家的墓地里面安葬，就必须与他们协商并要立好凭证。兰恒发老人讲了一个特例：

在我们这有一个私塾里面教书的汉族张姓人家，死后想要埋进我们他留坟林

---

① 刘志伟：《地域社会与文化的结构过程——珠江三角洲研究的历史学与人类学对话》，《历史研究》2003 年第 1 期。

② 彭兆荣：《论民族作为历史性的表述单位》，《中国社会科学》2004 年第 2 期。

③ 黄彩文、子志月：《历史记忆、祖源叙事与文化重构：彝族他留人的族群认同》，《西南民族大学学报（人文社会科学版）》2017 年第 3 期。

里面，就和海东侧商量从他们家的墓地范围内买一小块地。为了这个事情，张家花了三十六两银子，并且还在他购买的墓地旁专门立了一块界志碑，在碑上标明他家的墓地东西南北各至什么地方，同时也说明了是从谁的手里，通过怎样的方法得到这块地的。①

从这一事件中，我们看到了他留人的一种民族认同感。可能也正是这样认同感，让他们在当时社会经济形态还落后的状态下，就能够拥有本民族的一块公共的墓地，并在墓地中又按家族排列，以至于呈现出一番整齐有序的景象。同时，从张姓人家竟愿意用三十六两银子来换取一块小小的墓地这样的一种行为，我们也不难看出，在当时那个年代，当地人对他留人古墓群是存有敬仰之心的。

总体而言，墓碑一般是按辈分来排的，老一辈的在上面（靠近山顶为上），小一辈的在下面。但当家族墓地的空间不够时，小一辈的也会偶尔埋葬在老一辈的旁边或者是上面，当然，这只是没有办法的时候而为之。最规矩最标准的就是同一辈的整齐地排列在同一排上，且从左到右按家中排行一一排列。墓群中就有这样的情况，不仅呈现出一种结构上的严谨，更是给人一种视觉上的冲击与震撼。据他留人自述，他们的社会中没有等级地位之分，他们认为人与人之间是平等的。虽说墓碑的规格有大小高矮之分，图案装饰有精美粗劣之分，但这都只是与贫富，或是与朝代的更迭和繁荣战乱有关。

（二）古墓群的墓制特点

细细观察整个古墓群中的墓碑，会发现墓碑在清乾隆、嘉庆、道光年间普遍偏小，而在清同治、宣统，民国年间普遍偏大，联系当时的情况，我们不难猜想这可能与中央王朝统治削弱，高氏土司管辖式微有关。因为在中央王朝和高氏土司管制比较严格的时期，不仅是坟墓不敢修得太高，就连房屋的正屋都有严格的控制。蓝绍增老人说：

---

① 访谈对象：兰恒发（1964— ），男，彝族他留人，现任坟林管理站站长。访谈时间：2018 年 7月 27 日。访谈地点：坟林管理站。

我们当时去他留城堡古遗址的正屋地基上面测量的时候，发现正屋的房高都没有超过一丈二尺九到一丈三，只限定在这个规格之内。但除正屋外，耳房、偏房又没有这样的情况。正屋是整个房屋的主体部分，是主人家的地位和身份的象征，如果修得比高土司住所或中央王朝的房屋都要高的话，就是公然对他们的一种不敬和冲撞。[①]

同时，康熙、雍正年间的墓碑打造得相对于乾隆年间的要粗糙一些，这可能与国家的繁荣昌盛有关。我们都知道，乾隆皇帝在位期间是清朝康乾盛世以来达到的最高峰，是经济文化最为发达的时期。从墓碑上雕刻的动物形态来说，康熙、雍正年间碑柱上的大都比较粗犷野蛮，而从乾隆年间的墓碑开始，显得比较柔和，有的甚至是睡眼惺忪或憨态可掬的样子，这与前期推行吏治，而后期则注重文治有很深的渊源关系。

（三）古墓群的墓葬类型特点

纵观整个古墓群，不论是他留先民原始的安埋方式土洞碑，还是"夷汉"结合的产物——有汉文字、有图案的墓碑，三人葬和单人葬的情况都极少。婚姻模式的形成，或说是夫妻并葬墓的出现，最早是在周代，在汉朝才开始盛行起来。

从他留人的安埋方式来看，他留人从先民时期开始，应该就是一夫一妻的婚姻形态，就连少有的几座三人合葬墓，都直接在墓碑上说明了丈夫娶两个妻子的原因何在。这样看来，他留人的安埋方式及墓碑构成，与伦理观念和父权观念是密不可分的。在旧社会，因为有"嫁鸡随鸡、嫁狗随狗"，"生是丈夫的人、死是丈夫的鬼"这样根深蒂固的观念，当然死之后就要与丈夫合葬了。再者，女子出嫁之后，就基本上与娘家脱离关系了，死后也无法再回到娘家，属于婚后所在家族的成员，自然要与这个家族的成员葬在一起，而女子在这个家族中并无独立的地位，是属于她丈夫的，死后和丈夫葬在一起也就合情合理了。

而从情感观念来看，生前为夫妻，死后合葬，继续在另一个世界做夫妻，缔

---

① 访谈对象：蓝绍增（1948— ），男，彝族他留人，曾任坟林文化站管理人员。访谈时间：2018年7月30日。访谈地点：二村其家中。

结前世的姻缘，也是一种婚姻关系借助灵魂观念的延伸。这样也就能解释得通为什么他留人在墓地面积不足的情况下仍要选择双人墓的安埋方式了。

（四）古墓群的图案特点

他留人古墓群中的一座座精雕细琢的墓碑，仿佛每一座都是独特的存在，具有相当高的艺术和美学价值。传神的动物造型、精美的花卉图案、富有特色的民间乐器，无一不在向我们展示着那些不知名匠人的工匠精神，把一块块生硬的石头打造得如此栩栩如生，富有生命力。

符号总是表达人们某种观念的媒介。不管是语言的、宗教的、艺术的、建筑的，还是服饰的、自然的，符号始终贯穿于人类文化活动的各个方面。杜尔干说过，"如果没有符号，社会情感只不过是一个不稳定的存在……社会生活的所有方面及每一个历史时期，只有通过大量的象征才能成为可能"①。墓碑上不同的动物、花草以及太极等图案雕刻，表明的正是他留人的崇拜和禁忌，其中最明显的是自然崇拜和动物崇拜。从中也不难看出他留人的宗教信仰，主要是信奉佛教和道教。但笔者发现他留人的宗教信仰具有不确定性和多变性。蓝绍增老人曾说：

> 我们平时一般都不信教，只有遇到事情，比如说家里面出事了，或说是田里面庄稼有蝗灾，今年干旱，雨水不好，等等，才会信教。佛教方面的话，一般针对的是家庭个体或家族方面。出事的这家人从别的地方请和尚到大德寺念几天的经，吃几天的斋，等到祈祷仪式做完，把和尚送走之后，也就不吃斋，生活恢复原样了。道教的话，则针对的主要是整个地区。以前的他留人稻田里面出现严重虫灾的话，就会请汉族地区的道士来做法，做法结束之后，就又不信教了。

从蓝绍增老人所说的情况来看，他留人信仰宗教具有灵活性和功利性的特点，简单来说就是有需要的时候就会信某一种宗教，很少会长时间地固定信仰哪一种宗教。

古墓群中的雕刻图案，大多是他留人生活中常见的事物，一方面是将他们头

---

① ［英］罗伯特·莱顿：《艺术人类学》，李东晔、王红译，广西师范大学出版社，2009，第101页。

脑中的观念物化成为一个个具体的事物形态，另一方面则是表达了他们对生活的美好愿景。

（五）古墓群的墓志铭特点

他留人古墓群的墓志铭作为他留人祖源记忆的重要载体。不论是从它的碑心、墓联，还是墓志铭等文字记载，我们都可以看到他留人古墓群不仅吸收融合了汉文化的因素，形成了富有特色的"夷汉"结合文化，也为我们研究他留人的祖籍来源、重要历史事件（红白旗战事[①]、丁洪贵起义等）、文化生活等提供了很重要的依据。

六、结语

由于他留人是一个只有本民族语言而无文字的族群，加之很少有官方文献记载，所以他留人古墓群作为他留人历史和祖源记忆的载体，不仅对于本民族来说尤为重要，同时也是我们研究他留人、他留文化的重要切入点。

他留人古墓群作为他留人历史文化的一个缩影，一方面我们可以从墓葬类型中推断出他留人的婚姻形态，即由对偶婚向一夫一妻制的形态过渡，另一方面，古墓群的雕刻图案及墓志铭向我们展示了极高的艺术价值和史学价值，特别是他留人古墓群中与汉墓相同的追忆祖先丰功伟绩的个人生平以及渐趋汉化的姓氏名字，更是他留人不断吸收融合汉文化的历史见证。[②]

通过对他留人古墓群的探析，我们可以从中了解到他留人的社会生产生活及"夷汉"结合的文化特点，为我们研究这个特殊族群提供了重要价值和依据。

---

① 即杜文秀起义。
② 黄彩文：《云南永胜他留人的档案史料及其价值》，《云南师范大学学报》2006 年第 6 期。

内蒙古草原牧区移民的社会文化适应问题研究

——以梅林庙社区为例

内蒙古大学民族学与社会学学院 2016 级本科生　程　鑫

指导老师　杨常宝

摘要： 以脱贫致富和保护生态环境为目的的生态移民，实质上是人与环境关系的重新调整，在实现人与生态环境的协调发展上发挥了重要的作用。少数民族地区的生态移民，往往需要一个缓慢的过程，去适应生活环境、生产方式和习俗文化的改变。本文以内蒙古鄂尔多斯市乌审旗图克镇梅林庙社区为例，运用民族学的问卷调查和入户深度访谈的方法，通过调查分析牧民由原来草原定居游牧农耕的生活生产方式向城镇定居工业化转变所带来的社会文化问题，特别是分析生存环境变化导致的影响，探讨生态移民后的草原牧民对于城镇化的适应问题。

关键词： 生态移民；社会适应；梅林庙社区；生态移民问题

生态移民作为我国解决环境保护问题的重大举措，在实现人与生态环境的协调发展中发挥了重要的作用。20 世纪 90 年代以来，生态移民成为西部地区应对生态环境问题和贫困问题的重要措施。1994 年，开始实施"国家八七扶贫攻坚计划"。以脱贫致富和保护生态环境为目的的生态移民（易地扶贫）试点应运而生，在自然条件恶劣的地区最先推行，尤其是在宁夏、内蒙古、贵州等自然条件脆弱的贫困地区，该政策的实施较为突出。

学者葛根高娃、乌云巴图认为："生态移民是由于环境恶化，导致人们的短期或长期生存利益受到损失，从而迫使人们更换生活地点，调整生活方式的一种经济行为。"[①]生态移民实质上是人与环境关系的重新调整，而这种关系的调整必定牵一发而动全身。生态移民在内蒙古民族地区的实施，改变了人们的生活环境、生产方式甚至是民族习俗文化，特别是原来定居在单一民族游牧草原上的牧民们，他们搬迁到多民族聚居且城镇化的小区中必然会面对种种不适。虽然政府在帮助牧民移民的过程中提供了一定的优惠政策，实际上在生态移民的过程中仍会凸显一些难以回避的问题。

因此本文主要以三次移民（生态移民、水源地移民、矿区移民）的内蒙古鄂尔多斯市乌审旗图克镇梅林庙社区为例，探讨在生态移民后期，牧民对于生产方式调整、生活环境转变后的城镇的适应问题。笔者于2018年7月对梅林庙社区移民小区进行入户问卷调查，通过走访当地居民并向当地政府领导了解现如今生态移民后，牧民所处生活环境的现状以及牧民在社会适应中所遇到的问题。

一、梅林庙社区生态移民基本概况

乌审旗图克镇梅林庙嘎查[②]位于图克镇的西南部，下属7个农牧业社，总面积为39万亩。拥有全国遗存面积最大的原始荒漠植物沙地柏10万亩。境内主要资源有煤矿、天然气、矿物质水等。驻地企业有两家——蒙格沁能源开发责任有限公司和中天合创门克庆煤矿。嘎查总户数432户，总人口1115人，其中蒙古族349户，900人；汉族83户，215人。其中已经移民312户，没有移民的有120户。梅林庙嘎查的经济发展以养殖业和打工为主，2017年梅林庙嘎查的农牧业总产值为11万元。截至2018年7月，嘎查内有贫困户16户。

---

① 葛根高娃、乌云巴图：《内蒙古牧区生态移民的概念、问题与对策》，《内蒙古社会科学（汉文版）》2003年第2期。

② 编者按：蒙古语"嘎查"，汉语意为"行政村"。

二、梅林庙社区移民的生活、文化现状

（一）梅林庙社区的田野调查

笔者于 2018 年 7 月跟随学院前往鄂尔多斯市进行暑期调研活动，在梅林庙社区我们采用问卷调查和入户深入访谈的方式随机寻找目标进行调研，最后总共成功访问居民 20 户。问卷共分为家庭与个体两个部分，家庭部分包括家庭成员情况、家庭土地情况、家庭住房情况、家庭生产情况、家庭资产、家庭收入和日常支出、家庭日常生活、家庭娱乐、政治参与、社会交往和宗教信仰；个体部分包括婚姻状况、生育状况、健康状况、代际关系状况、环境状况、民族关系与民族政策。在访谈过程中，虽然有本地人的带领，但是梅林庙社区居民对于外来人员的防备心理很强。

（二）梅林庙嘎查牧民的三次移民经过

在改革开放后，梅林庙嘎查共经历了三次耕地／草场承包调整，最近一次是在 2018 年。梅林庙嘎查共经历了三次移民搬迁，第一次搬迁是 2008 年的生态移民，第二次是 2011 年的水源地移民，最后一次是 2012 年的矿区移民。在这三次移民搬迁中，根据移民地点的不同，梅林庙嘎查牧民分批次搬进了现在的梅林庙社区。

（三）梅林庙社区移民的生活现状

相对于原住地，牧民的居住环境得到了明显的改善，社区附近的基础设施相对完善，配有超市、诊所、文化活动室、体育设施。社区内的道路均为柏油路，主干道可以直达乌审旗和鄂尔多斯市区。社区居民家庭饮水主要为自来水，主要燃料为天然气或者煤气，社区配有指定的垃圾投放点。

笔者在问卷样本中随机抽取 5 个样本制作出 2017 年度梅林庙社区居民收入开支表。通过观察对比我们可以得知，梅林庙社区居民的家庭收入在很大程度上都依靠于政府的各种财政补贴，这些补贴大体包括禁牧补贴、水源地移民补贴、

老人健康补贴等。居民的开销中以家庭饮食开销为主，其次是礼金开销和水、电、煤气费用。个别家庭由于家庭收入来源单一，较少存在支出大于收入的情况。相对于移民之前，牧民在搬入移民社区之后，一切生活必需品都需要从第二方购买，导致家庭支出明显增多。

表1 梅林庙社区 2017 年居民收入支出随机样本表（单位：万元）

调查户编号	总收入	外出务工	家畜出售	服务经营	各种补贴	总支出	饮食开销（包括烟酒）	礼金支出	日常通信	子女教育	医疗开销	水、电、煤气费用
01	9.78	3	0	0	6.78	14.7	4	1	0.4	7	1	1.3
02	44	40	0	0	4	18.4	8.2	4	0.7	4	0	1.5
03	4.8	0	0	0	4.8	2.6	0.2	1	0.1	1	0.1	0.2
04	11	0	8	0	3	1.58	0.8	0.4	0.1	0	0.2	0.08
05	7.7	0	0	6	1.7	4.5	1.3	2	0.3	0	0.3	0.6

梅林庙社区居民在被问及家庭存款的问题时，都会直接表示家庭没有存款甚至在当地的银行、信用社办有一定数额的贷款。

在调研过程中，笔者发现在梅林庙社区中的牧民在就业选择上存在分化，年龄为 30—50 岁的牧民们表示，如果家里的草场没有被全部禁牧的话，他们更倾向于经营原有的畜牧业和种植业；剩下的年龄段群体主要以外出务工或依靠政府的补贴为生。搬迁后的居民们转向其他行业就业，在新的社会环境中，陌生的行业使他们无法快速适应。特别是面对工业化社会中快速的工作节奏与工厂的严格要求，再加上人口流动带来的激烈竞争，与原有牧民的游牧方式形成极端对比。许多牧民原有经济来源在生态移民后被阻断，虽然政府免费提供住宅，但是房屋的装修费用以及移民小区每年的物业费、取暖费、水电费等仍需自掏腰包。

（四）梅林庙社区的文化状况

草原上的牧民搬入工业化城镇当中，这一重大转变不仅表现在牧民居住环境的改变上，传统的游牧文化环境也发生了巨变。在新的环境之中，文化结构巨变，蒙古族传统文化的影响减弱。汉语是梅林庙社区社会交流的主要语言，面对陌生的文化环境，大多数牧民更愿意与自己本民族的人交流，很少与同社区其他民族的居民来往，家庭内部也使用蒙古语进行交流。

蒙古族牧民家庭大多数还传承着民族信仰——藏传佛教，部分家庭会选择在家中摆放佛像。部分居民在受访时否认信仰藏传佛教，但是他们却同样保持着在遇到红白喜事时，请寺里喇嘛来做法事或者是向寺庙捐赠金钱的传统宗教习惯。

随着生活环境的转变，牧民们传统的饮食结构也逐渐发生了改变。一些家庭还保持着喝茶、吃奶食的习惯，传统汉族饮食也出现在蒙古牧民家庭的餐桌上。与移民前相比，外出就餐更为常见。梅林庙社区周围不仅有蒙餐馆，而且还有数量更多的川菜、西北菜餐馆。

三、梅林庙社区牧民生活、文化适应过程中存在的问题

（一）多元文化冲击，民族文化不自信

梅林庙嘎查的生态移民是将牧民由草原游牧社会转移到了城镇工业社会，牧民原有的民族文化习惯、认知结构都受到了强烈的冲击。不同于汉族移民地区，少数民族移民地区的城镇化过程中往往是一种被动的方式，牧民在进行生产生活方式转型的过程中，他们的文化圈子也在悄悄改变。牧民经历着由原本相对保守封闭的单一民族文化模式突变为开放的多民族文化模式。不同的生活环境造就不同的文化和价值体系，游牧文化与农耕文化、工业文化的碰撞，必然导致文化间的冲突、融合。牧民搬迁到新的移民点之后，受到的是工业文化与商业文化的新的感染。例如，牧民必须改变原有自由放牧的生活，转而按时按点地去工厂上班且要受到制度约束。原先牧民家各有草场，邻居之间相隔较远，彼此之间的空间较大，而搬入移民小区之后个人空间减少、公共领域增多，感觉受社区规章制度约束较大。市场经济下的主流价值取向冲击和影响着移民固有的观念。

牧民需要改变自己传统的生产生活方式以适应新的居住点和工作，而如何转变生产生活方式、改变固有的观念和风俗习惯就成为生态移民适应过程中的一大难点。在移民工作中存在两种极端的错误思想，一是只要不放牧，不说蒙古语就等于放弃民族传统文化。二是牧区畜牧业、少数民族文化就等于落后文化，必须

加以改造或者放弃。这两种错误思想极易引发牧民们对于自身文化的怀疑，这会导致他们在面对外界时放弃自身民族文化，或者过度保护自身民族文化并对一切新文化怀有敌意，这两种情况都不利于牧民的城镇化适应。许多蒙古族牧民不愿意改变生存环境、不适应现如今生活的主要原因也是在于认为在移民小区定居之后就意味着自身原有文化的遗忘与丢失。

（二）"社区隔离"现象明显

在梅林庙嘎查的生态移民政策中，为了维系原有梅林庙牧民的社会关系网，帮助牧民更好地适应新环境，梅林庙嘎查的牧民们均被重新分到了梅林庙移民小区。牧民们脱离了原本的生活环境，来到城镇生活。现如今，在梅林庙移民小区居住的居民不仅包括生态移民搬迁来的牧民群体，还包括后期因为工作原因迁移到梅林庙小区的外来人员。在这个新的移民点中，原来牧民所在的单一民族的相对封闭的环境被打破，个体、家庭的交往活动由原来牧民之间单一的交往转变为牧民群体、移民点原住居民以及外来人员之间的多重互动。

牧民在语言、风俗习惯上与社区居民具有明显的差异，大多数牧民在此之前从未离开草原，汉语水平较低，与外界的交流也不是很多，所以在新社区他们很难适应。在采访中，大多数被访者表示他们更倾向于和属于同一文化群体的人交往，他们的主要交往对象还是原居住地的人。牧民对于新迁入的外来人员怀有戒备心理，而对与自己同一身份的牧民表现出强烈的身份认同。在价值判断上他们会认为外来人员"心思多"。尽管人们共同生活在同一社区之中，但是相互之间却有着明显的界限，形成"社区隔离"的现象。

（三）生活方式改变，生存成本增加

牧民由牧区搬入城镇移民社区之后，住房条件、交通条件得到了明显的改善，与原有牧区生活不同的是，居住在城镇，牧民家庭在水费、电费的支出上远远高于在牧区生活时。牧民们在搬入城镇后，由原来自给自足的生产方式，转变为大多依靠市场交换为主，虽然有些牧民依旧兼营原先从事的养殖业，但是家庭之中的恩格尔系数与之前相比明显增高。除了家庭生活的基本开销增加以外，物业费、取暖费等各种费用也成为牧民的一大烦恼。牧民在城镇中的生活成本要高于他们

在牧区时的水平，因此导致很多牧民不愿意住在移民小区中。

牧民与原住地的联系并没有因为搬迁而中断，许多保留草场的牧民还会定期回原住地进行畜牧业生产，畜牧生产成为梅林庙移民在经济收入上的补充，甚至是有些家庭的主要经济来源。在这种情况下，牧区对于蒙古族移民来说不仅仅是作为一种世居故土或者是民族情感上的羁绊，而是社会生活中不可缺少的生存条件。

生活环境的改变也使牧民的饮食结构发生变化，牧民由过去以肉奶为主的饮食结构转变为多元化饮食结构。在梅林庙移民小区周围，笔者看到一些蒙餐馆，但是更多的还是一些川湘菜馆、西北菜馆，这些菜馆中同样也有许多蒙古族牧民就餐。在采访时，笔者发现大多数牧民家中还是会习惯地摆放着奶茶、炒米果子等用来迎接客人，尤其是年龄偏大的牧民还是习惯于传统的蒙古族饮食。搬入城镇后，传统的蒙古族饮食成为城镇中蒙古族牧民对于民族文化传承和对草原生活怀念的方式。

（四）生产经营模式改变，再就业问题严峻

在生态移民之前，梅林庙牧民的收入来源主要依靠放牧。在搬入移民小区之后，政府并没有给他们安排放牧相关的工作，部分青年壮劳力通过升学、婚嫁等其他途径在外地工作甚至定居。留在梅林庙社区的牧民大多兼营着牧区的牧业，但是他们的主要工作大多是在附近的化肥厂和煤矿打工；有个别的牧民选择个体经营，比如做司机或者是当维修工。在梅林庙小区内有着牧民自行组织的合作社，例如，在被访者 W 参加的合作社里，有老师傅教社员如何制作传统的蒙古族头饰，有部分人以制作手工艺品来补贴家用。部分牧民表示出强烈的创业意愿，但是由于缺乏资金、市场信息以及产品销售途径使他们难以开展事业。

牧民由自由放牧转向工厂工作的过程中，他们原有的生活技能就被人为地淘汰掉了，只是通过短暂的技能培训获得的工作技能，使他们无法在激烈的市场竞争中获胜。在梅林庙附近的化肥厂和煤矿工作的牧民们大多以司机、修理工等工资相对微薄的工作为主。附近工厂的管理层大多为外地人，经济收入和社会地位相对较高。这种工作环境的转变，一方面导致工作对于牧民的约束增大，许多牧

民难以适应；另一方面，牧民的工作前景和收入水平与之前相比产生了巨大的落差，导致了牧民不适应。

牧民消极的就业态度也是影响移民适应的一大因素。在生态移民搬迁时，政府承诺免费提供牧民小区住房，牧民只需要自己装修即可。同时，每年依旧按照各家禁牧草场面积和家庭情况提供各类补贴，金额从 6000 到 80000 不等。个别牧民依靠固定的补贴维持生活，导致他们很难适应搬入移民小区后的生活。

四、梅林庙生态移民适应问题的建议

（一）政府层面

在生态移民适应方面，政府的主导作用是毋庸置疑的。政府应严格把控地区产业引进，以第二产业为基础、推动第三产业发展，优化产业结构、促进地区产业升级。政府应鼓励牧民创新创业，建立完善的鼓励创业体系，从技能培训、资金支持、场地支持、市场信息提供等方面加大对牧民创业的扶持力度。政府的财政补贴是大多数牧民家庭的重要经济来源之一，经济收入的稳定直接关系到牧民对移民后生活的适应。因此政府应提高自身的行政效率，实行财政补贴公开化、透明化。需要增加政府的民意了解与政策解说窗口，提升相关行政人员的服务态度，使政府真正做到一心一意为人民群众服务。加强移民地的城镇建设，完善移民社区周边的服务配套设施建设。加强社区环境治理，营造舒适卫生的城镇环境，以增强牧民对于新移民地的归属感。

（二）社区层面

面对牧民们对自身文化现状的担忧，社区应发挥自己基层组织作用，组织开办各类文化娱乐活动，在加强牧民对自身文化传承的同时还可以增加外来人员对牧民的文化了解。

（三）牧民层面

在社会适应过程中，牧民生产生活状况的转变决定着生态移民的效果。面对于新时代、新环境，牧民需要对自身文化进行反省与调整，从而在生活方式、生活观念、就业观念等方面做出相应的改变。这种改变与让步并不代表对原有文化模式的否定，而是在生存与发展的基础上对原有文化的再创新。

五、总结

总体来说，生态移民政策是一项有利于民族地区可持续发展的惠民政策，在这一政策的推动下，牧区的生态环境得到了明显的改善，牧民的生活环境也得到了明显的改善，但是在实行过程中不可避免也带来了一系列的问题。生态移民是一项持久而长远的惠民工程，在实行过程中应同时兼顾保护弱势群体，在谋求地区发展的同时兼顾牧民的利益。

"4·25"地震后樟木夏尔巴灾民的异地安置及适应情况调查

西藏民族大学民族研究院 2015 级本科生　何瑞敏　嘎　珍

指导老师　马　宁

摘要：夏尔巴人属于我国未识别民族之一。2015 年 4 月 25 日，尼泊尔发生 8.1 级强烈地震，给尼泊尔造成了严重的损失，也波及了我国境内樟木镇夏尔巴人聚居区。西藏自治区政府相关部门迅速应对，做出了对樟木镇整体搬迁安置的决策。本文在田野调查的基础上，梳理了"4·25"震后樟木夏尔巴受灾群众灾后安置过程，安置期间的教育、医疗卫生、心理状态、经济收入等情况，通过对灾后安置过程中出现的问题进行分析与思考，提出了关注生计、以人为本、帮助受灾群众融入城市生活等建议。

关键词："4·25"地震；夏尔巴人；受灾群众安置

一、樟木镇夏尔巴人概况及"4·25"地震情况

（一）樟木镇夏尔巴人概况

樟木镇地处西藏自治区日喀则市聂拉木县，是西藏自治区西南边陲重地，该地区有举足轻重的战略地位、悠久灿烂的历史文明和丰富优美的旅游资源。在

"4·25"地震之前，樟木口岸也是西藏自治区唯一的国家一级陆路通商口岸。中国和尼泊尔两国以波曲河为界，河上修筑着友谊桥，供游客和商人徒步过境。樟木镇海拔约为2000米，镇域面积为332平方千米，距离聂拉木县城20千米，是青藏高原的低海拔地区，素有"山城"美称。镇上树木林立，植被覆盖率高，气候温润，四季温差较小，年平均气温在10—20度，降雨量在2000—3000毫米之间。镇上的房屋大多沿着唯一的中尼公路修建，房屋错落有致、色彩多样，远远望去就像一幅美丽的壁画。

在樟木镇世代居住的是夏尔巴人。夏尔巴人别名为"雪巴人"或者"谢二巴人"。"夏尔巴"在藏语里的意思是"东方"，据说夏尔巴人就是东方来的人。夏尔巴人是跨境民族，大部分分布于尼泊尔境内，其人口总数约十万，在我国境内的夏尔巴人除了集中分布在聂拉木县樟木镇外，尚有千余人聚居在日喀则市定结县陈塘镇和定日县绒辖乡。

本文通过田野调查和查阅文献的方式，分析研究"4·25"灾后夏尔巴人进入城市的安置与适应情况，从夏尔巴人的生计、教育、医疗、文化生活等方面展开调查，分析了安置到城市之后的夏尔巴人生活方方面面的适应与影响，发现了一些问题，也提出了解决方案。

（二）"4·25"地震情况

地震是对人类生命、财产安全造成较大程度破坏的自然灾害之一，地震发生后的受灾群众转移安置工作是政府救灾工作的重要环节。2015年4月25日14时11分，尼泊尔境内（北纬28.2度，东经84.7度）发生8.1级地震，震源深度20千米，余震31次，该震中距离我国西藏自治区日喀则市约425千米。14时45分，中国地震台网中心又监测到在尼泊尔境内（北纬28.3度，东经84.8度）发生7.0级地震，震源深度30千米。我国西藏自治区拉萨、日喀则等地震感明显，樟木口岸通信中断，聂拉木县、吉隆县吉隆镇有房屋倒塌，地震造成西藏自治区中尼边境基础设施损坏，部分耕地、牧场和森林等遭到破坏，边境部分地区生态环境遭到重创。在地震发生后，党中央和西藏自治区政府及时组织开展抗震救灾工作。西藏自治区日喀则市聂拉木县樟木镇在这次地震中受到严重的灾害，为了防止地震次生灾难的发生，自治区政府决定将樟木镇全镇人员整体搬迁，临时安置于日喀则市区和拉孜县。时至今日，樟木夏尔巴人已经从在震后临时安置的帐篷里生活过渡到了长期在日喀则市区定居生活，三年多的灾后安置生活给夏尔巴人留下了特殊的记忆。

二、"4·25"地震后樟木夏尔巴灾民群众的安置过程

"4·25"地震后第四天，樟木镇与外界的道路抢通，西藏自治区人民政府当机立断，决定要对樟木镇的受灾群众进行整体搬迁转移。这一决定的重大意义已在现实中得到印证，樟木镇灾后的整体搬迁工作圆满完成。

（一）第一次安置

"4·25"地震造成樟木镇27人死亡，上百人受伤，雪布岗村山上24户土木结构的房屋全部倒塌，山下水泥结构的房屋有6户倒塌，其余房屋出现倾斜和裂缝；立新村村庄主体位于山腰及山脚下，房屋被落石砸毁的很多，受灾较重；帮村有18户房屋倒塌，其余房屋多出现裂缝，成了危房；樟木村房屋基本上都是钢筋水泥结构的，只有14户土木结构的老房屋倒塌。地震发生后，外地商人全部离开了樟木镇，45名尼籍人员也返回了尼泊尔。日喀则市委、市政府首先将夏尔巴受灾较重的群众安置在日喀则市拉孜县城旁边的开阔平原地带，一共设有600多顶帐篷，有500多名受灾群众入住。

（二）第二次安置

4月28日晚确定将第二安置点设在日喀则市桑珠孜区工业园，4月29日凌晨开始安置区的场地平整、帐篷搭建工作，4月30日迎来樟木镇首批群众入住。5月25日开始实施封闭化管理，5月30日实现规范化、常态化管理。除了少数富裕户自行搬到拉萨、日喀则等地居住外，绝大多数樟木镇夏尔巴人在政府的统一组织下，来到了日喀则工业园的受灾群众安置区，仍然按照4个行政村的划分聚居在一起。日喀则工业园受灾群众安置区占地1000余亩，平整场地600亩，有帐篷1243顶，划分为3个居住区和1个行政办公区，居住着500余户、2000

余人,其中僧尼 45 人,尼泊尔籍人员 93 人。樟木受灾群众到达日喀则工业园受灾群众安置点后,居住在帐篷里,由聂拉木县常务副书记都冰带领日喀则工业园安置区临时管委会的工作人员进行统一管理。在日喀则市委、市政府的大力支持下,安置区开设了群众受灾群众食堂,免费给受灾群众提供三餐,还增设了从安置区到日喀则市区的公交线路。从 5 月份开始,日喀则工业园安置区临时管委会先后组织 254 名受灾群众参加了首期驾校培训,开展了两期岗位对接,分别实现 327 人、192 人稳定就业。6 月 5 日完成樟木商城一期 97 个摊位的建设工作,6 月 25 日樟木商城正式营业,为具有经商基础的夏尔巴受灾群众提供了便利条件。

图 1 "4·25"震后日喀则桑珠孜区工业园樟木受灾群众安置点全景

(三)第三次安置

根据当时对灾后樟木的科学勘察,相关专家认为樟木暂不适合重建,受灾群众可能将在安置区生活较长时间。日喀则冬季严寒,夏尔巴灾民不能在帐篷里过冬。因此,日喀则樟木受灾群众过冬问题被提上日程。为了让受灾群众安全过冬,日喀则市政府研究决定,将市区北郊公租房小区进行改造,供樟木受灾群众居住。2015 年 10 月 20 日,小区改造工程基本完成,樟木镇 464 户、2000 多名受灾群众和 170 名干部职工从桑珠孜临时帐篷安置区搬入公租房过冬。用公租房改造的第三安置点樟木小区,为樟木受灾群众提供了 770 套安置房。保障房都配置有简单的藏式家具,日喀则市政府还为群众配发了取暖电器、洗衣机、冰箱、煤气罐、电饭锅等生活用品。

为了保证受灾群众居住期间的正常生活,日喀则市政府在樟木小区特批建设了包括卫生服务站、超市、便民警务站、金融服务站、幼儿园等配套设施建设项目。1500 多平方米的集办公、餐饮娱乐为一体的综合服务楼也于 2015 年 11 月完工。樟木小区成为功能较为完善的居住社区。

由于樟木受灾群众在樟木小区的居住方式未遵循从前的村落居住形态，居民在日常生活中有陌生感；此外，樟木小区距离日喀则市区较远，离樟木商城也比较远，不便于受灾群众生活和工作。因此，日喀则市委、市政府决定为樟木受灾群众建设更为科学、合理的灾后居住小区。在这种情况下，西藏自治区党委、政府及日喀则市委、市政府决定将日喀则市政府正在建设的日喀则市区干部周转房腾出来，建立受灾群众最终安置点——樟木新区。

（四）第四次安置

樟木新区占地面积 56.6 万平方米，基础设施和公共文化服务齐全，是樟木受灾群众的最终安置点，也是他们新生活的起点。政府统一规划保留夏尔巴人建筑风格的樟木新区在 2017 年 9 月整体完工，樟木镇 4 个村 514 户地震灾民搬进了属于自己的民居。樟木新区的安置房都是上下两层别墅式的藏式民居，按照每户家庭的人数不同，分为 A、B、C、D 四种户型，其中 A、B 户型，4—5 人户居住，建筑面积 201.88 平方米；C 户型，6 人以上户居住，面积 255.67 平方米；D 户型，1—3 人户居住，面积 157.76 平方米。房屋的造价费用，国家承担 60%，个人承担 40%，个人无力承担的，由银行免息或低息贷款，产权归受灾群众个人所有。去年 9 月底，群众全部搬迁到这里，政府还制定了受灾群众住房、社保、上学、就业等各方面的优惠政策。

图2　樟木新区的民居

　　樟木新区的居住区域按照樟木镇4个行政村划分，村落式的居住方式恢复了樟木夏尔巴人传统的社会结构，减少了人们彼此适应的难度，有助于人们更好地融入新的生活。此外，新区距离樟木商城较近，居民迁入后，樟木商城形成了以尼泊尔风情为特色的商圈街道，商业发展前景良好。

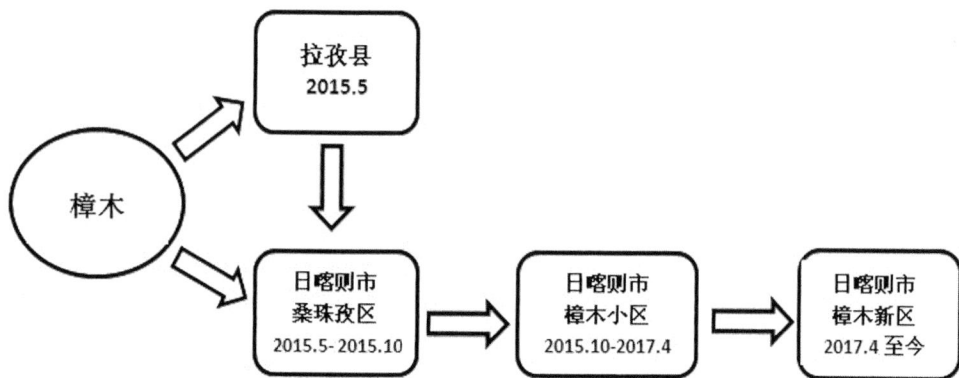

图3　"4·25"震后樟木夏尔巴受灾群众整体转移安置过程示意图

三、"4·25"地震后樟木夏尔巴灾民群众安置后的适应情况

樟木新区交通便捷，布局错落有致，街道宽敞干净，人们的脸上洋溢着幸福的笑容，夏尔巴受灾群众对现在的生活总体来说比较满意，在这里的日常生活没有太大的问题。变化日新月异，这里的生活欣欣向荣。就像夏尔巴受灾群众所说的，"我们现在住得好、吃得好、穿得好、用得好、睡得好，和日喀则的市民关系良好"，这是居住在樟木新区的夏尔巴人对现在生活的总结。三年前"4·25"地震后，樟木镇的500多户夏尔巴人最终整体落户到日喀则市樟木新区，这是一次救灾的伟大胜利。在经历了2015年的地震后，这里的夏尔巴受灾群众很重视现在来之不易的安定生活，他们感恩党和国家帮助他们重建家园，帮助他们过上了安定的生活，也感恩帮助过他们的每一个人。新区里的每一条街道、每一棵树，都是经夏尔巴人付出过、努力过的成果，虽然树木不是很多，但也给周围的环境增添了一道风景线。为了崭新的生活，受灾群众珍惜现在所有的一切。但是现在有些地方建筑的完善工作还没结束，比如路灯还没有安装完，这对于村民们来说，夜晚出行会受影响。当看到工人们辛苦劳作时，我从心里感受到了灾民群众对于新家的重视，因为在这里的工人大多数都是新区里的夏尔巴灾民。

总体来看，夏尔巴受灾群众在新的居住环境里，适应情况相对良好，除了前期有一些生产生活上、饮食上、气候上的不适应之外，没有太大的问题。在地震安置期间，樟木夏尔巴受灾群众大部分在政府的帮助下解决了生计问题，失业的人所占的比率并不是很高。人们在受灾安置期间能够正常工作，基本生活有所保障。但从经济收入情况来看，大部分受灾群众的收入比之受灾前有所减少，这引起了群众的担忧。尽管如此，受灾群众在接受政府帮助的同时，也在想方设法改善震后生活，展现出了夏尔巴民众自强不息、自力更生的优秀品质。

四、"4·25"地震后樟木夏尔巴灾民群众安置中存在的问题

虽然政府做了大量的工作，但樟木夏尔巴受灾群众到达日喀则工业园安置区

后还是出现了很多不适应当地生活的情况，主要表现在：

（一）受灾群众生活上不适应，情绪上有波动

首先是环境上的不适应。2015 年 4 月 29 日，立新村和雪布岗村的夏尔巴受灾群众从樟木搬到拉孜县安置点后，受灾群众高原反应较严重，很多儿童出现了感冒发烧等症状。另外，拉孜县安置点风沙太大，吃饭时饭和菜里都会吹进沙子，难以下咽。无奈之下，立新村和雪布岗村受灾群众推选出了两名代表前往拉孜县政府反映情况，希望搬到海拔较低的地方，得到当地政府的许诺。5 月 15 日，725 名夏尔巴受灾群众在拉孜县安置点住了 15 天后，被集体转移到日喀则桑珠孜区工业园安置点。夏尔巴人生活的樟木镇海拔只有 2400 米，气候湿润，而日喀则工业园安置点的海拔为 3800 米，无遮无挡、山风很大、气候干燥、紫外线强烈，帐篷里白天炎热，晚上寒冷。

其次是饮食上不适应。夏尔巴人传统饮食以牛肉、羊肉为主，少吃鸡肉，不吃猪肉和鱼肉，工业园受灾群众安置区食堂供应的肉食以冷冻储备的猪肉为主，鸡肉和鱼肉为辅，牛羊肉极少。虽然食堂每餐供应三菜一汤，但很多受灾群众吃不惯猪肉，觉得油大，一度出现了年轻人集中到日喀则市区去买饭吃的情况，过了半个月后，由于经济负担不起，年轻人才不得不回到安置区食堂吃饭。从工业园受灾群众安置区搬进安置房居住后，政府持续在食堂供应饭菜，受灾群众仍然可以在食堂吃饭，但是肉类仍然以猪肉为主。

（二）受灾群众生产生活上的后顾之忧比较突出

樟木镇夏尔巴受灾群众搬到日喀则工业园受灾群众安置区后，人们普遍反映无事可干，思乡心切。经调查，樟木镇共有 44 家牧户，其中又以立新村和雪布岗村最多，主要饲养黄牛、犏牛和牦牛等大型牲畜，最大的牧户约有 70 头牛，最少的牧户有 4 头牛，都集中在立新村后山上放牧，目前，这些牲畜都处于无人照看的境地。樟木镇受灾群众反映，在搬迁开始时就已经发生了多起尼泊尔人越境来樟木偷东西的情况，从事牧业生产的受灾群众特别担心牲畜丢失。此外，夏尔巴受灾群众认为，政府应该根据各村的受灾情况，采取不同的安置措施，樟木村和部分立新村受灾群众认为自家的房屋受灾不严重，可以返回家园，而让房屋

倒塌、无家可归的受灾群众留在日喀则受灾群众安置区，这样既能减轻政府的负担，又能看家护院，防止尼泊尔人越境行窃。

（三）受灾群众现金收入断绝，生活压力大

樟木镇立新村、雪布岗村和樟木村的夏尔巴老人多喜欢放牧，而且畜牧产品价格较高，一斤生牛奶零售价为 5 元，一斤酥油零售价为 35 元，养一年的小犏牛，每头售价为 2000—3000 元，仅仅依靠出售牛奶、酥油和小羊，这些放牧的老人就能获取可观的经济收入。帮村的夏尔巴老年人和妇女则通过经营蔬菜大棚赚取现金，一斤土豆零售价为 4 元，白菜为 2 元，辣椒为 4 元，一个蔬菜大棚的收入每月平均为 2000 元左右，收入也比较稳定。

如前所述，因为樟木镇是我国西藏自治区重要的陆路通商口岸，边境贸易和旅游业非常发达。2014 年，樟木口岸进出口货物 14.11 万吨，货物总值 20.67 亿美元，这为樟木镇夏尔巴人带来了无限商机。将自家房屋改建和扩建成仓库和宾馆后，出租屋是樟木村和立新村夏尔巴人现金收入的主要来源，门面房月租为800—1200 元，仓库月租为 1000 元左右，宾馆房间单日价格为 50—350 元不等。樟木镇的 50 辆小型出租车，从樟木镇到友谊桥每名游客收费 20 元，一辆车跑单趟，十多分钟就能挣到 80 元。此外，凭借边民证，夏尔巴人通过友谊桥到达尼泊尔境内，每次可携带价值不超过 8000 元人民币的大米、副食品、烟酒、化妆品等物品回到樟木，专门有人收购这些商品，卖出去就能赚钱，这也是夏尔巴年轻人积累财富的捷径。客观地说，夏尔巴人在樟木时赚钱相对容易，搬到日喀则受灾群众安置区以后，受灾群众全部失业。年轻女性还能外出到超市中打零工，而原本依靠边境贸易挣钱的中年人和年轻人，依靠放牧、蔬菜种植生活的老人和妇女的经济收入全部断绝，出租车也因为不能在日喀则营运而全部闲置。虽然政府免费供应饭菜，但受灾群众的日常消费、子女上学、家人看病等方面的经济压力很大。

（四）夏尔巴受灾群众无法融入都市生活

因为没有工作，为了打发时间，樟木受灾群众中的年轻人整天在日喀则市区闲逛，无法融入都市生活。

五、"4·25"地震后樟木夏尔巴灾民群众安置问题的解决对策

（一）尊重夏尔巴人的饮食习惯，改善食堂伙食

经实地调查，我们认为，夏尔巴人喜欢食用牛羊肉的饮食习惯由来已久，不可能在短期内改变。食堂应当充分考虑到夏尔巴人的饮食习惯，增加牛肉和羊肉的比重。

（二）开拓渠道，增加公益性岗位数量，使夏尔巴受灾群众"有事可干"

在日喀则市委、市政府的支持下，夏尔巴受灾群众中的年轻人能够获得超市、饭店中的工作，最棘手的问题是 50 多岁左右的中年人很难找到一份合适的工作。这些中年人比较焦虑，这从侧面体现出他们对工作的渴望，希望有事可干。经调查得知，这些中年人在樟木生活时一般从事农牧业、竹编业等夏尔巴传统生计，在农业生产、放牧、手工制作等方面有一定的经验，可以对他们进行必要的业务培训，在环卫队、养殖场、蔬菜大棚、手工合作社中为他们寻找能够胜任的工作，增加他们的经济收入，缓解来自家庭的消费压力，渡过难关。

（三）加强对夏尔巴受灾群众的管理和引导，使其尽快融入都市生活

夏尔巴受灾群众在工业园受灾群众安置区生活时，公共场地较多，生活空间较大，而集中搬进安置房后，居住在空间相对封闭狭小的单元楼中，由于政府是根据每家每户的人口数量来分配住房的，所以几家人合住一套房的情况很多，使夏尔巴人内部出现矛盾和纠纷的概率增大。另外，从远离日喀则市区的工业园受灾群众安置区搬到市区后，夏尔巴受灾群众与日喀则市民来往的概率增大，发生矛盾的可能性也相对增大，这对夏尔巴受灾群众来说是一个不小的考验。应该加强对夏尔巴受灾群众进行都市生活习惯的培训，使其尽快适应城市生活，进而与日喀则市民和睦相处。

（四）增强樟木灾区的防盗力量，尽早启动樟木灾后重建，使夏尔巴受灾群众安心

樟木受灾群众在整体撤离后，边防部队在樟木镇驻留了一些战士，采取定期巡逻的办法保护受灾群众的固定资产安全，但十几名战士的数量远远达不到防盗要求。应该从受灾群众中选拔一批政治素质过硬、身强力壮的联防队员返回樟木镇，与边防战士一起维护樟木夏尔巴受灾群众的房屋财产安全，增强防盗能力。

目前，政府初步确定要在樟木原址重建，但至少还需要3—5年的时间。这段时间是夏尔巴受灾群众最难熬的，政府应该给夏尔巴受灾群众及时通报情况，使其了解重建进度，才能让受灾群众安心配合政府的灾后安置和重建工作。

总之，三十多年来，夏尔巴人利用樟木镇作为国家级陆路通商口岸的便利条件，充分发挥了自己作为跨境民族的语言和地缘优势，为西藏的经济发展做出了自己的独特贡献。目前受灾群众的安置工作取得了比较圆满的成果，但在夏尔巴受灾群众中仍然存在如安置区临时管委会工作人员所说的"杂音"。应充分考虑夏尔巴受灾群众的诉求，将樟木镇重建为边贸城市，使夏尔巴人能够按照以往的生存轨迹继续生活下去，也能很好地保存夏尔巴文化。

六、结束语

"4·25"尼泊尔大地震对我国西藏的中尼边境地区带来了较大的破坏，面对大灾，西藏自治区政府相关部门迅速应对，做出了对樟木镇整体搬迁安置的决策。经过四次搬迁安置，受灾群众身心俱疲，每一次转移就像搬家一样琐事繁多，但受灾群众还是克服了心理和身体上的伤痛，发挥了夏尔巴人坚强的良好品质。樟木夏尔巴受灾群众得到各方面的帮助，较为平稳地度过了震后最为艰难的一段时期。相关部门也在不断总结震后安置管理工作的经验教训，力图为受灾群众提供最有效的帮助，使樟木夏尔巴受灾群众能够在最短的时期内适应新的生活。在缺少参考经验、时间紧、任务重的情况下，自治区政府一直在努力探索震后整体搬迁安置管理的策略。在政府的积极应对下，樟木夏尔巴民众迅速、安全撤离了地震危险地带，并有效地避免了地震次生灾害可能带来的更为严重的破坏，成功地完成了整体搬迁的任务。樟木夏尔巴灾民后期的适应情况良好，对现在的生活倍加珍惜，对未来也有很美好的向往。

牧民进城：对新疆托里县准噶尔社区易地搬迁扶贫居民就业的调查

新疆师范大学历史学与社会学学院 2015 级本科生　沙　琼

指导老师　罗　意

摘要：新疆托里县准噶尔社区是该县最大的易地搬迁扶贫小区，毗邻克拉玛依市，该小区的牧民多在克拉玛依市就业。文章对准噶尔社区易地搬迁扶贫小区牧民的职业选择和影响就业的主要因素两个问题进行了探讨，进一步分析了迈向城镇对新疆游牧社会的重大意义。

关键词：新疆托里；易地搬迁扶贫；牧民；城镇化；就业

新疆维吾尔自治区塔城地区的托里县准噶尔社区是一个易地搬迁扶贫的社区，毗邻克拉玛依市，居住人口主体是哈萨克族牧民。2018 年 7 月至 8 月，我们对该社区居民的职业选择和其影响因素进行了调查。以调查材料为基础，本文对该社区居民的职业类型、收入结构、群体的职业选择差异和影响职业选择的因素等方面做了细致的人类学描述，并对该群体就业中面临的问题和发展趋势进行了初步分析。

一、调查背景及目的

托里县位于新疆维吾尔自治区北部，准噶尔盆地西侧，塔城地区东南部。托里县 1986 年被列为重点扶持的贫困县，"贫困帽"戴了 30 年，2016 年实施了易地扶贫安居富民工程，使各族群众受益，2017 年正式脱贫。

2016 年以来，托里县政府在准噶尔社区先后实施了易地扶贫搬迁、游牧民定居等建设项目，预计建设游牧民定居及易地扶贫搬迁楼房 33 栋 990 套，可安置农牧民 4000 人左右，2017 年 11 月 20 日启动搬迁安置牧民 120 户。大量牧民离开原居住地，搬迁到统一规划的社区——易地搬迁扶贫小区。

易地搬迁扶贫小区属于整个准噶尔社区中的一部分。准噶尔社区位于托里开发区，通过建设，已经小有规模，基础设施正在日益完善，交通比较发达，毗邻奎阿高速、211 国道、金准大道等。把易地扶贫搬迁、游牧民的居住地选在此地，是看中了该地区未来发展的潜力以及克拉玛依市丰富的资源。城镇郊区之所以成为接收易地搬迁扶贫开发的最好场所，主要在于其环境优于农场和偏僻农村。① 因此当地社区以及管理人员通过与克拉玛依的协商，解决了大部分居民的就业以及孩子上学的问题，同时，也衍生出一系列择业、就业以及适应性问题。城镇化与经济发展互相影响、交互作用，一方面是经济发展水平对城镇化的影响，我们称之为经济发展的城镇化效应；另一方面是城镇化水平对经济发展的影响，即城镇化的经济效应。②

易地扶贫小区自 2017 年 11 月起，开始分批入住，截至 2018 年 7 月，搬入居民 262 户，840 人。居民在搬迁进入城镇之后的生活以及适应的问题值得关注，特别是牧民进入城镇定居后，出现了就业困难、就业倾向改变以及需适应生计方式改变等问题。本文从主位的视角探讨了牧民在城镇化过程中就业产生的问题和原因，并探讨解决这些问题和促进该群体融入城市生活的路径。

---

① 赵俊臣：《易地搬迁开发扶贫——云南省的案例分析与研究》，人民出版社，2005。

② 丁生喜：《环青海湖少数民族地区特色城镇化研究》，中国经济出版社，2012。

二、田野概况

本次调研地点位于托里县开发区准噶尔社区的易地扶贫小区，这个小区毗邻克拉玛依市，受其影响很深。整个准噶尔社区占地面积 10 平方千米，重要的交通线路包括省道 201、聚源路、金源路、开拓路、惠民路、玉石街、金石路、金准大道等。北面和东面有山体围绕，和西南—东北走向的奎阿高速将准噶尔社区环抱，整个社区呈网状分布。

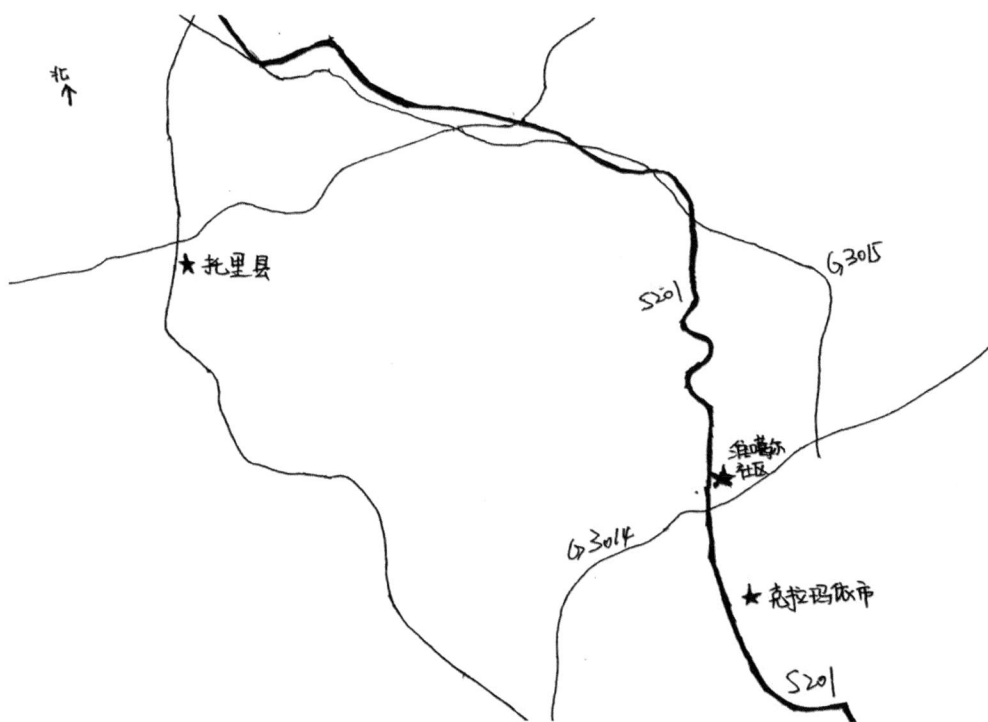

图 1　准噶尔社区地理位置图

准噶尔社区易地扶贫小区是托里县的一个扶贫项目工程，贫困牧民在易地扶贫小区有一套 70 平方米的两室一厅的房子，拥有房屋的使用权，小区的居民都是贫困户。截至目前，小区共有 9 栋楼，共计 262 户，现有 840 人。还有部分居民不在统计范围之内，他们领走了钥匙，但由于他们在农牧区还有牛、羊、地，正处于生产季节，所以还在农牧区工作或者进行农业生产，没有在这里生活。

距易地扶贫小区东南方向约 1000 米处有一个富豪酒店，该酒店于 2012 年建造，二楼和三楼已经装修，四楼未装修，目前还没有正式投入使用。距易地扶贫小区约 1100 米有一个兄弟服装厂，车间分别为整烫车间、打包车间、剪裁车间、排版车间、定型车间，该厂为易地扶贫小区贫困户提供服装缝纫工培训且培训后提供工作岗位。距离易地扶贫小区西南方向约 1300 千米处有一个物流园区，物流园区由两个大物流园组成，即金晟物流园和浩瀚物流园。距易地扶贫小区西北方向约 700 米处有一个水厂，水厂建于 2013 年，于 2015 年投入使用，至今还没形成一个规范的机制。距易地扶贫小区不到 300 米处，有供热公司和准噶尔双语幼儿园。供热公司竣工于 2015 年，同年 11 月份正式开始运营。幼儿园建于 2017 年，2018 年 3 月投入使用。

表 1 准噶尔小区居民来源情况表

人数 ＼ 来源	人数（人）
阿克别里斗乡	1
多拉特乡	1
克拉玛依	1
库甫乡	18
庙尔沟镇	1
铁厂沟镇	7
托里镇	2
乌雪特乡	122
合计	153

由表 1 可看出，在 153 人中，来自阿克别里斗乡、多拉特乡、庙尔沟镇、克拉玛依的各 1 人，其中克拉玛依的是一名女性，她的老公是托里县的；来自托里镇的有 2 人，约占总人数的 1%；来自铁厂沟镇的有 7 人，约占总人数的 5%；来自库甫乡的有 18 人，约占总人数的 12%；来自乌雪特乡的有 122 人，约占总

人数的 80%。由此可见来自乌雪特乡的居民最多。在易地扶贫小区建立之前，由于乌雪特乡到克拉玛依、开发区打工的人数较多，为了便于管理而设立了乌雪特乡流动人口管理站，现在乌雪特乡流动人口管理站仍然保留，办公室位于小区的 3 栋 2 单元的 101 室。现在易地扶贫小区居民中，乌雪特乡的人数也是最多的。

　　传统牧民在进入城镇后，生计方式发生改变。在变化过程中，个体不断适应，对这个问题赵俊臣先生也有过研究，从中收获颇丰。赵俊臣先生主编的《易地搬迁开发扶贫——云南省的案例分析与研究》[①]一书中，搬迁的贫困农户成了城市产业工人，该书详细描述了贫困农户因易地扶贫开发项目而发生的改变，分析了主要因素，总结了成功的经验。罗意在其《消逝的草原：一个草原社区的历史、社会与生态》[②]一书中，对贫困地区人群的迁移也做了研究。这两位先生是从大的方面描述人群的迁移，而本文聚焦于迁移给人群带来的适应性方面的问题，主要讨论迁移人群在生计方式方面发生的改变，及其带来的社会问题和多方面的应对措施。

三、居民就业现状分析

（一）就业现状分析

　　易地搬迁扶贫小区的居民百分之九十九都是哈萨克族，他们总体又分为两类，一类是搬来之前就在城镇中长期务工的人员，另一类是之前一直在牧区从事农牧业，从来没有在城镇生活过的。这两类人员之间的界限较为明显，在很多方面都有体现。例如，在就业倾向方面，有在城镇中长期务工经验的人，更多会选择去克拉玛依市区里面找工作，因为他们知道一般城镇的工资水平。另一方面，这两类人员对于职业的要求也不同，比如工资水平、工作环境、职业地位等，之前有在城镇中务工经验的人对工作要求较高，而在城镇生活经验较少的人，则对自己的工作没有那么高的要求。

　　易地搬迁扶贫小区居民就业的情况比较复杂。首先，在工作内容方面，打零

　　① 赵俊臣：《易地搬迁开发扶贫——云南省的案例分析与研究》，人民出版社，2005。
　　② 罗意：《消逝的草原：一个草原社区的历史、社会与生态》，中国社会科学出版社，2017。

工的人比较多，有稳定工作的人较少，无职业的人所占比重也较大。其次，在有工作的人群中，搬运工、保安、保洁员、服务员这类的工作较多。在就业区域方面，大多数人在克拉玛依工作，少部分人在托里开发区工作，工作地点都在每天可以往返的范围内。

易地搬迁扶贫小区的居民的职业特征比较明显，男女性之间差异明显，除男女性生理因素外，还因为女性在家照顾孩子的情况十分普遍。据调查，小区中核心家庭居多，需要女性在家照顾孩子，或者去工作但是要兼顾家庭。因此男性工作人数远远高于女性。然而小区中的女性想要工作的欲望却很强烈，孩子还小的女性想要等孩子上学以后就去工作；孩子已经在上学的家庭，女性想要找份工作时间允许她去接孩子的工作。

易地搬迁扶贫小区的居民们就业倾向大致分为轻松、稳定、收入高、工作时间自由、是否有发展机会这五大类。其中选择"稳定"的人数最多，"轻松"和"收入高"紧随其后。

影响居民们就业的因素分为主观因素和客观因素两个方面。主观因素有国家通用语言水平、学历、职业技能、社会关系网络、小区居民的生活习惯等。客观因素主要是这个小区周边的经济发展水平较低，就业机会少，工资水平低。据社区的工作人员介绍，小区还在建设中，很多东西还没有完善，就业机会很少，因此小区里新搬来的居民的就业是个棘手的问题，社区工作人员跟小区周边的企业沟通后，给小区里没有工作的居民提供了一些岗位，但是工资水平比较低。主要因为这个小区在托里县城和克拉玛依市区的中间地带，经济发展状况较差。当前，易地搬迁扶贫小区的居民们正在经历一场生活变革，这种变革带给他们活力的同时，也必然带来矛盾与问题。

（二）就业特征分析

易地搬迁扶贫小区的居民有相当一部分是在打零工，没有固定的收入，大部分男性从事体力劳动，女性从事环保行业。有很多做保洁员、清洁工；还有很大一部分是做保安的，男性女性都有；还有一部分是司机，开小车的，开大车拉货的都有；还有一小部分是从事脑力劳动或者是做管理的，比如有一户是在克拉玛依市里的酒店做大堂经理；有两户会用电脑，一个是在乌雪特乡流动人口服务站工作，另一个是在九鼎批发市场里做过磅员。

1. 临时性与稳定性

个案 1：我们是 2011 年来到克拉玛依打工的，我们搬过来之前在白碱滩生活。老公以前是在金牛公司上班，一个月能挣 3800 块钱。现在我老公也在九鼎做卸货员，但不是长期的，一天能挣两百块，但是不固定，一个月做几天也不好说，现在有两个月没工作了。我打算重新给他找一份长期的工作，现在刚开始工作。我现在在九鼎农贸市场做过磅员，因为他们要招会用电脑的，所以我符合条件，工资比起别的工作也较高。我现在才工作三个月，现在的工资是 3100 块钱，是扣除五险一金的，如果不扣的话工资是 3900 元。工作时间是干 12 个小时，休24 小时。①

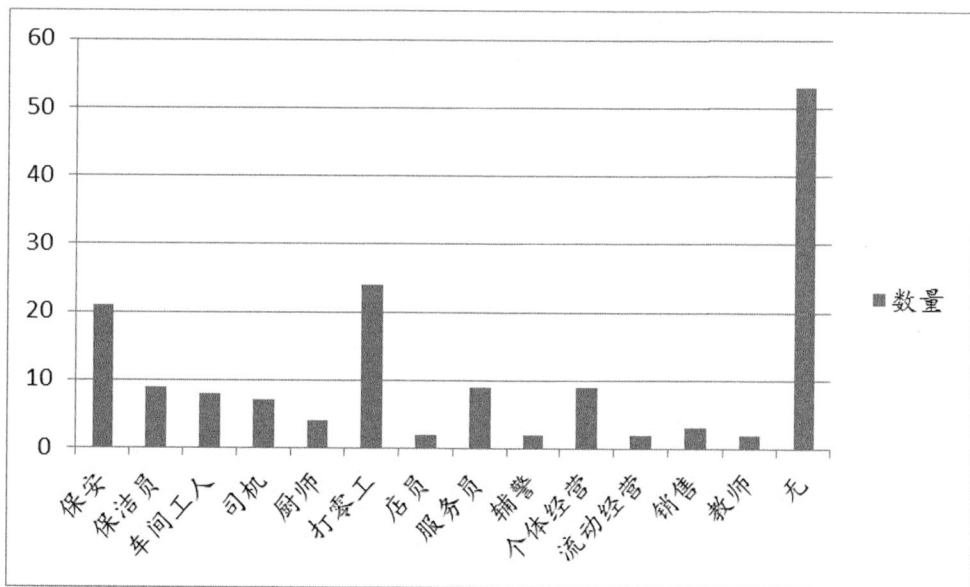

图 2　易地搬迁扶贫小区居民职业类型图

---

① 访谈对象：古丽米拉，哈萨克族，女，32 岁。访谈时间：2018 年 7 月 25 日。访谈地点：准噶尔小区被访人家中。

由图 2 可得，在统计的 153 个访谈者中，无业人员有 51 人，占 33.33%。剩下的 102 名居民是有工作的，其中打零工的人数最多，有 24 人，占 15.69%；其次是当保安的人比较多，有 21 人，占 13.73%；再者就是保洁员有 9 人，服务员有 9 人，做个体经营的有 9 人，各占 5.88%；其余的做车间工人的有 8 人，占 5.23%；当司机的有 7 人，占 4.58%；从事厨师的有 4 人，占 2.61%；做销售的有 3 人，做教师、辅警、店员的和流动经营的各有 2 人。从图 2 中可以看出以下三个特征：第一，在有工作的人群中，打零工的人最多，说明易地搬迁扶贫小区居民大多从事不稳定的工作。第二，易地搬迁扶贫小区居民大多从事体力劳动。在 102 位有工作的居民中，73 位居民从事纯体力劳动，占工作人群的 71.5%；29 位居民从事司机、厨师、销售员、教师、个体经营等工作，占 28.5%。第三个特征是无工作的人在受访人群中有 51 人，占 34.64%，这说明易地搬迁扶贫小区居民的就业率较低。

小区居民的收入来源并不稳定，这在一定程度上影响了小区居民的收入状况，使得小区居民的整体收入状况偏低。另一方面，这也影响了小区居民的就业倾向，使得小区居民更想寻找稳定的职业和稳定的收入来源。

2. 就业距离

据调查，小区居民工作范围较小，大多居民在以易地搬迁扶贫小区为中心，当天可以往返的范围内工作。

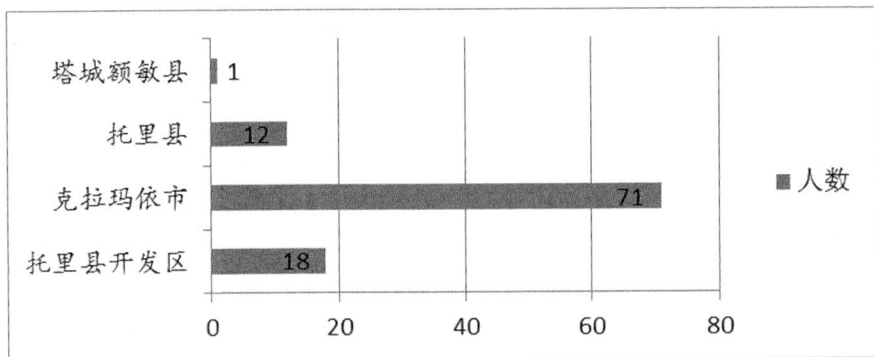

图 3　易地扶贫小区居民工作范围图

图 3 是从 153 名调查对象中，排除了无职业的 51 人，统计了剩余有工作的 102 人的工作地点，由图 3 可知，在托里县开发区工作的有 18 人，占 17.65%；在克拉玛依市工作的有 71 人，占 69.61%；在托里县工作的有 12 人，占 11.76%；在额敏县工作的有 1 人。因小区离克拉玛依市区很近，克拉玛依市的工作机会较多，另外，小区里部分居民在搬来之前有过在城镇务工的经验，因此在克拉玛依市工作的人占大多数。

居民寻找就业机会，并非无规律地寻找。在"推拉模型"中，"推力"是指居住地不利于就业、发展的各项条件。准噶尔社区周边的发展水平较低，就业机会少，工资水平低，不利于人群生活水平的提高，不利于人群的发展，这是此地的"推力"。而"拉力"是指对于人群更易找到工作所具有的吸引力。克拉玛依市所具有的大量就业机会，较高的工资水平，更多的就业发展机会，对于急于寻找就业机会的人来说，是极具诱惑的"拉力"。

个案 2：目前来说，我们这边企业有 20 多家库房，用人量并不是很大，还有一个兄弟制衣培训了 40 个人，现在就是培训和在那里工作的有 40 个人。完了以后，目前来说，总体的发展还没有起来，所以他的用人量还不是很大，我们不能盯着我们的园区。其实我们如果全靠我们的园区就两个字：死了，全饿死了。其实我们搬到这里，就是看中克拉玛依市场。克拉玛依是有 60 多万人口的大城市呀，它是在全疆的发展排名前三的大城市，它对劳务的需求，再加上我们打的一个擦边球是什么呢，克拉玛依的劳务要远远高于我们，它那里保安一个月三五千，我们的保安就 2000 多，要廉价很多。①

据调查，社区周边经济发展水平较低，就业机会较少，并且工资水平较低，而克拉玛依市距离易地搬迁扶贫小区较近，且经济水平较高，对劳动力需求大，就业机会多，工资收入水平相对较高，因此小区居民大多数选择进入克拉玛依市就业。另一方面，因许多小区居民有在克拉玛依务工的经验，在克拉玛依市形成

① 访谈对象：王春波，男，汉族，34 岁，社区主任。访谈时间：2018 年 7 月 20 日。访谈地点：准噶尔社区管委会办公室。

了新的社会关系网络，这些关系可以帮助居民们在克拉玛依找到工作，且之前的务工经验为他们能够适应城市生活、融入务工人群打下了基础。

3. 就业途径

居民寻找工作的方式相对单一。小区居民获得工作的愿望十分强烈，但因迁移到新的环境，很多人不得已换了工作，抑或受自身因素限制，需要较长的时间寻找工作。在这期间，小区居民必须使用多种方法获得工作。小区的居民寻找工作的方式主要受有无城市生活经验、在城镇中有无可利用的人际关系、入住小区的时间长短等因素影响。

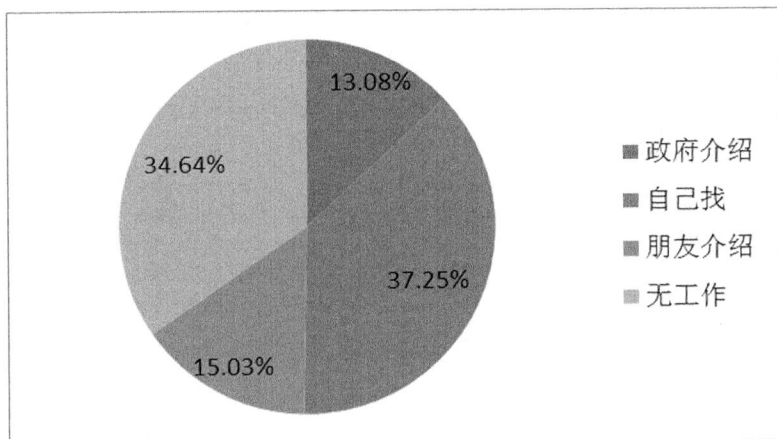

图 4　就业途径情况图

由图 4 可见，大体来看，自己找工作的人最多，这类居民主要是看街上的小广告，或者从报纸上看招工启事从而找到工作；而找朋友介绍的这类人大多有城镇生活经验，在城市里发展出了新的人际关系网络，能给自己介绍工作；寻求政府帮助的人，大多没有城镇生活经验，在城镇中没有可以寻求帮助的人，因此向政府求助。

4. 就业的性别差异

异地搬迁扶贫小区的男女性就业的情况是男性大多从事体力劳动，劳动强度较大；女性大多数的职业是保安、保洁等。

由表2可得，小区居民男女性在职业选择上的差异。从表2中可以看出，男性从事临时工作的人数远远高于女性，女性从事稳定工作的人数高于男性。我们在调查的过程中了解到，临时的工作中大多数都是体力活，比如搬运工，因此男性从事临时工、搬运工的人数较多，这体现出小区男性居民大多从事体力劳动。女性的职业稳定性较高，职业类型也较为单一，例如保安、保洁、服务员这一类型职业，而从事教师这类依靠脑力劳动的职业则较少。

表2　性别与职业类型对比表[①]

	职业	数量		职业	数量
男性	打零工	22	**女性**	打零工	1
	保安	7		保安	14
	保洁员	2		保洁员	7
	车间工人	2		车间工人	6
	司机	5		司机	1
	辅警	2		教师	2
	个体经营	2		个体经营	5
	流动经营	0		流动经营	3
	装修	1		物流	1
	修井	1		服务员	11
	无	8		厨师	4
				销售	3
				无	43
	合计	52		合计	101

依靠体力劳动赚取报酬的情况一般发生在没有劳动技能的情况下。小区居民普遍受教育水平较低，且没有什么劳动技能，这也影响了小区居民的职业选择范围。

其次，女性工作人数少这一特征较为明显。女性无工作的人数远远高于男性，男性无工作的有8人，女性无工作的有43人。小区的家庭结构较为单一，多数

[①]　编者按：因田野调查的特殊性，此表数据与前文略有出入。

为核心家庭，因此女性需要照顾孩子或照顾家庭，影响了其就业情况。

个案3：现在是我和老公、儿子还有妹妹一起住。她是在这上班，我上夜班，一个人带孩子不方便嘛，我老公也出去干活去了嘛。我现在在幼儿园当保安，四月份开始干的嘛，二月二十五上班，在庆明库房干了一个月，然后到这边来了。庆明库房下班晚，5∶30我要接孩子，但是7∶30才下班，没人接孩子。群里面刚好通知了嘛，幼儿园需要一个保安，但是幼儿园工资低，一个月2000元，库房的是一个月2500—2600元。幼儿园工作是24小时，一天一夜，不累但是工资低。[1]

据调查，在易地搬迁扶贫小区中，大多数家庭是核心家庭，家中没有老人可以照看孩子，因此大多数女性需要留在家中照顾孩子。如果家里的孩子是学龄前儿童，那么需要女性在家照看；如果是在上学的孩子，女性需要接送孩子上下学，那么工作时间便受到限制。因此，家庭中的妻子只能选择不工作，等孩子上学了再工作，或者去工作，但只能选择按时下班或者工作时间较短的工作。这样的限制，使得就业本就困难的小区女性居民难上加难。

四、影响就业的因素

易地搬迁扶贫小区居民的就业问题是当前小区居民和社区工作人员面临的巨大挑战。对于小区居民来说，就业问题主要体现在就业率低、工作不稳定和工资水平低这三个方面。对于社区工作人员来说，在改善小区居民就业状况的工作中，面临的困难有：社区工作人员严重不足；机构之间分工不明确；多数小区居民不具备就业技能，需要给小区居民组织培训；小区周边设施不齐全；就业机会较少等。

影响小区居民就业的因素分为三类，一类是小区居民自身的原因；另一类是社区建设尚不完善，小区周边发展水平较低等客观因素；第三类是社会环境因素。

---

① 访谈对象：萨吾列·哈布肯，哈萨克族，女，38岁。访谈时间：2018年7月28日。访谈地点：准噶尔社区被访人家中。

（一）小区居民自身的原因

1. 务工经验

有相当一部分居民是刚搬来不久的，有一部分居民是有务工经验的，有务工经验的居民已经在城镇中形成了新的社会关系网络，可以相互介绍工作。我们在访谈过程中发现，最早一批搬来的居民是 2017 年 11 月搬来的，后来第二批是 2018 年 2 月到 3 月搬来的，第三批是 2018 年 5 月搬来的，再后来的居民就是六七月陆陆续续搬进来的。

个案 4：这里没有认识的人，找工作很困难，找了好长时间才找到，就是看到有招聘的信息就打电话问。找不到工作的时候，我就跟朋友说，看看他们能不能帮我，但很多时候都没有帮到，因为他们也很难找工作。[1]

据调查，之前在城镇中打过工的人，发展了新的社会关系网，认识了城镇中有工作可以介绍给自己的朋友或者是有工作可以找自己干的老板，给他们留下了联系方式，因此在城镇中有人或者有老板会联系他们，会给他们介绍工作。所以，有过务工经验的居民可以通过自己的关系网络解决自己的就业问题。而在城镇中没有务工经验的人，没有人或很少有人给他们介绍工作，那么他们只能在小区周边找工作，或者寻求社区工作人员的帮助。这部分人并不占少数，因此影响到小区居民整体的就业情况。

2. 国家通用语言掌握程度

因为易地搬迁扶贫小区居民们的国家通用语言水平普遍较低，语言不通会给他们找工作带来不便。

个案 5：我们找工作的时候遇到的困难挺大的，语言不通，所以找起来比较困难，我们就是后来才当上保安的。我们也问过朋友找工作，可是他们跟我们的情况一样呀，我们之前都没有双语嘛，现在的孩子比较幸运，会说双语。我们现

---

① 访谈对象：杰恩思古丽，哈萨克族，女，46 岁。访谈时间：2018 年 8 月 27 日。访谈地点：准噶尔社区被访人家中。

在就是沟通没问题了，就是写字有点困难。①

3. 受教育程度

易地搬迁扶贫小区的受教育程度普遍较低，受教育程度也限制了居民的就业，成为影响居民就业的因素之一。

表3　易地扶贫小区居民受教育程度情况表

受教育程度	男性（人）	女性（人）	人数（人）
文盲	0	1	1
小学	11	22	33
初中	30	55	85
高中	6	12	18
中专	3	5	8
大专及以上	2	6	8
合计	52	101	153

由表3可知，居民中，初中文化程度的有85人，所占人数最多，比例最大，占总人数的56%；其次小学文化程度的有33人，占总人数的22%。通过数据分析，可知居民的文化程度大多为初中和小学。他们的文化程度较低，这对他们的工作类型、工作能力都产生了很大的影响，同时也反映了这个群体文化程度低、文化素养不足的问题。

小学文化程度、高中文化程度的居民中，女性数量比男性多一半；初中文化程度的女性比男性多25人；中专和大专文化程度的女性也比男性多。因而，在教育程度方面，女性受教育的人数多于男性。

个案6：我是初中毕业，没什么文化和文凭，现在有好多工作都需要这些，

---

① 访谈对象：将尔生，女，哈萨克族，32岁。访谈时间：2018年8月12日。访谈地点：准噶尔社区被访人家中。

所以就只能干服务员。那个时候也是，读过书的那些工资都很高的。①

个案 7：我的工作大部分是自己找的，但是有的时候工资高的不好找，你们比较好找呀，是大学生，我们是大专嘛。有的时候语言也不方便，跟人家沟通有困难，我开大车的工作也是因为家里人之前在金矿工作，然后家里人介绍才得到这份工作的。②

据调查，大多数受访者都是因为家庭情况不好或者因父母生病，要照顾父母而没有继续求学。其中，家庭情况不好，除了仅以放牧为生以外，还有很大一部分人因为家里孩子太多，父母养育这么多孩子都很困难，更负担不起孩子的教育费用，因此他们没有继续上学，而选择在家务农，到了一定年龄后外出打工或者嫁人。

4. 工作技能

因为没有工作技能，所以找工作困难，只能做体力活，做搬运工或者打零工，难以找到稳定的工作。

个案 8：我们家是今年 7 月份搬来的，之前没有出来打过工，家里就是一直在放羊，现在我爸爸一直在考驾照，妈妈在学裁缝，是社区的人安排的。现在我们搬过来了之后，牛羊是爸爸的弟弟在养，我们一个月给他 500 块钱。妈妈以前工作的时候，一天工作十个小时，妈妈就是觉得时间长，然后身体受不了。妈妈想找一个轻松一点的工作，然后就报名学了裁缝，社区可能以后会安排的。③

这一户人家之前是在山上放羊的，只有母亲之前在托里县的食堂里打过工，因此来了城镇以后，发现没有一技之长，只能现学，而在学的时候是没有收入的，

---

① 访谈对象：努尔兰·马合买提汗，男，哈萨克族，38 岁。访谈时间：2018 年 8 月 6 日。访谈地点：准噶尔社区被访人家中。

② 访谈对象：叶尔泰，男，哈萨克族，31 岁。访谈时间：2018 年 7 月 26 日。访谈地点：准噶尔社区被访人家中。

③ 访谈对象：娜孜古丽，女，哈萨克族，39 岁。访谈时间：2018 年 8 月 8 日。访谈地点：准噶尔社区被访人家中。

只能偶尔出去打打零工，补贴家用。这一户人家夫妻双方都没有任何的职业技能，因此只能寻求社区的帮助，在社区组织的技能培训中学习。在培训的过程中，两人都没有工作，家里没有固定的收入来源。因此图2中没有工作的51人中，也包括一部分因为没有一技之长，还在培训的过程中的人。

5. 就业观念

容易满足，觉得有饭吃就可以的思维模式和心态也影响着他们找工作。

个案9：库房主要在齐敏超市，我妹也在那。我觉得政府给介绍工作快一点，政府给我老公介绍的工作有呢，李主任帮的忙，给我老公开车的。但是干活太累，（我老公）干了十三天就不干了。（我老公）以前在金矿上班，干了十几年，在这过来了以后，李主任介绍的工作太累，所以又到金矿干活。[①]

因牧民长时间在山上放牧或者耕地，过着自给自足的生活，现在搬来托里准噶尔社区，定居在城市中，但是他们不愿意去辛苦赚钱，仍然保持着"有这一顿就可以，不想下一顿怎么办"这样的就业观念和生活习惯。在调查过程中，在询问他们入不敷出时该怎么办时，小区居民都镇定自若地回答："有钱就花，没钱就不花；钱多时就多花，钱少时就少花。"从这样的消费观念也可以看出小区居民对于钱的看法，有多少就用多少，因此不会想要去多挣点钱，即使那样可以过得更好，而是想着今天挣多少钱，今天就花多少钱。这也影响了居民的职业选择，有不少居民选择打零工是因为打零工的工资是日结。

（二）周边环境、社会环境等外部条件

1. 小区周边经济状况

该小区处于托里县和克拉玛依交界处，小区周边经济发展状况并不是很好，就业机会少。

---

① 访谈对象：萨吾列·哈布肯，女，哈萨克族，38岁。访谈时间：2018年8月2日。访谈地点：准噶尔社区被访人家中。

个案 10：去年也在干搬运工，在克拉玛依干。这个地方一点活儿也没有，这个地方搬来的哈萨克族嘛，全都在克拉玛依干活呢。这个地方有啥可以干的嘛，没有活儿，都去克拉玛依。①

个案 11：我们的辅警工资一个月 2600 元，克拉玛依（跟这里）交界的地方一个月 4000 多，要是你的话，你在哪个地方干，肯定在克拉玛依。所以我们这很多都是因为对警察的热爱，来这里工作，还包括一些家庭在这里（的原因）。房子现在都不交租金，不能购买，产权是属于政府的，它只是干部周转房，通过这个方式跟克拉玛依把这个差距拉近一点。小区里的居民是属于那边的贫困户，到这边来了之后没有相关的就业保障，就这个工厂放几个，那个工厂放几个。但去年经济下滑，好多工厂半死不活了，很多人没有地方安置。而且我们了解到，易地扶贫小区有 20 多个 15—25 岁之间的小伙子几乎没有工作，就到九鼎批发市场去，搬西瓜呀，卸货，这部分群体需要社工介入，引导他们做一个固定的职业。②

调查发现，小区周边发展状况较差，小区周边提供的工作稳定性差，工资低，对于易地搬迁扶贫小区的居民们来说并不是一个好的选择。那么，在这种情况下，小区居民就会扩大工作范围，去克拉玛依市里找工作。小区周边的工作跟克拉玛依市的工作相比，克拉玛依市工作的诱惑力远远大于小区周边的。比如，克拉玛依市工作机会更多，工资水平更高，接送孩子上下学更方便等。扩大寻找工作范围对于那些之前没有城镇生活经验的居民来说是一个挑战，这需要时间，因此，当前小区居民无业的人数还有很多。

2. 交通状况

工作机会多的城市距离家庭较远，小区居民定居城镇时间也不长，因此有很多人至今没有找到合适的工作。且小区交通条件较差。

---

① 访谈对象：乌拉斯·努拉什，男，哈萨克族，43 岁。访谈时间：2018 年 8 月 22 日。访谈地点：准噶尔社区被访人家中。

② 访谈对象：王江涛，男，汉族，41 岁，派出所所长。访谈时间：2018 年 8 月 23 日。访谈地点：准噶尔社区派出所。

个案 12：现在没工作，才搬来不到一个月。我感觉这边的工作工资太低了，在克拉玛依里面有工作，但是太远了。家里有婆婆、孩子，孩子上学的时候要帮她们做饭，去太远了就不方便，没办法看他们。①

个案 13：我现在在家，还没有找到工作呢。有的工作是市里面的，太远，所以现在干不了……②

根据上面两段材料，我们可以看出，因为工作地点距离家较远，影响到了准噶尔居民寻找工作。而这个因素，女性受其影响最大，因为女性身上还有照顾家庭的责任，要承担家务，接送孩子上学，照顾老人等。更重要的是，这个现象的背后说明了交通不发达，导致人们在寻找工作的过程中，受到了距离的限制，人们在路上耗费的时间太多，必然影响到女性照顾家庭。并且路程太长、交通工具不发达的情况下，无非是两种情况，一种是上下班的路途中花费更多的时间，另一个就是需要花费金钱在交通工具上。花费时间看起来轻松，但是路上花费那么多精力，还怎么工作呢？如果置办交通工具，那生活的压力会更重。因此，目前对准噶尔小区来说，完善交通设施是当务之急。

3. 社区的管理建设

易地搬迁扶贫小区的管理部门建设还处于初设阶段，缺乏经验，对于解决居民入住以后的社会问题，没有配备专业人员进行指导。

（三）社会环境

小区居民也面临着来自社会环境方面的压力。比如经验不足，语言不通，还有因流动人口的身份，导致人们就业有诸多不便。据调查，153 位访谈对象中，从他们第一次进入城镇到目前为止，在寻找工作中遇到很多困难。

第一，因为刚刚进入城市经验不足而遇到困难。

---

① 访谈对象：哈尔烈·哈什，女。哈萨克族，28 岁。访谈时间：2018 年 8 月 5 日。访谈地点：准噶尔社区被访者家中。

② 访谈对象：江阿努尔，女，哈萨克族，34 岁。访谈时间：2018 年 7 月 21 日。访谈地点：准噶尔社区被访者家中。

个案 14：我出来后的第一份工作是做保洁，是自己找的。刚出来的时候工作不好找，找了好长时间。很多东西也不知道，有时候还出去打零工。①

个案 15：找工作时主要的困难是没有技术，不认识人……②

从上面两段材料中我们可以看出，哈萨克族刚开始进入城镇开始定居生活时，缺乏经验，语言不通等问题，给想要进城找工作的人带来了很多困扰。这些问题不仅仅存在于此地的哈萨克族身上，而且存在于任何刚从山里走出的人身上，打击刚鼓起勇气的人们，阻碍人们改变生活，改变命运，但从辩证的角度来看，这也激励着人们进步，加快了人们融入城市的脚步，促进人们改善生活水平，加速城市化。

第二，在牧民定居过程中，流动人口的身份给人们的住宿等方面带来了阻碍。

个案 16：找工作的时候有困难，工资少，没有钱租房子，而且因为我们不是本地人，我们没有暂住证，所以租房子也租不到。因为租不到房子，所以就搬来这里了，这个是亲戚家，在这住两三个月，等自己房子好了，就会搬过去。③

牧民定居过程中，因是外地户口，租不到房子，没有住处这也成了这个群体流动人口就业的绊脚石。

五、就业倾向

（一）就业倾向状况

小区居民对于未来职业选择倾向，据调查，大多数居民都喜欢稳定的、收入高的、轻松的、时间自由一点的工作。

---

① 访谈对象：王江涛，男，汉族，41 岁，派出所所长。访谈时间：2018 年 8 月 23 日。访谈地点：准噶尔社区派出所。
② 访谈对象：将尔生，女，哈萨克族，32 岁。访谈时间：2018 年 8 月 12 日。访谈地点：准噶尔社区被访者家中。
③ 访谈对象：道列提别克，男，哈萨克族，22 岁。访谈时间：2018 年 8 月 12 日。访谈地点：准噶尔社区被访者家中。

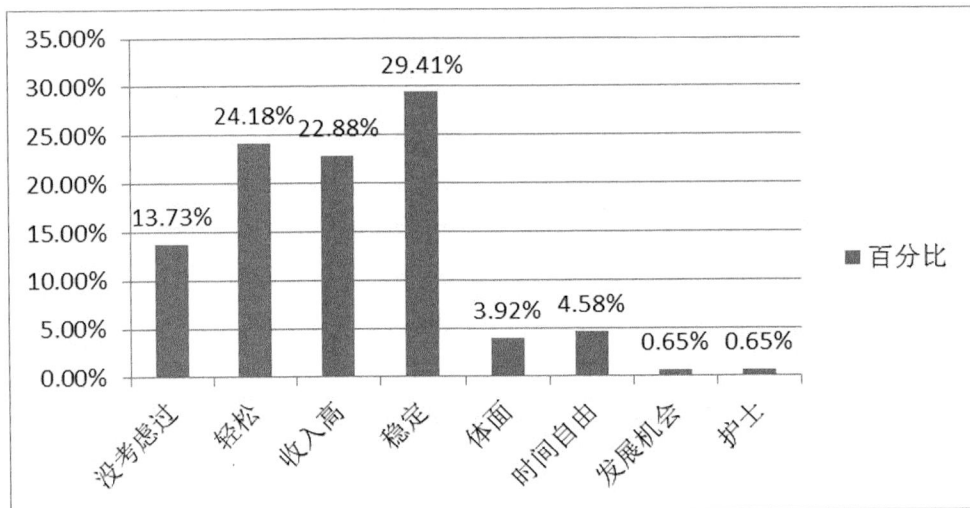

图 5　就业倾向情况表

由图 5 可以看出易地搬迁扶贫小区居民的就业倾向。在 153 名调查对象中，想要稳定工作的人最多，其次是喜欢轻松的、高收入的工作，想要有发展机会的人最少。

据调查，喜欢工资高一点的都是年轻力壮的小伙子，因有孩子需要抚养、有父母需要赡养、需要买房、结婚生子，压力较大；而年纪较大的多数想要轻松一点的工作，因身体状况较差，难以负荷高强度的工作，因而选择轻松的、工资水平较低的工作。

个案 17：我是 2015 年出来打工的，今年 31 岁。村里没有别的活儿干，家里也很困难，所以我就出来打工了。刚开始时在金矿干，是修井队的，在井下工作，这个活儿干得多拿得多，一个月能挣四五千块钱。现在我是搬运工，在克拉玛依市里的家家乐超市做搬运工，这个不是长期的，是按天来的。我现在做搬运工，一天平均两百块钱左右。搬运工这个活儿没什么固定的工作时间，干完了才让回去，挺累的，有的时候扛沙子嘛，挺累的。老婆在流动人口那里上班，是在办公室，一个月 1860 元，有五险一金，扣完五险一金以后，是 1860 元。驾照报名我也报了，想学个大车的，以后跑大车挣钱。我想找一个稳定的、工资高的、轻松一点的、有五险一金的。（轻松的和工资高一点的选哪一个？）要工资高一点的。①

个案 18：我今年五十四岁，原来从来没有出来过，去过托里县县城，当时是由于身体不好，在那里住了两个月，与儿媳妇、妹妹、老公一起去的。在这里，生活压力大，自己不会干活，自己有病，没有工作，没有钱。我想找一个打扫卫生的活儿，轻松一点的，因为身体不好。②

年龄是影响居民职业未来期望的重要因素。一些居民因为身体状况较差，做不了辛苦的工作；一些居民因长期放牧，突然高强度的工作使其适应不了。还有一些居民家庭状况较差，家中孩子上学或还有老人要抚养，再者家里有人生大病或者需要长期吃药，这样的困难家庭想要收入高一点的工作。除这些家庭状况较差的居民外，还有年轻家庭这样一个群体，想要高收入。现代社会消费水平较高，消费结构多元化，年轻家庭的观念发生转变，例如在消费观念上，更注重精神消费、娱乐消费；在生活消费上，更注重生活品质；在家庭教育方面，注重孩子的教育，在孩子教育方面投资更多，希望孩子受到更好的教育。因此年轻家庭的支出状况影响了其对于职业的期望，这一人群希望能够找到收入更高的工作。

（二）影响就业倾向的因素

影响就业倾向的有性别、年龄、受教育程度等因素，女性更倾向于轻松、稳定的工作，男性更倾向于工资高的。

---

① 访谈对象：叶尔肯别克，哈萨克族，男，31岁。访谈时间：2018年8月6日。访谈地点：准噶尔社区被访人家中。

② 访谈对象：阿依努尔，哈萨克族，女，54岁。访谈时间：2018年8月12日。访谈地点：准噶尔社区被访人家中。

表4 就业倾向影响因素分析表[①]

就业倾向	男性人数	百分比	年龄段	女性人数	百分比	年龄段
收入高	13	25.49%	22—49 岁	22	21.56%	19—52 岁
轻松	6	11.76%	40—58 岁	31	30.39%	28—60 岁
发展机会	1	1.96%	21 岁	0	0	0
稳定	21	41.18%	21—53 岁	23	22.56%	19—40 岁
体面	2	3.92%	30—33 岁	4	3.92%	17—39 岁
时间自由	1	1.96%	36 岁	4	3.92%	28—38 岁
没考虑过	7	13.73%	18—42 岁	17	16.67%	20—66 岁
护士	0	0	24 岁	1	0.98%	24 岁
合计	51	100.00%	——	102	100.00%	——

根据表4可见，在访谈对象51名男性和102名女性中，第一，男性希望找到稳定工作的最多，希望时间自由的和想有发展空间的最少；而在女性访谈对象中，想要轻松工作的最多，其次是稳定和收入高，而对于找到有发展空间的工作没有兴趣。第二，希望找到收入高工作的男性比例高于女性；希望工作稳定的男性远高于女性；希望工作轻松的女性比例远高于男性，希望时间自由和没考虑过的女性比例高于男性。第三，在153户访谈中，只有一名男性希望找到发展空间较大的工作，该男性21岁，目前在派出所当协警，发展空间不大，因此想要找到一份有发展空间的工作。希望时间自由的5名访谈对象里，4名是女性，都是因为要照顾孩子，接孩子上下学，因此女性的就业倾向受家庭影响很大。

六、结论

此次易地搬迁扶贫工程中，政府配套措施完善，不仅使牧民住进城市，更是使其扎根于城市。帮扶对象对于职业技能的培训和语言的学习是十分积极的，这是该群体顺利融入城市过程不可缺少的要素之一。迈入城镇对于牧民来说，极大地提高了他们的生活质量，提升了他们的生活幸福指数，也将推动牧民社会文化

---

① 编者按：因田野调查的特殊性，此表数据与表2、表3略有出入。

转型。这是机遇也是挑战。机遇是从"贫穷奔小康"，挑战是生计方式的改变带来的适应性问题。从迁移群体的角度来说，融入迁入地的过程也是艰辛的。因此在就业方面的困难需要各个方面的努力，包括政府的帮扶、自身的积极融入、人群之间的接纳等方面。贫困牧民的"生根"问题具有复杂性与动态性，只有积极、科学、多方面地应对才是出路。不可否认的是，易地搬迁扶贫对象的发展、在迁移过程中产生的适应性问题，仍需要更深入地探索与研究。

政府的推动无疑是促进被安置的居民就业的重要力量，但在推进的同时，问题也在接连不断地产生。从易地搬迁扶贫小区的居民就业现状来看，情况正在好转。

在调查中，我们不难发现政府于政策上给予被安置的居民工作机会和其他帮助，但"一个巴掌拍不响"，被安置居民自身的变化也很重要。因此，在努力给其提供工作机会的同时，也应通过访谈、座谈会等方式，加速居民们在思想上的改变，使居民们有正确的择业观、就业观，充分发挥主观能动性，积极地寻找就业机会，从而更快地融入城镇生活。

人鬼"情"未了

——云南德宏景颇族丧葬仪式的"人观"认知逻辑

云南大学 2015 级民族学专业 高 松

指导老师 李伟华

摘要： 松克村位于云南省德宏傣族景颇族自治州，近年来凭借着深厚的景颇传统文化受到外界关注。笔者在对村落的丧葬仪式进行人类学考察后，发现景颇族丧葬仪式中对人与鬼有着不同情感，这些情感在人与鬼关系的建立、切断再到重合的纠缠过程中分别体现。由而，本文通过叙述景颇族丧葬仪式过程，试图从"人观"的自我、个体以及社会人的角度理解景颇族的鬼神信仰，并进一步揭示景颇族"自我""个体"与"社会"一体的人观认知逻辑，这对于景颇族的人观研究有一定深化意义。

关键词： 景颇族；丧葬仪式；人观

一、问题的提出

景颇族传统神话《勒包斋娃》记载，宇宙起初是一片漆黑与混沌，随后出现了一对阴阳神，他们诞下天地星辰、黑暗与光明，黑暗神与光明神生下人类始祖与风雨雷电。人类始祖彭甘支伦（男）与木占威纯（女）不断繁衍，生下了各个民族和景颇各大支系，与自然事物组成了整个世界。①雾露与云团具有灵力，随后被创造的万物皆是如此，这种灵力以实物为载体，能够结合也能分离，景颇人称之为"纳特"（nat）②。"纳特"世界分为天上与地下，天上有日月星辰等神灵，其中太阳神最大；地下则有地、山与植物等神灵，其中地神最大。景颇族对待"纳特"往往毕恭毕敬，在野外或者家堂对其进行供奉。野外祭祀的"纳特"包括山、地、植物等自然神灵，家中祭祀的"纳特"则被统称为"家堂鬼"。各家户供奉"家堂鬼"的种类不尽相同，但是大多包括三种：第一，由雷神、风神、太阳神组成的自然神灵；第二，本家男主人娶媳妇时，女方从娘家带来的"家鬼"；第三，"祖先鬼"，一种因为凶死或难产而死的祖先鬼魂，多是死因不好很难被丧葬仪式和慰鬼仪式"送走"的祖先，这种"纳特"供奉三代后就要与孙辈一起被"送魂"，如果仪式失败就要继续供奉。

景颇族通过"万物有灵"来理解世界的组成，并以"纳特"现象来解释世界的运行逻辑。景颇族认为自然现象有"纳特"，比如日月星辰；社会现象也有"纳特"，比如"睡觉鬼""离婚鬼""教育鬼"。一旦招惹到这些"纳特"，动辄杀牲祭祀寻求平安。因此，景颇族每年都有大量的宗教仪式围绕着不同的"纳特"举行，生产生活与婚丧嫁娶包罗其中，人的社会行动往往与"纳特"有密切关联。纷繁的祭祀仪式映衬出"董萨"③的崇高地位，董萨掌握着丰富的景颇传统文化知识，但凡宗教仪式，无不是董萨主导和参与。

"文化与人格"研究过于强调心理学的行为主义以及实证方法，衍生出了"人观"从主观上对于"个体""自我"以及"社会人"认识的研究领域，人观研究人在特定社会文化环境中的行为、语言，洞察特定民族的深层文化意义，从人观的个体、自我以及社会的不同结合程度角度探究人在主观上是如何认识自我、个体以及社会三个层面，能够将人本身的社会性与文化特质以人观的角度呈现出来。

人观研究始于莫斯，他认为人的道德与法律意涵是西方所独有的，西方关于

---

① 萧家成：《勒包斋娃研究——景颇族创世史诗的综合性文化形态》，社会科学文献出版社，2008。

② "纳特"为景颇语，在汉语中一般被翻译为"鬼"，指代人的灵魂或事物的灵力。

③ 景颇语，意为景颇社会中的宗教祭师。

人的认识并不是放之四海而皆准。此后，G.G.Harris 系统地提出人具有作为生物个体、哲学自我以及社会学的社会人的三种特征，人观的研究包括人在生物个体层面对身体组成的认识，哲学自我上对心灵的认识，社会层面对于社会角色的认识三个层面。他进一步认为这三个层面具有阶序性，并且表现出不同的结合方式。①台湾学者黄应贵从这里入手，具体运用民族志对这种不同的结合方式进行深入研究。他在《人观、意义与社会中》中认为，对于人观研究的三个维度，即"自我""个体"以及"社会人"，这三个方面关系是交织的，尤其是"自我"及"社会人"存在着多种结合方式。②在对人观个体、自我以及社会层面结合方式的相关研究中，冯智明叙述了红瑶"架桥"仪式，将其中的"修阴功"视为红瑶人观的核心之一。他认为，红瑶的人观与近代西方社会的个体自主性与独立人格彰显不同，红瑶社会更强调群体性，"社会人"的特征更为明显。③还格吉在对藏族民间人观梳理归纳后得出结论：藏族民间每个人的个体有物质性与精神性，故没有一个独立实在的自我，藏族民间存在众生互为父母的次生观念以及系列文化行为；藏族民间中"个体"和"社会人"居从属地位，两者趋于合而为一。④叶建芳认为，布努瑶人观中蕴含着秩序体系，包括人与自我秩序、人与社会秩序、人与自然秩序。当死亡破坏了这些秩序时，丧葬中的送魂仪式就要通过灵魂不灭与彼岸世界的观念来对破坏的秩序进行弥补。因此，人在这一仪式中对于生命秩序的追求，体现了人与社会的秩序，人与自我秩序，以及人与自然秩序体系统一性实践。⑤蓝希瑜、朱琼玲则具体探析了特定民族的人观内涵，没有对人观的三个层面进行分析讨论。他们研究了赣南畲人崇"头牲"的民俗，认为"头牲"具有特殊"意义"，通过在日常生活、生命仪礼中被强调而逐渐成为老辈人的"说法"和"讲法"，也正是这些"说法"，成了人之观念的重要内容。"头牲"丰富了赣

---

① Grace Gredys Harris, "Concepts of Individual, Self, and Person in Description and Analysis", *American Anthropologist, NewSeries91*(1989).

② 黄应贵：《人观、意义与社会》，《广西民族学院学报（哲学社会科学版）》2002 年第 1 期。

③ 冯智明：《沟通阴阳与修"阴功"：红瑶架桥仪式及其人观研究》，《广西民族研究》2017 年第 2 期。

④ 还格吉：《藏族民间人观及其意义解析》，《西藏大学学报（社会科学版）》2014 年第 29 期。

⑤ 叶建芳：《人观与秩序：布努瑶送魂仪式分析》，《广西民族研究》2014 年第 6 期。

南畲人的人观内涵,并建构着赣南畲人的现实生活和心灵世界。①

本文指出,人观的不同结合方式并不局限于"自我"以及"社会人"的讨论,"个体"同样能够与前两者进行结合,并且三者结合的统一性实践,实际上能够对于理解特定民族社会现象有帮助。由此,笔者认为景颇族丧葬仪式体现出了独特的人鬼情感的建立、切断再到重合的纠缠过程,只有从人观个体、社会、自我三个层面的统一性结合才能理解景颇的鬼神信仰,对于人鬼"情"未了的社会事实做出阐释。

学界对于景颇族丧葬仪式的研究较少,多是涉及丧葬方面的文化专著。如石锐在《景颇族文化习俗论》中对景颇族文化进行了全面梳理,阐述了景颇族的风俗习惯及文化特点,涉及了丧葬仪式内容。②类似的作品还有周兴渤的《景颇族文化》③和赵学先、岳坚主编的《景颇族文化大观》④都是文化概述的书籍,其中对丧葬仪式有简略描述。由陇川县景颇族发展进步研究学会编辑的《景颇族丧葬文化研究》⑤一书中,则对丧葬仪式过程有了详细的梳理,仪式细节更为丰富,但是没有归纳丧葬仪式的文化意义。文章方面,何翠萍认为景颇族的丧礼和葬礼是可以分开举行的,她指出景颇的丧葬仪式中存在空间脉络,尤其强调董萨在丧葬仪式中念经的地点转换的文化意涵,认为这象征着空间脉络的亲缘关联以及丧葬仪式上生与死的转换,以此回应丧葬仪式祭词整理的去脉络化。石锐认为景颇族原始生死观中存在着生与死的世界,丧葬仪式就是要切断生与死的联系,从而将鬼魂送至祖地。但是人鬼之间的联系往往难以挣断,从而人鬼间存在着既怀念又恐惧的矛盾心理,由此,他认为景颇族原始生死观中体现出了人鬼关系交涉与渗透的特征。⑥刘扬武对丧葬仪式做出了分类,他着重描述了老人去世后的隆重土葬,认为不同类型的死亡对应着不同的丧葬规模,善终且子女多的老人的仪式最为隆重,而早逝、无子女的人的仪式则逐渐简化,他认为这是一种尊卑分明的丧葬特

① 蓝希瑜、朱琼玲:《赣南畲族"头牲"崇拜的人观研究》,《广西民族大学学报(哲学社会科学版)》2012 年第 34 期。

② 石锐:《景颇族文化习俗论》,德宏民族出版社,1998。

③ 周兴渤:《景颇族文化》,吉林教育出版社,1991。

④ 赵学先、岳坚:《景颇族文化大观》,云南民族出版社,2002.

⑤ 陇川县景颇族发展进步研究学会:《景颇族丧葬文化研究》,德宏民族出版社,2008。

⑥ 石锐:《景颇族原始生死观浅析》,《云南民族学院学报(哲学社会科学版)》2002 年第 6 期。

点。① 蒋潞杨对景颇族的喜丧进行了界定，并叙述了相关的仪式细节。她认为在特定的社会文化环境中，喜葬使得地方社区的人际关系得以联系，并推动了丧葬仪式中的社会人际网络的建立。② 林明彦考察了陇川县的丧葬仪式，通过对丧葬仪式过程的梳理，对丧葬仪式中的系列象征符号，如行为、感觉、社会等行了讨论。此外，他还简要地分析了丧葬仪式在文化传承、社会规范以及心理层面的功能。③ 概而言之，以往对于景颇族丧葬仪式的研究，往往囿于民族志的材料堆砌，缺乏蕴涵着人观与宗教信仰的地方性知识谈论。

情感人类学研究中提出"定向性情感"与"隐形情感"两个概念④。"定向性情感"指人的情感是非主观的，是受到社会文化影响下的显性情感，具有社会性和文化特质性，⑤ 类似于涂尔干提出的"集体情感"，即集体中的每一个人都拥有相同情感，而这种情感是社会所赋予的。⑥ 而"隐形情感"则指具有非显性的、社会排斥的、日常生活暗流中的情感。⑦

本文中的"定向性情感"涉及丧葬仪式中人们跳"格崩"舞、参加"金斋斋"仪式时的热烈以及整个丧葬仪式中的欢腾。关于"隐形情感"，我试图进一步引申，将其指代为那些个体的日常情感，例如作为家庭成员逝去时的悲伤，以及被鬼魂"咬"时的恐惧，而不是受到社会文化形塑的定向性情感。从定向性情感到隐形情感的转变，标志着人鬼关系的再次建立，从而形成了一个人鬼关系建立、切断再到重合的纠缠过程。

松克村是一个景颇族自然村寨，为景颇支系，共有村民 63 户。2017 年暑假，

① 刘扬武：《尊卑分明的景颇族丧葬》，《社会科学战线》1985 年第 4 期。
② 蒋潞杨：《芒市西山乡弄丙村景颇族喜丧研究》，硕士学位论文，云南民族大学，2016。
③ 林明彦：《仪式与象征——陇川县护国乡景颇族丧葬仪式考察》，《湖北函授大学学报》2017 年第 30 期，第 2 页。
④ 宋红娟：《情感人类学及其中国研究取向》，《中南民族大学学报（人文社会科学版）》2012 年第 32 期。
⑤ 宋红娟：《情感人类学及其中国研究取向》，《中南民族大学学报（人文社会科学版）》2012 年第 32 期。
⑥ 宋红娟：《两种情感概念：涂尔干与柏格森的情感理论比较——兼论二者对情感人类学的启示》，《北方民族大学学报（哲学社会科学版）》2015 年第 1 期。
⑦ 宋红娟：《情感人类学及其中国研究取向》，《中南民族大学学报（人文社会科学版）》2012 年第 32 期。

笔者在松克村进行田野调查，先后记录了一场葬礼以及一场慰鬼仪式。笔者认为，丧葬仪式与随后的慰鬼仪式分别呈现出与鬼魂的纠缠过程和不同情感，是人观对于个体、自我以及社会人的认识的反应。由而，从人观认识景颇族的人鬼关系的纠缠以及情感转换，能够进一步地了解其宗教文化信仰，这对于人观的研究也具有一定的深化意义。

二、仪式过程

我们进入松克村第二天，董萨接到电话说村里有人去世了，于是访谈作罢，我们随同董萨前往丧葬仪式现场。死者是一位天生聋哑的孤寡老人，住在其大姐家，因此丧葬仪式由其大姐一家操办。老人逝去后，大姐家放炮通知，村民们闻声纷纷前来帮忙。过去是鸣铜炮枪或敲铓通知，女性鸣单，男性鸣双。整个丧葬仪式持续了两天，因为死者的特殊身份，整个丧葬仪式选择从简。

老人去世当天，要用艾蒿清洗老人的遗体，家属为其换上新衣裳，再将老人的遗体搬到家屋中的"家鬼"祭架下安放。当我们赶到现场时，老人遗体已经布置好。仔细观望，躯体手脚的两个大拇指被草叶绑住，双脚并拢，胸膛上还放着一把铁刀。据村民说，这样是为了防止"诈尸"。一旁的祭架上挂有传统的景颇服饰，遗体旁摆放着"祖刹"[①]。景颇族丧葬仪式上的祭品只能用清水煮熟，不放油盐作料。来帮忙的村民各司其职，分别准备搭建灵堂和祭棚。工作很快进行到了天黑，死者的亲友们慢慢聚拢在灵堂，一同跳起了"格崩"舞。"格崩"舞是景颇族的传统丧葬舞蹈，队首一般有三四名老人带领，他们双手持着一尺左右的竹筒，呈交叉状，左后前后地摇晃。随后的队伍里有人敲铓，村民围成舞圈，依次跳出"磨刀""开路""砍地""烧地"等模仿生产劳动的动作，从而交代死者生平。[②]"格崩"舞还有专门的歌调"哦热热"，此调高亢欢腾，语言生动，主要交代死者生前劳动事迹、为人处世，借此教育后代如何做人。村民们唱歌跳舞，情绪始终高涨。正如领舞者金麻糯所言：

① 景颇语，意为献祭给死人的饭菜，包括用芭蕉叶包裹住的瓜尖和米饭等。
② 石锐：《景颇族文化习俗论》，德宏民族出版社，1998，第245页。

唱的歌，是为了"欢乐"他的意思，代表着回去了、送去了。这跟董萨念的经文差不多，有"送走"他的意思。具体内容从他在世时的所作所为开始，说到他到这一步，应该要走了。①

"格崩"舞的舞姿及歌词都有"欢乐"鬼魂的意思，因为这代表着鬼魂会被"送走"。能够回到祖地，这本是一件美好而快意之事。仪式第一天晚上，大家手舞足蹈，引吭高歌，盛情邀请来访者参与到他们的舞队中，一起欢乐，甚至还会有敲铓的村民对着遗体大力敲铓，面露快意。就这样，歌声与舞蹈相伴，村民们几乎通宵达旦。

次日，老人遗体准备入殓。入殓前，村民在棺材里放置了一块绿草坪作为死者的枕头。他们认为，这样能够让棺材这一死物沾染活气，这样亡魂便能够安心前往先祖之地。丧葬仪式上，景颇族并不承认人的生理死亡，认为人只有在"换新名"仪式后才意味着彻底死去，此时放入棺材的草坪让棺材沾染了活气，一定程度意味着死者并未死去。棺材上同样横放着一把铁刀。在尸体装入棺材前，其双脚双手拇指仍会被捆住，但在装入棺材后会被解开。入殓后，董萨来到遗体旁为死者念诵经文，将死者的灵魂从死者躯体中"呼唤"出来，这是丧葬仪式正式开始的标志——起灵仪式。经文意在告知亡魂，送葬的棺材、祭献的灵堂及祭品都准备好了，呼唤"它"到灵堂上接受祭祀，享用祭品。② 宰杀牲畜是起灵仪式的重要部分。此次丧葬仪式宰杀了两头猪，"肯庄"③ 取猪各个器官的一小部分送给董萨祭祀，取猪各个部位的肉，象征整头牲畜献给了亡魂。杀牲畜后，肉会分成四类，董萨、肯庄、伙夫、主人家的人可各自领取一包。

入殓以后，董萨主持"换新名"仪式。仪式需杀一只小鸡，拔毛后悬挂在火塘上进行烘烤。董萨开始为死者念经文。根据不同的景颇族姓氏，董萨将为死者在阴间重新换一个名字。人死后的名字与生前的名字不同，代表着人彻底死去，成为"鬼魂"。这次丧葬仪式中，因为死者生前没有娶妻生子，董萨通过念经将

① 访谈对象：金麻糯，男，景颇族，松克村董萨。访谈时间：2017 年 7 月 23 日．
② 经文大意参考石锐译注：《景颇族传统祭词译注》，云南民族出版社，2003，第 301—307 页．
③ 景颇语，为董萨的助手，人选一般由董萨决定。

一些服饰及钱送给其鬼魂，借此让其在阴间"娶"一个媳妇。

仪式进行到晚上时，村民们又开始跳起"格崩"舞。这天晚上，死者（姐姐的）丈人家背来了礼篮，礼篮中有鸡、鸡蛋、啤酒、饮料，还有一些零钱。姑爷家也会送来礼篮，礼篮里有活鸡、铓、钱。村民说，董萨在念经时，姑爷家礼篮里的钱一定要说明这是姑爷家为了补齐娶亲时的彩礼钱，不然死者会"去"姑爷家要彩礼。整个仪式的经文意为告知亡魂，礼篮已经送来，亲友义务已经履行，不要纠缠世人，赶快离开人间。

第三日，死者出殡。棺材首先抬放至家屋外的空地停放，棺材上放着一块毛巾和一根黄蒗树枝①。在董萨的带领下，几个年轻人打开棺材，遗体头部上方由两个小伙子用布遮挡太阳。董萨拿出墨汁和线，沿着棺材的方向拉起墨汁线对着棺材板左、中、右方向弹了三下，这与附近汉族的"弹墨线"习俗是相同的，意在"镇鬼"。盖起棺材后，董萨用楔子将棺材钉死，在六个年轻伙子的帮助下，上山下葬。坟地的选取要考虑一定的地理位置，但最重要的是亡魂是否同意。这要通过扔鸡蛋来测试，倘若在坟地扔鸡蛋时鸡蛋摔坏了，意味着亡魂喜欢这个坟地，反之则表示不喜欢，要继续寻找。寻找坟地时鸡蛋破了，选定坟地后，安排村民将棺材搬上山去。上山时，村民们把棺材绕出了寨门，因为村民认为亡魂不能停留在村寨里面，但由于坟地在寨门附近的一个山包上，仍属于村内，因此形式上要先将棺材送出寨门，代表着亡魂被送出寨子，脱离了原来的生存环境，已经是外人外物。到了坟地，几个年轻人拿起一把干草在坟坑里燃烧，这是因为景颇人认为不能在坟坑里留下活物。棺材放入坟墓后，年轻人把钉在棺材上的楔子拔出，棺材下葬。待墓坑被泥土填平后，几个小伙子将先前用来选坟定位的三根木棍拔出。他们表现得小心翼翼，刚把木棍从土堆里拔出，就立刻将木棍原来镂空的位置用泥土夯实，不留一点缝隙，一旁的其他人还会上前查看是否还有纰漏，因为他们认为，一旦有缝隙，活人的灵魂就会被吸进去，和亡魂一起被"送走"。在这之后，还要用直径不超过五十厘米大小的石块在土堆上砌出一个石包，最后搬起一块巨石，放在坟头，立石为门。过去，景颇族下葬后并不会上坟祭祀死者，他们认为祖先已经被"送走"，不需要再照管，近年来受到汉文化影响才有了扫墓活动。

---

① 又名黄桑葚，一种带有荆棘的蔷薇科植物。

如果去世的是一个善终或者后代子女多的人，遗体下葬后，人们还会在坟墓上搭建一座圆锥树棚，在墓房四周挖出一条浅沟，随后将一个叫"陆光"的神架放在坟头的墓房上。死者如果有配偶和后代，还要跳"金斋斋"舞蹈。首先要跳名叫"恩朵恩康"的送魂舞，此舞按顺时针方向进行，四名男性扮演的"雌雄鬼"会突然拿着长矛加入其中，"雌雄鬼"离去后，队伍跳"脑八八"舞蹈。队伍不时绕成一个圈，领舞者列成一排，右手持矛朝天，带领队伍绕圈，如此反复，整个过程持续约一个小时。仪式中，"雌雄鬼"的出现是为了护送死者的灵魂，领舞者持矛跳舞，是为了驱赶死者亡魂前往祖地路上的"拦路鬼"。整个仪式中，因为要通过肢体动作与声势来驱走"拦路鬼"，十分激昂与欢腾，妇女、小孩都参与到了仪式当中，声势浩大。

送魂仪式是丧葬仪式的最终环节，即是要将亡魂送到先祖之地。送魂仪式前要在"格锐"祭桩旁宰杀"立坟牛"，牛由姑爷家提供并由姑爷家宰杀。献祭的肉有生熟之分，如果是生肉，董萨会在房屋低边卧室外的玄关、面朝屋外的祭桩以及卧室外的过道处念经；而熟肉则要对着屋内灵堂念经。[①] 经文意在告知牲畜已经祭祀，督促鬼魂离开人世，不再归返。[②] 人变成鬼了，就要把它赶出去，董萨手持长矛、脚踩刀与火炭就有驱赶鬼魂之意。尔后，董萨在灵堂前念诵经文，持续时间为三十分钟，经文大意为：

> 亡人的魂亡人的灵啊，今天你像日落，人间生活已经结束。你已变成了精灵变成了鬼，为你指明回归的路，敲响了跳送魂舞的大铓，该供的祭品都供上了，朝着回祖父的地，向着祖母地走吧……你回到第十户人家了，跨进石板门吧，关上阴间石板吧，吃阴间的饭生活下去吧。现在智者祭师我，转过身转过面，按照祭词指路，走回人间的路。现在亡人的魂你呀，已关在阴间石门内，已封在阴间石门内，像祖父那样安息那里，像祖母安息在那里吧。[③]

---

① 何翠萍：《仪式的空间脉络与脉络化》，文化艺术出版社，2008。
② 经文大意参考石锐译注：《景颇族传统祭词译注》，云南民族出版社，2003，第310—332页。
③ 石锐译注：《景颇族传统祭词译注》，云南民族出版社，2003，第357页。

　　董萨念完经文已经是晚上，大家把祭品、糠粉、鞭炮、长矛以及棺材旁的祭架收拾好，全放在了背笼里，我们要出门去送死者的鬼魂。村民们一直在放鞭炮，到达村外的一条小路，大家拿出了祭品祭祀。祭品有糯米饭、鸡蛋、猪肉。待鞭炮燃放完、丧葬用品被丢掉后，经祭祀后的祭品便可以食用。同行的人告诉我们，参与送魂仪式的人必须要吃糯米饭，因为只有吃了糯米饭，魂魄才不会跟着鬼走。吃了祭品后，众人归返。队首的大哥告诉我们，回去的路上不能插队，且一定不能回头。领头的人负责拿着长矛，每走一步便用长矛戳在地上留下一个印记，随后的人向这个戳痕洒米糠粉，我们其余人看着这个痕迹、沿着队伍行走的这个方向前进，没有丝毫马虎。

　　在人们出去"送魂"的同时，董萨在灵堂通过撒艾蒿水来撵走鬼魂。我们刚回到主人家，就有人用艾蒿蘸水洒向我们，以此清除从坟地带回来的污秽与"煞气"。进入房间后，灵堂中堆放了许多糯米饭和素菜，专门给回来的人吃。此时董萨要大家把随身物品统一收起来放在他面前，他开始为大家念经，目的是为参加送魂仪式的人"叫魂"。此时所念经文的大意为：阴间冰冷而潮湿，人们赶紧听着祭词，回到主人家中来享用美好饭菜，不要在墓地停留，以免被鬼魂索取。[①]诵经持续十分钟左右，送魂仪式结束，持续两天的丧葬仪式也就相应结束了。丧葬仪式结束后，我发现村子里许多人家会在门口挂上一支黄范树枝，村民说丧葬仪式三天后才可以拔掉树枝。黄范树因为枝蔓多刺，有驱邪镇鬼的寓意，景颇人认为，人死之后挂黄范树枝在屋檐下，能够驱邪镇鬼，以免受到鬼魂侵扰。

　　丧葬仪式是为了将鬼魂送离人间，但在景颇族观念里，非正常死亡的人不太容易"送走"。这些不愿意走的亡魂会成为"恶鬼"出来"咬"人，为此，董萨经由"打卦"来决定是否将其供养在家中，一旦其成为"家堂鬼"，就要进行祭祀。此外，即便死者属于正常死亡，但在卦象的启示下，景颇族认为如果丧礼办得不完备、董萨经文出错，加上亡魂主观愿望不想离去，这些鬼魂也就无法"送走"，会出来"咬人"。被鬼"咬"的表现为疾病长期无法治愈。景颇族一旦觉得自己被鬼"咬"，便会请来董萨"打卦"，举行"搭桥"慰鬼的仪式活动。

---

① 石锐译注：《景颇族传统祭词译注》，云南民族出版社，2003，第394页。

三、仪式特点

（一）人鬼关系建立

景颇族并不承认生理死亡。在丧葬仪式上，人生理死亡后要将遗体的手指和脚趾绑起来，并在躯体上压上石头和一把刀，这是为了避免其有躯体的动作，如坐立，站起等，要将其"震慑"住。这表明景颇族仍然将死者认为是活人，因为其魂魄还没有被"送走"，因此还能有躯体的行动，故要将其捆绑。而在过去，景颇族的人死后可以先将人埋了，等家境变好时，再举行"换新名"及送魂仪式，在这期间人们还会给死者送饭。① 丧葬仪式中也有体现，如在遗体入馆时，要在棺材中放置一块绿草坪，让棺材沾染活气，笔者认为此时人们对待死者的一个态度，即认为其仍是"活物"。与此对应的是，在死者下葬时，要先将墓地中的生物烧死。概而言之，在未"换新名"前，人们仍然以对待人的方式，对死者的躯体进行处理，而"换新名"后，人成为鬼，又有其他的一些仪式展开。因此人鬼"情"的讨论并不始于躯体死亡，而是要从景颇文化环境的"换新名"仪式入手，它是讨论人鬼"情"的节点，因为此时人成了鬼魂，在这之后讨论人与鬼的情感才切合其信仰体系，所以人鬼"情"未了的过程势必存在着一个建立的节点——"换新名"仪式。

（二）人鬼关系切断

丧葬仪式开始时，董萨要将人的魂魄从躯体中"呼唤"到灵堂上接受祭祀，为此要搭建灵堂，竖起"格锐"，杀牲祭祀，使其魂归故里，因此，景颇族表现出一种将死者"送走"的集体情感。比如通宵达旦的"格崩"舞以及热闹非凡的"金斋斋"舞蹈，人们处于集体欢腾之中。丧葬仪式的感情基调也是热烈和欢乐的，例如，人们会在仪式现场喝酒娱乐，会在享用祭品时谈笑风生，也会在完成某一仪式细节时发出庆祝声音；又如，"格崩"舞仪式上为鬼魂引吭高歌、对遗体敲铛娱尸，村民认为这是为了"欢乐"鬼魂，让其去到祖地，因为景颇族将把鬼魂送到祖地当作

① 访谈对象：跑阳干翁，男，景颇族，云南大学景颇族调查研究基地日志记录员。访谈时间：2017 年 7 月 28 日。

一件荣幸的事,这种情感主导着丧葬仪式。为此,人们一直强调人鬼区别,例如要剪掉死者衣服中的纽扣与铁制品;出殡当天在棺材上弹墨斗表示镇压;送葬期间要绕出寨门,让鬼魂明白其不再属于这个村子甚至这个世界;在埋葬后,拔出坟标不能留下任何坑洞,以此让鬼魂与人世隔绝;亲友来履行最后的义务,送来牲畜、礼篮,村民为其欢歌载舞。总而言之,定向性情感下,系列丧葬仪式切断了人鬼关系,人们在丧葬仪式后很少讨论死者,犹如禁忌。在丧葬仪式结束,大多数景颇族人家在家门挂黄菠树驱鬼,不去上坟,也不过问,重新回到日常生活中。

(三)人鬼关系重合

景颇族试图切断人鬼联系,但他们认为有的鬼魂因为死因不好却很难被"送走"。这些"凶死鬼"会因为拒绝死亡或者不甘死亡而游离人间,伺机"咬"人。被"咬"的人,会出现疾病或者不顺,他们往往会将这种厄运归结于鬼在作祟,于是这些鬼魂便成了一种诠释厄运的话语,重新与景颇族产生联系。这种关系之下,人具有了隐形情感,表现为畏惧、担心,总是害怕鬼魂不饶恕自己,因此会请董萨举行慰鬼仪式抚慰鬼魂。由上,对于鬼魂认识的一套经验告诉个体,疾病或者不顺是鬼魂导致的,这便会出现在病人生病无法治愈的社会情境中。鬼魂重新与人产生了联系的社会事实,造成一个人鬼"情"未了的结果。

四、分析与讨论

丧葬仪式中,通过"换新名"仪式,死者成为鬼魂。由董萨主持仪式,将鬼魂"送走","魂归故里"的观念使得人们呈现出集体情感,欢歌载舞,愉悦欢腾。送魂仪式后,鬼被"送走",景颇族与鬼魂失去情感接触,人鬼殊途。当人凶死后,这些鬼魂被景颇族用来解释生活中的各种不顺,于是产生"人被鬼'咬'了"的想法,给人带来隐形情感,如恐惧、不适。所以景颇族举行"搭桥"慰鬼仪式,重新打通鬼魂"回去"的路。由此形成人鬼情感建立、切断到重合的纠缠过程。

在这一纠缠过程中,人与鬼魂的接触过程呈现出了"定向性情感"与"隐形情感"。在丧葬仪式上,欢腾的情感流露是集体的力量,人们共同认可的一套社会价值体系——魂归故里,这是社会塑造并赋予个体的,是一种定向性的情感。

而在"鬼魂咬人"的语境中，景颇族依靠自我经验判断是鬼魂"咬"人，鬼魂成了解释不顺的优先项甚至唯一项，因此产生恐惧、害怕的隐形情感，但这并不是社会直接强加的，而是自我在社会情境中不断通过仪式治疗的实践经验促成的。由此可见，人鬼间的情感呈现时间以及呈现内容受到了景颇鬼神观念的影响。从显性的"定向性情感"到个体性的"隐形情感"的跨越，极具张力。

景颇族的鬼是无法一劳永逸"送走"的，因为仪式总会出错，董萨也会疏忽。但尽管仪式完美，卦象显示鬼魂确实没有"送走"，也定会有新的理由为鬼魂的出现提供原因。景颇族擅于通过鬼魂来解释一切的疑难杂症，因此在生病或不顺时，鬼魂会成为一种话语被频繁使用，这也就导致被"送走"的鬼魂会再次与人产生联系。因此，人与鬼关系的建立、切断到重合的纠缠，是鬼神观念影响下的必然。人鬼的纠缠过程中，人对待鬼的不同情感通过社会的"定向性情感"和个体的"隐形情感"呈现出来。景颇族对鬼的感情与认知也就呈现出了两种类型，即社会规范影响的欢腾定向情感，以及自我基于经验判断而认为被鬼魂"咬"的个体恐惧与无奈。这代表着他们对鬼魂有以下认知：第一，人死要换名才是"真死"，"真死"前要绑着手脚，要放置草坪。"真死"为鬼后，饭菜特别、衣物不得有纽扣、坟墓不得有生气且必须封死。第二，鬼魂要回到祖地是一件好事，景颇族认为鬼魂离开人世是回到故乡，追溯先祖，因此大家情感欢腾，通过浩大的仪式将鬼魂送到祖地。第三，没被"送走"的鬼魂是疾病与不顺的始作俑者，董萨"打卦"确定后，便要再次将其"送走"，以缓解病情。这也就说明，在人鬼关系纠缠的过程中，不能就单一方面、单一认知对景颇族的鬼魂认知进行理解，那仅仅能够认知鬼魂之于景颇族的某一方面。景颇族对人鬼关系的认知是动态的，因此情感作为人与鬼魂接触的显性结果有不同表现。只有通过结合个体、自我以及社会层面的情感分析，才可以帮助我们理解景颇族对于人与鬼魂关系认知的三个不同阶段，以及理解"定向性情感"到"隐形情感"间的转变，三个方面的情感流露也表达出他们在个体、自我以及社会层面对于鬼魂的观念。景颇族的人观是"自我""个体"与"社会"的三位一体，对鬼的认知及情感是其具体体现。只有将三个方面互相结合，才能建立人鬼观的整体认知，从而更好地理解人鬼"情"未了的过程以及景颇族的鬼神观念。